图像与装饰：北朝墓葬的生死表象

林圣智 著

浙江古籍出版社

图书在版编目（CIP）数据

图像与装饰：北朝墓葬的生死表象 / 林圣智著 . -- 杭州：浙江古籍出版社，2024.4
 ISBN 978-7-5540-2650-2

Ⅰ.①图… Ⅱ.①林… Ⅲ.①墓葬（考古）—研究—中国—北朝时代 Ⅳ.① K878.84

中国国家版本馆 CIP 数据核字（2023）第 126158 号

本书简体中文版由台湾大学出版中心授权出版
浙江省版权局著作权合同登记号　图字：11-2024-030 号

图像与装饰：北朝墓葬的生死表象

林圣智　著

出版发行	浙江古籍出版社
	（杭州体育场路 347 号　电话：0571-85068292）
网　　址	https://zjgj.zjcbcm.com
责任编辑	奚　静
封面设计	吴思璐
责任校对	吴颖胤
责任印务	楼浩凯
照　　排	浙江大千时代文化传媒有限公司
印　　刷	杭州佳园彩色印刷有限公司
开　　本	710mm×1000mm　1/16
印　　张	27.75
字　　数	400 千字
版　　次	2024 年 4 月第 1 版
印　　次	2024 年 4 月第 1 次印刷
书　　号	ISBN 978-7-5540-2650-2
定　　价	128.00 元

如发现印装质量问题，影响阅读，请与本社市场营销部联系调换。

目　次

图版目次 ··· I
导　论 ··· 1
　　一、新材料与新视野 ··· 2
　　二、由图像到生死表象 ··· 10
　　三、图像与装饰 ··· 17
　　四、取材与章节 ··· 21

上编　墓葬

第一章　发现图像：沙岭壁画墓的启示 ······························ 27
　　一、前言 ··· 27
　　二、沙岭壁画墓概观 ··· 28
　　三、早期鲜卑墓葬 ··· 38
　　四、壁画内容 ·· 48
　　五、图像与工匠的来源 ··· 66
　　六、漆棺的相关问题 ··· 69
　　七、小结 ··· 81

第二章　再造装饰：平城时期的装饰文化 ························· 85
　　一、前言 ··· 85

二、"神兽莲花纹铜壶" ········· 87
三、器形、纹饰与年代问题 ········· 90
四、比较两件五至六世纪初的金属器 ········· 108
五、平城时期装饰文化中的三燕因素 ········· 114
六、小结 ········· 121

第三章 图像与装饰的对话：墓葬中的佛教因素 ········· 123
一、前言 ········· 123
二、北魏平城地区 ········· 126
三、平城时期之后的变化 ········· 152
四、小结 ········· 166

下编　葬具

第四章 围屏制作与生死表象：北魏洛阳时期葬具的风格、作坊与图像 ········· 171
一、前言 ········· 171
二、A组围屏的复原 ········· 173
三、风格与年代 ········· 184
四、葬具作坊的图像制作 ········· 200
五、个别图像的解释 ········· 212
六、北魏石床围屏的组合原理与图像解释 ········· 225
七、小结 ········· 233

第五章 展现自我叙事：北齐安阳粟特人葬具与北魏遗风 ········· 237
一、前言 ········· 237
二、北齐安阳粟特石床 ········· 241

三、北魏的粟特人活动 …………………………………… 284
　　四、小结 …………………………………………………… 291

第六章　葬具作坊的分化：康业墓与北周政治 …………… 295
　　一、前言 …………………………………………………… 295
　　二、康业墓概观 …………………………………………… 296
　　三、北魏洛阳葬具作坊的分化 …………………………… 298
　　四、金饰葬具 ……………………………………………… 307
　　五、康业墓围屏石床的图像与配置原理 ………………… 315
　　六、小结 …………………………………………………… 334

总　结 …………………………………………………………… 337
　　图像与装饰的对话 ………………………………………… 337
　　图像、观看与政治秩序 …………………………………… 339
　　北魏墓葬图像的模式 ……………………………………… 341
　　粟特人的北魏记忆 ………………………………………… 343
　　图像与民族的关系 ………………………………………… 345
　　反思南北文化交流 ………………………………………… 346
　　丝路东端的再定义 ………………………………………… 347

后　记 …………………………………………………………… 349
引用书目 ………………………………………………………… 355
图版出处 ………………………………………………………… 403
索　引 …………………………………………………………… 419

图版目次

第一章

图 1-1　沙岭北魏壁画墓平面、剖面图 ·················· 29

图 1-2　沙岭北魏壁画墓北壁　神兽与出行图 ·················· 30

图 1-3　沙岭北魏壁画墓出行图（局部） ·················· 30

图 1-4　沙岭北魏壁画墓南壁　宴饮与庖厨 ·················· 31

图 1-5　沙岭北魏壁画墓南壁　宴饮图（局部） ·················· 31

图 1-6　沙岭北魏壁画墓东壁　墓主夫妇图像 ·················· 32

图 1-7　沙岭北魏壁画墓西壁　武士图 ·················· 33

图 1-8　沙岭北魏壁画墓甬道北壁　武士与人面兽身像 ·················· 34

图 1-9　沙岭北魏壁画墓漆画残片　墓主夫妇图像 ·················· 37

图 1-10　沙岭北魏壁画墓漆画残片　庖厨图像 ·················· 37

图 1-11　沙岭北魏壁画墓漆皮题记 ·················· 37

图 1-12　内蒙古自治区呼伦贝尔地区扎赉诺尔墓 ·················· 39

图 1-13　内蒙古自治区察右中旗七郎山墓地出土陶壶 ·················· 40

图 1-14　沙岭北魏壁画墓出土陶壶 ·················· 40

图 1-15　沙岭北魏壁画墓出土釉陶壶 ·················· 40

图 1-16　内蒙古自治区察右后旗三道湾墓群 ·················· 41

图 1-17　内蒙古自治区察右中旗七郎山墓地 ZQM2 墓平面图 ·················· 41

图 1-18　沙岭北魏墓葬分布图 ·················· 43

图 1-19　内蒙古自治区二连浩特市盐池墓 EYM1 出土铜带饰 ·················· 45

图 1-20　内蒙古自治区察右后旗三道湾墓地出土双鹿纹牌饰 ·················· 45

图 1-21　内蒙古自治区凉城县小坝子滩村　四兽形金饰牌 ·················· 45

图 1-22　"猗卢之碑"残石拓片背面　《狩猎图》（局部） ·················· 47

I

图像与装饰：北朝墓葬的生死表象

图 1-23　沙岭北魏壁画墓北壁　神兽 …………………………………… 50
图 1-24　洛阳谷水西晋墓　镇墓武士俑与镇墓兽 ……………………… 53
图 1-25　仝家湾村 M9 壁画墓　甬道东壁线描图　兽面兽身像 ……… 54
图 1-26　大同城东寺儿村北魏墓　石雕供养龛线描图 ………………… 55
图 1-27　北魏太和元年宋绍祖墓　镇墓兽、镇墓武士俑 ……………… 57
图 1-28　东晋永和十三年高句丽安岳 3 号墓　出行图线描图 ………… 59
图 1-29　智家堡北魏墓　左侧棺板线描图 ……………………………… 61
图 1-30　高句丽药水里古坟　出行图线描图 …………………………… 63
图 1-31　高句丽八清里古坟　出行图线描图 …………………………… 63
图 1-32　高句丽水山里古坟　出行图线描图 …………………………… 63
图 1-33　智家堡北魏墓　右侧棺板线描图 ……………………………… 65
图 1-34　智家堡北魏墓　右侧下方棺板线描图 ………………………… 65
图 1-35　和平二年大同仝家湾村 M9 壁画墓　西壁线描图 …………… 65
图 1-36　内蒙古自治区和林格尔鸡鸣驿北魏壁画墓　百戏图 ………… 67
图 1-37　高句丽德兴里古坟　出行图 …………………………………… 69
图 1-38　沙岭北魏壁画墓　漆耳杯 ……………………………………… 70
图 1-39　大同七里村 M28 墓平面、剖面图 …………………………… 71
图 1-40　大同南郊 M180 墓平面、剖面图 ……………………………… 71
图 1-41　北魏元谧孝子石棺　"眉间赤"孝子故事 …………………… 71
图 1-42　大同雁北师院北魏墓群　陶马线描图 ………………………… 73
图 1-43　北魏宋绍祖墓　胡人俑线描图 ………………………………… 73
图 1-44　新疆维吾尔自治区和田民丰县尼雅 8 号住居遗址　毛织品 … 73
图 1-45　东汉建安十七年四川芦山　王晖石棺前档拓片（局部）…… 75
图 1-46　固原北魏漆棺前档线描图 ……………………………………… 77
图 1-47　山西榆社孙龙石椁　前档板 …………………………………… 77

第二章
图 2-1　"神兽莲花纹铜壶" …………………………………………… 87
图 2-2　"神兽莲花纹铜壶"线描图 …………………………………… 87
图 2-3　兽面鸟身像（右）、龙（左）线描图 ………………………… 88
图 2-4　凤鸟（右）、龙（左）线描图 ………………………………… 89
图 2-5　人面鸟身像（右）、龙（左）线描图 ………………………… 89

图版目次

图 2-6 "神兽莲花纹铜壶"底部 …………………………………………… 90
图 2-7 "神兽莲花纹铜壶"底部双层莲花纹拓片 ………………………… 90
图 2-8 北燕太平七年辽宁省北票冯素弗墓 "鎏金提梁小铜壶" ………… 91
图 2-9 "鎏金提梁小铜壶"线描图 ……………………………………… 91
图 2-10 江西南昌东郊西汉墓"提梁铜壶"线描图 ……………………… 92
图 2-11 辽宁北票喇嘛洞墓地Ⅱ M315 "双耳铜罐" …………………… 92
图 2-12 辽宁朝阳前燕十二台 88M1 "铜鎏金镂空鞍桥包片"（局部）… 95
图 2-13 辽宁朝阳北票西沟村出土 "铜鎏金镂孔鞍桥包片"线描图 …… 96
图 2-14 "铜鎏金镂孔鞍桥包片"线描图（局部）………………………… 96
图 2-15 辽宁北票喇嘛洞Ⅱ M275 墓"鎏金镂孔带具"带扣线描图 …… 97
图 2-16 "鎏金镂孔带具"叶形垂饰（反转）线描图 …………………… 97
图 2-17 "神兽莲花纹铜壶" 复合式云气纹线描图 ……………………… 98
图 2-18 辽宁北票喇嘛洞Ⅱ M196 墓"鎏金镂孔缀叶带具"线描图 …… 98
图 2-19 前凉升平三年"金错泥筒"部分展开图 ………………………… 98
图 2-20 辽宁甜草沟 M1 墓 "方形金冠饰" ………………………………… 100
图 2-21 辽宁朝阳北塔塔基 三燕"四神覆斗式础石"线描图 …………… 100
图 2-22 沙岭北魏壁画墓 墓室北壁上栏 神兽 …………………………… 102
图 2-23 大同云波里路北魏壁画墓 南侧甬道下层 神兽纹 ……………… 102
图 2-24 大同云波里路北魏壁画墓 南侧甬道下层 神兽纹（局部）…… 103
图 2-25 大同迎宾大道 M16 墓 金牌饰线描图 …………………………… 103
图 2-26 大同南郊出土 北魏"石雕方砚"上部 …………………………… 103
图 2-27 大同南郊出土 北魏"石雕方砚" ………………………………… 103
图 2-28 辽宁西沟村出土 "鎏金镂孔圆形饰物"线描图 ………………… 105
图 2-29 大同南郊北魏墓 "化身童子瓦当"线描图 ……………………… 105
图 2-30 大同南郊出土 北魏"鎏金铜牌饰" ……………………………… 105
图 2-31 山西大同云冈石窟第 9 窟 明窗顶部 …………………………… 105
图 2-32 大同湖东北魏 1 号墓 鎏金铅锡钉帽 …………………………… 106
图 2-33 北魏司马金龙墓 石础上部 ……………………………………… 106
图 2-34 新罗庆州皇南大冢 "龟甲纹银碗" ……………………………… 109
图 2-35 "龟甲纹银碗"底部 ……………………………………………… 109
图 2-36 广东遂溪县南朝窖藏 "鎏金盅"线描图 ………………………… 111
图 2-37 南朝河南邓县画像砖墓 飞仙宝瓶纹砖 ………………………… 112

| III

图像与装饰：北朝墓葬的生死表象

图 2-38　南朝河南邓县画像砖墓　植物纹 ⋯⋯⋯⋯⋯⋯⋯⋯⋯⋯⋯ 112
图 2-39　梁天监五年陕西安康新康厂墓　龟甲纹残砖 ⋯⋯⋯⋯⋯⋯⋯ 113
图 2-40　宋山里百济武宁王妃漆枕线描图 ⋯⋯⋯⋯⋯⋯⋯⋯⋯⋯⋯⋯ 113
图 2-41　辽宁朝阳北塔基址　三燕"双龙覆盆式柱础"线描图 ⋯⋯⋯ 115
图 2-42　固原北魏漆棺　棺盖摹本 ⋯⋯⋯⋯⋯⋯⋯⋯⋯⋯⋯⋯⋯⋯⋯ 120

第三章

图 3-1　沙岭北魏壁画墓甬道顶部《伏羲女娲图》⋯⋯⋯⋯⋯⋯⋯⋯ 127
图 3-2　山西朔州怀仁县丹阳王墓　护法神像 ⋯⋯⋯⋯⋯⋯⋯⋯⋯⋯ 128
图 3-3　山西大同文瀛路北魏壁画墓　护法神像 ⋯⋯⋯⋯⋯⋯⋯⋯⋯ 128
图 3-4　北凉时期天梯山石窟第 4 窟中心柱　菩萨像壁画 ⋯⋯⋯⋯⋯ 129
图 3-5　北魏智家堡墓石椁壁画东壁线描图 ⋯⋯⋯⋯⋯⋯⋯⋯⋯⋯⋯ 130
图 3-6　甘肃天水麦积山第 78 窟基坛　供养人像 ⋯⋯⋯⋯⋯⋯⋯⋯⋯ 130
图 3-7　大同智家堡北砂场　北魏石床线描图 ⋯⋯⋯⋯⋯⋯⋯⋯⋯⋯ 131
图 3-8　大同北魏太和元年宋绍祖墓石椁 ⋯⋯⋯⋯⋯⋯⋯⋯⋯⋯⋯⋯ 132
图 3-9　大同北魏太和元年宋绍祖墓石椁　铺首拓片 ⋯⋯⋯⋯⋯⋯⋯ 132
图 3-10　北魏司马金龙墓石床 ⋯⋯⋯⋯⋯⋯⋯⋯⋯⋯⋯⋯⋯⋯⋯⋯⋯ 133
图 3-11　北魏司马金龙墓石床　童子 ⋯⋯⋯⋯⋯⋯⋯⋯⋯⋯⋯⋯⋯⋯ 133
图 3-12　北魏司马金龙墓石床　力士 ⋯⋯⋯⋯⋯⋯⋯⋯⋯⋯⋯⋯⋯⋯ 133
图 3-13　云冈石窟第 9 窟明窗顶部　大莲花与飞天 ⋯⋯⋯⋯⋯⋯⋯⋯ 134
图 3-14　云冈石窟第 9 窟前室东壁　逆发型力士 ⋯⋯⋯⋯⋯⋯⋯⋯⋯ 134
图 3-15　山西大同云波里路壁画墓东壁　墓主夫妇图像 ⋯⋯⋯⋯⋯⋯ 136
图 3-16　山西大同云波里路壁画墓南壁 ⋯⋯⋯⋯⋯⋯⋯⋯⋯⋯⋯⋯⋯ 136
图 3-17　北魏敦煌莫高窟第 275 窟　纹饰带 ⋯⋯⋯⋯⋯⋯⋯⋯⋯⋯⋯ 138
图 3-18　云冈石窟第 18 窟东壁立佛 ⋯⋯⋯⋯⋯⋯⋯⋯⋯⋯⋯⋯⋯⋯ 139
图 3-19　大同湖东北魏 1 号墓平面图 ⋯⋯⋯⋯⋯⋯⋯⋯⋯⋯⋯⋯⋯⋯ 140
图 3-20　大同湖东北魏 1 号墓漆棺 ⋯⋯⋯⋯⋯⋯⋯⋯⋯⋯⋯⋯⋯⋯⋯ 140
图 3-21　北魏司马金龙墓石床（局部）⋯⋯⋯⋯⋯⋯⋯⋯⋯⋯⋯⋯⋯ 141
图 3-22　固原北魏漆棺　供养天人 ⋯⋯⋯⋯⋯⋯⋯⋯⋯⋯⋯⋯⋯⋯⋯ 141
图 3-23　固原北魏漆棺　前档线描图 ⋯⋯⋯⋯⋯⋯⋯⋯⋯⋯⋯⋯⋯⋯ 142
图 3-24　固原北魏漆棺　右侧板左半部摹本 ⋯⋯⋯⋯⋯⋯⋯⋯⋯⋯⋯ 143
图 3-25　敦煌莫高窟第 257 窟顶部（局部）⋯⋯⋯⋯⋯⋯⋯⋯⋯⋯⋯ 143

图 3-26	大同湖东北魏1号墓　鎏金铜牌饰	144
图 3-27	大同湖东北魏1号墓　莲花化生铜饰件	144
图 3-28	固原北魏墓　透雕铜铺首	145
图 3-29	固原北魏墓　透雕铜铺首	145
图 3-30	北魏铜饰件	145
图 3-31	永固陵石卷门	146
图 3-32	永固陵石卷门　西侧捧莲蕾童子	147
图 3-33	永固陵石卷门　东侧捧莲蕾童子	147
图 3-34	云冈石窟第11窟东壁第3层南侧上段　佛龛	148
图 3-35	云冈石窟第9窟　前室天井西部　天人	148
图 3-36	北魏洛阳时期石床拓片　力士像	153
图 3-37	北魏洛阳时期石床拓片	154
图 3-38	河南省沁阳县西向公社石床拓片（局部）	155
图 3-39	河南省沁阳县西向公社石床足拓片（中央）	155
图 3-40	北魏元谧孝子石棺前档拓片	156
图 3-41	北魏石棺前档拓片	157
图 3-42	北魏石床	158
图 3-43	北魏永安二年笴景墓志盖拓片	158
图 3-44	北魏永安二年笴景墓志盖拓片　摩尼宝珠与万岁	159
图 3-45	东魏武定八年茹茹公主墓门墙线描图　朱雀	160
图 3-46	北齐武平元年东安王娄叡墓　墓门正视线描图	160
图 3-47	北齐武平元年东安王娄叡墓　门额背面（摹本）	161
图 3-48	北魏神龟年间山西榆社石椁左侧板　白虎	162
图 3-49	北魏南涅水石雕造像	163
图 3-50	北魏南涅水石雕造像（局部）	164
图 3-51	北魏神龟年间山西榆社石椁右侧板（局部）	164
图 3-52	北魏神龟年间山西榆社石椁左侧板前方　跳丸、寻橦、长蹻	164

第四章

图 4-1	北魏洛阳时期A组围屏拓片《执幡图》	174
图 4-2	北魏洛阳时期A组围屏拓片《牛车图》	174
图 4-3	北魏洛阳时期A组围屏拓片《诣阙图》	174

图像与装饰：北朝墓葬的生死表象

图 4-4　北魏洛阳时期 A 组围屏拓片《登床图》……………………… 174
图 4-5　北魏洛阳时期 A 组围屏拓片《奏乐图》……………………… 175
图 4-6　北魏洛阳时期 A 组围屏拓片《墓主夫妇》…………………… 175
图 4-7　北魏洛阳时期 A 组围屏拓片《人物相对图》………………… 176
图 4-8　北魏洛阳时期 A 组围屏拓片《奉食图》……………………… 176
图 4-9　北魏洛阳时期 A 组围屏拓片《人物行进图》………………… 176
图 4-10　北魏洛阳时期 A 组围屏拓片《树下濯足图》……………… 176
图 4-11　北魏洛阳时期 A 组围屏拓片《吹笙引凤图》……………… 177
图 4-12　北魏洛阳时期 A 组围屏拓片《鞍马图》…………………… 177
图 4-13　北魏洛阳时期拓片一《奏乐图》《墓主夫妇》《鞍马图》…… 179
图 4-14　北魏洛阳时期拓片二《牛车图》《奉食图》《人物相对图》… 179
图 4-15　北魏洛阳时期拓片三《诣阙图》《树下濯足图》《吹笙引凤图》… 179
图 4-16　北魏洛阳时期拓片四《人物行进图》《执幡图》《登床图》… 180
图 4-17　北魏洛阳时期 A 组围屏拓片的关系 ………………………… 181
图 4-18　北魏洛阳时期 A 组围屏凿孔位置示意图 …………………… 181
图 4-19　北魏洛阳时期 A 组围屏与墓主夫妇图像的位置 …………… 182
图 4-20　北魏洛阳时期 B 组围屏与墓主夫妇图像的位置 …………… 183
图 4-21　北魏洛阳时期 B 组围屏《墓主夫妇》……………………… 185
图 4-22　北魏洛阳时期 B 组围屏右侧《人物对坐图》……………… 186
图 4-23　北魏熙平元年洛阳永宁寺遗址出土　树干、树叶泥塑残件 … 187
图 4-24　北魏洛阳时期 B 组围屏右侧《侍女奏乐》原石（局部）… 187
图 4-25　北魏洛阳时期 B 组围屏《侍女奏乐》……………………… 189
图 4-26　北魏洛阳时期石床围屏《鞍马图》………………………… 189
图 4-27　北魏石床围屏《孝子郭巨》………………………………… 190
图 4-28　北魏元谧孝子石棺…………………………………………… 190
图 4-29　北魏元谧孝子石棺拓片　后档……………………………… 193
图 4-30　北魏正光五年元昭墓志盖　拓片…………………………… 193
图 4-31　北魏正光五年元昭墓志盖　拓片（局部）………………… 193
图 4-32　北魏元谧孝子石棺拓片　左右两侧畏兽…………………… 193
图 4-33　北魏正光三年冯邕妻元氏墓志盖拓片　畏兽……………… 194
图 4-34　北魏正光五年元谧墓志盖…………………………………… 194
图 4-35　北魏孝昌二年侯刚墓志盖拓片　畏兽……………………… 195

图版目次

图 4-36　北魏永安二年尔朱袭墓志拓片（局部）　畏兽 ………… 196
图 4-37　北魏元谧孝子石棺拓片（局部）（左）与波士顿美术馆藏石床
　　　　围屏（右）《孝子郭巨》 ………… 196
图 4-38　北魏正光六年"曹望憘造像碑"拓片（局部） ………… 197
图 4-39　北魏龙门石窟宾阳中洞东壁《帝王后妃礼佛图》浅浮雕（局部） ………… 198
图 4-40　北魏孝昌三年皇甫公窟　北壁龛基部　《礼佛图》（局部） ………… 199
图 4-41　北魏四神龟甲纹石棺拓片　白虎残片一 ………… 202
图 4-42　北魏四神龟甲纹石棺拓片　白虎残片二 ………… 202
图 4-43　北魏洛阳时期 A（左）、B（右）组围屏《墓主夫妇》 ………… 204
图 4-44　北魏洛阳时期 B 组围屏人物比较 ………… 205
图 4-45　北魏洛阳时期 A（左）、B（右）组围屏《鞍马图》比较 ………… 205
图 4-46　北魏洛阳时期 A（左）、B（右）组围屏《牛车图》比较 ………… 207
图 4-47　北魏洛阳时期 A（左）、B（右）组围屏《执幡图》比较 ………… 207
图 4-48　北魏洛阳时期 A（左）、B（右）组围屏《侍女奏乐》比较 ………… 208
图 4-49　北魏洛阳时期 A（左）、B（右）组围屏《奉食图》比较 ………… 208
图 4-50　北魏洛阳时期 B 组围屏《墓主夫妇》原石（局部） ………… 209
图 4-51　北魏洛阳时期 B 组围屏《牛车图》原石（局部） ………… 209
图 4-52　北魏洛阳时期 B 组围屏　左侧石板最外侧画面下方"之"字 …… 211
图 4-53　东汉武梁祠画像拓片《京师节女》 ………… 213
图 4-54　北魏龙门石窟普泰洞北壁佛龛右侧《涅槃图》 ………… 213
图 4-55　北魏云冈石窟第 6 窟主室东壁《四门出游》 ………… 214
图 4-56　南朝河南邓县画像砖墓《南山四皓》 ………… 217
图 4-57　西晋敦煌佛爷庙湾 M167 墓砖画《伯牙抚琴》 ………… 219
图 4-58a　西晋敦煌佛爷庙湾 M37 墓照墙砖画《伯牙抚琴》 ………… 219
图 4-58b　西晋敦煌佛爷庙湾 M37 墓照墙砖画《子期听琴》 ………… 219
图 4-59　西晋晚期至东晋早期江西南昌火车站 M2 墓漆器线描图《九天
　　　　玄女图》 ………… 220
图 4-60　南朝河南邓县画像砖墓《王子桥〔乔〕与浮丘公》 ………… 222
图 4-61　北魏洛阳时期《吹笙引凤图》人物与河南邓县画像砖墓
　　　　"王子桥〔乔〕"比较 ………… 225
图 4-62　东魏武定六年河南安阳 M57 墓围屏石床 ………… 227
图 4-63　东魏武定六年河南安阳 M57 墓围屏石床《孝子传图》示意图 …… 227

| VII

图像与装饰：北朝墓葬的生死表象

图 4-64　东魏武定六年河南安阳 M57 墓围屏石床《孝子传图》与《孝子传》对照示意图⋯⋯⋯⋯⋯⋯⋯⋯⋯⋯⋯⋯⋯⋯⋯⋯⋯⋯⋯⋯⋯ 229

第五章

图 5-1　安阳粟特石床石阙⋯⋯⋯⋯⋯⋯⋯⋯⋯⋯⋯⋯⋯⋯⋯⋯ 242
图 5-2　石阙内侧的火坛与祭司⋯⋯⋯⋯⋯⋯⋯⋯⋯⋯⋯⋯⋯⋯ 242
图 5-3　安阳粟特石床正面右侧围屏⋯⋯⋯⋯⋯⋯⋯⋯⋯⋯⋯⋯ 243
图 5-4　安阳粟特石床正面左侧围屏⋯⋯⋯⋯⋯⋯⋯⋯⋯⋯⋯⋯ 243
图 5-5　安阳粟特石床右侧围屏⋯⋯⋯⋯⋯⋯⋯⋯⋯⋯⋯⋯⋯⋯ 244
图 5-6　安阳粟特石床台座⋯⋯⋯⋯⋯⋯⋯⋯⋯⋯⋯⋯⋯⋯⋯⋯ 244
图 5-7　安阳粟特石床床檐板⋯⋯⋯⋯⋯⋯⋯⋯⋯⋯⋯⋯⋯⋯⋯ 246
图 5-8　山西太原隋代虞弘墓石椁台座　正面线描图⋯⋯⋯⋯⋯ 250
图 5-9　山西太原隋代虞弘墓石椁台座　背面线描图⋯⋯⋯⋯⋯ 251
图 5-10　纽约 Shelby White 与 Leon Levy 藏石床⋯⋯⋯⋯⋯⋯ 252
图 5-11　Vahid Kooros 藏石床线描图⋯⋯⋯⋯⋯⋯⋯⋯⋯⋯⋯ 252
图 5-12　安阳粟特石床（局部）　天人像⋯⋯⋯⋯⋯⋯⋯⋯⋯ 253
图 5-13　安阳粟特石床（局部）　护法神⋯⋯⋯⋯⋯⋯⋯⋯⋯ 254
图 5-14　云冈石窟第 8 窟　拱门东侧　护法神⋯⋯⋯⋯⋯⋯⋯ 256
图 5-15　隋开皇九年　河南安阳灵泉寺大住圣窟　"那罗延神王"⋯ 256
图 5-16　北魏司马金龙墓石床左侧力士⋯⋯⋯⋯⋯⋯⋯⋯⋯⋯ 256
图 5-17　北魏司马金龙墓石柱础⋯⋯⋯⋯⋯⋯⋯⋯⋯⋯⋯⋯⋯ 258
图 5-18　安阳粟特石床正面左侧围屏（局部）⋯⋯⋯⋯⋯⋯⋯ 259
图 5-19　安阳粟特石床正面左侧围屏（局部）⋯⋯⋯⋯⋯⋯⋯ 260
图 5-20　安阳粟特石床正面左侧围屏（局部）⋯⋯⋯⋯⋯⋯⋯ 261
图 5-21　安阳粟特石床围屏正面⋯⋯⋯⋯⋯⋯⋯⋯⋯⋯⋯⋯⋯ 262
图 5-22　北魏洛阳时期石床与双阙⋯⋯⋯⋯⋯⋯⋯⋯⋯⋯⋯⋯ 263
图 5-23　八世纪初片治肯特壁画 28 号室东壁南侧　线描复原图⋯ 265
图 5-24　八世纪初片治肯特壁画　联珠纹边饰摹本⋯⋯⋯⋯⋯ 267
图 5-25　北魏围屏石床⋯⋯⋯⋯⋯⋯⋯⋯⋯⋯⋯⋯⋯⋯⋯⋯⋯ 269
图 5-26　北魏人马画像⋯⋯⋯⋯⋯⋯⋯⋯⋯⋯⋯⋯⋯⋯⋯⋯⋯ 271
图 5-27　北周大象二年陕西西安史君墓石椁正面（上）西壁至北壁（下）⋯ 275
图 5-28　史君墓石椁西壁⋯⋯⋯⋯⋯⋯⋯⋯⋯⋯⋯⋯⋯⋯⋯⋯ 276

图 5-29　史君墓石椁西壁线描图 ·············· 276
图 5-30　史君墓石椁北壁线描图 ·············· 277
图 5-31　史君墓石椁东壁线描图 ·············· 280

第六章

图 6-1　北周天和六年西安康业墓平面、剖面图 ·············· 297
图 6-2　北周天和六年西安康业墓围屏石床 ·············· 297
图 6-3　北周保定四年西安南康村李诞墓　平面图 ·············· 300
图 6-4　北周保定四年西安南康村李诞墓石棺后档线描图 ·············· 301
图 6-5　北周保定四年西安南康村李诞墓石棺前档线描图 ·············· 301
图 6-6　北魏元谧孝子石棺前档拓片 ·············· 302
图 6-7　北周安伽墓围屏石床床足线描图　畏兽 ·············· 305
图 6-8　北魏正光三年冯邕妻元氏墓志盖拓片 ·············· 305
图 6-9　康业墓正面左侧围屏　边框图案复原图 ·············· 310
图 6-10　康业墓左侧围屏　边框图案复原图 ·············· 310
图 6-11　西安窦寨村窖藏北周佛教造像贴金痕迹 ·············· 311
图 6-12　北周大象元年西安安伽墓围屏石床 ·············· 313
图 6-13　康业墓围屏正面右侧石板线描图 ·············· 316
图 6-14　康业墓围屏正面左侧石板线描图 ·············· 316
图 6-15　康业墓围屏正面左侧石板线描图　正面墓主图像（局部） ·············· 318
图 6-16　河南安阳固岸 M57 号墓《孝子传图》围屏石床　正面墓主图像（局部） ·············· 319
图 6-17　康业墓围屏右侧石板线描图 ·············· 321
图 6-18　康业墓围屏左侧石板线描图 ·············· 321
图 6-19　康业墓围屏右侧石板线描图　第一幅（局部） ·············· 322
图 6-20　《康业墓志》拓片 ·············· 324
图 6-21　康业墓围屏正面右侧石板线描图　第二幅（局部） ·············· 327
图 6-22　梁中大通五年四川彭州市龙兴寺 1 号背屏式造像　背面 ·············· 327
图 6-23　康业墓围屏石床正面　兽面 ·············· 329
图 6-24　康业墓围屏石床正面　朱雀 ·············· 329
图 6-25　北魏神龟三年元晖墓志拓片 ·············· 331
图 6-26　北周大成元年陕西靖边县翟曹明墓石门门楣 ·············· 333

IX

导　论

西晋最后十年（306—316）所发生的三个事件，可作为引介本书的开场白。西晋为了对抗山西中南部的匈奴刘渊（252—310，304—310在位），对拓跋鲜卑采笼络政策，欲借其武力来匡助晋室。西晋光熙元年（306）卫操（？—310）撰《桓帝功德颂碑》纪念北魏先祖桓帝猗㐌的功绩："刊石纪功，图像存形。靡辍享祀，飨以牺牲。永垂于后，没有余灵。"① 此石碑的制作象征着拓跋鲜卑文字与图像启蒙的开端。永嘉四年（310）穆帝猗卢（猗㐌之弟）因援助刘琨（270—318）有功，被封为大单于、代公，拓跋鲜卑正式取得在代北（今山西北部）的政治地位。② 这是拓跋鲜卑向华北所跨出的重要一步。

同时期粟特人（Sogdians）的一封家书生动描述出西晋末年的动乱。1907年斯坦因（Sir M. A. Stein, 1862—1943）于甘肃敦煌西侧九十公里的一座烽燧（编号：XII a）下发现一组粟特文的书信残片，这是至今在中国所知最早的粟特文献。③ 此信书于312—314年之间，述及永嘉之乱洛阳陷于战火，河南洛阳至敦煌一带的粟特人流离失所。

---

① 此碑在北魏皇兴（467—471）初年重新被掘出，《魏书》卷23《卫操传》中录有部分碑文。（北齐）魏收，《魏书》（北京：中华书局，1992），页610。

② 《魏书》卷1《序纪》，页7。

③ Nicholas Sims-Williams, "Sogdian Ancient Letter II", in Annette L. Juliano and Judith A. Lerner eds., *Monks and Merchants: Silk Road Treasures from Northwest China, Gansu and Ningxia, 4th—7th Century* (New York: Harry N. Abrams with the Asia Society, 2001), pp. 47—49.

可知粟特人的贸易活动一时遭受顿挫。

《桓帝功德颂碑》与粟特书信的性质、书写文字、历史脉络虽不相同，但均显示外族卷入西晋末年的战乱，预告拓跋鲜卑的兴起，及以粟特人为要角的丝路中西文化交流新动向。其后历经战乱分合，383年前秦在淝水之战大败于东晋，迅速瓦解。登国元年（386）拓跋珪（371—409，386—409在位）为各部落所推举，即位魏王，天兴元年（398）迁都平城并称帝，建立北魏。北魏的建国为中古时期北方墓葬图像的新发展埋下伏笔。

一、新材料与新视野

在西方学术思想与方法的刺激之下，自二十世纪初现代中国美术史学的发端以来，如何运用考古材料来重构中国美术史，即成为学者关注的基本课题。中国美术史学的草创与考古发掘、田野调查的进展，可说是一体两面。北朝美术欠缺文献记载，学者只能借由考古发掘与田野调查的新方法来揣摩其样貌。因此，仍保留于地面上的佛教石窟也就被视为北朝美术的代表。二十世纪初学者所认识的北朝美术是以佛教造像为主体，滕固（1901—1941）所著的《中国美术小史》即为此例。在这本出版年代较早的中国美术通史中称颂北魏云冈、龙门石窟的巨制，对于北朝墓葬图像则未置一词。[1]当时所能取得的材料从根本上塑造学者对于北朝美术的构想，佛教雕刻遂成为北朝美术的代名词。

---

[1] 滕固，《中国美术小史》（台北：台湾商务印书馆，1973，商务印书馆1928影印版），页13—21。

导 论

这种现象随着新材料的问世而逐渐改观。① 尤其近二十年来的考古新发现，彻底刷新学界对于北朝美术的看法。正如1977年张光直（1931—2001）回顾中国考古学时，曾提到过去二十五年的考古发现已由本质上改变我们对于汉代美术的认识②，现在同样的现象也出现在北朝。就北朝墓葬而言，以北魏平城时期与北朝晚期粟特人墓葬最值得注意。这是因为过去这类材料相对稀少而零散。随着考古报告书的相继出版，有利的客观研究条件俨然成形，揭示出崭新而开阔的研究前景。

北魏作为北朝的开端，对于当今如何深化北朝，乃至于中古时期墓葬图像的研究尤其具有关键性。攸关唐代政治变迁的"关陇集团"，最初是由出身北魏边镇的西魏宇文泰（505—556）所集结。③ 基于鲜卑统治集团的重要性，学者还进一步将北魏至北周以及隋、唐一系列朝代称为"拓跋国家"④。就都城设计而言，北魏洛阳城的规划对东魏北齐邺城、隋大兴城、唐长安城产生极为深远的影响。⑤ 有鉴于北魏文物制度具有引导日后发展方向的作用，本书以北魏墓葬材料为主体，在此基础上考察北朝墓葬图像。

---

① 中国科学院考古研究所编著，《新中国的考古收获》（北京：文物出版社，1962），页92—95；中国社会科学考古研究所编著，《新中国的考古发现和研究》（北京：文物出版社，1984），页515—571。

② K. C. Chang, "Chinese Archaeology since 1949", *The Journal of Asian Studies*, Vol. 36, No. 4 (1977), pp. 623—646.

③ 陈寅恪，《唐代政治史述论稿》（重庆：商务印书馆，1943），页1—37。

④ 杉山正明，《中央ユーラシアの歴史構図——世界史をつないだもの》，收入桦山纮一等编辑，《岩波讲座 世界历史11 中央ユーラシアの統合》（东京：岩波书店，1997），页3—89。

⑤ 陈寅恪，《隋唐制度渊源略论稿》（台北：台湾商务印书馆，1998），页1—85。佐川英治，《中国古代都城の設計と思想——圆丘祭祀の歴史的展開》（东京：勉诚出版，2016），页1—23、169—196。

鲜卑为东胡族的一支，起源自大兴安岭北部，早期鲜卑墓葬具有游牧部族的文化特征。约在二世纪鲜卑逐步南迁，三世纪中叶在今山西北部、内蒙古南部形成一个以鲜卑拓跋氏为核心的部落联盟，以盛乐（今内蒙古自治区和林格尔附近）为其根据地。须留意所谓"拓跋鲜卑"并非渊源纯正的部族，而在其数百年的发展过程中持续与不同部族、民族相融合，因此应视为多部族组成的部落联盟。[1]

登国元年拓跋珪即位魏王，天兴元年定都平城（今山西大同）。太延五年（439）太武帝拓跋焘（408—452，423—452在位）灭北凉，结束十六国时代，揭开北朝的序幕。太和十八年（494）孝文帝（467—499，471—499在位）迁都洛阳，积极推动汉化政策，一直到武泰元年（528）河阴之变为止，洛阳为华北最为繁华富庶的国际性都会。534年北魏灭亡，高欢（496—547）专政，以邺城（今河北省邯郸市临漳县）为都，宇文泰立足长安（今陕西西安），形成东、西二魏对峙的局面。550年高氏改东魏为北齐，557年西魏为宇文氏取代，建立北周。577年北周灭北齐，北方重新统一。581年杨坚（541—604，581—604在位）篡位，改国号为隋，北朝画下句点。

在进入研究方法的讨论之前，首先简要回顾魏晋南北朝墓葬图像的研究史。在考古学、历史考古学的研究路径中，将历史文献与考古材料相印证，处理图像材料时重视重建其时空框架与编年发展；图像材料并非其最主要的研究对象，然而所建立的时空框架却对考察墓葬图像具有重要参考价值。宿白（1922—2018）关于拓跋鲜卑至北魏洛

---

[1] 康乐，《从西郊到南郊——国家祭典与北魏政治》（台北：稻禾出版社，1995），页49；王明珂，《游牧者的抉择——面对汉帝国的北亚游牧部族》（台北：联经出版，"中央研究院"丛书，2009），页206—207。

阳时期墓葬考古的系列论文,可作为相关研究的代表。[①] 其文中以墓葬材料为主,勾勒拓跋鲜卑自大兴安岭南下,建立平城并迁徙至洛阳的发展。随着新出土史料的推陈出新,新一代的考古学家除了进行更详细的考察之外,也注重不同区域之间的文化交流,重构北魏物质文化的新样貌。[②]

杨泓《汉唐美术考古和佛教艺术》代表考古学家对魏晋南北朝墓葬材料的综合研究。此书涵盖壁画、砖画、漆画、陶俑、马具等,可视为其研究的阶段性总结。[③] 该书以《谈中国汉唐之间葬俗的演变》为第一章,显示对于葬俗问题的重视。杨泓并提倡"美术考古学",将其界定为考古学范畴内的独立分支,采用层位学与类型学的方法。认为其研究范围与对象虽有时与美术史相同,但是"研究方法和研究目的则具有质的差别"[④]。美术考古学的倡导对唤起中国考古学界重视图像材料,具有引领风气的作用;其局限在于单由类型学方法难以进行深入的图像研究。

其次是本书所采用的美术史研究取径。奥村伊九良(1901—1944)最早由美术史的角度考察北朝墓葬图像,他对纳尔逊-阿特金斯美术馆藏(The Nelson-Atkins Museum of Art, Kansas)孝子石棺的

---

① 宿白,《东北、内蒙古地区的鲜卑遗迹——鲜卑遗迹辑录之一》,《文物》5期(1977),页42—54;宿白,《盛乐、平城一带的拓跋鲜卑—北魏遗迹——鲜卑遗迹辑录之二》,《文物》11期(1977),页38—46;宿白,《北魏洛阳城和北邙陵墓——鲜卑遗迹辑录之三》,《文物》7期(1978),页42—52。

② 例如倪润安,《光宅中原——拓跋至北魏的墓葬文化与社会演进》(上海:上海古籍出版社,2017)。

③ 杨泓,《汉唐美术考古和佛教艺术》(北京:科学出版社,2000)。

④ 中国大百科全书总编辑委员会《美术》编辑委员会,《中国大百科全书·美术Ⅰ》(北京:中国大百科全书出版社,1990),页522—523;杨泓,《代前言 探索的途径——中国美术考古的发现与研究》,收入氏著,《美术考古半世纪——中国美术考古发现史》(北京:文物出版社,1997),页2—3。

高度评价，对日后学界如何认识北魏绘画产生深远影响。[1] 长广敏雄（1905—1990）于1969年出版的《六朝时代美术研究》为关于南北朝美术史的第一部专著，其中虽包含佛教艺术，整体而言仍以墓葬材料为主。[2] 由于当时考古材料的限制，该书主要以传世遗物为研究对象，当中虽曾提到"坟墓美术"[3]，但作者的基本立场是将遗物视为复原名画家风格的线索，并未充分重视墓葬的相关问题。尽管如此，该书作为中国美术史学界首度以系统化的方式考察南北朝墓葬图像的著作，在研究史上具有里程碑的意义。

朱安耐（Annette L. Juliano）曾于1975年在美国华美协进社（China Institute in America）举办"六朝美术——世纪之变与创新"特展，展览图录中指出应该重视佛教美术之外的各类遗物，并认为这类涵盖陶俑、石棺的材料可概括为"墓葬美术"（mortuary art）。[4] 由于出土材料的限制，此见解并未得到太多回响。[5] 朱安耐于1980年出版《邓县——一座六朝时代的重要墓葬》，代表此阶段西方学界对于特定墓

---

[1] 奥村伊九良，《孝子传石棺の刻画》，《古拙愁眉——中国美术史の诸相》（东京：みすず书房，1982），页439—481。此书的评述参见曾布川宽，《奥村伊九良〈古拙愁眉中国美术史の诸相〉——つとめて新机轴の发想を志した先驱の意义》，《朝日ジャーナル》24卷20号（1982），页61—63。关于西方学界如何以这件孝子传图石棺建构早期中国绘画史，参见 Roger Covey, "Canon Formation and the Development of Western Chinese Art", in Nicholas Pearce and Jason Steuber eds., *Original Intentions: Essays on Production, Reproduction, and Interpretation in the Arts of China* (Gainesville: University Press of Florida, 2012), pp. 39—73。

[2] 长广敏雄，《六朝时代美术の研究》（东京：美术出版社，1969）。

[3] 长广敏雄，《六朝时代美术の研究》，页141。

[4] Annette L. Juliano, *Art of the Six Dynasties: Centuries of Change and Innovation* (New York: China House Gallery / China Institute in America, 1975), pp. 10, 19.

[5] 例如稍晚 Audrey Spiro 将南朝墓葬《竹林七贤与荣启期图》砖画放在肖像画的脉络下考察。Audrey Spiro, *Contemplating the Ancients: Aesthetic and Social Issues in Early Chinese Portraiture* (Berkeley: University of California Press, 1990).

葬的深入个案研究。①书中将墓葬视为整体,以系统化的方式处理风格、图像、建筑、随葬品、题记、历史情境等不同面向。相较于长广敏雄的《六朝时代美术研究》,该书更强调由墓葬美术的角度重建特定墓葬的历史脉络。

1991年曾布川宽在《南朝帝陵的石兽与砖画》一文中,全面考察当时所能取得的南朝文物。②其研究方法一方面承继长广敏雄的风格论,在田野调查的基础上进行详细的编年,以砖画来复原南齐绘画;另一方面充分利用考古材料与文献史料来拓展并深化墓葬图像学的研究。这种对于图像学方法的实践反映出二十世纪八十年代之后日本美术史学界的新动向。2000年曾布川宽主编《世界美术大全集·三国、南北朝卷》,总结日本学界关于魏晋南北朝美术的研究成果。③

约在二十一世纪交替之际,南北朝墓葬图像的研究局面有所转变。其原因除了来自新出土材料的刺激之外,也与学界的倡导有关。巫鸿自1999—2001年举办以"汉唐之间"为主题的跨学科、跨世纪的国际会议,尝试结合中国的考古材料与美国的美术史方法,推动魏晋南北朝考古与美术的研究;④该计划对于促进相关领域的研究发挥实质的作用。例如郑岩《魏晋南北朝壁画墓研究》一书中有二章曾发

---

① Annette L. Juliano, *Teng-Hsien: An Important Six Dynasties Tomb* (Switzerland: Artibus Asiae Pub, 1980).
② 曾布川宽,《南朝帝陵の石獣と磚画》,《东方学报》63册(1991),页115—263,后收入氏著,《中国美术の图像と样式》研究篇(东京:中央公论美术出版,2006),页225—293,中译见(日)曾布川宽著,傅江译,《六朝帝陵——以石兽和砖画为中心》(南京:南京出版社,2004)。
③ 曾布川宽、冈田健编,《世界美术大全集 东洋编》第3卷 三国·南北朝(东京:小学馆,2000)。
④ 巫鸿主编,《汉唐之间的宗教艺术与考古》(北京:文物出版社,2000);同氏主编,《汉唐之间文化艺术的互动与交融》(北京:文物出版社,2001);同氏主编,《汉唐之间的视觉文化与物质文化》(北京:文物出版社,2003)。

表于上述会议,可知该书的成形与上述系列会议之间的密切互动。①如何学习、运用美术史的方法来考察墓葬材料,为当今中国学界的重要课题。近十多年来中国的美术史学界正经历一场学科建设运动,其中种种关于如何定位"美术考古""墓葬美术"的论争,尽管立场与方法有异,然而都可视为企图将墓葬中视觉材料的考察加以学科化的努力。②

在此同时,西方学界也拓展了对于北朝考古材料的视野。2001年朱安耐与乐仲迪(Judith A. Lerner)引领风气,举办以汉唐之间河西至宁夏一带丝路沿线考古文物为主体的展览与研讨会。③2005年美国大都会博物馆亦举办以魏晋南北朝文物为主的汉唐出土文物大展,规模空前。④丁爱博(Albert Dien)于2007年出版的《六朝文明》则代

---

① 郑岩,《魏晋南北朝壁画墓研究》(北京:文物出版社,2002);氏著,《魏晋南北朝壁画墓研究(增订版)》(北京:文物出版社,2016),该书修改自其博士论文。同样与此系列会议相关的博士论文有 Bonnie Cheng(郑如珀),*Fabricating Life Out of Death: Sixth Century Funerary Monuments and the Negotiation of Cultural Traditions* (Ph. D. dissertation, The University of Chicago, 2003)。

② 例如巫鸿由美术史的角度尝试将"墓葬美术/艺术"提升至与书画研究等同的地位,并推动以墓葬美术为题的双年会议。巫鸿著,刘聪译,《反思东亚墓葬艺术——一个有关方法论的提案》,《艺术史研究》第10辑(2008),页1—32;Wu Hung, *The Art of the Yellow Springs: Understanding Chinese Tombs* (Honolulu: University of Hawai'i Press, 2010),中译见巫鸿著,施杰译,《黄泉下的美术——宏观中国古代墓葬》(北京:生活·读书·新知三联书店,2010)。

③ Annette L. Juliano and Judith A. Lerner eds., *Monks and Merchants: Silk Road Treasures from Northwest China, Gansu and Ningxia, 4th—7th Century* (New York: Harry N. Abrams with the Asia Society, 2001).

④ James C.Y. Watt ed., *China: Dawn of a Golden Age, 200—750 AD* (New York: The Metropolitan Museum of Art, 2004)。此展览曾赴日本展出,参见曾布川宽、出川哲朗监修,《中国·美の十字路展》(东京:大广,2005)。

表西方汉学界对于魏晋南北朝物质文化的整体认识。① 在学界倡导与博物馆展览的推波助澜之下，原来为汉唐考古所遮掩的魏晋南北朝出土材料重新受到瞩目。②

北朝晚期粟特人的葬具图像为本书的另一个重点。以汉地粟特人活动为中心的中西文化与艺术交流，为近年中国中古史研究中备受关注的议题。粟特人在史书中被称为"昭武九姓"，人种上出自伊朗系，语言上则属于印欧语系伊朗语族中的东伊朗语。居于中亚的"索格底亚那"（Sogdiana）地区，位在阿姆河（Amu Darya）和锡尔河（Syr Darya）之间，主要相当于今日的乌兹别克斯坦并向东延伸至塔吉克斯坦，曾建立数个城邦国家。三至八世纪时粟特人东行经商贸易，在丝路沿线建立聚落，部分入居中国后担任官职，死后也葬于中国。

学界关于北朝粟特人葬具的深入研究，始自1958年斯卡利亚（Gustina Scaglia）对传安阳出土北齐石床围屏的考察。③ 其文采用美术史的研究路径，推测这套葬具的墓主身份可能是粟特人萨保，堪称独具慧眼。随后经过近四十年的沉寂，1999年隋开皇十二年（592）虞弘墓出土，刺激学界重新认识粟特人在中古时期中西文化交流中所

---

① Albert E. Dien, *Six Dynasties Civilization* (New Haven and London: Yale University Press, 2007)，中译见丁爱博著，李梅田译，《六朝文明》（北京：社会科学文献出版社，2013）。

② 近年关于北魏皇权与物质文化的专论有 Chin-yin Tseng（曾庆盈），*The Making of the Tuoba Northern Wei: Constructing Material Cultural Expressions in the Northern Wei Pingcheng Period (398—494 CE)* (Oxford, England: Archaeopress, 2013)。陶俑与随葬器物的研究参见谢明良，《六朝陶瓷论集》（台北：台大出版中心，2006）；谢明良，《中国古代铅釉陶的世界——从战国到唐代》（台北：石头出版社，2014）；小林仁，《中国南北朝隋唐陶俑的研究》（京都：思文阁出版社，2015）；刘玮琦，《北朝墓葬所见胡化汉化的轨迹——以出土陶瓷为例》（嘉义：中正大学历史学系博士论文，2016）。

③ Gustina Scaglia, "Central Asians on a Northern Ch'I Gate Shrine", *Artibus Asiae*, Vol. 21, No. 1(1958), pp. 9—28.

扮演的重要角色，粟特研究一时蔚为盛行。在新出土材料的印证下，日本滋贺县Miho博物馆藏的一套真伪不明的围屏转变成被认可的粟特人葬具，体现学界认知过程的戏剧性变化。[①] 紧接虞弘墓之后北周安伽墓（2000年5月）、史君墓（2003年6月）、康业墓（2004年4月）相继出土，为北朝粟特人研究带来一股旋风并延续至今。相关研究成果详见本书第五、六章。

我们可借由2005年与2016年以"粟特人在中国"为题的两部国际学术研讨会论文集，得知学界对于粟特考古、历史、美术的多元考察。[②] 会议的议题广泛，涵盖粟特人的语言、文化、宗教、考古、历史等各个面向。将两次会议参加的人数相比，可知研究队伍正不断扩大。其中粟特人的墓葬图像成为认识其文化的重要媒介，无论是史学家、考古学家、美术史家均密切关注，可见如何分析这批材料已成为跨学科的共通议题。对于图像材料的重视除了促进不同学科的各自发展，也成为各学科之间可相互对话的交集。由于图像研究正是美术史学的核心，美术史家当能对此议题做出独特贡献。

二、由图像到生死表象

本书以图像作为考察墓葬中视觉材料的核心概念，因此首先必须

[①] A. L. Juliano and J. A. Lerner, "Cultural Crossroads: Central Asian and Chinese Entertainers on the Miho Funerary Couch", *Orientatons*, Vol. 28, No. 9(1997), pp. 72—78. A. L. Juliano and J. A. Lerner, "The Miho Couch Revisited in Light of Recent Discoveries", *Orientatons*, Vol. 32, No. 8(2001), pp. 54—61.

[②] 《法国汉学》丛书编辑委员会编，《粟特人在中国——历史、考古、语言的新探索》，《法国汉学》第10辑（北京：中华书局，2005）；荣新江、罗丰主编，宁夏文物考古研究所、北京大学中国古代史研究中心编，《粟特人在中国——考古发现与出土文献的新印证》上下册（北京：科学出版社，2016）。

探讨图像一词的内涵与用法。目前图像一词已成为中文学界描述各类视觉传统的关键词,也隐约成为考古、历史、美术史学者的共通用语。厘清这一词语不仅对于美术史研究本身有所裨益,也有助于建立跨学科的概念平台,增进学界的相互理解。不同学科对于图像一词的用法,随着其各自立场与设定研究目标而有所差异。

对于图像的理解首先涉及"美术"一词。当今中国美术史研究中,"美术／艺术"代表的价值规范正不断受到相对化与反思。[1] 这种经过不同程度相对化的"美术／艺术",隐然成为学者进行研究时并未明言的前提;因此,以"图像"取代"美术"的观点也就孕育而生。[2] 无论是"美术考古"或是"墓葬美术"的倡议者,其立场虽不同却有一共通点,亦即均使用"美术"一词。然而至少就北朝墓葬而言,"图像"比起"美术／艺术"较能贴近历史情境。美术一词显然不适用于墓葬材料,学界也有所自觉。目前所面临的问题是:"美术"仅存形骸,实际的操作概念却来自"图像"。如何对于作为问题核心的图像进行概念与方法上的检讨,也就显得格外重要。

历来关于图像一词主要有以下五种用法:

第一,将图像的"图"作为动词使用,意为"图绘形象",这是汉代以来史籍中对于图像一词的常见用法。例如《后汉书》卷84《孝

---

[1] Robert L. Thorp, "Studies of *Chinese Archaeology*/Art History in the West: a Critical Review", in Roderick Whitfield and Wang Tao eds., *Exploring China's Past: New Discoveries and Studies in Archaeology and Art* (London: Saffron, 1999), pp. 51—62;小川裕充,《'美术丛书'の刊行について——ヨーロッパの概念 "Fine Arts" と日本の释语 "美术" の导入》,《美术史论丛》20(2004),页33—54;林圣智,《反思中国美术史学的建立——"美术"、"艺术"用法的流动与"建筑"、"雕塑"研究的兴起》,《新史学》23卷1期(2012),页159—202。

[2] 此动向可见于 Stanley K. Abe, *Ordinary Images* (Chicago: Chicago University, 2002)。

女叔先雄传》:"郡县表言,为雄立碑,图象其形焉。"①其中"图象"与"图像"相通。同样的用法也可见于前引卫操《桓帝功德颂碑》:"刊石纪功,图像存形。"刊石与图像互相对应。

第二,将"图像"作为名词,为图形、图画之意②,亦相当于形象、画象、画像,且多专指人物画。例如《后汉书》卷77《阳球传》:"臣闻图象之设,以昭劝戒。"③其中"图象"等同于"图像"。曹植《叙愁赋》:"诵六列之篇章,观图像之遗形,窃庶几乎英皇。"此处"图像"指《列女图》。④

第三,在南北朝,图像一词的意义在汉代以来的用法之外,又加上"佛图形像"的新义,由世俗人物扩及宗教圣像。《魏书》卷114《释老志》:"太宗践位……又崇佛法,京邑四方,建立图像。"⑤此处"图像"意指塔像,即佛图(佛塔)与佛像。⑥换言之,除了既有的形象(image)之外又添加宗教圣像(icon)的意义,强化宗教偶像崇拜的意涵。⑦

---

① (刘宋)范晔,《后汉书》卷84《列女·孝女叔先雄传》(北京:中华书局,1996),页2800。

② (唐)张彦远,《历代名画记》卷1《叙画之源流》:"颜光禄云:'图载之意有三:一曰图理,卦象是也;二曰图识,字学是也;三曰图形,绘画是也。'"此处将图形作为绘画的本质,可视为图像的同义词。于安澜编,《画史丛书》第1册(上海:上海人民美术出版社,1963),页1;陈葆真,《中国画中图像与文字互动的表现模式》,收入颜娟英主编,《中国史新论·美术考古分册》(台北:联经出版,"中央研究院"丛书,2010),页203—296,特别是页204。

③ (刘宋)范晔,《后汉书》卷77《酷吏·阳球传》,页2499。

④ (唐)欧阳询撰,汪绍楹校,《艺文类聚》卷35(北京:中华书局,1965),页620。

⑤ 《魏书》卷114《释老志》,页3030。

⑥ (北齐)魏收著,冢本善隆译注,《魏书·释老志》(东京:平凡社,1990),页174。

⑦ "image"与"icon"的语源不同,分别出自希腊文与拉丁文。参见Megan Holmes, *The Miraculous Image in Renaissance Florence* (New Haven: Yale University Press, 2013), p. 20。

导 论

第四，将图像与文字、文本相对比，强调图像一词的视觉性，扩大图像的指涉范围，涵盖任何视觉形象。1927年顾颉刚（1893—1980）为广州中山大学图书馆所计划搜集的史料中包括"实物之图像"，可作为现代的用例。① 这是目前历史学、考古学、美术史界对于图像一词最常见的使用方式。

第五，将图像作为与风格相对的概念工具，指涉形式之外的主题、内容、意义，在这种用法中图像相当于"图像意涵""图像内容"的简称。② 例如1937年滕固考察汉代画像时将主题与图像结合，称为"野兽图像""乐舞图像"③。这种用法受到西洋美术史学的影响，引申自图像学（iconography）。④ 约在二十世纪三十年代"图像学"已作为研究佛教绘画内容的用语。⑤ 日本学者翻译此用语时参照佛教仪轨的传统，这是因为日本自平安时代以来，图像一词已是密教白描图样集成的专门用语。⑥ 由此可知，在美术史的著作中"图像"一词可代表视觉形象，也可指涉视觉形象的主题与内容，兼具形式与意义的双重意涵，端赖使用方式而定。

---

① 顾潮编著，《顾颉刚年谱》（北京：中国社会科学出版社，1993），页141。
② 形式／风格与图像意涵（iconographical implications）为观看活动的两个层面，参见陈葆真，《图画如历史》（台北：石头出版社，2015），页37。"风格"与"图像"可分别指"风格论"与"图像学"，曾布川宽，《中国美术的图像与样式》研究篇，序，页1。
③ 滕固，《南阳汉画像石刻之历史的及风格的考察》，收入胡适、蔡元培、王云五编，《张菊生先生七十生日纪念论文集》（上海：商务印书馆，1937），页483—502。
④ Erwin Panofsky, "Studies in Iconology", in *Studies in Iconology: Humanistic Themes in the Art of the Renaissance* (Westview Press, 1972, first published in 1939); Erwin Panofsky, "Iconography and Iconology: An Introduction to the Study of Renaissance Art", in *Meaning in Visual Arts* (Chicago: The University of Chicago Press, 1955).
⑤ 松本荣一，《燉煌画の研究》图像篇（东京：东方文化学院东京研究所，1937），页6。
⑥ 浜田隆编，《日本の美术No.55图像》（东京：至文堂，1970），页19—20；佐藤康宏，《序 图像の意味、图像の解释》，收入氏编，《讲座 日本美术史3 图像の意味》（东京：东京大学出版社，2005），页1—10。

图像与装饰：北朝墓葬的生死表象

在以上五种用法中，第一、二种在语意上的差异不大，为图像一词的传统用法，兼具 image 与 picture 的意义。第三种 icon 为受到佛教影响的新义，可知南北朝为图像一词用法的关键转折时期。第四、五种则为现代的新用法，涵盖 image 与 icon。此外，在美术史学者的著作中，图像一词可用来指涉形式或意义。本书对于图像一词的用法主要采取第四、五种。

本书中所探讨的墓葬图像兼具世俗性与宗教性，并留意佛教美术的影响，因此适用南北朝对于图像一词的用法，为本书采用"图像"的历史依据。另外就墓葬材料的分类而言，使用图像一词的优点为便于统合各类型的视觉材料，可将壁画、漆画、线刻画、石刻等均囊括在内，有助于会通问题。[①] 当然，这并非意味本书忽略不同材质的物质属性，或是随葬品与图像之间的可能关系。然而本书采用图像一词尚有另一层方法上的考虑。

本书除了将"图像"作描述视觉材料的词语之外，还进一步视之为具有方法潜力的概念工具，这就涉及如何探讨图像与表象（representation）的关系。图像既然是社会活动的产物，学者也就必须重视与其相关的制作、运用、功能，乃至于如何被认识的问题。借由墓葬图像的运用方式，可以得知特定人群对于图像的集体性认知与文化态度。由于墓葬图像的研究必然涉及死后世界、生死观等问题，也因此如何考察其中"生死表象"（representation of death）的层面，

[①] 学者另以"壁画""墓室画像"作为分类用语。郑岩，《魏晋南北朝壁画墓研究（增订版）》（北京：文物出版社，2016），页1—2；李梅田，《北朝墓室画像的区域性研究》，《故宫博物院院刊》3期（2005），页75—103；同氏著，《魏晋北朝墓葬的考古学研究》（北京：商务印书馆，2009），页180—181。

也就成为此领域的关键问题。[1] 生死表象即为生者如何认知并塑造死后世界的视觉机制，也是生死观、世界观的视觉展现。图像学研究关注图像与文本之间的内在对应，生死表象则是指墓葬图像与政治社会之间的各种开放性连结。宫布利希（E. H. Gombrich, 1909—2001）指出图像学的研究要点在于重建其社会文化体制，或可称为开放性的图像学研究[2]；其见解实已脱离图像学原来固着于文献解释的导向，显示出积极参照社会文化脉络的视野。

本书由四个层面来考察北朝墓葬图像中所牵涉的生死表象，分别是"图像制作""空间结构""丧葬礼仪""政治社会脉络"。图像制作意指图像制作的具体过程，包括图像来源、风格特点、粉本形态、工匠角色、作坊运作、丧家与工匠的协商过程等，借此可习得开启意义之门的钥匙。空间结构意指墓葬中各类建筑性结构所形成的特定对应关系。例如墓室与甬道之间的内外之别，各壁面之间的方位、相对关系等；石床围屏则涉及结构、图像组合与复原问题。丧葬礼仪包含初亡至下葬之间的葬俗、葬制，也包括葬毕之后地面上的祭祀活动等，具有高度的社会功能性。政治社会脉络所指的范围较为广泛，涵盖墓主与丧家所属的政治集团、社会阶层。虽然学界多重视墓葬图像与政治社会的关系，但是该如何建立两者之间的连结，其具体的研究步骤尚未确立。本书由生死表象的角度反思此问题。生死表象可界定为经由上述四个层面所构成的整体丧葬意义。借此观点有助于分析墓葬图

---

[1] 西方学界的相关研究甚多，可举出 Philippe Ariès, translated by Janet Lioyd, *Images of Man and Death* (Cambridge: Harvard University Press, 1985); Sarah Webster Goodwin and Elisabeth Bronfen eds., *Death and Representation* (Baltimore: Johns Hopkins University Press, 1993); Hans Belting, translated by Thomas Dunlap, *An Anthropology of Images: Picture, Medium, Body* (Princeton: Princeton University Press, 2011), pp. 84—124。

[2] E. H. Gombrich, "Introduction: Aims and Limits of Iconology", in *Symbolic Images: Studies in the Art of the Renaissance* II (Oxford: Phaidon Press, 1972), pp. 1—22.

像与政治社会之间多重的错综关系，更有层次地逐一厘清地下墓葬如何与地上世界产生关联的各种机制。此外，上述研究路径亦有助于扣紧形式与内容的关系，促使这两者获得新的统合性。

就魏晋南北朝美术史的研究而言，长广敏雄最早系统化阐述美术社会史的方法论。他在《六朝时代美术研究》一书中以《美术社会史与风格史》为序章，面对缺乏名家真迹而难以建立风格史的困境，尝试另辟蹊径，由风格所具有的模式性特质来重建社会性。① 他亦指出考察复制技术与复制作品为中国美术社会史的重大课题；最后以双重构造论为总结，认为作品属于上层结构，作者与社会则出自下层结构并扩及于一般社会，书中所讨论的社会性涵盖技术、材料、经济、政治、风俗、礼仪等多种层面。今日看来，这种上下二层的结构区分过于简化，其论述方向以印证画论文字为依归，未能彰显风格所体现的政治社会层面。该书讨论美术社会史的方式虽有其时代限制，然而所提出的核心问题：如何借由墓葬出土材料来重建美术社会史，其重要性至今未曾稍减。

由于墓葬中的生死表象具有高度社会性，因此有必要留意如何界定墓主所属集团的性质。就北朝而言尤须注意不同部族、政治集团之间的分合与互动。关于这点，史学界已累积丰硕的研究成果。拓跋鲜卑如何由一后进的部落演进成北魏国家，向来是中古史家所关注的焦点。谷川道雄（1925—2013）追溯其部落联盟的结合原理，提出"豪族共同体"一说。② 康乐（1950—2007）强调北亚祭典对于凝聚拓跋部落联盟的作用③，并借用谷川道雄"豪族共同体"一词来说明北魏镇人具豪强集团的性质，进而提出"镇人意识"，指出"不管这些镇

---

① 长广敏雄，《六朝时代美术の研究》，页11—40。
② 谷川道雄，《増补 隋唐帝国形成史论》（东京：筑摩书房，1998）。
③ 康乐，《从西郊到南郊——国家祭典与北魏政治》，页174—178。

人原本出身为何，长久（甚至是世代）在边镇共同生活的结果，使得他们逐渐培养出一种共通意识"。并认为高欢即利用此一集体意识，鼓动镇人团结对抗尔朱氏。[①] 松下宪一经由考察北魏国号中"大代""大魏"并用的现象，认为他们自北魏前期开始形成"代人意识"。[②]

上述研究中，学者除了尝试客观界定政治集团之外，也留意到"镇人意识""代人意识"等历史行动者的主观认知问题。代人集团的凝聚是由一连串恩威并济的政策所促成。从美术史的角度来看，同样值得关注的是拓跋鲜卑在建国历程中如何学习运用图像资源，并借此来建构并巩固政治权威。墓葬图像的政治社会功能之一，在于可用来塑造部落共同体对于死后世界的集体认识，并借此凝聚集团内部的向心力。虽然目前的出土史料尚不足以揭示代人集团墓葬图像的全貌，然而已有若干重要线索可寻。

三、图像与装饰

本书将"装饰"视为辅助图像研究的另一个重要概念。就北朝墓葬而言，仅使用"图像"并无法充分认识所有的视觉材料，必须兼采装饰的概念。借由"装饰"有助于分析北朝墓葬中游牧部族文化的特质。

装饰一词的原义是指衣着的打扮、修饰。例如《后汉书》卷83《梁鸿传》："女求作布衣、麻屦，织作筐缉绩之具。及嫁，始以装饰入门。"[③] 此处"装饰"指新妇的服饰。北魏关于装饰一词的用法可见《洛阳伽

[①] 康乐，《代人与镇人》，《"中央研究院"历史语言研究所集刊》61本4分（1991），页895—916；康乐，《从西郊到南郊——国家祭典与北魏政治》，页96—98。

[②] 松下宪一，《北魏胡族体制论》（札幌：北海道大学出版会，2007），页138—140。

[③] （刘宋）范晔，《后汉书》卷83《梁鸿传》，页2766。

图像与装饰：北朝墓葬的生死表象

蓝记》卷1《城内·永宁寺条》："拱门有四力士，四狮子，饰以金银，加之珠玉，庄严焕炳，世所未闻。……装饰毕功，明帝与太后共登之。"① 其中"饰""加"为装饰、加饰之意。"庄严"为梵文"vyūha"的汉译，原意为"布列"，引申为以各类珍宝、华蔓等来装饰佛菩萨或寺院。② 引文最后以"装饰"来概括前文中的各类加饰、庄严，吸收佛教"庄严"的概念，其意义已扩及于服饰之外，为广义用法；可知在北魏，图像与装饰均被赋予佛教的新义。因此，学者考察北魏的墓葬图像与装饰之际，也应该具备佛教美术的眼光。

值得注意的是，"饰"一词在丧礼中尚有另一层涵义，具有文饰、显示等意，较"装饰"为广泛。③ 据《荀子·礼论篇第十九》："丧礼之凡，变而饰，动而远，久而平。故死之为道也，不饰则恶，恶则不哀。"④ 其中"变而饰"是指在丧礼进行过程中对于死者的文饰。又言："丧礼者，以生者饰死者也，大象其生以送死也。……事生，饰始也；送死，饰终也；终始具，而孝子之事毕，圣人之道备矣。"⑤ 而认为丧礼是以生人之道来文饰死者，尽量仿效其生时以送死者。丧礼中有关"饰"的用法最近于"装饰"者为"饰棺"。又例如《礼记·丧大记第二十二》："饰棺：君龙帷，三池，振容，黼荒，火三列，黼三列，素锦褚，加伪荒……鱼跃拂池。"郑玄注："饰棺者，以华道路及圹中，不欲众恶其亲也。"郑玄根据荀子的见解，由"不饰则恶"

---

① （北魏）杨衒之撰，周祖谟校释，《洛阳伽蓝记校释》（北京：中华书局，1958），页11—13。

② 林良一，《东洋美术の装饰文样——植物文篇》（京都：同朋舍，1992），页7—11。

③ Chao-Hui Jenny Liu, *Ritual Concepts and Political Factors in the Making of Tang Dynasty Princess Tombs (643—706 A.D.)* (Ph. D. dissertation, School of Oriental and African Studies, University of London, 2005), pp. 133—136.

④ 李涤生著，《荀子集释》（台北：台湾学生书局，1981），页436。

⑤ 李涤生著，《荀子集释》，页440—445。

的角度来看待饰棺的丧葬功能。北魏"金饰棺"中关于"饰"的用法，即源自于此。

装饰一词早已见于史籍，不过美术史的现代用法则是源自十九世纪下半叶的日本翻译，作为对应于 ornament 与 decoration 的译语。[①] 滕固论及云冈石窟时所说"装饰意境的显露"，即依循现代用法。[②]

过去南北朝墓葬的研究中并非未论及装饰，例如学者经常将装饰视为断代或建立相关性的辅证。本书并不排斥这种做法，但是更关注的问题是如何彰显装饰本身的价值与主体性，这就牵涉到该采用何种概念框架来考察装饰的问题。目前学界关于南北朝装饰的探讨，大致出自以下三种研究取径：

第一，考察纹饰的形态与系谱，为正统的装饰史研究手法。就北朝的材料而论，长广敏雄对于佛教纹饰的考察可作为初期代表。[③] 罗森（Jessica Rawson）以各类器物、墓志的纹饰为主体，勾勒北朝至唐代的装饰体系。[④] 附带一提的是，两位学者分别依据不同的装饰史研究典范。长广敏雄早年曾在滨田耕作（1881—1938）的引介下翻译里格尔（Alios Riegl，1858—1905）的《风格问题》，该书被宫布利希誉为西洋美术史中关于装饰美术最重要的经典作品，[⑤] 长广敏雄排比

[①] 增渊宗一，《装饰》，收入今道友信编，《讲座美学 2——美学の主题》（东京：东京大学出版社，1988），页 228—234；玉虫敏子，《生きつづける光琳——イメージと言说をはこぶ"乘り物"とその轨迹》（东京：吉川弘文馆，2004），页 124—128。

[②] 滕固，《中国美术小史》，页 17。

[③] 长广敏雄，《北魏唐草文样の二三について》，《东方学报》8 册（1937），页 97—117；长广敏雄，《大同石佛艺术论》（东京：高桐书院，1946），页 117—174。

[④] Jessica Rawson, "The Ornament on Chinese Silver of the Tang Dynasty (A. D. 618—906)", *British Museum Occasional Papers*, No. 40(1982), pp. 8—11.

[⑤] E. H. Gombrich, *The Sense of Order: A Study in the Psychology of Decorative Art* (London: Phaidon Press, 1992), p. 182.

图像与装饰：北朝墓葬的生死表象

纹饰的做法无疑承继自里格尔。① 罗森对于中国装饰史的研究，除了里格尔之外主要受到宫布利希《秩序感》一书的启发。② 宫布利希由观者心理的角度来考察装饰，建立装饰史研究的新典范。

第二，以装饰来涵盖图像。例如町田章以"装饰墓"的概念来涵盖汉代画像至唐代的墓葬图像。③ 此分类源自日本考古学的专用术语"装饰古坟"，町田章取其广义，扩大运用至中国墓葬。此外，近年西方学界亦出现以装饰来涵盖图像的构想，虽然学术源流有异，但同样是以装饰作为分类的主体。④

第三，重视图像与装饰之间的相关性与流动性。长广敏雄曾提到北魏孝子石棺具有"纹饰性"；卜苏珊（Susan Bush）留意装饰对于这一时期美术史研究的重要性。⑤ 另外，罗樾（Max Loehr，1903—1988）则认为汉代之后装饰的形式提供图画表现（pictorial representation）不可或缺的表现模式。⑥

在上述研究路径中，以第三种最重视图像与装饰之间的互动关系。本书将以此为主要方向，但不以此为限，必要时兼采第一类的装饰史

---

① 长广敏雄译，《リーグル美术样式论——装饰史の基本问题》（东京：岩崎美术社，1970）。林良一同样以里格尔为典范。林良一，《东洋美术の装饰文样——植物文篇》，页494。

② Jessica Rawson, *Chinese Ornament: The Lotus and the Dragon* (British Museum Publications, 1984), pp. 24—25.

③ 町田章，《古代东アジアの装饰墓》（京都：同朋舍，1987），页146—258。

④ Christina M. Anderson and Catherine L. Futter, "The Decorative Arts within Art Historical Discourse: Where is the Dialogue Now and Where is it Heading?", *Journal of Art Historiography*, No. 11(2014), pp. 1—9.

⑤ 长广敏雄，《六朝美术の研究》，页187；Susan Bush, "Thunder Monsters, Auspicious Animals, and Floral Ornament in Early Sixth-century China", *Arts Orientalis*, Vol. 10(1975), pp. 19—34.

⑥ Max Loehr, "The Fate of Ornament in Chinese Art", *Archives of Asian Art*, XXI (1967—1968), pp. 8—18.

途径，并力求排除"装饰"或"装饰性"中的任何贬义。本书考察北朝墓葬图像时重视图像与装饰在形式与意义上的交互作用，并将此作用置于北朝历史的进程中来加以理解，尝试建立具有装饰史观的墓葬图像论。

本书将图像与装饰并举的另一用意，是为了凸显装饰在北朝墓葬文化中的特殊重要性，出自以下考虑：第一，北魏平城时期佛教装饰如莲花纹、忍冬纹传入中原并广泛流行，开启中国装饰史的新阶段；第二，正如同其他北方游牧部族，拓跋鲜卑喜好金饰、织品，形成偏好装饰的品味；第三，装饰原为墓葬中的重要组成，可见于器物、墓志、墓门、葬具的边框等处，单由图像的概念并无法充分说明这类材料的特点。

四、取材与章节

本书并不是一部全面考察北朝墓葬图像发展史的著作，而是尝试针对北朝墓葬图像研究中的几项重大问题，在现有材料基础上提出阶段性的看法。这些问题中有关研究方法上的反思已如前述。其他具体的历史问题包括北魏建国历程与图像的运用、北魏的装饰文化、图像与装饰的互动、北魏葬具的图像与结构、粟特人葬具图像的特征、图像与政治社会的关系等。本书尽最大的可能搜集资料，意在个案研究的基础上勾勒出北朝墓葬图像的多元样貌。

本书分为上编"墓葬"与下编"葬具"两大部分。上编有三章，由图像、装饰、佛教因素等三个角度来考察以北魏平城时期为主的墓葬图像。下编三章则是以石床围屏为主体的系列研究。葬具在北朝的墓葬图像中形成一相对独立的范畴，别具时代特点。借由葬具的考察，可有效掌握北魏至北朝晚期墓葬文化的动态变迁，进而认识粟特人与北魏墓葬文化之间的承继关系。本书各章所选择的案例，依序分别取自北魏平城、洛阳、北齐邺城、北周长安，借由这四座都城的墓葬来建立时间与空间上的论述架构。

第一章以北魏沙岭壁画墓为例，说明平城初期代人集团如何运用各地图像资源，来建造具有图像整合性的墓室壁画。此壁画墓制作于太武帝太延元年（435），为现存最早的北魏纪年壁画墓。当时北凉未灭，严格来说仍属于十六国时期，但与北朝的发展一脉相连。本章标题"发现图像"，意指代人集团如何发现图像的政治效力并有系统地加以运用。在研究观点上，笔者试图由鲜卑葬俗的角度来解释此壁画墓的图像意义，并尝试建立图像与物品之间的相关性。

第二章主要以一件台北"故宫博物院"藏的铜壶讨论平城时期的装饰文化。所谓"再造装饰"，意指代人集团如何将其游牧部族装饰与新出的佛教装饰系统相结合，创造出新型的装饰文化。这件铜壶原为清代宫廷的旧藏，虽无从得知是否曾作为随葬品，但并不妨碍我们由装饰文化的角度来观察平城时期各类型器物、石刻、石窟、墓葬中采用类似装饰图案的现象。此外，这件铜壶的重要性在于提供一种学界过去并未留意的视角，可由此观察三燕装饰文化对于北魏平城时期的可能影响。本章将装饰的效力提升至图像层面讨论，指出装饰同样可以发挥政治社会功能。

第三章讨论北朝墓葬中的佛教因素。自北朝起随着佛教普及，墓葬中也屡见佛教因素。佛教因素如何与墓葬图像、装饰相互结合，并传达出特殊的宗教意涵，还关系到如何理解北魏墓葬的特质。北魏平城地区兼具墓葬群与佛教石窟，可作为考察墓葬与佛教之间关系的珍贵案例。北魏平城时期墓葬中所见的佛教因素涵盖佛像、力士、天人以及佛教纹饰，不同的墓葬各有其独特表现，难以一概而论。由于佛教因素同时涉及图像与装饰，本章有助于了解这两者的多元互动。

导 论

本书下编三章为北朝石床围屏图像的系列研究，论述主轴前后连贯。第四章讨论一套新复原北魏石床围屏的风格、作坊与图像问题，并检讨过去对于围屏石床组合原理的看法。围屏石床为北魏才开始出现的新型葬具，一直延续至北朝晚期、隋代，与屋型石椁并列为北朝最具代表性的葬具形制。如何探讨这类葬具的图像内容、配置原理，为北朝墓葬研究的关键问题。就北魏而言过去学界较关注刻划孝子传图的葬具，对于其他案例较为忽略，因而无法充分认识围屏石床与其生死表象的特点，本章可补充这方面的缺憾。

北魏石床围屏的另一个重要性，在于涉及北朝晚期粟特人葬具与图像的发展。对于粟特人而言，由平城至洛阳时期发展而成的北魏葬具与图像，到了北朝晚期已成为一套可资运用并借以自我表述的文化资源；北魏葬具的研究遂成为理解汉地粟特人葬具图像的必要基础。过去学界对于粟特人葬具的研究中，并未充分重视其中的北魏因素，因而造成若干误解。深入考察北魏墓葬图像，有助于了解北朝晚期墓葬文化的源流，进而对于北朝晚期粟特人墓葬活动中采用北魏葬具传统的现象提出较合理的解释。因此，本书下编采用"北魏—粟特"的论述架构，欲借由中原的墓葬文化来理解最富于异国情调的粟特图像。

第五章以一套河南安阳出土的北齐粟特人葬具为对象。如前述，这套葬具最早经斯卡利亚的考察，近年随着粟特人葬具的出土而又重新受到瞩目。本章的研究途径为借由新旧材料的相互对照来重建传世品的历史脉络。关于中西文化交流问题，本章重视粟特人对于北魏传统的选择性运用，以及对于其自身宗教文化的主观认识，检讨学界以"汉化说"来加以概括的弊病。

第六章以康业墓为例来讨论北周粟特人墓葬图像的新发展。北周天和六年（571）陕西西安康业墓为迄今所知纪年最早的北朝粟特人墓葬，其重要性不言可喻。康业墓与前述北齐粟特人葬具的风格大不相同，显示出长安的地域风格，然而两者却又均以北魏葬具为原型，在不同程度上继承其风格、图像、结构特点。由于康业一族与北周政治的关系密切，其墓葬图像的表现方式可能与当时的政治氛围有关。康业墓围屏中贴金与线刻画并用的技法继承自北魏金饰葬具的传统，这意味着北朝葬具中图像与装饰的密切关系。

上编　墓葬

第一章　发现图像：沙岭壁画墓的启示

一、前言

沙岭壁画墓为目前所知北魏平城时期最早且有纪年的壁画墓，对于认识五世纪上半叶北魏平城墓葬文化的发展，提供一个图像布局近乎完整的珍贵案例。[1]此墓于 2005 年 7 月出土自山西大同东郊沙岭村，根据漆皮残片的隶书题记，墓主破多罗太夫人卒于北魏太武帝太延元年四月二十一日。[2]此时间点正值太武帝拓跋焘将势力扩及关中，太延二年（436）灭北燕的前夕。

由于沙岭壁画墓的年代较早，可借此考察北魏建国前后鲜卑拓跋墓葬文化的巨变。破多罗为鲜卑部落，虽然在沙岭壁画墓之外，目前尚未发掘到可明确判定为破多罗部的墓葬，但就早期鲜卑墓葬来看，推测原来破多罗部的墓葬中并未大量使用壁画。鲜卑拓跋部建立北魏之前的墓葬中，除了带具装饰或牌饰之外，尚未出现壁画或漆画，所以在其原有丧葬文化中并未出现如何使用墓室壁画的问题。然而据北

---

[1] 关于此壁画墓的专论可举徐润庆，《从沙岭壁画墓看北魏平城时期的丧葬美术》，收入巫鸿、郑岩主编，《古代墓葬美术研究》第 1 辑（北京：文物出版社，2011），页 163—190。

[2] 国家文物局主编，《2005 中国重要考古发现》（北京：文物出版社，2006），页 115—122；大同市考古研究所，《山西大同沙岭北魏壁画墓发掘简报》，《文物》10 期（2006），页 4—24。

魏沙岭壁画墓，可知五世纪上半叶的平城时期已有内容复杂且布局完整的墓室壁画。因此，北魏统治集团经历何种历史过程来学习、运用漆画与壁画，以及该如何评估图像在其建国历程与文化变迁中所扮演的角色，均为值得思考的问题。

考察沙岭壁画墓的困难点，在于可供比较的早期平城时期壁画有限。因此，本章在研究途径上尝试结合图像与随葬品，将"物"的使用方式作为图像解释的参照。首先留意随葬品在特定墓葬文化脉络中的使用方式。鲜卑墓葬中经常以漆器作为祭器来使用，这种对漆器的喜好可能与平城时期墓葬中使用漆棺有关。其次关注物品与图像之间的连接点，早期鲜卑墓葬中常见神兽牌饰，在沙岭壁画墓中则可见到神兽图像。以上途径可避免将研究焦点过度集中在高等级的个别壁画墓，有助于扩大观察层面，立足在较广泛的墓葬考古材料的基础上来解释墓葬图像。

第二节首先介绍沙岭壁画墓的基本概况，其次依序考察以下问题：第一，沙岭壁画墓的图像意义；第二，鲜卑葬俗与汉晋墓葬传统的关系；第三，北魏建国至太武帝时期的墓葬壁画制作技术与工匠来源；第四，北魏统治集团如何使用图像来表象死后世界；第五，沙岭壁画墓漆画的丧葬功能。

二、沙岭壁画墓概观

山西大同市御河东侧的沙岭北魏墓葬区一共发掘十二座北魏墓，其中唯一出土壁画与漆画者为编号 M7 墓。该墓坐东朝西，由墓道、甬道、墓室组成，为具有长斜坡墓道的砖构单室墓（图1-1）。甬道长1.6米、宽1.14米、高1.8米，甬道地砖与墓室相连。墓室平面呈弧边长方形，东西长3.42米、南北宽2.86米；墓顶毁损，残高2.24米。墓

第一章　发现图像：沙岭壁画墓的启示

室内的随葬品多残损，在西北部的回填土中发现漆画碎片和木头碎渣，尚可辨认出数段木棺侧板。墓室西北角有一石灰枕，并出土一件铜帐钩，钩首作龙首状。墓室东部南侧有两段牛腿骨。其他的出土品包括五件釉陶壶、六件素陶壶、五件素陶罐、漆耳杯与铜牌饰残片等。铜帐钩与牛腿骨可能与墓中设奠有关。

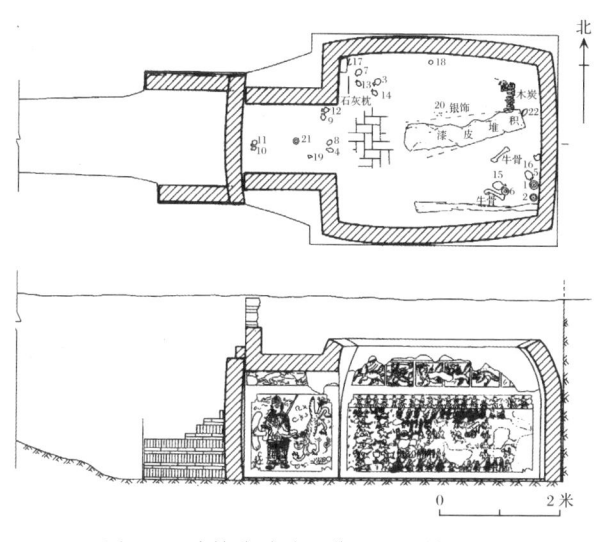

图 1-1　沙岭北魏壁画墓平面、剖面图

沙岭壁画墓除了墓顶毁损之外，其余壁画大致保存完整。墓室各壁分为天界与人界。北壁上栏分六格，每格内画一神兽。北壁下层壁画为大型仪仗出行图，中央有辆高大的马车（图 1-2）。马车前方有抬鼓、持幡人物（图 1-3）。出行图中央有乐伎、缘幢、倒立等百戏。南壁上栏毁损，隐约可见四个方格，每格内绘有神兽。由于南北可能相互对称，若参考北壁，推测南壁原来也有六只神兽。北壁神兽下方有一列侍女，披帛飘起，南壁神兽下方则有一列男性侍从，均朝向墓门，与神兽的方向相同，具有方向上的统合性。

图像与装饰：北朝墓葬的生死表象

图 1-2 沙岭北魏壁画墓北壁 神兽与出行图

图 1-3 沙岭北魏壁画墓出行图（局部）

南壁同为大画面场景，位在中央的步障将画面分为东西两部分（图1-4）。由于步障中央有缺口，其间有侍女行走，可知东西两个场景之间可互通声息。东部为宴饮场景，屋内有主人，左右侍者两人，屋外宾客朝向主人，排成三列席地而坐，前方均摆设食器（图1-5）。

在屋宇下方有人物舞蹈。壁面最下方有三角状山形与分立的树木。西侧画面有粮仓、车、毡帐、屠宰等场面。中央近于步障处有一较高大的红顶卷棚车,其位置正好位在西侧屋宇的后方,应是作为主人的乘具。画面下方为杀羊、水井、取水等庖厨场面。

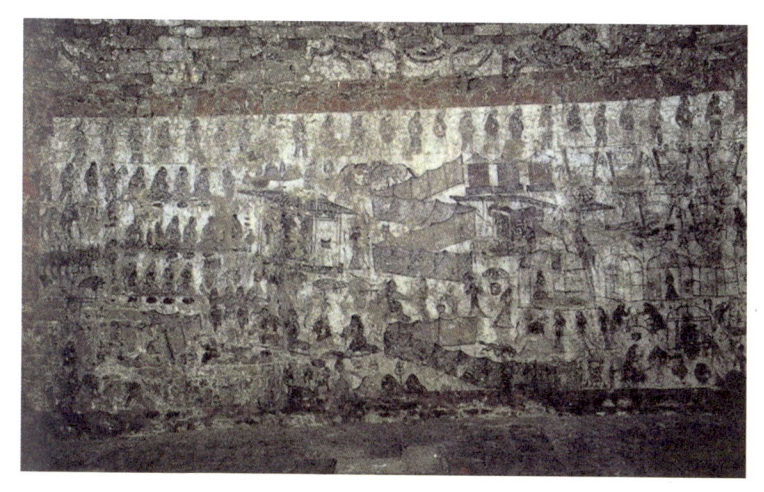

图 1-4　沙岭北魏壁画墓南壁　宴饮与庖厨

图 1-5　沙岭北魏壁画墓南壁　宴饮图(局部)

图像与装饰：北朝墓葬的生死表象

　　东壁上栏毁损严重，原绘有神兽，与南北两壁相连，推测分为五栏。① 神兽下方为排成长列的男女侍者，朝向墓门。东壁中央为墓主夫妇图像，两人端坐于建筑内，呈正面像（图1-6）。建筑顶部有鸱尾，中央有一鸟展翅，屋内有帷幔。画面右侧为男性墓主，头戴垂裙黑帽，右手执麈尾，左手似扶于黑色凭几。左方女性墓主是否有戴黑帽，难以确认。墓主夫妇背后有屏风，内有鱼鳞纹。据简报，屏风后方有三位仅露头部的侍者。墓主夫妇下有一窄长的曲足案，案上放置食器。建筑外侧左右各有一株大树，相互对称。画面左侧有一匹鞍马与红顶通幰牛车，为墓主夫妇的乘具。男性墓主左侧有四位侍者，画面中央下方似有一位侍女，比例较小，与墓主的比例悬殊。

图1-6　沙岭北魏壁画墓东壁　墓主夫妇图像

---

① 较完整的图版参见徐光冀主编，《中国出土壁画全集》卷2（山西卷）（北京：科学出版社，2012），页22—23。

第一章　发现图像：沙岭壁画墓的启示

西壁墓门两侧各为一手执刀、一手高举盾牌的武士（图1-7）。武士头部上仰，盾牌高举至头部上方。甬道顶部绘有伏羲女娲（图3-1），下半身双尾交缠，头部之间有一环绕火焰纹的摩尼宝珠。伏羲女娲的两侧各绘有一龙。甬道南北两壁各有一身着盔甲，举盾执刀，面朝墓道的武士（图1-8）。武士手举的黑盾与仿木构朱柱相接。武士后方各有一人面兽身神兽，身上有鳞，背脊有尖状物凸起。神兽脸部朝向墓门，头下尾上，宛若从天而降，背景描绘云气纹。另外在墓室西北角与东南角曾发现象征星象的小圆圈，可知墓顶原来绘有天象图。①

图1-7　沙岭北魏壁画墓西壁　武士图

① 倪润安，《光宅中原——拓跋至北魏的墓葬文化与社会演进》，页154注3。

图像与装饰：北朝墓葬的生死表象

图1-8 沙岭北魏壁画墓甬道北壁 武士与人面兽身像

沙岭壁画墓中除了壁画之外尚有漆画残片，多位学者已指出漆画残片原来可能是漆棺。[1]其中较为完整的图像包括墓主夫妇图像（图1-9）、庖厨图（图1-10），其他尚有士兵、男侍、车舆、打场等局部残片。其中一件漆皮书有隶书题字（图1-11）。这块漆皮最宽处约18.5厘米，最长处24厘米，题记分成三行，其两侧、下方与第二、

---

[1] 多位学者均已指出此漆画原属漆棺。向井佑介，《北魏平城时代における墓制の変容》，《东方学报》85册（2010），页133—177；徐润庆，《从沙岭壁画墓看北魏平城时期的丧葬美术》，页164；郑岩，《逝者的"面具"——再论北周康业墓石棺床画像》，收入巫鸿、郑岩主编，《古代墓葬美术研究》第1辑，页219—244；殷宪，《山西大同沙岭北魏壁画墓漆画题记研究》，收入张庆捷、李书吉、李钢主编，《4～6世纪的北中国与欧亚大陆》（北京：科学出版社，2006），页347。

第一章　发现图像：沙岭壁画墓的启示

三行之间勾勒朱线，可知以朱线为框界。隶书题字内容如下①：

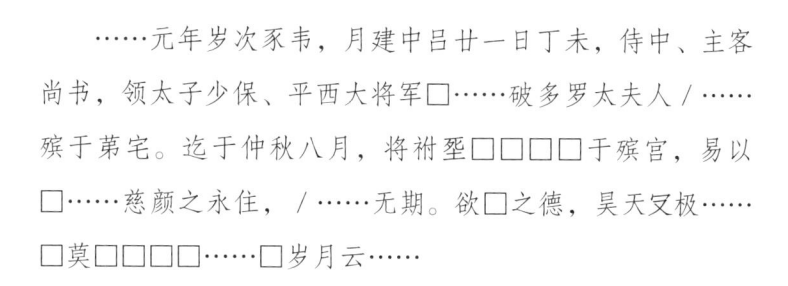

> ……元年岁次亥韦，月建中吕廿一日丁未，侍中、主客尚书，领太子少保、平西大将军□……破多罗太夫人／……殡于第宅。迄于仲秋八月，将祔窆□□□□于殡宫，易以□……慈颜之永住，／……无期。欲□之德，昊天叉极……□莫□□□□……□岁月云……

题记中的"岁次亥韦"为岁星纪年，可推知地支"亥"年。月建中吕之"中吕"指四月。北魏年号中符合"元年""亥""四月二十一日丁未"三项条件者，仅有太武帝太延元年，可知墓主破多罗太夫人卒于此年。②破多罗太夫人殁后殡敛于宅第，同年八月祔葬，可知应为夫妇合葬墓。殡宫指丧礼时停放灵柩的房舍。③北魏侍中地位崇高，侍奉于皇帝左右以应对询问。④若根据太和十七年（493）的

---

① 大同市考古研究所，《山西大同沙岭北魏壁画墓发掘简报》，页8—10，标点为笔者所加。殷宪亦曾加以释读，参见殷宪，《山西大同沙岭北魏壁画墓漆画题记研究》，页346—360。

② 赵瑞民、刘俊喜，《大同沙岭北魏壁画墓出土漆皮文字考》，《文物》10期（2006），页78—81；张庆捷释读为"破多罗太"夫人。张庆捷，《北魏破多罗氏壁画墓所见文字考述》，《历史研究》1期（2007），页174—179，后收入氏著，《民族汇聚与文明互动——北朝社会的考古学观察》（北京：商务印书馆，2010），页114—138；又见金龙，《北魏政治史》2（兰州：甘肃教育出版社，2008），页62—67。

③ 《仪礼》卷13《既夕礼》："遂适殡宫，皆如启位。"见（清）阮元校刊，《十三经注疏》4《仪礼》（台北：艺文印书馆，1989），页472。

④ 川本芳昭，《北魏の内朝》，《九州大学东洋史论集》6号（1977），页51—76，收入氏著，《魏晋南北朝时代の民族问题》（东京：汲古书院，1998），页189—227；窪添庆文，《北魏门下省初稿》，《お茶の水史学》32卷（1990），页95—113，后收入氏著，《魏晋南北朝官僚制研究》（东京：汲古书院，2003），页62—95，中译见同氏著，赵立新、涂宗呈、胡云薇等译，《魏晋南北朝官僚制研究》（台北：台大出版中心，2015），页53—80。

《职员令》，太子少保为二品上，主客尚书为二品中[①]，平西大将军为二品中，可知破多罗太夫人之子的政治地位甚高。[②] 此外，太武帝时期侍中和尚书的密切关系，可由此题记得到佐证。

破多罗即破多兰，为鲜卑部落之名，曾居于牵屯山（今宁夏固原南方）附近，北魏建国之初活跃于今甘肃东部、宁夏固原一带。[③] 据《魏书》卷2《太祖纪》："冬十二月辛亥，诏征西大将军、常山王遵等率众五万讨破多兰部帅木易于，材官将军和突率骑六千袭黜弗、素古延等诸部。"[④] 天兴四年（401）道武帝派遣常山王遵征讨木易于，并将其部落迁徙至平城。这次战役中木易于带领部分族人遁走。始光四年（427）太武帝击败夏国赫连昌，有效控制关中之后，破多罗部才完全被纳入北魏。

拓跋鲜卑建国之后，随着政治地位逐渐巩固，开始与其他部落、部族合作，并将他们纳入统治集团中。原来主要以血缘为纽带的部落联盟逐渐转化为混融多部族、民族的地域性政治集团，即所谓"代人

[①] 题记中的主客尚书为目前所知最早的北魏实例。文成帝和平三年（462）《皇帝南巡之颂》中有"主客折纥真"，推测相当于主客尚书。山西省考古研究所、灵丘县文物局，《山西灵丘北魏文成帝〈南巡碑〉》，《文物》12期（1997），页70—79。殷宪，《山西大同沙岭北魏壁画墓漆画题记研究》，页358—359。献文帝时另有一例，见于《北史》卷20《刘罗辰传》，页734。参见严耕望，《北魏尚书制度考》，《"中央研究院"历史语言研究所集刊》18本（1948），页251—360，特别是页296。

[②] 《魏书》卷113《官氏志》，页2978—2979；赵瑞民、刘俊喜，《大同沙岭北魏壁画墓出土漆皮文字考》，页80。

[③] 北魏内附的部落中有破多罗氏，后改为潘氏。姚薇元，《北朝胡姓考》（北京：中华书局修订本，2007），页217—221；《魏书》卷113《官氏志》，页3012。

[④] 《魏书》卷2《太祖纪》，页39。同事又见于《魏书》卷103《高车传》，页2313。

第一章 发现图像：沙岭壁画墓的启示

图 1-9 沙岭北魏壁画墓漆画残片 墓主夫妇图像

图 1-10 沙岭北魏壁画墓漆画残片 庖厨图像

图 1-11 沙岭北魏壁画墓漆皮题记

集团"①。从破多罗太夫人之子的官阶亦可知，五世纪初破多罗部被兼并后与拓跋部密切合作，缔结成以拓跋鲜卑为首的跨部族统治阶层。沙岭壁画墓是目前所知五世纪前半平城时期等级最高的墓葬，无疑是了解代人集团如何运用图像的珍贵材料。

三、早期鲜卑墓葬

考察沙岭壁画墓之前，有必要先认识早期鲜卑墓葬的概况，这将有助于认识平城时期墓葬与鲜卑葬俗的关联。这里所说的早期鲜卑，是指东汉至天兴元年拓跋珪定都平城之前的这段时间。

（一）鲜卑墓葬概观

已发现的鲜卑墓葬大略可分为拓跋鲜卑与东部鲜卑两大支。拓跋鲜卑墓葬主要分布在大兴安岭西侧至内蒙古中部；东部鲜卑墓葬分布在大兴安岭南端西拉木伦河和南部大小凌河流域的广大范围。墓葬出土地点主要包括：大兴安岭呼伦贝尔地区扎赉诺尔、呼伦贝尔市完工、赤峰市巴林左旗、辽宁朝阳、内蒙古中部乌兰察布市、哲里木盟等。学者对于其中部分墓葬的族属仍有所怀疑，然而观察其整体仍可得知鲜卑墓葬的发展。②

早期鲜卑墓葬文化的特征包括采用头宽足窄的葬具或墓穴形式，

---

① 康乐详列"代人集团"附表，其中有破多罗氏。表中将破多罗氏入魏时间定在建国时期，并以怀朔镇为其入魏后的籍贯。康乐，《代人集团的形成与发展——拓跋魏的国家基础》，《"中央研究院"历史语言研究所集刊》61本3分（1991），页575—691，后收入氏著，《从西郊到南郊——国家祭典与北魏政治》，页53—109、297—334。

② 乔梁，《鲜卑遗存的认定与研究》，许倬云、张忠培主编，《中国考古学的跨世纪反思》（香港：商务印书馆，1999），页483—508；孙危、魏坚，《内蒙古地区鲜卑墓葬的初步研究》，魏坚主编，《内蒙古地区鲜卑墓葬的发现与研究》（北京：科学出版社，2004），页211—272；孙危，《鲜卑考古学文化研究》（北京：科学出版社，2007）；韦正，《鲜卑墓葬研究》，《考古学报》3期（2009），页349—378。

第一章　发现图像：沙岭壁画墓的启示

以牛、马、羊殉牲。随葬品中可见到以动物纹装饰的铜饰品、骨质弓弭、束颈壶、盘口罐等。内蒙古呼伦贝尔地区扎赉诺尔墓群时间相当于东汉，可能与拓跋鲜卑的起源有较为直接的关联（图1-12）。[①] 其墓葬文化特征可举出：平面呈梯形的土坑竖穴墓、头宽足窄的木棺、殉牲、以桦树皮制作器物、使用铜牌饰与马具等。墓葬中也可见到从中原传入的铜镜等制品。

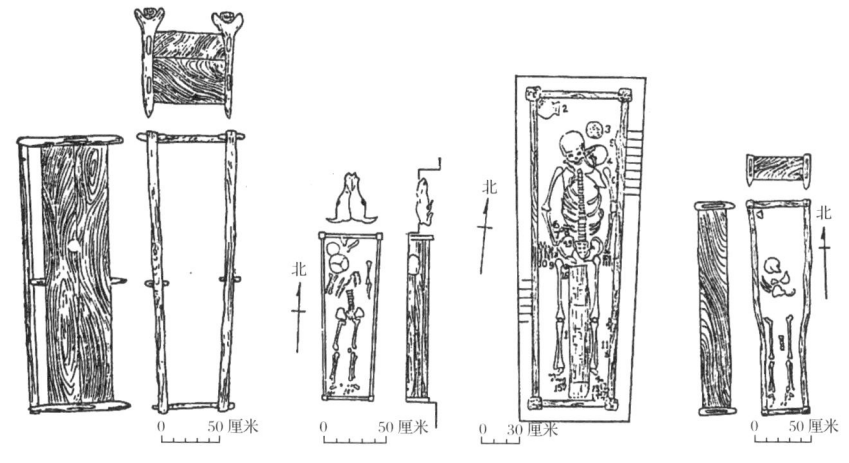

图1-12　内蒙古自治区呼伦贝尔地区扎赉诺尔墓

内蒙古自治区察右中旗七郎山墓地年代在北魏定都平城前后，为四世纪末至五世纪初。其中出土的陶器是北魏以盛乐、平城为中心的北方鲜卑墓葬遗存中常见的随葬品。出土陶壶可与沙岭壁画墓陶壶器形相比较（图1-13）。沙岭壁画墓陶壶宽平沿，束颈，圆腹。颈肩交接处有两道清楚的弦纹，腹部有水波纹（图1-14）。察右中旗七郎山墓地陶壶肩、腹都有水波纹，弦纹不若沙岭壁画墓陶壶清晰。另外在沙岭壁画墓中还出土釉陶壶，器形与其他陶壶相近，最大的差别是外

[①] 内蒙古文物工作队，《内蒙古扎赉诺尔古墓群发掘简报》，《考古》12期（1961），页673—680；宿白，《东北、内蒙古地区的鲜卑遗迹——鲜卑遗迹辑录之一》，页47。

图像与装饰：北朝墓葬的生死表象

表通体施黄褐釉（图 1-15）。此外，沙岭壁画墓墓室东部出土两段牛腿骨，可知尚保留殉牲习俗。由此可知，虽然沙岭壁画墓的形制与早期鲜卑墓葬大不相同，但是就随葬品来看仍延续鲜卑葬俗。

图 1-13　内蒙古自治区察右中旗七郎山墓地出土陶壶

图 1-14　沙岭北魏壁画墓出土陶壶　　图 1-15　沙岭北魏壁画墓出土釉陶壶

（二）墓葬的方位

墓葬方位的问题值得注意。早期鲜卑墓葬所朝方位并未统一，多见朝西或西北的墓葬。内蒙古察右后旗三道湾墓群，墓葬朝向西北（图1-16）。内蒙古商都县东大井墓地亦然，其中有个别墓葬朝向东或东北。察右中旗七郎山墓群则偏向朝北方。此外，墓穴与木棺呈梯形，头高足低，前宽后窄，牛头骨等祭品与随葬品多放置在头部前方小龛（图1-17）。综合考虑墓群的方向性、墓穴与木棺的形制、祭品所陈设的位置，可推测鲜卑墓葬中以死者头部的一侧以及头部所朝的方位为尊位。

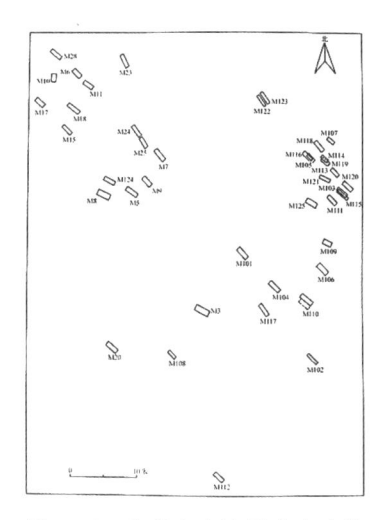

图1-16 内蒙古自治区察右后旗三道湾墓群

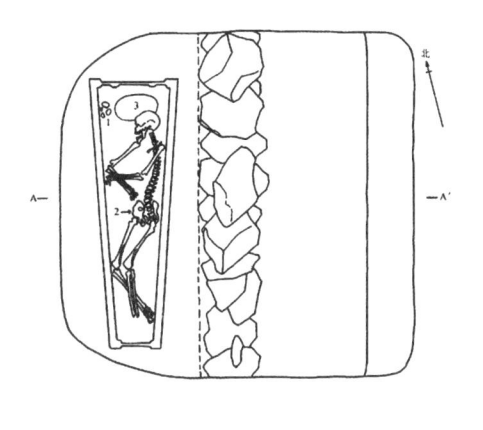

图1-17 内蒙古自治区察右中旗七郎山墓地ZQM2墓平面图

墓葬方位可能与各部落的死后信仰有关。鲜卑习俗与乌桓相同，据《后汉书》卷90《乌桓鲜卑列传》[1]：

> 兵死，敛尸以棺，有哭泣之哀，至葬则歌舞相送。肥养

---

[1] 《后汉书》卷90《乌桓鲜卑列传》，页2980。

> 一犬，以彩绳缨牵，并取死者所乘马衣物，皆烧而送之，言
> 以属累犬，使护死者神灵归赤山。赤山在辽东西北数千里，
> 如中国人死者魂神归岱山也。敬鬼神，祠天地日月星辰山川
> 及先大人有健名者。祠用牛羊，毕皆烧之。

当中提到乌桓以棺为葬具，火烧死者衣物，养犬护送死者等葬俗，并以汉人"魂神归岱山"的观念来比拟其生死观。泰山在东，为万物之始。[①]相对于此，乌桓鲜卑则以位在辽东西北的赤山为神灵归所。早期鲜卑墓葬中屡见朝向西北，可能与其死后信仰有关。

北魏平城时期墓葬的方位逐渐成为朝西与朝南两类。沙岭墓葬分布图中有北魏墓葬十二座，其中七座坐北朝南，五座坐东朝西（图1-18）。编号M7的沙岭壁画墓朝西，位在最北侧。沙岭壁画墓南侧由北而南依序为编号M8、M9、M10墓葬，均朝向西方。此外朝西的墓葬尚有东南侧编号M12墓。北魏太安三年（457）尉迟定州墓、云波里路壁画墓、湖东北魏1号墓同为朝西。[②]但智家堡石椁墓朝南，和平二年仝家湾M9壁画墓亦接近朝南。[③]大同南郊墓葬墓道方向多朝西，其次为朝南，少部分朝东，仅有二座朝北。由现有材料可推测，约在五世纪中叶的平城地区除了朝西的墓葬之外也开始出现朝南的墓葬，方位并未统一，到了平城晚期太和年间，等级较高的墓葬则均

---

① 刘增贵，《天堂与地狱——汉代的泰山信仰》，《大陆杂志》94卷5期（1997），页1—13。

② 大同市考古研究所，《山西大同阳高北魏尉迟定州墓发掘简报》，《文物》12期（2011），页4—13、52；大同市考古研究所，《山西大同云波里路北魏壁画墓发掘简报》，《文物》12期（2011），页13—25；山西省大同市考古研究所，《大同湖东北魏一号墓》，《文物》12期（2004），页26—34。

③ 王银田、刘俊喜，《大同智家堡北魏墓石椁壁画》，《文物》7期（2001），页40—51；山西省考古研究所、大同市考古研究所，《山西大同南郊仝家湾北魏墓（M7、M9）发掘简报》，《文物》12期（2015），页4—21。

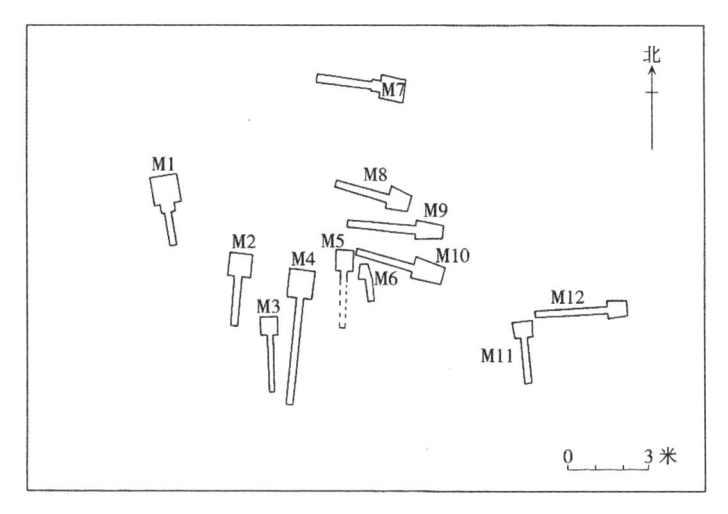

图 1-18 沙岭北魏墓葬分布图

朝南。①

墓葬朝向的转变意味着丧葬礼仪的改易。康乐曾以"由西郊到南郊"来概括北魏礼制与文化的变迁，认为源自北亚游牧部族的西郊祭典，在孝文帝时期为汉晋南郊礼仪所取代。②墓葬方向统一朝南，应该与孝文帝时期的礼制改革有关。沙岭壁画墓朝西，则可视为早期鲜卑葬俗的延续，体现平城初期墓葬文化的特征。

（三）金属饰品

早期鲜卑墓葬文化原属北方草原游牧文化的一支，常见的装饰母题为鹿纹、神马，作为铜带饰的配件。内蒙古二连浩特市盐池墓葬（编号 EYM1）为土坑竖穴墓，推测其年代为东汉晚期。③墓穴内残存木棺痕迹，朝西，内有人骨一具。在头骨上方有一串铜牌饰、铜带扣、

---

① 山西大学历史文化学院、山西省考古研究所、大同市博物馆编著，《大同南郊北魏墓群》（北京：科学出版社，2006），页 466。另外，以西为尊位的葬俗在平城时期之后以不同形式保留下来，例如北朝墓葬中可见墓室朝南，但棺首朝西的布局。

② 康乐，《从西郊到南郊——国家祭典与北魏政治》，页 165—206。

③ 参见魏坚主编，《内蒙古地区鲜卑墓葬的发现与研究》，页 106—111。

铜环、桦树皮器底一件等随葬品。铜牌共十六件，模铸而成，各有一牡鹿作昂首奔驰状（图1-19）。内蒙古察右后旗三道湾墓地出土双马纹牌饰，马呈跪卧状，头部有圆形冠饰。马背上还有一外形相近的马。另有三鹿、双鹿与单鹿纹牌饰。"双鹿纹牌饰"中双鹿相向而立，中央与上半部满布圈状镂孔，相互串联（图1-20）。①

这类金属装饰一直延续至西晋。内蒙古呼和浩特东南凉城县小坝子滩村发现一批金银器窖藏，出土金银器十三件。② 其中除了"晋乌桓归义侯""晋鲜卑归义侯"金印之外，尚有"虎噬鹿纹金饰牌""四兽形金饰牌"（图1-21，内蒙古博物馆藏），推测此窖藏为西晋时期拓跋鲜卑的遗物。"四兽形金饰牌"长10厘米、宽7厘米，饰牌背面阴刻"猗㐌金"三字。猗㐌即为猗㐌。猗㐌为桓帝，穆帝猗卢之兄，活跃于西晋末年。桓帝统治代郡之参合陂北，相当于今山西大同以北，与内蒙古自治区相连结的范围；③ 出土金银器窖藏的内蒙古自治区凉城县即在参合陂之西，位在桓帝的领地之内。④ 参合陂至北魏建国前夕仍为军事要地，登国十年（395）攸关北魏与后燕兴亡的参合陂战役即在此展开。⑤ 北魏定都平城之后参合陂仍为北伐、北巡路径上的重要据点。⑥ 这批窖藏可能原属于猗㐌所统领的部落所有。

---

① 北魏太武帝曾以神䴥（428—431）为年号。䴥通麚，即为牡鹿之意。可知在北魏初期牡鹿仍为拓跋部的重要象征。
② 宿白，《盛乐、平城一带的拓跋鲜卑—北魏遗迹——鲜卑遗迹辑录之二》，页39—40；张景明，《内蒙古凉城县小坝子滩金银器窖藏》，《文物》8期（2002），页50—52、69。
③ 《魏书》卷1《序纪》，页5。
④ 宿白，《盛乐、平城一带的拓跋鲜卑—北魏遗迹——鲜卑遗迹辑录之二》，页39；张景明，《内蒙古凉城县小坝子滩金银器窖藏》，页52。
⑤ 参见严耕望，《北魏参合陂地望辨》，收入氏著，《唐代交通图考》第5卷《河东河北地区》（台北："中央研究院"历史语言研究所，1986），页1397—1402。
⑥ 《魏书》卷3《太宗纪》："〔永兴二年，410〕夏五月，长孙嵩等自大漠还，蠕蠕追围之于牛川。壬申，帝北伐。蠕蠕闻而遁走，车驾还幸参合陂。"（页50）

第一章　发现图像：沙岭壁画墓的启示

图1-19　内蒙古自治区二连浩特市盐池墓EYM1出土铜带饰

图1-20　内蒙古自治区察右后旗三道湾墓地出土双鹿纹牌饰

图1-21　内蒙古自治区凉城县小坝子滩村　四兽形金饰牌

神兽对于鲜卑可能具有独特的意义。胡俗本无姓氏，以部落为号，故胡姓多为其部落的名称。① 关于"鲜卑"一词的原义，学者认为原来可能为"瑞兽""神兽"之意。② 鲜卑拓跋部的部落迁徙以及建国

---

① 姚薇元，《北朝胡姓考》，页1。
② 《史记》卷110《匈奴列传》，《索隐》引张晏云："鲜卑郭落带，瑞兽名也，东胡好服之。"（北京：中华书局，1982），页2898；白鸟库吉，《东胡民族考》，收入氏著，《白鸟库吉全集》第4卷（东京：岩波书店，1970），页63—320，特别是页83—88；马长寿，《乌桓与鲜卑》（上海：上海人民出版社，1962），页173注1；逯耀东，《北魏前期的文化与政治形态》，收入氏著，《从平城到洛阳——拓跋魏文化转变的历程》（台北：东大图书，2001），页59。

| 45

起源，均与神兽有关。据《魏书》卷1《序纪》[①]：

> 献帝命南移，山谷高深，九难八阻，于是欲止。有神兽，其形似马，其声类牛，先行导引，历年乃出。

类似记载可见于《魏书》卷112《灵征志》[②]：

> 魏氏世居幽朔，至献帝世，有神人言应南迁，于是传位于子圣武帝，命令南徙，山谷阻绝，仍欲止焉。复有神兽，其形似马，其声类牛，先行导引，积年乃出。始居匈奴之故地。

先有神人指示应往南迁，其次由兼具牛马特征的神兽导引路径。[③] 鲜卑原以游牧射猎为业，部落迁徙为攸关掌握资源与部落存续的大事。由于山谷曲折险峻，即使有神兽导引，也得历经数年才能迁到原为匈奴所据的漠南之地。能够引领族人的神兽，应该具有崇高的地位。类似的神兽与鲜卑族迁徙、起源的相关记载，也能见于鲜卑乞伏部。[④]

（四）装饰与图像的新开端

前引内蒙古呼和浩特东南凉城县小坝子滩村"四兽形金饰牌"（图1-21）的重要性，必须与"猗卢之碑"残石拓片（"中央研究院"历史语言研究所傅斯年图书馆藏）相较，才能充分彰显。碑阳题刻"王

---

① 《魏书》卷1《序纪》，页2。
② 《魏书》卷112《灵征志》，页2927。
③ 有学者认为此神兽为鹿或驯鹿。鹿纹虽然是早期鲜卑墓葬中常见的图像，但此处神兽应当另有所指。马长寿认为此神兽即指鲜卑，宿白指出金饰上的神兽可与史料中的鲜卑神兽相印证。马长寿，《乌桓与鲜卑》，页162注1；宿白，《盛乐、平城一带的拓跋鲜卑—北魏遗迹——鲜卑遗迹辑录之二》，页39—40；干志耿、孙秀仁，《关于鲜卑早期历史及其考古遗存的几个问题》，《民族研究》1期（1982），页15—22；米文平，《鲜卑源流及其族名初探》，《社会科学战线》3期（1982），页210—213；康乐，《从西郊到南郊——国家祭典与北魏政治》，页11；孙危、魏坚，《内蒙古地区鲜卑墓葬的初步研究》，页255。
④ 《晋书》卷125《乞伏国仁载记》，页3113。

第一章 发现图像:沙岭壁画墓的启示

图 1-22 "猗卢之碑"残石拓片背面 《狩猎图》(局部)

猗卢之碑也"六字,碑阴刻有《狩猎图》(图 1-22)。[①]

猗卢为前述桓帝猗㐌之弟,统一拓跋诸部之重要首领,亡于西晋建兴四年(316)。西晋建兴三年(315)愍帝进猗卢为代王,"置官属,食代、常山二郡",北魏建国后追尊为穆帝。[②] "猗卢之碑"原为墓碑,已残损。碑阴上方可见以阴线刻的方式刻划一人张弓骑马,追逐前方奔驰的鹿(?),均采侧面表现。下方亦隐约可见张弓骑士与另一兽。

---

① 柯昌泗于 1937 年 3 月购得《猗卢之碑》残石拓片,罗振玉《石交录》中有著录。田余庆详加考证,指出狩猎图可能与拓跋文化传统有关;罗振玉,《罗雪堂先生全集·续编》第 3 册(台北:文华出版公司,1969),页 963—964;叶昌炽撰,柯昌泗评,《语石·语石异同评》(北京:中华书局,2005),页 163、340;周一良,《魏晋南北朝史札记》(北京:中华书局,1985),页 332—333;田余庆,《关于"猗卢之碑"残石拓片》,收入氏著,《拓跋史探》(北京:生活·读书·新知三联书店,2003),页 261—264。

② 《魏书》卷 1《序纪》,页 9。

在右上角则有一人骑马，似作正面形象。这种不刻划背景，将人物活动场景安排在同一平面的做法承袭自汉代图像。由"猗卢之碑"残石可知，西晋末年拓跋鲜卑已开始学习运用碑刻与图像。

由于"猗卢之碑"的年代与"四兽形金饰牌"（图1-21）相当，且两者分别与猗㐌、猗卢兄弟有关，对于认识四世纪上半叶拓跋鲜卑学习图像与装饰，深具启发性。"四兽形金饰牌"由四兽交叠而成，左右各二匹，由中央朝向两侧，相互对称。四兽的肢体相交接，在其间空白处形成镂孔。每个神兽的颈部与身体可见四个压缩在轮廓内部的凸起圈线，另有数个较细的穿孔，可能作为悬挂之用。这些错综于神兽轮廓之间的镂孔与神兽内部的圈线相呼应，表现出对称性的装饰趣味。这种装饰趣味与早期鲜卑的金属牌饰一脉相承，可视为鲜卑的传统好尚，也表现出北方游牧部族对于金饰的喜好。

相较之下，"猗卢之碑"残石则代表对于拓跋鲜卑较为陌生，习自西晋的两种新媒介：碑刻与图像。此碑的《狩猎图》既传达鲜卑作为游牧部族的特质，也表现出猗卢作为部落首领的政治权威。将狩猎活动图像化，对于鲜卑而言无疑是崭新的文化体验。就表现方式而言，"猗卢之碑"与"四兽形金饰牌"的根本差异在于前者为图画性的描写，后者为对称性的装饰图案。由此可知自四世纪上半叶起，拓跋鲜卑已开始面临如何观看、运用图像，这也就出现其装饰传统如何与图像对话的新问题。

四、壁画内容

以下逐一考察神兽、武士、人面兽身像、仪仗出行、宴饮与庖厨图等壁画内容，墓主夫妇图像的相关问题将与漆画的部分一并讨论。"猗卢之碑"显示出拓跋鲜卑对于图像的初步接触，沙岭壁画墓中则可见到层次分明的系统化运用，显示出下一阶段的新发展，也为平城时期的墓葬图像建立初步的模式。

（一）天界神兽

沙岭壁画墓墓室中的神兽位在木构彩绘之上，可知其与星象共同作为天界的象征。就现存神兽所见，整体呈现朝向墓门，由内而外的方向性。北壁部分保存相对完整（图1-23）。自西而东，由外而内，个别特征如下：

第一，头部毁损，兽身，肩部有飞羽状，脚有四蹄，兽尾（图1-23a）。

第二，张口吐出弯曲的长舌，背部有尖状物，似执一斧，有兽尾（图1-23b）。

第三，龙首，长有兽耳与双角。上身弯曲，两翼伸展，有双脚与多重兽尾（图1-23c）。①

第四，头部毁损，有双翼。形象与图1-23a类似（图1-23d）。②

第五，头部朝下，似有双耳（图1-23e）。

第六，毁损严重，仅可见四脚的下半部，似有兽蹄。

以单一方格来圈围神兽的形式应出自东汉传统。东汉墓葬中表现祥瑞的方式之一，为在方格内逐一描绘个别的祥瑞母题，多附有榜题，在画像石与壁画墓中均可见到。③ 在内蒙古东汉和林格尔壁画墓前室顶部绘有朱色方格，相互连续。南侧方格内有朱雀、凤凰、白象等祥瑞，

---

① 其中类似1-23c，d的神兽可见于高句丽壁画墓，同样是作为天界图像的一部分。高句丽广开土王永乐十八年（409）德兴里壁画古坟前室天井南壁有神兽，分别书有榜题"吉利之像"与"富贵之像"。朝鲜民主主义人民共和国社会科学院、朝鲜画报社，《德兴里高句丽壁画古坟》（东京：讲谈社，1986），页75。

② 简报中此图上下倒置。图版见大同市考古研究所，《山西大同沙岭北魏壁画墓发掘简报》，页17，图33。

③ Wu Hung, *The Wu Liang Shrine: The Ideology of Early Chinese Pictorial Art* (Stanford, CA: Stanford University Press, 1989), pp. 76—85, 中译见巫鸿著，柳扬、岑河译，《武梁祠——中国古代画像艺术的思想性》（北京：生活·读书·新知三联书店，2006），页94—102。

书有榜题。[1]沙岭壁画墓中所见的朱色方格应是继承这类祥瑞图的表现模式,因此其中的神兽可能兼具祥瑞的性质。

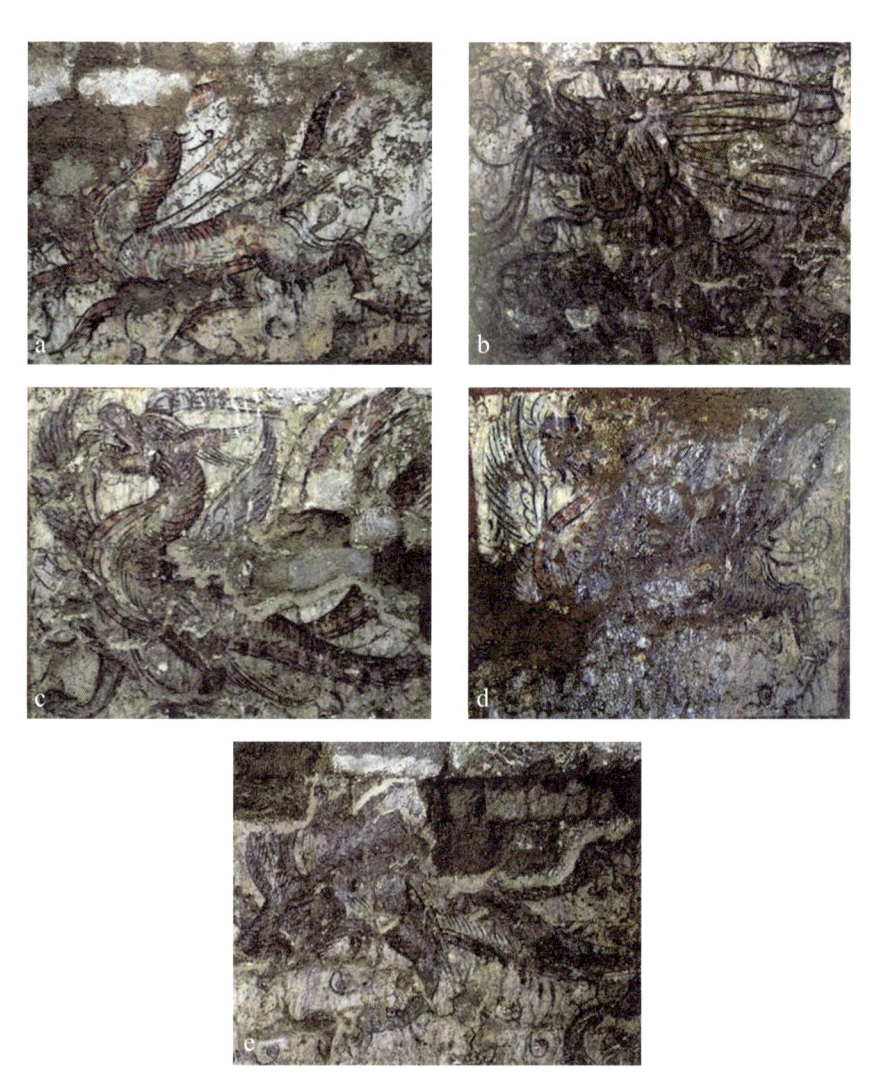

图 1-23 沙岭北魏壁画墓北壁 神兽

---

[1] 内蒙古自治区文物考古研究所,《和林格尔汉墓壁画》(北京:文物出版社,2007),页 25。

在沙岭壁画墓墓室内的六种神兽形象中，以图1-23b这类所谓"畏兽"形象最受学者关注。[1] 这类形象在北魏洛阳时期经常可见，作为墓志装饰，也出现在佛教石窟壁画、石窟造像与造像碑上，一直流行至北朝晚期。有学者认为畏兽与粟特祆教有关，但并不可信。[2] 在各家说法中以姜伯勤所提出与鲜卑传统的关联最具启发性。[3]

随着鲜卑拓跋掌握更多的图像资源，神兽的种类陆续增加并且出现新的变化。五世纪初鲜卑既有的鹿纹图案已逐渐被各类神兽取代。沙岭壁画墓甬道顶部绘有双龙，与墓室内的神兽有所区隔。到了五世纪下半叶的平城时期，交龙广见于石柱础与佛教石窟造像。[4] 在《南齐书》中特别提到鲜卑尚水，以盘绕的黑龙为厌胜，应该就是指这个阶段的发展。[5] 龙的地位到了北魏洛阳时期益加崇高，不但是常见的墓葬图像，也较其他类别的神兽尊贵。

（二）镇墓武士与镇墓兽

沙岭壁画墓中特别强化镇墓图像，举盾持刀的武士有两组，两人

---

[1] 长广敏雄，《鬼神图の系谱》，氏著，《六朝时代美术の研究》，页105—141；林巳奈夫，《兽环・铺首の若干をめぐって》，《东方学报》57册（1984），页1—74；东潮，《高句丽考古学研究》（东京：吉川弘文馆，1997），页261—286，特别是页280；Susan Bush, "Thunder Monsters, Auspicious Animals, and Floral Ornament in Early Sixth-century China", pp. 19—33.

[2] 施安昌，《火坛与祭司鸟神——中国古代祆教美术考古手记》（北京：紫禁城出版社，2004），页32—65；贺西林，《北朝画像石葬具的发现与研究》，收于巫鸿主编，《汉唐之间的视觉文化与物质文化》，页341—376。

[3] 姜伯勤，《"天"的图像与解释——以敦煌莫高窟285窟窟顶图像为中心》，收入氏著，《敦煌艺术宗教与礼乐文明》（北京：中国社会科学出版社，1996），页55—76，特别是页65。

[4] 《晋书》卷122《吕光载记》："龙者神兽，人君利见之象。"（页3055）龙也可视为神兽。

[5] 《南齐书》卷57《魏虏传》："胡俗尚水，又规画黑龙相盘绕，以为厌胜。"（页986）

图像与装饰：北朝墓葬的生死表象

位在墓室内侧，着袴（图1-7）；另两人位在甬道，着铠甲（图1-8）。甬道中的镇墓武士与作人面兽身像的镇墓兽成组，计有两组。镇墓武士与镇墓兽的陶俑组合已可见于西晋墓，由一武士与一兽组成。[①]例如洛阳谷水西晋墓中各有一件武士俑与镇墓兽，分别位于墓门两侧。武士俑举盾，高38.6厘米；镇墓兽有四足，脊部有三个凸起，尾部弯曲（图1-24）。[②]沙岭壁画墓中则是成为两组相对的布局，对于认识北朝至唐代镇墓兽发展具有重要意义。[③]

图1-8人面兽身像的背脊上有尖状凸起头部朝前，头下尾上，宛若从天而降。背景的云气纹连接至甬道顶部，暗示人面兽身像来自天界。镇墓武士则身体正面朝向观者，双足立于地面，头部与双手朝向另一侧，一手持刀一手执盾，成为正面身躯与侧向动作的组合。两壁的武士、人面兽身像除了主题相互对应之外，姿态也相互对称：北壁

---

① 杨泓，《北朝陶俑的源流、演变及其影响》，中国考古学研究编委会编，《中国考古学研究——夏鼐先生考古五十年纪念论文集》（北京：文物出版社，1986），页268—276，后收入氏著，《汉唐美术考古和佛教艺术》，页126—139。

② 洛阳市第二文物工作队，《洛阳谷水晋墓》，《文物》8期（1996），页37—45。其他实例可参考河南省文化局文物工作队第二队，《洛阳晋墓的发掘》，《考古》1期（1957），页169—185；中国社会科学院考古研究所河南第二工作队，《河南偃师杏园村的两座魏晋墓》，《考古》8期（1985），页721—735。

③ 北朝镇墓兽的相关研究可举出室山留美子，《北朝隋唐の镇墓兽に关する一考察》，《大阪市立大学东洋史论丛》10号（1993），页49—67；室山留美子，《北朝隋唐墓の人头・兽头兽身像の考察——历史的・地域的の分析》，《大阪市立大学东洋史论丛》13号（2003），页95—147；小林仁著，朱岩石译，《北朝的镇墓兽——胡汉文化融合的一个侧面》，张庆捷、李书吉、李钢主编，《4～6世纪的北中国与欧亚大陆》，页148—165；小林仁，《北朝镇墓兽の诞生と展开》，收入氏著，《中国南北朝隋唐陶俑の研究》，页63—90；吉村苣子，《中国墓葬における人面・兽面镇墓兽と镇墓武士俑の成立》，*Museum*（东京国立博物馆研究志）638号（2012），页5—30；Mary H. Fong, "Tomb-Guardian Figurines: Their Evolution and Iconography", in Kuwayama, *Ancient Mortuary Traditions of China*, pp. 84—105; Albert E. Dien, *Six Dynasties Civilization*, pp. 207—212，中译见丁爱博著，李梅田译，《六朝文明》，页224—231。

图 1-24　洛阳谷水西晋墓　镇墓武士俑与镇墓兽

武士右手举盾左手持刀，南壁者则右手持刀左手举盾，人面兽身像亦然；可知均整的对称性为沙岭壁画墓在布局上的特点。由拓跋鲜卑的角度来看，武士可代表鲜卑勇士，人面兽身像可代表天界神兽。由此看来，武士与人面兽身像的组合具有鲜卑武士得到神兽协助的意义。

在五世纪中叶镇墓武士与镇墓兽的组合已经定型。文成帝和平二年大同南郊仝家湾村 M9 壁画墓为年代晚于沙岭壁画墓的另一座壁画墓。[1] 此墓为砖构单室墓，坐北朝南。甬道东壁前方书有朱书题记[2]：

大代和平二年岁在辛□／三月丁巳朔十五日辛未／□□（散）骑常侍选部□□／安乐子梁拔胡之墓

墓主名为梁拔胡，拜散骑常侍、选部尚书（？），爵位为安乐子。据太和十七年的《职员令》，散骑常侍之品阶为"第二品下"，低于

---

[1] 山西省考古研究所、大同市考古研究所，《山西大同南郊仝家湾北魏墓（M7、M9）发掘简报》，页 4—21。

[2] 山西省考古研究所、大同市考古研究所，《山西大同南郊仝家湾北魏墓（M7、M9）发掘简报》，页 21。

图像与装饰：北朝墓葬的生死表象

破多罗太夫人之子。① 其北壁为《墓主宴饮图》，东壁为《狩猎图》，西壁为牛耕、庖厨、车马等场面。甬道东壁以墨线与朱彩描绘兽面兽身像（图1-25）。兽身像之头部朝墓道，拱身，背脊凸起锐利的尖状物。此兽身像绘有虎纹，不同于沙岭壁画墓兽身像的鳞片状表现。其后方另有一朝向墓门的神兽，头部已残。西壁同样描绘兽面兽身像。墓室南壁东西两侧的壁画多毁损，南壁西侧似为

图1-25 全家湾村M9壁画墓 甬道东壁线描图 兽面兽身像

一右手持兵器的武士，右手臂与下半身隐约可辨。如果以上辨识可信，则其南壁两侧所描绘的应是相对称的武士，正与沙岭壁画墓西壁墓口两侧的壁画主题相应，可推测甬道中的兽身像与这两位武士搭配成组。

1958年于大同城东寺儿村北魏墓出土一件平城时期石雕供养龛，武士与兽身像各成一组，左右对称（图1-26，大同市博物馆藏）。② 此龛形制特殊，高33.5厘米、宽45.6厘米，中央凿一浅龛，龛内无物。龛前雕有高台，台上有凹槽，台下正面有二瓶，两侧为着鲜卑服的侍者，手端器皿，略朝向内侧，可知有奉食之意。石龛外侧前方为人面兽身与兽面兽身像，匍匐在地，颈部鬃毛竖立。武士与兽身像以中轴对称的原则来配置，具有统整性。此龛两侧兽身像的尾端呈倒钩状，在前

---

① 《魏书》卷113《官氏志》，页2978。
② 王银田、曹臣民，《北魏石雕三品》，《文物》6期（2004），页89—93。

54

第一章　发现图像：沙岭壁画墓的启示

引洛阳谷水西晋墓的镇墓兽中也可见到同样的细节。①

石龛的武士立在兽身像上，武士手中原来应持有刀与盾。在沙岭壁画墓中武士在前，比例较大，兽身像在后，比例较小。此石龛则刚好相反，武士较小且位在后方。左侧武士朝向前方，右侧武士略朝向外侧，兽身像则视线略朝下。由姿态的差异推测侍者以龛内的象征物为对象，武士与兽身像则否。此龛从其外形与侍者奉食的表现来看，其功能可能类似祭台，是否与墓中设奠有关，尚难判断。关于这件石龛的年代，由风格来看应该晚于沙岭壁画墓，约在五世纪下半叶。

图1-26　大同城东寺儿村北魏墓　石雕供养龛线描图

自五世纪下半叶起，镇墓武士与兽身像的表现媒介由壁画、石刻重新回归陶俑，并且这项特点延续至北朝晚期。北魏太和元年宋绍祖墓中出土一件镇墓兽与两件镇墓武士俑（图1-27）。② 镇墓武士俑位

---

① 内蒙古乌审旗翁滚梁M6墓出土彩绘浮雕人面兽身像与兽面兽身像，后者背脊有尖状凸起。内蒙古自治区博物馆、鄂尔多斯博物馆，《乌审旗翁滚梁北朝墓葬发掘简报》，魏坚主编，《内蒙古文物考古文集·第二辑》（北京：中国大百科全书出版社，1997），页478—483；小林仁，《北朝镇墓兽の诞生と展开》，页65。

② 山西省考古研究所，《大同市北魏宋绍祖墓发掘简报》，《文物》7期（2001），页19—39；刘俊喜主编，《大同雁北师院北魏墓群》（北京：文物出版社，2008），页71—162。

55

图像与装饰：北朝墓葬的生死表象

在墓室入口东、西两侧。太和八年（484）司马金龙夫妇墓出大型武士俑残片与一件镇墓兽。① 洛阳市孟津县北魏太昌元年（532）王温壁画墓中，出土两件镇墓兽与两件镇墓武士俑。②

关于镇墓兽的丧葬意义，学者已指出其与鲜卑文化的可能关联。③若由"以犬护送死者神灵归赤山"的记载来理解，可推测镇墓兽除了守护之外，还具有导引与护送墓主神魂的功能。另外就前引神兽的相关记载来看，神兽兼具引路与守护的作用。这种对于神兽的崇拜，应该是北魏统治集团在其墓葬中运用镇墓图像与随葬品的宗教文化基础。④ 鲜卑拓跋在学习使用图像的过程中，并非仅是被动接收或沿袭汉晋传统，而是重塑镇墓兽的形象、图像组合以及象征意义。人面兽身镇墓兽的形象将人兽合一。人面兽身镇墓兽的出现，可视为北魏统治集团对于何为鲜卑神兽的再诠释，体现游牧部族亲密的人兽关系以及鲜卑拓跋对于其部族起源、传承的历史记忆。

---

① 山西省大同市博物馆、山西省文物工作委员会，《山西大同石家寨北魏司马金龙墓》，《文物》3期（1972），页20—29、64。

② 洛阳市文物工作队，《洛阳孟津北陈村北魏壁画墓》，《文物》8期（1995），页26—35。

③ Albert E. Dien, "A New Look at the Xianbei and Their Impact on Chinese Culture", pp. 43, 47; Albert E. Dien, *Six Dynasties Civilization*, p. 212, 中译本见丁爱博著，李梅田译，《六朝文明》，页230—231。

④ 值得注意的是，在东汉画像中已出现守护门户的门犬以及类似镇墓兽的形象。至魏晋时代，例如辽阳棒台子屯壁画墓墓门外侧有两位举盾执刀武士，内侧即描绘两只门犬。李文信，《辽阳发现的三座壁画古墓》，《文物参考资料》5期（1955），页15—42。又中国传统出行礼俗中有祖道仪式，以犬为祭。参见刘增贵，《秦简〈日书〉中的出行礼俗与信仰》，《"中央研究院"历史语言研究所集刊》72本3分（2001），页503—541；邢义田，《汉代画象胡汉战争图的构成、类型与意义》，《台湾大学美术史研究集刊》19期（2005），页63—132，特别是页101—102，后收入氏著，《画为心声——画像石、画像砖与壁画》（北京：中华书局，2011），页315—397。

图 1-27 北魏太和元年宋绍祖墓　镇墓兽、镇墓武士俑

（三）仪仗出行图

沙岭壁画墓的出行图（图 1-2、1-3）为目前所知年代最早的北朝仪仗出行图。中央墓主的马车比例稍大，顶部有伞盖，车后有旌旗。出行队伍的第一排为六名骑兵，第二排为六名吹角的军乐，同样骑马。军乐之后上下两端各有两列持矛与弓箭的步兵，一直延续至队伍后方。在上下两列的步兵之间可见到护卫墓主座车的骑兵。主车的前方有持幡、抬鼓、百戏与伎乐，主车后方有二至三排的具装骑兵，形成方阵排列的仪仗队伍。[①]

此仪仗出行图在主题上具有汉晋文化的渊源[②]，但表现形式有所

[①] 同做方阵排列的出行图参见苏哲，《五胡十六国·北朝时代的出行图と卤簿俑》，收入后藤直、茂木雅博编，《东アジアと日本の考古学》第 2 卷《墓制》（东京：同成社，2002），页 113—163。

[②] 东汉墓葬中常见作横向带状排列的出行图，但也可见到打破带状排列的出行图。东汉和林格尔壁画墓前室四壁中段绘有相连结的大型出行图，车马散布于壁面上，画面中并未以横线区隔队伍，呈现出较为开阔的空间效果。内蒙古自治区文物考古研究所，《和林格尔汉墓壁画》，页 10—11；陈永志、黑田彰主编，《和林格尔汉墓壁画孝子传图辑录》（北京：文物出版社，2009），页 66—85。

不同，强调方阵排列，并且以单一壁面来表现一整体的出行图。这种以单一壁面为范围的表现方式，促使出行图的表现重点由车骑的前后排序扩及于上下并排的关系，因而得以表现出原来在出行图中居于次要、外围的步兵。主题内容的表现与壁画面积的规划之间应有关联，单一壁面显然有利于表现整体的方阵排列。

这种作多层次方阵排列的出行图为四世纪中叶开始出现的新模式，最早可见于东晋永和十三年（357）高句丽安岳3号墓。此墓回廊东壁绘有牛车出行图壁画（图1-28）。① 据墨书铭，墓主冬寿的官职为"使持节都督诸军事、平东将军、护抚夷校尉。乐浪、昌黎、玄菟、带方太守，都乡侯"。官号中的都督与平东将军均为虚号。但是从任职"护抚夷校尉"来判断，墓主亡命于高句丽的二十多年间，应该还是保有一定的势力。② 出行图壁画中的通幰牛车，可视为其身份象征。

---

① 关于安岳3号墓墓主的判定，学界有两种不同的见解：一、冬寿；二、高句丽王。宿白指出墨书铭中的冬寿即为《晋书》与《资治通鉴》中的佟寿，曾任前燕慕容皝的司马，降于慕容仁，最后投奔高句丽。目前学界多从此说。韩鲜学者则见解分歧，或认为冬寿非墓主，而是指墨书铭下方的侍从（榜题"帐下督"），墓主为高句丽王。本文同意冬寿为墓主的看法。关于安岳3号墓，参见都宥浩，《在朝鲜安岳发现的一些高句丽古坟》，《文物参考资料》1期（1952），页91—101；宿白，《朝鲜安岳所发现的冬寿墓》，《文物参考资料》1期（1952），页101—104，后收入氏著，《魏晋南北朝唐宋考古文稿辑丛》（北京：文物出版社，2011），页415—420；洪晴玉，《关于冬寿墓的发现和研究》，《考古》1期（1959），页27—35；冈崎敬，《安岳第三号坟の研究——その壁画と墓志铭を中心として》，《史渊》93号（1964），页37—76；堀田启一，《高句丽壁画古坟にみる武器と武装——特に安岳3号坟と药水里壁画古坟を中心に》，橿原考古学研究所编，《橿原考古学研究所论集》第4卷（东京：吉川弘文馆，1979），页499—526；町田章，《古代东アジアの装饰墓》，页229—231；门田诚一，《东アジアの壁画墓に描かれた墓主像の基础的考察——魏晋南北朝期における高句丽古坟壁画の相对的位置》，《鹰陵史学》31号（2005），页23—66，后收入氏著，《高句丽壁画古坟と东アジア》（京都：思文阁，2011），页21—65。近年关于安岳3号墓墓主问题的讨论，参见耿铁华，《高句丽古墓壁画研究》（长春：吉林大学出版社，2008），页236—241；筱原启方，《墓志文化的传播与变容——高句丽安岳三号坟墨书を中心に》，《东アジア文化交涉研究》2号（2009），页315—337。

② 冈崎敬，《安岳三号坟の研究》，页63。

第一章　发现图像：沙岭壁画墓的启示

图 1-28　东晋永和十三年高句丽安岳 3 号墓　出行图线描图

通幰为覆盖在车上的大帐，若据《晋书·舆服志》，通幰牛车的乘坐者为"诸王三公"，可见其在魏晋时代等级甚高。①

关于沙岭壁画墓的出行图队伍排列的特征，还可由《魏书》中得到若干线索。《魏书》卷 108《礼志》中载天赐二年（405）道武帝车驾威仪，对于天兴二年（399）的"三驾卤簿"有所更替②：

> 天赐二年初，改大驾鱼丽雁行，更为方陈卤簿。列步骑，内外为四重，列标建旌，通门四达，五色车旗各处其方。诸王导从在钾骑内，公在幰内，侯在步矟内，子在刀盾内，五品朝臣使列乘舆前两厢，官卑者先引。王公侯子车旒麾盖、信幡及散官构服，一皆纯黑。

---

① 《晋书》卷 25《舆服志》："通幰车，驾牛，犹如今轺车制，但举其幰通覆车上也。诸王三公并乘之。"（页 761）参见刘增贵，《汉隋之间的车驾制度》，页 394。
② 《魏书》卷 108《礼志四》，页 2813—2814。

| 59

其中将"鱼丽雁行"改为"方陈卤簿"。"方陈卤簿"的方陈为方阵之意。[①]可知当时卤簿排列由条列状的"鱼丽雁行"变更为矩形。方阵内有四重的步兵（步槊、刀盾）与骑兵（甲骑），以五色旗来标示方阵的中央与四方，并有持旌、幢等物的仪仗。由于这是皇帝的车驾，其中还安排诸王等朝臣随行，层叠于方阵之内。

沙岭壁画墓仪仗出行图并非帝王等级的卤簿，然而其中可见到类似的编成原则与共通元素。沙岭壁画前后并列的骑马人物为骑兵，上下两列肩扛长矛者应该是"步槊"。在抬鼓人物上方有四位人物执旌（图1-3）。更重要的是出行图排列成矩形，以中央主车为中心而重重围起，符合文中所载的方阵排列。

此出行图的另一项新表现为出行与百戏的结合。图中可见到百戏，包括吹奏、男女乐伎、寻橦、倒立等。据简报，其中还有头戴长缨兜鍪的士兵手舞足蹈。汉晋以来的各类百戏颇受北魏皇室所好，百戏图的流行为北魏平城时期墓葬图像的特点之一。[②]沙岭壁画墓出行图中的百戏位在主车前方，近于画面中心处，颇为醒目。

北朝平城时期的墓葬中，沙岭壁画墓并非唯一结合出行与百戏的例子。智家堡北魏墓的木棺板画上也画有出行图。该墓葬的形制为斜坡墓道土洞墓，东西向，由墓道、封门和墓室所组成。墓室狭窄，仅能容纳一棺。此墓出土木棺板画残片，左侧棺板前半部彩绘以牛车为

[①] 《通典》卷66《嘉礼十一·卤簿》记为"方阵卤簿"；（唐）杜佑，《通典》第2册（北京：中华书局，1988），页1848。

[②] 《魏书》卷109《乐志》："六年冬，诏太乐、总章、鼓吹增修杂伎，造五兵、角抵、麒麟、凤皇、仙人、长蛇、白象、白虎及诸畏兽、鱼龙、辟邪、鹿马仙车、高絙百尺、长趫、缘橦、跳丸、五案以备百戏。大飨设之于殿庭，如汉晋之旧也。"（页2828）另外在山西省大同市雁北师院北魏墓（编号 M2）中出土寻橦陶俑；Liu Junxi and Li Li, "The Recent Discovery of a Group of Northern Wei Tombs in Datong", *Orientations*, Vol. 33, No. 5(2002), pp. 42—47；刘俊喜主编，《大同雁北师院北魏墓群》，页52—54。

第一章　发现图像：沙岭壁画墓的启示

主的出行场面（图 1-29）。①牛车为装饰华丽的"通幰牛车"，出行场面浩大。前方有导从仪仗、乐舞杂技，后方有穿着鲜卑服饰的随侍者与车辆。智家堡北魏墓的等级显然低于沙岭壁画墓。由于此木棺板画出行图的主车前方也可见到百戏，可知沙岭壁画墓并非特例，与墓主身分高低并无绝对关系，而是代表北魏平城时期常用的出行图模式。

图 1-29　智家堡北魏墓　左侧棺板线描图

东汉壁画墓或画像石墓中虽然经常可见到出行图与百戏图，但是百戏多与墓主宴饮结合，出行图与百戏图配置在不同壁面，两种主题并未相混。②例如东汉和林格尔壁画墓的出行图主要描绘在前室上段，乐舞百戏则描绘于前室北壁下段，以及中室东、西壁与后室西壁，并未组成同一队伍。魏晋时期河西、辽东壁画墓以及安岳 3 号墓中，杂技一类的图像同样配置在近于墓主图像处，并非作为出行图的一部分。

沙岭壁画墓中则将百戏圈围于方阵之内、主车之前，关系明确，

---

① 刘俊喜、高峰，《大同智家堡北魏墓棺板画》，《文物》12 期（2004），页 35—47。

② 结合百戏的出行图在汉代画像十分罕见。河南南阳新野县樊集编号 M39 号画像砖墓中门楣画像砖以车马行列为主体，两辆戏车接连在出行队伍之后。由于南阳画像砖中常见不同的主题拼凑于同一画面。在这样的状况下，形式上的连结未必意味图像意义上具有叙事性的关联。此戏车是否即属于墓主出行队伍的一部分，尚难确认。河南省南阳地区文物研究所，《新野樊集汉画像砖墓》，《考古学报》4 期（1990），页 475—509；赵成甫、柴中庆、陈峰著，南阳文物研究所编，《南阳汉代画像砖》（北京：文物出版社，1990），页 1—37。

61

图像与装饰：北朝墓葬的生死表象

应该是刻意安排。这种出行图的组成究竟源自何处？高句丽药水里古坟壁画中绘有以牛车为中心，并且结合百戏的出行图。药水里古坟位在朝鲜平安南道南浦市江西区，时间为四世纪末至五世纪初。①墓葬坐北朝南，由甬道、前室、后通道、后室所组成，前室左右两侧设有小龛。前室长 2.66—2.84 米、高 3.22 米。出行图由前室南壁东侧与西壁交接处起，经由东壁，延续至北壁东半部，朝向位在北壁中央的建筑。虽然壁画残损，但是由线描图可见到牛车前方有百戏人物（图 1-30）。五世纪上半叶的八清里壁画古坟，同样将出行与百戏结合，主车前方有跳丸、寻橦，上方有骑马人物，画面左侧有骑马人物回首吹角与抬鼓的人物（图 1-31）。②

五世纪后半叶高句丽水山里古坟可见到另一类的墓主夫妇与侍女随行的出行图。墓主呈立姿，后方侍女执伞盖，前方有百戏人物（图 1-32）。虽然水山里古坟中的出行图中并无车马行列，但是同样将百戏与墓主出行结合，可视为继承药水里古坟壁画的出行图模式，只是在出行内容的表现上有所调整，以墓主夫妇立像取代车马仪仗。

由此可知沙岭壁画墓仪仗出行图的两项特征，亦即方阵排列以及出行与百戏的结合，皆可见于高句丽墓壁画。就其发展的先后顺序来看，方阵出行出现在前，以永和十三年安岳 3 号墓为最早。至四世纪下半叶到五世纪中叶，在方阵出行的主车前方加入百戏，可见于药水里古坟与八清里壁画古坟。药水里古坟出行图中兼具方阵出行与百戏，与沙岭壁画墓最为接近。

---

① 朱荣宪著，永岛晖臣慎译，《高句丽の壁画古坟》（东京：学生社，1972），页 131—132。

② 八清里壁画古坟的年代，参见朱荣宪著，永岛晖臣慎译，《高句丽の壁画古坟》，页 142—144。关于朝鲜半岛考古学的概观参见吉井秀夫，《古代朝鲜坟墓にみる国家形成》（京都：京都大学学术出版会，2010）。

第一章　发现图像：沙岭壁画墓的启示

图 1-30　高句丽药水里古坟　出行图线描图

图 1-31　高句丽八清里古坟　出行图线描图

图 1-32　高句丽水山里古坟　出行图线描图

（四）宴饮与庖厨

南壁中央由两座步障区隔，分为东西两侧，东侧为宴饮，西侧为庖厨。东侧以墓主所居的房屋为主体，墓主的比例略大，身后有一侍女，屋前散置瓶、碗等器具（图1-5）。屋后至步障间有侍者与低首食槽的马。墓主前方有三排面向墓主而坐的宾客，每人坐席前并有圆形食器。房屋左下方为歌舞场面，四位乐伎坐于席上，另有四人连袂共舞。在歌舞人物的前方有步障，障内情景已无法辨识，最下方为三角状山石与树木。西侧最上方有三间粮仓与四辆车，载有货物，最下方为庖厨场面，两人正在杀羊。另外在此墓的漆画残片中亦可见到庖厨图（图1-10）。

前引大同智家堡墓棺板画的右侧板同样有宴饮图，中央也是以步障区隔。右侧为围绕着三足樽与曲足漆案的奉食人物（图1-33），左侧有两排男女侍者，最后方有马与车辆。另有一块残长0.6米、宽0.18米的残件，绘有一辆通幰车与其他车辆（图1-34）。由于这块残件左侧绘有忍冬纹饰带，推测原来位在右侧板后方，接在图1-33左下方。[①]整体看来，右侧板的残存彩绘从棺头起自前而后分别是奉食、步障、两排侍者、车马图。其布局方式与排列顺序与沙岭壁画墓的宴饮图、庖厨图有若干相符之处。由此可知，将墓主出行图与宴饮、奉食图搭配成对，为北魏平城时期墓葬图像的新模式，且为墓壁画与葬具所共用。

和平二年大同仝家湾村M9壁画墓西壁的主题与构图，均与沙岭壁画墓的宴饮、庖厨图相似（图1-35）。画面中央同样由两座步帐作为区隔，其中绘有牛耕、庖厨、车辆、侍者等，只是描写较为简略。另外，将智家堡墓棺板画的主题与仝家湾村M9壁画墓相比较，除了

[①] 简报中指出为右侧板的一部分，但并未明言所在位置。刘俊喜、高峰，《大同智家堡北魏墓棺板画》，页45。

第一章　发现图像：沙岭壁画墓的启示

牛车出行图之外，其余大致相同，只是在后者凸显狩猎图，作为东壁的单一主题。

图 1-33　智家堡北魏墓　右侧棺板线描图

图 1-34　智家堡北魏墓　右侧下方棺板线描图

图 1-35　和平二年大同仝家湾村 M9 壁画墓　西壁线描图

五、图像与工匠的来源

拓跋鲜卑随着军事扩张，由四世纪末至五世纪中叶逐渐接触并吸收不同地区的壁画传统，形成复合性的墓葬图像。[1]由于出土材料的限制，该如何界定北魏墓葬图像所继承的汉魏传统，辨别出其中的不同元素，仍是深具挑战性的问题。以下由三个区域来考察沙岭壁画墓图像与工匠的可能来源，分别是：（一）陕北、内蒙古和林格尔一带的东汉壁画传统；（二）魏晋十六国时期河西壁画传统；（三）由前燕（337—370）、后燕（383—407）、北燕（407—436）所继承的辽东壁画传统。这三个壁画传统的渊源都可追溯至东汉，但在各区域则呈现多元样貌。

（一）陕北、内蒙古和林格尔一带

北魏登国元年道武帝拓跋珪即位魏王，以盛乐为都。盛乐位于今内蒙古和林格尔附近，也是北魏皇陵金陵的所在。由北魏都城的位置来看，其统治集团与这一地区的壁画传统之间应具有一定程度的地缘关系。

关于这一区域壁画墓传统在东汉之后的发展，目前所知有限。1993年于和林格尔榆树梁鸡鸣驿曾发掘一座北魏大型壁画墓，据推测

---

[1] 殷宪根据漆画题记的研究，认为沙岭壁画墓具有关陇文化的渊源。杨泓指出沙岭壁画墓明显沿袭汉魏墓室壁画传统，与河西地区的影响有关。徐润庆认为除了中原的传统之外，可见到河西、东北与高句丽地区等各地区的因素，并特别强调与东北、高句丽壁画墓的关系。殷宪，《山西大同沙岭北魏壁画墓漆画题记研究》，页353；杨泓，《中国古代墓葬壁画综述》，考古杂志社编，《探古求原——考古杂志社成立十周年纪念学术文集》（北京：科学出版社，2007），页172—191，后收入氏著，《中国古兵与美术考古论集》（北京：文物出版社，2007），页233—254；徐润庆，《从沙岭壁画墓看北魏平城时期的丧葬美术》，页184。

第一章　发现图像：沙岭壁画墓的启示

其年代在北魏迁洛之前。[①] 墓葬由墓道、甬道、前室、后室所组成，全长 22.6 米，规模甚大。壁画分布于甬道与前室，题材有百戏、狩猎、虎牛相斗、四神、莲花等。已发表的百戏图中有一人举高橦，中央有一人攀爬，橦顶上另有小人（图 1-36）。由于北魏平城时期墓葬中亦流行狩猎与百戏等图像，就题材而言应有所关联。从风格来看，图中以缺乏运笔趣味的细笔来描绘轮廓，这点与沙岭壁画墓相近。

图 1-36　内蒙古自治区和林格尔鸡鸣驿北魏壁画墓　百戏图

（二）宁夏、河西地区

破多罗部以牵屯山为根据地，活跃于甘肃、宁夏之间。原州（今宁夏回族自治区固原）距离牵屯山不远。沙岭壁画墓甬道顶部有伏羲女娲图，此图在魏晋十六国时代特别流行于河西地区。北凉承平十六年（458）沮渠蒙逊夫人彭氏墓曾出土蓝色绢块，推测是伏羲女娲图

[①] 此壁画墓的报告尚未发表。王大方，《内蒙古首次发现北魏大型砖室壁画墓》，《中国文物报》1993 年 11 月 28 日，1 版；苏俊、王大方、刘幻真，《内蒙古和林格尔北魏壁画墓发掘的意义》，《中国文物报》1993 年 11 月 28 日，3 版；刘瑞娥、朱家龙，《鸡鸣驿北魏墓清理随想》，《呼和浩特文物》4 期（1999），页 49—51。又参见罗宗真，《魏晋南北朝考古》（北京：文物出版社，2001），页 80。

| 67

的残片，为自河西传播至高昌的遗存。① 沙岭壁画墓的伏羲女娲图可能具有河西因素。

（三）辽东地区

沙岭壁画墓的设计、制作与三燕的辽东壁画传统的关系特别值得注意。② 慕容鲜卑在东胡族中最早采用壁画来装饰墓葬，而魏晋时期盛行薄葬，这一时期中原地区的壁画墓则极为罕见。③ 因此在鲜卑拓跋部学习使用墓葬图像的过程中，慕容鲜卑可能曾扮演重要角色。辽宁省朝阳袁台子壁画墓中的墓主图像与墓中设奠有关。④ 西壁前侧上方画有奉食图，人物排成一列，下方有一横线区隔。手中端着放有耳杯的案、樽、魁、勺等食器朝向墓主图像。其中人物排成一列，比例较小，并在人物下方描出横线，这种布局亦可见于沙岭壁画墓。

沙岭壁画墓在壁画风格上另一重要特征在于使用浓重的焦墨，并以粗细变化不大的线描来描绘轮廓与细节。这与壁画母题的比例大小无关，例如在甬道两侧的武士像也可见到同样的现象。袁台子壁画墓

---

① 吐鲁番地区文物保管所，《吐鲁番北凉武宣王沮渠蒙逊夫人彭氏墓》，《文物》9期（1994），页75—81；倪润安，《麹氏高昌国至唐西州时期墓葬初论》，《西域文史》2期（2007），页15—74。

② 关于三燕墓葬文化的特征，参见田立坤，《三燕文化遗存的初步研究》，《辽海文物学刊》1期（1991），页90—97，特别是页96。关于辽东地区东汉魏晋时期壁画墓的编年，参见刘未，《辽阳汉魏晋壁画墓研究》，《边疆考古研究》2期（2004），页232—257；东潮，《高句丽考古学研究》，页287—319。天兴元年拓跋珪将"山东六州"民吏三十六万口迁徙至首都平城的京畿地区，其中除了山东六州的民吏之外，还包括百工伎巧十万余人。这是北魏前期向平城移民中的第一次，也是规模最大的一次。《魏书》卷2《太祖纪》，页32。

③ 可举出北京八角村魏晋墓；石景山区文物管理所，《北京市石景山区八角村魏晋墓》，《文物》4期（2001），页54—59。学者对于此墓的年代有不同的见解，田立坤认为可能晚至北魏。《袁台子壁画墓的再认识》，《文物》9期（2002），页41—48。

④ 辽宁省博物馆文物队、朝阳地区博物馆文物队、朝阳县文化馆，《朝阳袁台子东晋壁画墓》，《文物》6期（1984），页29—45；林圣智，《魏晋至北魏平城时期墓葬文化的变迁——图像的观点》，《台湾大学美术史研究集刊》41期（2016），页145—237。

中的神兽表现强调运笔的流畅与顺着笔势所形成的粗细变化，但是侍卫图则以较为纤细的墨线来表现。这种细笔的特点除了辽东地区之外，也可见于和林格尔鸡鸣驿北魏壁画墓。高句丽安岳3号墓与德兴里古坟中也出现同样特点，例如德兴里古坟中以浓重的墨线来描绘具装骑兵的细节（图1-37）。相对于沙岭壁画墓中所见滞重的造型与繁复的细节，河西地区的魏晋墓则善于动态表现，直接借由线描的速度感与起伏变化来表现动感。沙岭壁画墓中所见焦墨细笔的特征，应该与内蒙古和林格尔一带以及辽东地区的壁画墓较有关联。

图1-37　高句丽德兴里古坟　出行图

六、漆棺的相关问题

以下讨论三个相关问题：第一，平城时期漆器的使用方式；第二，漆棺纹饰与织品的关系；第三，漆画墓主图像与题记的关系。

（一）北魏平城时期墓葬中的漆器

大同北魏墓群中的漆器，主要作为放置牛骨等牲礼或耳杯等奠祭用品之用，其性质为祭器。沙岭壁画墓墓室东部出土一件漆耳杯，简报中认为其底部刻划"莫人"两字。然就图版来看，似可释为"奠人"

图像与装饰：北朝墓葬的生死表象

图1-38 沙岭北魏壁画墓 漆耳杯

（图1-38）。大同七里村北魏墓群中发掘出三十四座，出土漆器十四件，器形包括盘、盆、钵、槅、碗、碟、耳杯等。①其中七里村M28号墓为长斜坡墓道窄室墓，墓室朝南，平面为窄长的梯形，长2.9米、宽0.8至1.5米（图1-39）。出土木棺前高后低，棺首前方陈设两件漆盘。东侧漆盘上放置两件漆耳杯；西侧漆盘盛放兽骨。同样的现象亦可见于大同迎宾大道M37号墓。此墓为梯形墓室土洞墓，坐东朝西，棺首前方有漆盘、耳杯，漆盘内有鸡、羊骨。②

大同南郊北魏M7号墓为竖穴墓道土洞墓，坐东朝西，墓室平面呈梯形。南壁棺首前方设有三角状壁龛，龛内有漆器痕迹与动物脊椎骨、肋骨。大同南郊北魏M180号墓为长斜坡底墓道土洞墓，同样坐东朝西（图1-40）。此墓棺首前方有带耳漆案，案面长53厘米、宽53厘米、高30厘米，漆案上有狗骨。漆案北侧有一长方形漆槅，槅上置漆碗。据报告书中的墓葬分期，M180号墓属于北魏平城初期，为北魏建国至太武帝统一黄河流域之前（439）的墓葬。③

这种带耳漆案到了北魏洛阳时期仍然被作为祭奠用器。正光五年（524）元谧孝子石棺〔明尼亚波里斯美术馆（The Minneapolis

---

① 大同市考古研究所，《山西大同七里村北魏墓群发掘简报》，《文物》10期（2006），页25—49。
② 大同市考古研究所，《山西大同迎宾大道北魏墓群》，《文物》10期（2006），页53。
③ 以上参见山西大学历史文化学院等编著，《大同南郊北魏墓群》，页29、276—279、472。

Institute of Art）藏〕的眉间赤孝子故事中，可见到隆起的圆弧形坟丘与祭拜于前的孝子；孝子前方放置了碗、长颈壶与一件带耳案。就北魏墓葬中使用漆器的方式来考虑，图中的带耳案可能是漆案（图1-41）。

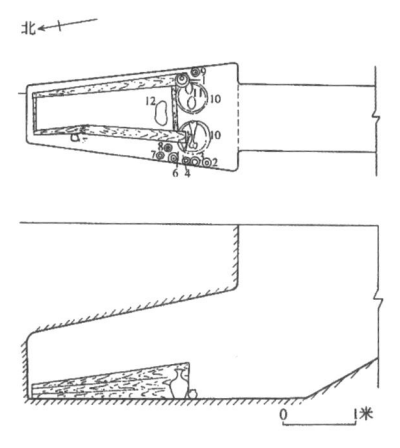

图 1-39　大同七里村 M28 墓平面、剖面图

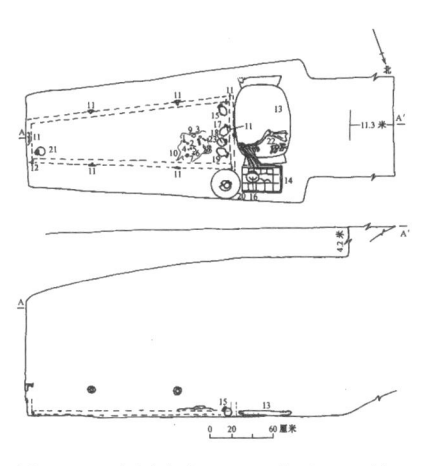

图 1-40　大同南郊 M180 墓平面、剖面图

图 1-41　北魏元谧孝子石棺　"眉间赤"孝子故事
（China, Asia, Sarcophagus of Prince Yuan Mi, 524, Black limestone. Minneapolis Institute of Art, The William Hood Dunwoody Fund, 46.23.1a-d. Photo: Minneapolis Institute of Art）

（二）漆棺纹饰与织品的关系

漆皮题记残片右侧可见由侧置山字形所组成的边框。山字形作纵向排列，红黑交替，朝向中央。庖厨图漆画残片的右侧同样可见较窄的山字形边框，另有较宽的忍冬纹装饰带。山字形与忍冬纹装饰仅出现在漆画残片，未见于墓室壁面。由于山字形纹饰似未见于汉晋壁画或漆器，这种纹饰的属性与渊源颇值得注意。管见所及，沙岭壁画墓漆棺的山形纹是这种纹饰作为漆器装饰的最早实例。[1]

就现有材料来看，山形纹可能与织品的图案有关。雁北师院北魏墓群年代较沙岭壁画墓晚，约在五世纪下半叶。其中编号 M2 墓中出土陶马马脊上有类似山形纹的装饰。陶马的山形纹分为朱色与白色，共分为七排，有规律地交错排列（图1-42）[2]，这种装饰也可见于胡人伎乐俑。宋绍祖墓出土四件胡人伎乐俑，与同墓中其他陶俑的服饰不同，伎乐俑胡服前后中央与左右侧缝一宽带，内部以墨线描绘类似山形的纹饰（图1-43）。上述陶马与胡人伎乐俑中的山字形朝上或朝下，分成片段或作带状排列；在沙岭壁画墓中则作侧向并排。由雁北师院墓群陶俑装饰的例子来看，山形纹很可能是当时织品所惯用的图案。

新疆维吾尔自治区和田民丰县尼雅8号住居遗址出土毛织品，其中可见类似凸字形的图案[3]层层相叠，排列方向一致（图1-44）。值得注意的是在右上方可见红与深蓝交替的安排，可与雁北师院墓群出

---

[1] 北魏太安四年（458）解兴石堂内部后壁的墓主夫妇图像中可见到同样的图案。大同北朝艺术研究院编著，《北朝艺术研究院藏品图录——青铜器 陶瓷器 墓葬壁画》（北京：文物出版社，2016），图16。

[2] 报告书中对其描述为："中间有红、白两色相间描绘的几何图案，与马身平行共有七排。"刘俊喜主编，《大同雁北师院北魏墓群》，页56。

[3] 中日日中共同尼雅遗迹学术考察队，《中日日中共同尼雅遗迹学术调查报告书》第2卷《图版编》（新疆：中日日中共同尼雅遗迹学术考察队，1999），页50—51；赵丰、于志勇主编，《丝绸之路尼雅遗址出土文物——沙漠王子遗宝》（香港：艺纱堂服饰工作队，2000），页78。

图 1-42 大同雁北师院北魏墓群 陶马线描图

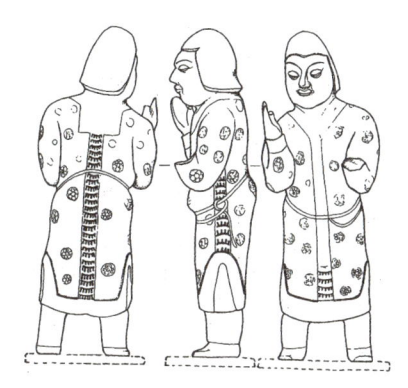

图 1-43 北魏宋绍祖墓 胡人俑线描图

图 1-44 新疆维吾尔自治区和田民丰县尼雅 8 号住居遗址 毛织品

土品中的山字形纹饰用色规律性相互对照。

除了山字形纹饰与织品具有关联性之外,葬具与织品之间也存在某种关系。在葬具图像的发展过程中,不同类型、功能的织品直接或间接作为图像来源。北魏平城时期木棺的表面上曾发现织品的痕迹。

大同南郊编号M107号墓出土木棺残板，内板上裱有一层白色丝绸。[1] 大同市南郊齐家坡村北魏墓出土木棺一具，内髹黑漆，外侧以帛装裱。[2] 大同雁北师院编号M2号墓出土四件木棺，其中北侧大棺棺木未髹漆，原来在棺的表面应裱有一层浅黄色丝织品。[3] 织品在葬具中的运用，可能促成葬具上出现与织品相仿的装饰。沙岭壁画墓漆棺的山形纹装饰应为模仿自织品的图案。在宁夏回族自治区北魏太和十三年（489）固原北魏漆棺也见到同样的现象。[4]

（三）棺首的墓主图像与题记

这件绘有墓主夫妇图像的漆画残片（图1-9），原来可能与书有隶书题记的漆皮相接（图1-11），图画内容与漆画边缘残缺的形状颇为相合。简报中曾指出漆皮文字外围与墓主夫妇并坐之图案相近的现象。书有隶书题记的漆皮中央两行为题记部分，右侧为侧置山字形装饰带，山字形以红黑交错。这块书有隶书题记的漆皮至少由五块漆皮拼接而成，其中二块书有题记的残片，一上一下，左侧均有垂幔痕迹。这块题记残片右侧所绘的垂幔，原来可能连接墓主夫妇图像残片的右侧，题记残片右侧的垂幔，即为男性墓主右侧帐幕的一部分。另外，隶书题记的漆皮残片最宽处18.5厘米、最高处24厘米，墓主夫妇图像漆画残片宽48厘米、高32厘米，从尺寸来看也相吻合。

综合漆皮出土的状况、漆画的主题以及墓主夫妇图像与题记的关

---

[1] 山西省考古研究所、大同市博物馆，《大同南郊北魏墓群发掘简报》，《文物》8期（1992），页1—11；山西大学历史文化学院等编著，《大同南郊北魏墓群》，页224。

[2] 王银田、韩生存，《大同市齐家坡北魏墓发掘简报》，《文物季刊》1期（1995），页14—18。

[3] 刘俊喜主编，《大同雁北师院北魏墓群》，页43。

[4] 宁夏固原博物馆，《固原北魏墓漆棺画》（银川：宁夏人民出版社，1988）。关于此墓的年代，参见罗丰，《固原北魏漆棺画年代的再确定》，2017年1月12日发表于慕尼黑大学东方研究所汉学系主办，"四至七世纪中国北部的多样文化"〔Culture and Cultural Diversity in Early Medieval China（4th—7th Century）〕国际学术研讨会。

第一章　发现图像：沙岭壁画墓的启示

联来看，沙岭壁画墓漆画残片原来应属于漆棺的一部分。墓主夫妇图像应该位在漆棺前档板，隶书题记则为漆棺的题记，也就是柩铭。在这里可见到沙岭壁画墓漆棺的重要特征：墓主夫妇图像与柩铭的结合。

汉代墓葬虽然广泛采用漆棺为葬具，但是尚未见在棺首描绘墓主图像的例子。四川芦山东汉建安十七年（212）王晖石棺，为目前所知最早在棺上题有铭记的实例（图1-45）。① 甘肃玉门金鸡梁十六国墓葬M5中发现木棺，木棺前档板上书有"升平六年九月五日大男赵□"，升平六年（362）为前凉沿用东晋穆帝之年号。② 吐鲁番阿斯塔那哈喇和卓99号墓出土张氏高昌建初七年（495）苏娥奴柩铭。③ 至北魏，葬具的棺首开始出现墓主图像，例如固原漆棺前档板有男性墓主执杯画像，由于多残损，难以得知是否有题记（图1-46）。

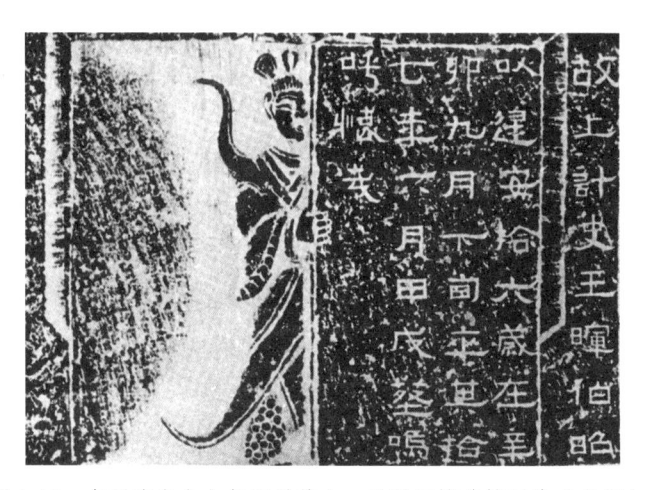

图1-45　东汉建安十七年四川芦山　王晖石棺前档拓片（局部）

---

① 高文编著，《四川汉代石棺画像集》（北京：人民美术出版社，1997），图58。魏晋时期的实例有西晋太康三年（282）"冯恭石椁题记"与"魏雏柩铭并阴"；赵万里，《汉魏南北朝墓志集释》1册（北京：科学出版社，1953），页1—2。

② 甘肃省文物考古研究所，《甘肃玉门金鸡梁十六国墓葬发掘简报》，《文物》2期（2011），页26—39。木棺盖板内并绘有伏羲女娲图。

③ 新疆博物馆考古队，《吐鲁番哈喇和卓墓群发掘简报》，《文物》6期（1978），页1—14；王素，《吐鲁番出土张氏高昌时期文物三题》，《文物》5期（1993），页53—60。

| 75

图像与装饰：北朝墓葬的生死表象

除了沙岭壁画墓之外，北魏墓葬出土的葬具中唯一兼具墓主图像与柩铭者，为年代稍晚的山西榆社孙龙石椁（图1-47）。孙龙石椁前板刻有柩铭，内容如下[①]：

> 大魏神龟□/□，太原中都孙□六世孙孙方兴/父龙，太和之中/颖（？）川太守，熙平之/□□为绥远将/□、□郡太守/□□年六十在/□官郎造石/□区漆棺一口。□/在乡县□梁兴弟/保兴少奉朝请，提之/礴首，以示后世，/记之云尒。

神龟年间（518—519）仅历时二年，可知石椁完成时间不晚于519年。墓主享年六十，若墓主亡于神龟二年，则可推测墓主生年约在文成帝太安五年（459）。太原中都即为太原郡中都县，墓主可能出自太原中都孙氏。[②] 山西省榆社位在中都县南方，属并州所辖乡郡的范围之内。孙龙于北魏熙平年间（516—517）拜绥远将军与□郡太守。[③] 又据柩铭，石椁内原来尚有一具漆棺。柩铭最后记有保兴题名椁首以为墓主流传后世。[④]

柩铭如同墓志铭具有记录墓主的出身、经历，以及称颂生平功绩的功能。汉代具有在柩上书死者官职姓名的葬俗。[⑤] 例如西汉薛宣为

[①] 王太明、贾文亮，《山西榆社县发现北魏画像石棺》，《考古》8期（1993），页767；高文、高成刚编著，《中国画像石棺艺术》（太原：山西人民出版社，1996），页128—129。

[②] 《魏书》卷106《地形志》，页2466。

[③] 据太和十七年《职员令》绥远将军号为"第七品上"，未见于太和二十三年（499）令。《魏书》卷113《官氏志》，页2990。

[④] "朝请"为官名。太和十一年（487）置朝请二百人。《魏书》卷113《官氏志》："十一年八月，置散官员一百人，朝请员二百人。"（页2976）

[⑤] 杨树达，《汉代婚丧礼俗考》（北京：商务印书馆，1933），页109；赵超，《墓志溯源》，《文史》21期（1983），页47—48，后收入氏著，《古代石刻》（北京：文物出版社，2001），页122—123。

第一章　发现图像：沙岭壁画墓的启示

表彰杀身以自明的狱掾王立，特别命属下（决曹掾）题字于王立之柩。①由此看来，一般的葬具可能并不刻柩铭，题刻柩铭为特殊例外。这样也就能理解为何已出土的汉代石棺、石椁为数不少，但刻有柩铭者仅有王晖石棺一例。②

图 1-46　固原北魏漆棺前档线描图　　图 1-47　山西榆社孙龙石椁前档板

如同孙龙石椁所见，这种以柩铭来彰显墓主功绩的葬俗也为北魏所继承。就汉代的例子来看，柩铭虽有称颂死者功绩的作用，但是使用柩铭的墓葬等级并不甚高。相形之下，由沙岭壁画墓可知平城时期等级较高的葬具可采用柩铭。

北魏相关史料中未见柩铭的记载，另有在灵柩前颁赐谥号的礼仪。

---

① 《汉书》卷83《薛宣传》："〔王〕立诚廉士，甚可闵惜！其以府决曹掾书立之柩，以显其魂。府掾史素与立相知者，皆予送葬。"（东汉）班固，《汉书》（北京：中华书局，1996），页3390。

② 南朝相关记载参见《陈书》卷11《鲁广达传》："尚书令江总抚柩恸哭，乃命笔题其棺头，为诗曰：'黄泉虽抱恨，白日自流名；悲君感义死，不作负恩生。'总又制广达墓铭，其略曰：'灾流淮海，险失金汤，时屯运极，代革天亡。'"（唐）姚思廉，《陈书》（北京：中华书局，1995），页420。又见（唐）李延寿，《南史》卷67《鲁广达传》（北京：中华书局，1995），页1646。

太武帝长子拓跋晃（428—451）早逝，正平元年（451）葬于金陵。太武帝令使持节兼太尉张黎与司徒窦瑾，在拓跋晃的灵柩前赐谥号"景穆"。① 谥号并非柩铭，其柩上是否书有柩铭已不得而知。但由这段记载可知，北魏皇室的丧葬礼仪中灵柩被视为死者的象征。②

沙岭壁画墓漆棺棺首中结合柩铭与墓主图像。这类墓主图像为模式化表现，呈现出理想化的墓主形象而非墓主的个人特征。由此看来，柩铭的重要功能之一在于借由文字的辅助说明，对墓主形象赋予一定程度的个人化，转化为较具有个人意义的形象，并强化其纪念性。

柩铭的这种代表并纪念墓主的功能，可说与铭旌相通。汉末以后礼制中正式使用铭旌一词。③ 如《魏书》卷106《礼志》④：

> 今铭旌纪柩，设重凭神，祭必有尸，神必有庙，皆所以展事孝敬，想象平存。上自天子，下逮于士，如此四事，并同其礼。

可知北魏丧礼中普遍使用铭旌，用来标志死者的神明。引文中的"展事孝敬，想象平存"，说明铭旌具有丧家表达孝心与追念父母之意，相当于沙岭壁画墓漆棺柩铭的"慈颜之永住"。

（四）双重正面墓主图像的意义

由于沙岭壁画墓的东壁与棺首均描绘正面墓主图像，因此可进一步考虑两图之间是否具有关联性。沙岭壁画墓为目前北朝墓葬中，唯

---

① 《魏书》卷4《世祖纪下》，页109。
② 关于北魏丧葬礼仪，参见陈戌国，《魏晋南北朝礼制研究》（长沙：湖南教育出版社，1995），页392—405。
③ 马怡，《武威汉墓之旐——墓葬幡物的名称、特征与沿革》，《中国史研究》4期（2011），页61—82。
④ 《魏书》卷108《礼志二》，页2771。

第一章 发现图像：沙岭壁画墓的启示

一同时在壁画与漆棺表现出双重正面墓主图像的实例。[①] 就形式表现而言，两者都采用相同的正面坐像表现模式。除了墓主作正面像之外，其他细节也极为类似，例如垂幔与屏风的形制、屏风后方探头的侍者、前方长方形曲足案等。主要差异可以举出两点：1. 壁画的墓主图像中除了墓主夫妇之外，尚有树木、鞍马、侍从等母题，漆棺上墓主图像的表现则较为简要；2. 纹饰带未见于壁画，仅见于漆棺，在漆棺中的纹饰具有框围画面与导引视线的作用。

壁画墓主图像与漆棺墓主图像的表现模式相近，但是由于分别附属于壁面与葬具，所具有的丧葬功能与含义应该有所不同。壁画墓主图像与漆棺墓主图像，在生死表象的意义上应该加以区别。漆棺为入殓之具，安置墓主的身体。在丧葬仪式的过程中，入殓之后漆棺安放于"殡宫"，棺首的墓主图像成为墓主的替代物，具用来标志死者神明的作用，其功能类似铭旌。棺首的墓主图像与柩铭具有供丧家吊祭的视觉功能。关于此漆棺与丧礼的关系，漆皮题字提供若干线索。

沙岭壁画墓漆皮题字最后一行记有："欲□之德昊天亾极"。"亾"为"罔"的异体字。简报中并未识读"欲□之德"之中的缺字，殷宪推测为"养"，但由图版所见，也有可能是"报"的异体字"軗"。[②] 如果这个推测无误，则此句应释作"欲报之德，昊天罔极"，可知出自《诗经·小雅·谷风之什·蓼莪》，表现孝子不得奉养父母的哀痛之情；[③] 此句在南北朝常作为表达孝子追念父母之情的套语，多使用在丧礼、

[①] 高句丽德兴里古坟的前后室北壁均绘有男性墓主图像，但是未见女性墓上图像；参见朝鲜民主主义人民共和国社会科学院、朝鲜画报社，《德兴里高句丽壁画古坟》，页49—84。

[②] 殷宪，《山西大同沙岭北魏壁画墓漆画题记研究》，页346。

[③] （清）阮元校刊，《十三经注疏》2《诗经》（台北：艺文印书馆，1989），页437。

奠祭等场合。①据此可推测棺首柩铭的题字是从丧家的立场来书写，位在棺首中央的墓主图像应该是以丧家作为预期的观者。

另外就鲜卑原有的葬俗来看，棺首具有特殊的礼仪象征性。在内蒙古呼伦贝尔地区扎赉诺尔墓群中已出现头宽足窄的葬具，棺首前安放牛、马、羊等殉牲②，这种葬俗一直延续至平城时期。前引大同南郊北魏 M7 号墓棺首前方设有三角状壁龛，龛内有漆器痕迹与动物脊椎骨、肋骨。大同南郊北魏 M180 号墓棺首前方有带耳漆案，漆案上有狗骨架。③从这个角度来看，沙岭壁画墓中在漆棺棺首描绘墓主图像并书写柩铭，可视为鲜卑旧俗的更新与进一步发展。反过来说，鲜卑葬俗应是促成墓主图像出现在沙岭壁画墓漆棺棺首不可或缺的宗教文化基础。

然而不能忽略的是，历经下葬与墓中祭奠的过程后，葬具的墓主图像终究回归到墓室之中。因此，尽管壁画与漆画墓主图像的功能有所不同，但两者借由采用相同表现模式，且均朝向西方，使得同在墓室的壁画与葬具的墓主图像，观念上得以相互统合。墓主下葬之后，两种不同媒材、功能的墓主图像回归至同一个地下世界。

经由以上讨论，沙岭壁画墓中双重墓主图像的意义可作以下解释：漆棺墓主图像具有较明确的纪念性与仪式性，壁面墓主图像则表现出墓主在地下世界中的生活。前者属于地上丧葬礼仪的产物，以纹饰为边框；后者则代表死者在地下生活的情景，以木构建筑为框架。这两种图像均可作为墓中设奠的对象。两种表现模式相同的墓主图像，随

---

① 例如《颜氏家训·终制第二十》："若报罔极之德，霜露之悲，有时斋供，及七月半盂兰盆，望于汝也。"王利器，《颜氏家训集解》（北京：中华书局，1993），页602。
② 宿白，《东北、内蒙古地区的鲜卑遗迹——鲜卑遗迹辑录之一》，页47。
③ 参见山西大学历史文化学院等编著，《大同南郊北魏墓群》，页29、276—279、472。

着丧葬仪式的进行,在地上与地下可产生不同的丧葬意义,在功能上既有所分化,也可以相互补充。可知此双重墓主图像的丧葬意义统摄地上与地下、图像与装饰等具有对比性的概念,须由"生死表象"的观点来加以掌握。

七、小结

以上在研究材料上结合图像与随葬品,并将鲜卑葬俗与汉晋传统的互动,以及区域文化之间的交流作为分析图像的双重视角。壁画中的出行图表现出结合百戏的方阵排列。由神兽图可知鲜卑拓跋为了彰显其新兴的政治地位,采用新的图像来重新诠释何为鲜卑神兽。人面兽身像除了具有一般所认为的威吓、镇墓作用之外,应该还具有导引并护送墓主神魂的功能,也可视为鲜卑神兽的一种。壁画布局中的出行图与宴饮等图相配成对,成为平城时期墓葬图像的新模式。另外从整体布局来看,沙岭壁画墓以木构建筑来塑造墓室空间,在此空间内表现上天下地的死后世界。其中特别强调墓主夫妇图像的重要性,以此为中心,构成具有上下、内外、主从关系的墓葬空间。由沙岭壁画墓可以得知,即使是在北魏平城前期,拓跋鲜卑运用墓葬图像的手法已显示出高度的统整性。

破多罗部主要以今甘肃东部、宁夏固原一带为活动范围,然而由壁画表现来看,墓主的出身并未决定壁画风格。沙岭壁画墓汇合多元的区域性传统,无法根据单一区域文化来充分解释其源流。若能由墓主所身属的统治集团的角度思考,重视平城地区融会多元传统的特色,将有助于掌握其壁画特点。

沙岭壁画墓与早期鲜卑墓葬大为不同。其中采用具有墓道、甬道、墓室的中原葬制,描绘出天界与人界的壁画,墓室已成为一与天地相应的小宇宙。但这未必意味拓跋鲜卑已全然接受汉晋传统的生死观。例如沙岭壁画墓墓门朝向西方，显示墓主仍保持旧有的死后世界信仰。

沙岭壁画墓漆棺的特色为墓主图像与枢铭相结合，以可视化的方式展现枢铭的纪念性。枢铭的使用可能来自河西地区，正面墓主图像则可能出自辽东。两者的结合既显示破多罗部与宁夏、河西一带的地缘关系，也可见到移居至平城之后新加入的辽东文化因素。就汉代以来葬具图像的变迁过程来看，这也是值得瞩目的新发展。东汉石棺棺首上可见枢铭，但是到了北魏平城时期，除枢铭之外还描绘了墓主图像。拓跋鲜卑采用汉代以来正面墓主图像的模式来塑造新的自我形象。

经由以上考察对于平城时期的壁画墓可以得到以下认识：第一，平城时期的墓葬图像已形成几种模式。代人集团运用图像之际，这些不同的模式提供可资参照的基本单位。模式的搭配方式是以一个壁面或一面棺板作为空间单位。第二，墓壁画与葬具的图像可相互转用，主要表现在墓室的左右两壁与葬具的左右侧板之间的对应关系。第三，葬具图像与墓壁画的重要差异在设定"框架"的方式：漆棺以装饰带为边框，墓壁画中则主要以木构建筑为架构。第四，图像主题与墓主政治身份之间的关系并不明确。其传达墓葬等级的方式，除了墓葬规模与随葬品之外，并非完全借由主题，还必须考虑描绘内容的复杂程度。例如沙岭壁画墓中描绘众多人物，甚至在东、南、北壁的上方描绘一列侍者。众多的侍者可视为墓主身份与财富的象征，人物数量的多寡可能与墓葬等级有关。

据沙岭壁画墓所见，在北魏统治集团学习使用墓葬图像的过程中，慕容鲜卑可能扮演重要角色。慕容鲜卑在东胡族中最早采用墓壁画。北魏初期壁画墓的制作并非直接向北方士族，而是辗转透过较熟悉中原文化的慕容鲜卑来学习。虽然在政治上拓跋鲜卑与慕容鲜卑为敌，但是由于两部族有共通的种族渊源，有利于辽东的墓葬图像传入平城。

第一章　发现图像：沙岭壁画墓的启示

这里所谓辽东墓葬图像，还包括高句丽壁画墓的共通因素在内。

由现有史料来看，出行与百戏图的结合可见于高句丽平壤城一带的墓葬，时间在四世纪下半叶至五世纪中叶。安岳3号墓的出行图虽同为方阵出行，但是其中未见百戏。然而在高句丽药水里古坟、八清里古坟、水山里古坟中皆可见到结合百戏的出行图，尤其是药水里古坟出行图的组合更近于沙岭壁画墓。沙岭壁画墓、药水里古坟、八清里古坟的年代相近，该如何判断这类出行图的起源问题？若要解决这个问题，还须进一步认识介于北魏与高句丽之间的后燕、北燕的墓葬图像，相关问题的厘清尚有待更多考古材料。目前可以确定的是，在五世纪上半叶的北魏平城与高句丽平壤城一带，两国的政治文化中心均可见到结合百戏的出行图。

透过沙岭壁画墓的研究，有助于检讨北魏平城时期墓葬图像与中原传统的关系。魏晋时期中原地区盛行薄葬，墓葬图像几乎不存；因此就图像运用的层面而言，北魏平城时期的汉晋旧制具有高度的诠释、改造空间。由拓跋鲜卑的角度来看，汉晋旧制并非必然与鲜卑葬俗对立，关键在于何种葬俗、葬制、墓葬图像最有助于凝聚代人集团，因应其政治社会之迫切需求。平城时期墓葬文化中所见对于汉晋因素的运用，是在鲜卑葬俗与信仰的基础上，经由武力征服，将各地区的墓葬文化汇集至平城，以国家的政治力反复加以重组、再造的动态过程。在此过程中拓跋鲜卑体认到墓葬图像的政治社会效用，一改中原地区"晋制"的薄葬，重新将图像与厚葬相结合，确立平城型厚葬的特点。

第二章　再造装饰：平城时期的装饰文化

一、前言

北魏平城时期在新一波中外文化交流的刺激下，墓葬与云冈石窟中出现各类源自西方的植物纹样。这些新型纹样与汉晋的纹饰传统相结合或互有区隔，共同组成丰富而多元的北魏装饰文化。[①] 此现象也意味着代人集团逐渐形成其独特的装饰品味。

关于北魏纹饰的发展与特点长年来为学界所关注，以忍冬纹为主体的植物纹样向来为讨论的焦点。[②] 学者考察这类纹样的形式特征、

[①] 本书采"装饰文化"一词统称与装饰有关的制作、表现、传播、使用等多重面向。
[②] 北魏纹饰的美术史研究参见泷精一，《北魏唐草文样の起源に就きて》（上）（下），《国华》31编1册、3册（1920），页3—8、87—92；长广敏雄，《北魏唐草文样の二三について》，页97—117；长广敏雄，《大同石佛艺术论》，页117—174；林良一，《东洋美术の装饰文样——植物文篇》；吉村怜，《天人诞生图の研究——东アジア佛教美术史论集》（东京：东方书店，1999）；八木春生，《云冈石窟文样论》（东京：法藏馆，2000）；Susan Bush, "Thunder Monsters, Auspicious Animals, and Floral Ornament in Early Sixth-Century China", pp. 19—33; Jessica Rawson, "The Ornament on Chinese Silver of the Tang Dynasty (AD 618—906)", pp. 8—11; Jessica Rawson, *Chinese Ornament: The Lotus and the Dragon*; Susan Bush, "Some Parallels between Chinese and Korean Ornamental Motifs of the Late Fifth and Early Sixth Centuries A.D.", *Archives of Asian Art*, Vol. 37 (1983), pp. 60—78; Bonnie Cheng, "Exchange across Media in Northern Wei China", in Rui Oliveira Lopes ed., *The transcendence of the arts in China and beyond: Historical Perspectives* (Lisbon, Portugal: Centro de Investigação e Estudos em Belas-Artes [CIEBA], 2014), pp. 114—145。

图像与装饰：北朝墓葬的生死表象

结构、组合、来源，并作为断代与分期的依据。本章立足于学界的研究成果，并进一步转换观点，着重中国内部区域文化之间的流动，考察三燕装饰文化在纹饰由东向西的传播中所扮演的角色。[1]在方法上，本章避免将装饰史研究化约为纹饰的形式排比，尝试由政治社会史的角度反思北魏装饰文化的意义。

本章主要以一件台北"故宫博物院"藏铜壶为例，借此具体观察北魏的装饰文化是在何种历史情境下，经由选择、转用各种文化因素汇聚而成。此器为清宫旧藏的传世器，由于其形制与纹饰较为罕见，鲜少受到学界关注。在《西清古鉴》卷16记为"汉螭耳卮"，1958年出版的《故宫铜器图录》中作"螭耳盂"，推定是六朝时代的遗物。梅原末治（1893—1983）在1969年出版的论文中则称之为"龙虎莲花纹铜壶"，他注意到纹饰中的佛教文化因素，并根据日本古坟考古材料推测此铜壶的时代可上溯至魏晋时期，指出应由东北亚考古的脉络来理解这件器物的研究视野。[2]管见所及，此文似乎是目前为止有关此铜壶的唯一考察。

自二十世纪七十年代以来魏晋南北朝考古发展蓬勃，所积累的材料已非梅原末治当年所能相比。借由新出土的考古材料，本章尝试考察铜壶器形与纹饰的特征、渊源，检讨制作地区与年代的问题，并由北魏装饰文化的角度来阐述这件器物的历史意义。

---

[1] "三燕"指前燕（337—370）、后燕（384—407）、北燕（409—436），其墓葬分布以辽西，亦即辽宁省西部大凌河流域为中心，具有区域性特色。田立坤、李智，《朝阳发现的三燕文化遗物及相关问题》，《文物》11期（1994），页20—32。

[2] （清）梁诗正，《西清古鉴》卷26（清光绪十四年迈宋书馆铜版精印本），页51；台北"故宫博物院"联合管理处编辑，《故宫铜器图录》上（台北："中华丛书"委员会，1958），页165；梅原末治，《战国时代の银错文铁壶・魏晋の龙虎莲花纹铜壶と金造耳饰》，收入台北"故宫博物院"故宫季刊编辑委员会，《故宫季刊特刊》第1集《庆祝蒋复璁先生七十岁论文集》（台北：台北"故宫博物院"，1969），页175—185。

第二章　再造装饰：平城时期的装饰文化

二、"神兽莲花纹铜壶"

在《故宫铜器图录》中将此器物记为"螭耳盂"，归在"盂属"，并描述："六朝时器。口下饰尖角纹。颈饰火焰纹。腹饰鸟兽纹。底饰莲瓣纹二周。两螭耳。高 10.9 厘米，深 10.4 厘米，口径 9.1 厘米，腹围 36.4 厘米，重 715 克。"[①]（图 2-1、2-2，台北"故宫博物院"藏）在梅原末治文中附有器身的线描图，详加描述，指出其身薄，器底部略平，无圈足，左右以相对的半身龙为耳，工艺不算细致。[②] 认为特点在于满布器身的纹饰，并在纹样中加以细刻线，指出所谓火焰纹，是在宝珠状草花形的左右添加火焰状饰物而成。梅原末治特别注意此器，原因在于他对晋式带具的研究。他将此器的纹饰与日本大和新山古坟出土的鎏金带具的龙纹相比较，并以后者的年代为基准，推测此器可溯及三至四世纪初的六朝初期。梅原末治称此器为"龙虎莲花纹铜壶"，然而详观其纹饰，未见虎纹，故本书建议可改称为"神兽莲

图 2-1　"神兽莲花纹铜壶"　　图 2-2　"神兽莲花纹铜壶"线描图

[①] 台北"故宫博物院"联合管理处编，《故宫铜器图录》上，页 165。
[②] 梅原末治，《战国时代の银错文铁壶・魏晋の龙虎莲花纹铜壶と金造耳饰》，页 179—182。

图像与装饰：北朝墓葬的生死表象

花纹铜壶"（以下称"铜壶"）。

"铜壶"口缘向外，侈口，颈部较短，肩部至器身呈饱满的圆弧状，圆底。口缘两侧各铸有一仅露出上半身的龙。龙的鼻端突起，有耳与曲角，颈部有鳞，以口衔器缘；两足硬直，左足三爪扣于器缘，右足接于器身颈部的绳纹饰带。龙身与双足呈扁平状的透雕，刻有平行的细线。龙口与器缘之间有一小圆孔。

器面的纹饰呈带状分布，由上而下分别是：流云纹、尖角纹、双层绳纹、复合式云气纹、神兽纹、流云纹、双层莲花纹。纹饰的主体为器腹的神兽纹，比例最大，较为醒目。神兽纹以方格作区划，分成六格，依顺时钟方向分别是兽面鸟身像、龙、凤鸟、龙、人面鸟身像、龙（图 2-3、2-4、2-5）。神兽的羽翼或尾端末稍呈倒钩状，与背景中的云气纹相接连。涡状云气的比例较大，与神兽的轮廓连成一体，流动感稍不足。神兽、凤鸟的身躯显得较为厚重，云气纹呈宽带状卷曲。神兽纹具有明显的图案化、形式化的倾向，与背景相互交融。此外，神兽与云气的轮廓内侧均刻以细线，另表现出鳞片状或羽状纹理，这种表现手法类似西晋鎏金铜带具上的龙纹装饰。[①]

图 2-3　兽面鸟身像（右）、龙（左）线描图

---

① 梅原末治，《战国时代の银错文铁壶・魏晋の龙虎莲花纹铜壶と金造耳饰》，页 181—183。

88

第二章　再造装饰：平城时期的装饰文化

图 2-4　凤鸟（右）、龙（左）线描图

图 2-5　人面鸟身像（右）、龙（左）线描图

器底中央有一完整的莲花纹，计有九瓣（图 2-6、2-7）。在此莲花纹之外又添加一层由十六个莲瓣所组成的莲瓣纹，形成双层莲花。每个花瓣的形式、大小均同，布局规整。花瓣中央有一凸起棱线，顶端呈尖状。花瓣内刻细线，顶部倒钩，左右各有两道，另外在花瓣的前缘有一排较短的细纹。莲花纹的中央为圆形子房，其内部可能未予以刻画。由于双层莲花纹位在器底中央，由侧面仅能看到局部，形成拟似莲花座的视觉效果。

图像与装饰：北朝墓葬的生死表象

图 2-6 "神兽莲花纹铜壶"底部　　图 2-7 "神兽莲花纹铜壶"底部双层莲花纹拓片

三、器形、纹饰与年代问题

（一）器形

辽宁省北票县西官营子北燕太平七年（415）冯素弗墓出土的"鎏金提梁小铜壶"，器形与"铜壶"相近（图 2-8、2-9）。[①]"鎏金提梁小铜壶"保存完整，口径5.3厘米、器腹径7.5厘米、器身高8.5厘米，提梁长8.5厘米，通高13.2厘米。[②] 壶身与提梁通体鎏金，器身素面，呈侈口束颈，圆腹。提梁作弓形，两端为龙首，龙首口衔三节细链，与壶肩的双耳相接，壶身悬挂于提梁上。提梁中央附有一可悬挂的铜细柄。以龙首提梁来悬挂的壶形器承继自汉晋传统。例如江西南昌东

[①] 黎瑶渤，《辽宁北票县西官营子北燕冯素弗墓》，《文物》3期（1973），页2—32；辽宁省博物馆编著，《北燕冯素弗墓》（北京：文物出版社，2015），页31—32。十六国时期铜器出土概况，参见刘驰，《十六国时期的铜冶业》，收入中国魏晋南北朝史学会、武汉大学中国三至九世纪研究所编，《魏晋南北朝史研究——回顾与探索 中国魏晋南北朝史学会第九届年会论文集》（武汉：湖北教育出版社，2009），页333—343。

[②] 辽宁省文物考古研究所编，《三燕文物精粹（日本语版）》（奈良：奈良文化财研究所，2004），页141。

第二章　再造装饰：平城时期的装饰文化

郊的西汉墓中出土一件提梁铜壶，高25厘米，有盖，鼓腹，圆底，有三个兽足（图2-10）。① 提梁呈弓形，两端有兽首衔细链，其悬吊结构类似"鎏金提梁小铜壶"。

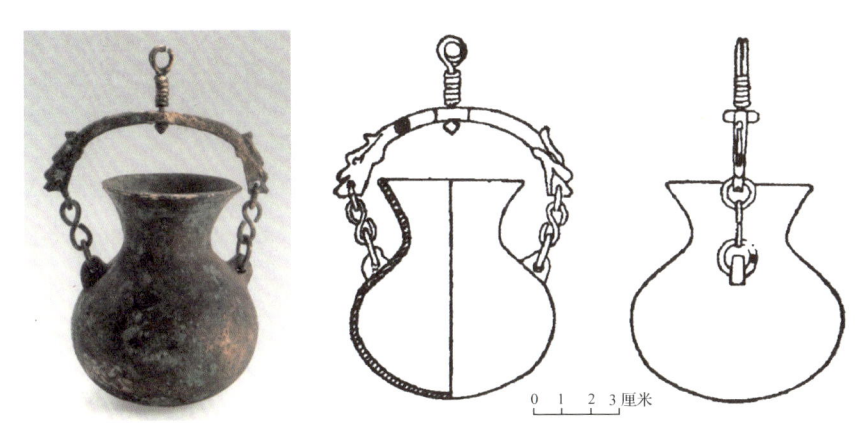

图2-8　北燕太平七年辽宁省北票冯素弗墓"鎏金提梁小铜壶"

图2-9　"鎏金提梁小铜壶"线描图

单就器身来看，"鎏金提梁小铜壶"侈口的弧度、颈部与器身的比例，以及较为饱满的腹部与圆底，均与"铜壶"相近。提梁上的双龙正与"铜壶"的龙形双耳相应。此外，两器的尺寸亦接近。"铜壶"高10.9厘米，略高于8.5厘米的提梁壶。两件器物最大差异在于双耳的表现与纹饰的有无。在"铜壶"双耳的龙口与器缘之间有一圆孔。依据这件提梁壶的结构来看，可以推测原来应该也是与细链、提梁一类的配件相接，用以悬挂此壶。可惜这些"铜壶"上应有的配件目前已所在不明。

此外，在辽宁北票喇嘛洞墓地 IIM315 曾出土一件双耳铜罐，高9.7厘米、口径9.5厘米、腹径11厘米（图2-11）。② 肩部有双耳，

---

① 江西省博物馆，《南昌东郊西汉墓》，《考古学报》2期（1976），页171—186。
② 辽宁省文物考古研究所编，《三燕文物精粹（日本语版）》，页83、141。

| 91

内有吊孔，圆底。① 由此可以推测，在三燕的辽西地区曾出现一类高度近于10厘米的小型圆底铜器。这类铜器的表面鎏金，无纹饰，附有双耳以用来悬吊。

图 2-10　江西南昌东郊西汉墓"提梁铜壶"线描图

图 2-11　辽宁北票喇嘛洞墓地ⅡM315"双耳铜罐"

"鎏金提梁小铜壶"提梁上的龙首也可以与"铜壶"的双龙耳比较。提梁的龙首呈扁平状，类似的形式可见于冯素弗墓出土的铜鐎斗，以及其他三燕墓葬的铜魁与铜鐎斗。② "铜壶"双龙耳中的龙首同样呈扁平状。在冯素弗墓中除了这件提梁小壶之外尚有多件附有提梁的器类，包括提梁盖锅三件、提梁锅三件、提梁罐一件。③ 其提梁的形

---

① 另外在魏晋时期辽宁辽阳三道壕第1号壁画墓出土一件高约30厘米的圆底陶罐，四川绵阳东汉崖墓曾出土高32厘米的圆弧底铁釜。东北博物馆，《辽阳三道壕两座壁画墓的清理工作简报》，《文物参考资料》12期（1955），页49—58；绵阳博物馆、何志国，《四川绵阳何家山1号东汉崖墓清理简报》，《文物》3期（1991），页1—8。

② 黎瑶渤，《辽宁北票县西官营子北燕冯素弗墓》，页5。简报中称螭首，本文通称龙首。这类的器形承自西晋。孙国平、李智，《辽宁北票仓粮窖鲜卑墓》，《文物》11期（1994），页38—42。

③ 类似的提梁罐可见于其他辽宁北票的三燕墓葬。孙国平、李智，《辽宁北票仓粮窖鲜卑墓》，页38—42。

第二章　再造装饰：平城时期的装饰文化

制与结构皆与"鎏金提梁小铜壶"的提梁相同。推测这批铜器应该都是在同一时期的制作，有可能是冯素弗生前所用的器物。相较之下，"铜壶"龙首的鼻端、耳部等细节较有起伏变化。

关于"鎏金提梁小铜壶"的功能，报告书中推测为酒器。在冯素弗墓中还出土一件鎏金盏，高3.75厘米、口径9厘米，与一件鎏金盘，高1厘米、口径宽13.3厘米。简报中推测鎏金盘为鎏金盏的托盘，与"鎏金提梁小铜壶"同为一组酒器。冯素弗墓出土的铜器中有鎏金者仅有这三件器物。由于"铜壶"的体积较小，应非烹调食物之用，酒器说有其合理性，有助于考察"铜壶"的功能问题。

冯素弗为北燕王冯跋（409—430在位）之弟，史传载为常乐信都（今河北省衡水市冀州区）人，四世纪移居慕容鲜卑领地。[①] 由冯素弗夫妇墓中的墓葬形制与随葬品，可见到汉族与鲜卑族葬俗的融合。[②] 冯素弗墓出土的这批铜器正如同此墓葬的葬具、图像以及其出土器物，反映出混融北方草原文化、鲜卑文化、汉晋文化等多重因素。

"铜壶"以透雕的双龙为耳，结构不同于"鎏金提梁小铜壶"中制成提梁的双龙首，可能具有北方草原文化的渊源。例如一件年代约五至六世纪，伊朗东部出土带有虎形把的萨珊银壶〔克利夫兰艺术博物馆（Cleveland Museum of Art）藏〕，在器颈至肩部有一虎，虎首伸至口缘上方。马尔沙克（Boris I. Marshak）指出类似的虎形柄可见于新疆伊犁昭苏县波马墓葬出土的"镶嵌红玛瑙虎柄金杯"（伊犁哈

---

① 关于北燕冯氏出身的考辨，参见 Jennifer Holmgren, "Social Mobility in the Northern Dynasties: A Case Study of the Feng of Northern Yen," *Monumenta Serica*, No. 35(1981—1983), pp. 19—32。

② 宿白，《东北、内蒙古地区的鲜卑遗迹——鲜卑遗迹辑录之一》，页44—46。

萨克自治区博物馆藏）。[①] 此器高 16 厘米、口径 8.8 厘米、腹径 10.5 厘米、底径 7 厘米，器身区隔成菱形格，镶嵌红玛瑙，推测年代约为五世纪。此外，在北魏大同南郊 M72 号墓曾出土一件带兽耳的漆杯。[②] 总之，"铜壶"的器形与龙耳的造型可见于三燕铜器，双耳透雕表现则可能受到北方草原文化的影响。

（二）神兽纹与复合式云气纹

"铜壶"中神兽纹的风格颇具特色，与"龟甲纹银碗""鎏金盅"（详后述）的纹饰均不相同，表现出类似镂孔金属工艺的趣味，具有三燕文化的渊源。

首先讨论"铜壶"神兽纹中的人面鸟身像问题。梅原末治将此母题比对为伽陵频迦。[③] 由于此器物底部出现双层莲花，其说法具有参考价值。然而值得注意的是，人面鸟身像也出现在辽宁朝阳前燕十二台 88M1"铜鎏金镂空鞍桥包片"[④]。在这件马鞍装饰中以缠颈双凤为中心，左右配置以龙、凤鸟为主的各类神兽，朝向中央。其中有人面鸟身像，左右各一，相互对称（图 2-12）。在 409 年平壤德兴里高句丽壁画古坟的前室天井西侧绘有二人面鸟身像，一高一低，榜题分别

[①] 安英新，《新疆伊犁昭苏县古墓葬出土金银器等珍贵文物》，《文物》9 期（1999），页 4—15；Boris I. Marshak, "Central Asian Metalwork in China", in James C. Y. Watt ed., *China: Dawn of a Golden Age*, 200—750 AD, pp. 47—55。

[②] 山西大学历史文化学院、山西省考古研究所、大同市博物馆编著，《大同南郊北魏墓群》，页 181—182、472，彩版 10-1。造型相近的单耳杯又见于汉魏之际的辽宁辽阳棒台子 2 号壁画墓。王曾新，《辽阳棒台子二号壁画墓》，《考古》1 期（1960），页 20—23。

[③] 梅原末治，《战国时代の银错文铁壶・魏晋の龙虎莲花纹铜壶と金造耳饰》，页 180。

[④] 辽宁省文物考古研究所、朝阳市博物馆，《朝阳十二台乡砖厂 88M1 发掘简报》，《文物》11 期（1997），页 19—32。

第二章 再造装饰：平城时期的装饰文化

是"千秋之象""万岁之象"①。考虑到三燕与高句丽的密切关系，可据此将"铜鎏金镂空马鞍"的人面鸟身像比对为"千秋、万岁"。由此看来，"铜壶"的人面鸟身像可解释为伽陵频迦或"千秋、万岁"。

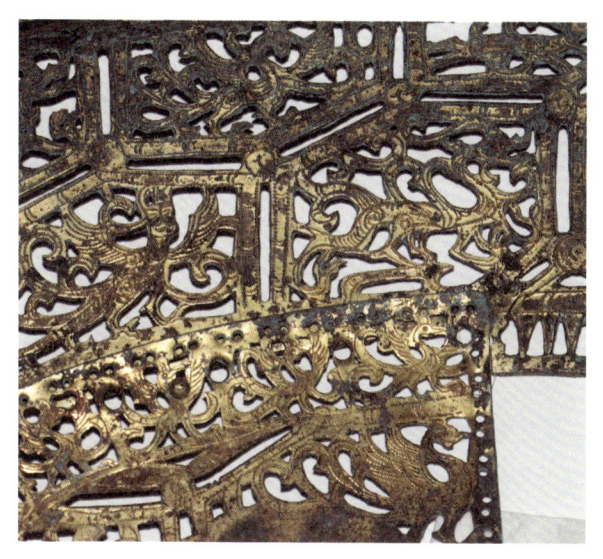

图 2-12　辽宁朝阳前燕十二台 88M1 "铜鎏金镂空鞍桥包片"（局部）

关于镂孔金属工艺趣味的表现，可举出辽宁朝阳北票西沟村出土"铜鎏金镂孔鞍桥包片"（图 2-13）。残宽 57 厘米、高 25 厘米，其制作方式为以錾刻的点连贯成线，形成图案，再将轮廓之外的部分减地镂孔，最后鎏金。表面布满龟甲纹，每个花纹内有凤鸟、龙等，另在中央有一组交颈凤纹。②龟甲纹的结构与后述新罗银碗相同，由双线构成，交接处成为圆形。龙与凤鸟的数量较多，显示出慕容鲜卑在

---

① 朝鲜民主主义人民共和国社会科学院、朝鲜画报社，《德兴里高句丽壁画古坟》，页 76。关于北朝晚期至唐代墓葬中的人面鸟身像，参见谢明良，《中国陶瓷史论集》（台北：允晨文化，2007），页 31—33；Pénélope Riboud, "Bird-priests in Central Asian Tombs of 6th-century China and Their Significance in the Funerary Realm," *Bulletin of the Asia Institute*, No. 21(2012), pp. 1—23。

② 田立坤、李智，《朝阳发现的三燕文化遗物及相关问题》，页 20—21。

| 95

神兽表现上的特色。[①] 其中龙的造型轻巧而繁复，身形较细，在其尾端反转形成倒钩状，与钩状云气纹相接难以明确区别（图2-14）。花纹内侧由錾刻形成细而流畅的轮廓线。此轮廓线在采用镂孔技法所裁切的边缘衬托下，形成双重轮廓的视觉效果。

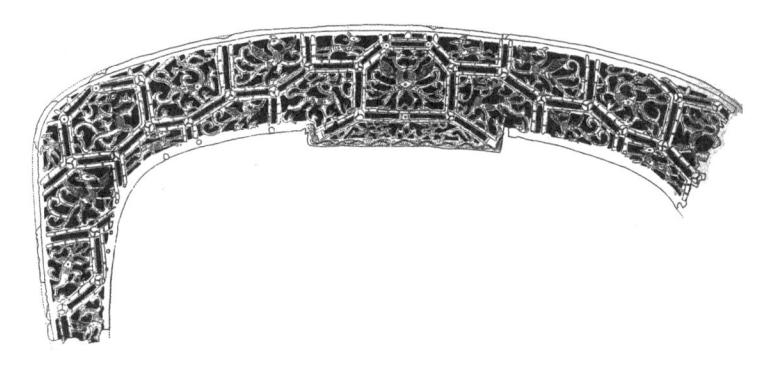

图2-13　辽宁朝阳北票西沟村出土　"铜鎏金镂孔鞍桥包片"线描图

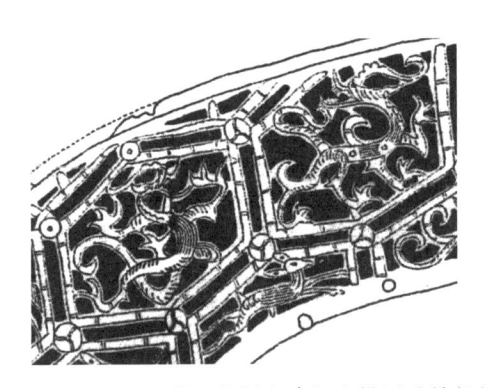

图2-14　"铜鎏金镂孔鞍桥包片"线描图（局部）

这种神兽纹的风格广见于三燕鎏金带具，是以西晋带具为原型。[②] 辽宁北票喇嘛洞 IIM275 墓出土一套"鎏金镂孔带具"[③]。带扣前圆后

---

① 田立坤、李智，《朝阳发现的三燕文化遗物及相关问题》，页29。
② 千贺久，《中国辽宁地域的带金具と马具》，收入茂木雅博编，《日中交流の考古学》（东京：同成社，2007），页374—384。
③ 辽宁省文物考古研究所编，《三燕文物精粹（日本语版）》，页138—139。

第二章　再造装饰：平城时期的装饰文化

方，高 7.3 厘米、宽 3.6 厘米，内透雕一龙一凤（图 2-15）。带銙以透雕龙纹、忍冬纹为装饰单元。其中的龙纹内刻轮廓与纹理，同样表现出双重轮廓的效果。带具挂有叶形垂饰，其中一件较为复杂，为多层次的复合性图案。若将此图案翻转，中央为三叶忍冬纹，下方有一镂孔，两侧为四道对称的花纹，组成类似宝珠状的图案，内刻细轮廓线（图 2-16）。此图案可以与"铜壶"的复合式云气纹相比较。

图 2-15　辽宁北票喇嘛洞ⅡM275 墓"鎏金镂孔带具"带扣线描图

图 2-16　"鎏金镂孔带具"叶形垂饰（反转）线描图

"铜壶"的复合式云气纹为重复两种单元而成（图 2-17）：1. 火焰状。顶部中央为叶状，左右有四道尖状物，底部呈三角状，内有四孔；2. 柿蒂叶状。叶底内缩，内有四孔，底部与边框交接处另有一三角孔。梅原末治将"铜壶"的复合式云气纹描述为"在宝珠状草花形的左右添加火焰状饰物而成的图案单位"，应该就是指第一种的火焰状图案[①]，其位居中央，相对醒目。"金铜鎏金镂孔带具"图案的组成方式与"铜壶"的火焰状图案基本相同，由忍冬纹与四道对称的花纹所组成，并在中央底部镂孔。两者图案内也都刻有细轮廓线。此外，在其他三燕出土的带具中屡见叶形垂饰，例如辽宁北票喇嘛洞ⅡM196

---

① 梅原末治，《战国时代の银错文铁壶・魏晋の龙虎莲花纹铜壶と金造耳饰》，页 181。

图像与装饰：北朝墓葬的生死表象

墓出土的"鎏金镂孔缀叶带具"（图 2-18）。① 由此可知，"铜壶"的神兽纹风格与复合式云气纹均可以在三燕的鎏金带具中找到渊源。但是相对于带具垂饰中的图案向中央顶部收缩，"铜壶"的复合式云气纹呈散开、流动之状。火焰状与柿蒂叶状单元相交替，底部连结，并以火焰状图案为中心。由于"铜壶"云气纹出现简化与较为自由运用的现象，其时代应该较晚。

为了凸显三燕神兽纹饰的特点，可举出前凉升平三年（369）"金错泥筒"作为对照（图 2-19，陕西历史博物馆藏）。② 其器身呈筒状，高 11.7 厘米、口径 7.9 厘米，附有三小耳，下有三马蹄形足，由器底铭文可知为前凉"中作部"官方作坊的制作。器表有错金纹饰，呈带状分布，中间的一层为龙虎纹。龙、虎相互接连，成为一连续带状。

图 2-17 "神兽莲花纹铜壶" 复合式云气纹线描图

图 2-18 辽宁北票喇嘛洞Ⅱ M196 墓"鎏金镂孔缀叶带具"线描图

图 2-19 前凉升平三年"金错泥筒"部分展开图

---

① 辽宁省文物考古研究所、朝阳市博物馆、北票市文物管理所，《辽宁北票喇嘛洞墓地 1998 年发掘报告》，《考古学报》2 期（2004），页 209—242。
② 秦烈新，《前凉金错泥筒》，《文物》6 期（1972），页 36—37。

龙首圆而短，有角，身躯较长。龙虎周围的云气纹较小，呈小漩涡状。相较之下，三燕的神兽纹附有众多的钩状物，显得更为图案化，可知其工匠有意借由重复相同的装饰单元，来传达更为繁复而华丽的装饰效果。

三燕地区尚有另一类图案较满、镂孔较小的神兽风格。在辽宁甜草沟 M1 墓出土的"方形金冠饰"长宽均为 8.9 厘米（图 2-20）。[①]在薄片状的金板上透雕对称的变形龙凤纹，中央的对角线与边框饰以粟粒纹。此双龙双凤纹中并未錾刻轮廓与纹理，表现出类似剪纸的效果。无论是身躯、足部、羽饰，纹饰每个单位宽度均相近，工匠忽略表现神兽的细节并加以图案化。

值得注意的是这种神兽纹的风格不限于金属工艺，也可见于石刻。辽宁朝阳北塔为北魏冯太后所造"思燕佛图"基址的所在，于塔基出土三燕的石柱础，在北魏建塔时被重新利用。塔基东南角出土一件"四神覆斗式础石"，长宽均为 130 厘米、高 53 厘米，在覆斗的侧面、斜面以及上方的四角刻有龙、虎、朱雀、四叶纹等浅浮雕（图 2-21）。[②]础石两侧的边框上刻有平行斜线。石础与薄片状的金饰物虽在材质与尺寸上都大不相同，但是两者采用相同纹饰。

础石神兽纹的风格相较于朝阳十二台 88M1 马鞍与甜草沟 M1 墓的金冠饰，显得较为厚重，但仍有一些共同特征：图案呈扁平状、以细线刻划细节、剔除背景、母题外侧有边框、边框则与纹饰相连结。此外，部分细节的表现也相同。石础右侧朱雀的羽尾形成较宽的带状，

[①] 辽宁省文物考古研究所、朝阳市博物馆、朝阳县文物管理所，《辽宁朝阳田草沟晋墓》，《文物》11 期（1997），页 33—41。

[②] 董高，《朝阳北塔"思燕佛图"基址考》，《辽海文物学刊》2 期（1991），页 97—109；郎成刚，《朝阳北塔三燕础石考》，《辽海文物学刊》1 期（1996），页 8—11、15；辽宁省文物考古研究所、朝阳市北塔博物馆编，《朝阳北塔——考古发掘与维修工程报告》（北京：文物出版社，2007），页 22—24。

图像与装饰：北朝墓葬的生死表象

图 2-20 辽宁甜草沟 M1 墓"方形金冠饰"

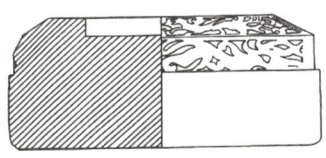

图 2-21 辽宁朝阳北塔塔基三燕"四神覆斗式础石"线描图

并有两根尾羽在末端成为开叉状的倒钩，同样的倒钩状物也可见于下层的龙虎之间。在鎏金镂孔鞍桥的龙纹中已可见到这类钩状物的雏形。石础虎纹的尾部有三叉状饰物，为云气纹的变形，在马具、冠饰上可见神兽相接的云纹表现。础石两侧的边框上有平行斜线，目前尚未能在三燕文物中找到类似的表现，但是可见于五至六世纪日本古坟出土鎏金带具的边框上。[1] 推测工匠制作这件石础时，有意表现出类似金属镂孔的装饰趣味。由于鎏金马具与金饰品深受三燕统治集团的喜好，居于其工艺体系的顶端，遂促成工匠在石刻上模仿类似金属工艺的装饰效果。

"铜壶"神兽纹的身躯显得较为厚重，云纹饰带较宽，接近"方形金冠饰"与"四神覆斗式础石"的纹饰。神兽的部分细节也有近似之处。"铜壶"中龙纹的下侧可见二或三个呈三叉状物，其比例甚大，成为介于龙爪与云气纹之间的变形纹。另外在"铜壶"的龙纹中也出现对称的双倒钩。这些现象都显示"铜壶"的神兽纹与三燕纹饰的关联性。[2]

---

[1] 町田章，《埼玉稲荷山古坟の带金具》，收入氏著，《古代东アジアの装饰墓》，页 72—79。

[2] 2012 年 12 月 5 日笔者实物调查时，蔡玫芬女士已指出此器与燕国的关系，谨识于此。

第二章　再造装饰：平城时期的装饰文化

（三）带状的矩形边框

"铜壶"中的神兽以六个连续的矩形为边框，类似的表现尚未出现在三燕文物中，却常见于北魏平城时期。这种做法在汉代已可见其源流，到了北魏平城时期重新流行起来，并延续至洛阳时期，成为北魏神兽表现的特点。最早的实例可见于北魏太延元年山西大同沙岭壁画墓，北壁上栏的神兽排列在朱色的矩形框内，代表天界（图2-22）。[①]在大同云波里路北魏壁画墓的南侧甬道下层分成六格，以朱色描绘边框，每一格内有龙、凤鸟等神兽，均朝向东侧（图2-23、2-24）。[②]神兽的身躯细长，附有涡云纹。若将沙岭壁画墓的神兽与此壁画墓相比较，前者着重图画性的表现，后者则将神兽视为平面化的图案，重复增添大小相近的涡云纹与倒钩状饰物，表现出模仿自镂孔金属工艺的装饰趣味。北魏的实例可举出大同迎宾大道M16墓的金牌饰，长4.7—4.9厘米、宽3.5—3.9厘米（图2-25）。[③]四边向内微缩，边框饰云气纹，内有一龙，与钩状云气相连结。在"铜壶"中的龙纹也有类似表现。

这种带状矩形边框与神兽的组合也可见于石刻。大同南郊出土的北魏"石雕方砚"长21.5厘米、宽21厘米、高8.5厘米（图2-26、2-27，山西博物院藏）。中央方形边框饰以莲花纹、联珠纹，四角四个较小的莲花纹，另有交龙与交凤衔杯等图案。侧面分成七个矩形框，以联珠纹装饰框线。每个矩形框内有力士、四足兽、龙、凤鸟等图案。图案剔除底部，刻画平行状细线作为鸟兽的纹理，以三叶状的忍冬纹取代云气纹。此外，据解说"砚底中心雕一宝装莲花，四周为八朵莲花

[①] 参见本书第1章第4节"壁画内容"。
[②] 大同市考古研究所，《山西大同云波里路北魏壁画墓发掘简报》，页13—25。
[③] 大同市考古研究所，《山西大同迎宾大道北魏墓群》，页50—71。

图像与装饰：北朝墓葬的生死表象

纹饰"，[1]可知本器除了在上侧之外底部也饰有莲花纹，中心并雕有一较大的莲花。这件器物虽惯称为石砚，但可能并非砚台，而具有仪式性的功能。[2]其中的忍冬纹与莲花纹显示出五世纪下半叶平城时期装饰文化的特点。

图 2-22 沙岭北魏壁画墓 墓室北壁上栏 神兽

图 2-23 大同云波里路北魏壁画墓 南侧甬道下层 神兽纹

---

[1] 出土文物展览工作组编，《"文化大革命"期间出土文物》第1辑（北京：文物出版社，1972），页148，说明页15。
[2] James C. Y. Watt ed., *China: Dawn of a Golden Age, 200—750 AD*, pp. 163—164；曾布川宽、出川哲朗监修，《中国·美の十字路展》，页90。

第二章 再造装饰：平城时期的装饰文化

图 2-24 大同云波里路北魏壁画墓南侧甬道下层 神兽纹（局部）

图 2-25 大同迎宾大道 M16 墓 金牌饰线描图

图 2-26 大同南郊出土 北魏"石雕方砚"上部

图 2-27 大同南郊出土 北魏"石雕方砚"

（四）莲花与龙

莲花纹为评估"铜壶"的年代问题提供重要的线索。三燕文物中已可见到类似双层莲花纹的图案。辽宁西沟村所采集的一件鎏金镂孔圆形饰物，直径7厘米，中央有双层莲花纹，各有六瓣叶片，叶瓣底部如柿蒂叶状，呈现弧状内缩（图2-28）。花纹内侧以细线刻画纹理。值得注意的是，最外围的圆框内刻画有波状云气纹，造型近似"铜壶"的云气纹。[1] 由此可再次确认"铜壶"与三燕文化的关联。

然而"铜壶"莲花纹的形式与结构都更近于北魏。"铜壶"莲花纹的特征为每个叶瓣的底部与子房相接，叶瓣底部与前端的宽度相近，并未如柿蒂纹呈现弧状内缩。大同南郊北魏墓出土的"化身童子瓦当"直径15厘米，莲花中央有一合掌的人物，其莲瓣的特征与"铜壶"相近（图2-29）。[2] 在大同南郊出土的北魏"鎏金铜牌饰"直径7.3厘米，中央饰有双层莲花纹，莲花纹之间有一圈联珠纹，最外层为波状葡萄纹（图2-30）。[3] 山西大同云冈石窟第9、10窟明窗顶部内有双层复瓣莲花，周围环绕天人（图2-31）。[4] 此双层莲花为高浮雕，莲叶呈起伏状，底部收束，内侧线刻边纹，子房内部平滑无饰。

"铜壶"的莲花纹还表现出三燕所未见的新发展，亦即与神兽纹相组合，且具有中心的意义。五世纪下半叶的北魏已逐渐形成集合忍冬纹、莲花纹、龟甲纹、神兽等各类纹饰的新装饰体系。随着佛教信

---

[1] 田立坤、李智，《朝阳发现的三燕文化遗物及相关问题》，页20—32；辽宁省文物考古研究所编，《三燕文物精粹（日本语版）》，页137。解说中称之为忍冬纹。

[2] 韩生存、曹呈明、胡平，《大同城南金属镁厂北魏墓群》，《北朝研究》1期（1996），页60—70。

[3] 大同市博物馆，《山西大同南郊出土北魏鎏金铜器》，《考古》11期（1983），页997—999。

[4] 八木春生，《云冈石窟文样论》，页129—131。关于云冈石窟第9、10窟年代问题的评述，参见曾布川宽，《云冈石窟再考》，《东方学报》83册（2008），页1—155。

仰蓬勃发展，在这个新的装饰体系中，莲花纹被赋予中心地位。莲花纹的外侧也经常以龙缠绕，成为莲花与龙的组合。这样的组合至少可溯及战国时期的青铜器，而在北魏平城时期被赋予新的形式与意义。①

图 2-28　辽宁西沟村出土 "鎏金镂孔圆形饰物"线描图

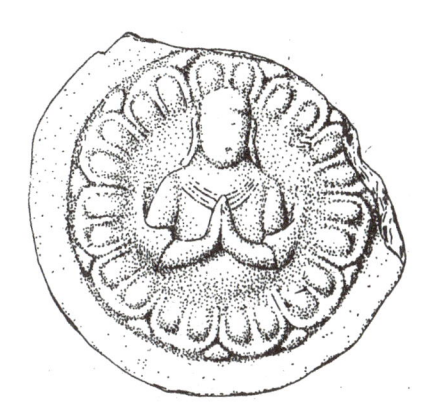

图 2-29　大同南郊北魏墓 "化身童子瓦当"线描图

图 2-30　大同南郊出土 北魏"鎏金铜牌饰"

图 2-31　山西大同云冈石窟第 9 窟明窗顶部

---

① 林巳奈夫，《中国古代における莲の花の象征》，《东方学报》第 59 册（1987），页 1—61，收入氏著《汉代の神神》（京都：临川书店，1989），页 219—280；冈村秀典，《传冲ノ岛出土の透雕り金具について》，收入茂木雅博编，《日中交流の考古学》，页 398—405。

图像与装饰：北朝墓葬的生死表象

莲花与龙的组合广见于北魏平城时期的出土文物。大同湖东北魏1号墓出土一件鎏金铅锡钉帽，直径5.3厘米，凸面呈半球形，中心为莲花，其外有双龙盘绕（图2-32）。① 北魏太和八年山西大同司马金龙墓夫妇墓出土四件石础，长宽各32厘米、高16.5厘米，中央柱孔直径7厘米（图2-33，山西博物院藏）。② 顶部为一高浮雕的莲花纹，自内而外，分别是绳状纹、联珠纹、小莲叶瓣、包含十个叶片的复瓣莲花。莲花下方有三龙缠绕，呈顺时针方向。龙的下方为连绵的山峦，底部为绳纹。四角为伎乐童子透雕，柱础的四个侧面为忍冬纹浮雕与天人。各面的忍冬纹分成四组，由略浅的阴地所衬托。花纹的表面平滑，内以细线刻画弯曲状纹路。由司马金龙墓柱础可知，在此阶段以莲花纹与龙为中心的装饰体系已经确立。这种纹饰组合并影响及于六世纪

图2-32　大同湖东北魏1号墓鎏金铅锡钉帽

图2-33　北魏司马金龙墓石础上部

---

① 山西省大同市考古研究所，《大同湖东北魏一号墓》，页26—34。
② 山西省大同市博物馆等，《山西大同石家寨北魏司马金龙墓》，页20—29、64；宋馨，《北魏司马金龙墓葬的重新评估》，《中国文化研究所学报》11期（2002），页273—298。

朝鲜半岛与日本的金属工艺。①

"铜壶"底部的双重莲花纹与双龙耳构成类似北魏莲花纹与双龙的组合，但却又不完全相同。"铜壶"中的双龙仅现半身，且方向与莲花纹垂直，并未呈现环绕莲花状，再加上两者为神兽纹所区隔，关系显得较为间接。

（五）年代问题

"铜壶"表现出由北燕进入北魏的过渡性质，融合三燕与北魏的装饰文化可说是"铜壶"的特点。"铜壶"的形制与北燕冯素弗墓"鎏金提梁小壶"相近，神兽纹饰与复合式云气纹为承继三燕传统的进一步发展，同时也表现出未见于三燕的矩形框格、作为中心的莲花纹等特点。以龙与凤鸟为主的神兽纹虽广见于三燕文物，但是尚未出现双层莲花以及莲花与龙的组合。五世纪下半叶平城时期最具代表性的典型忍冬纹，也未见于"铜壶"。综合以上各种新旧交织以及图案风格形式化的现象，可以推测"铜壶"的年代落在冯素弗墓（415）与司马金龙墓（484）之间，以五世纪中叶平城时期的可能性较高。②

北魏道武帝拓跋珪于天兴元年迁都平城，皇始二年（397）击破后燕慕容宝于中山。这次战役中虏获文武官、士卒二万余人以及大量的内府图书珍宝。③天兴元年拓跋珪将后燕故地的民吏、工匠迁徙至平城。④这是北魏前期徙民平城规模最大的一次。自泰常三年（418）

---

① 马目顺一，《庆州金冠冢古新罗墓の龙华纹铜鐎斗觉书》，收入泷口宏编，《古代探丛Ⅱ——早稻田大学考古学会创立35周年纪念考古学论集》（东京：早稻田大学出版部，1985），页639—668；冈村秀典，《传冲ノ岛出土の透雕り金具について》，页403—405。双层莲花纹与神兽纹的组合主要流行于北魏平城时期，北朝晚期似较为罕见。

② 关于这类器形在北朝之后的演变，可参考唐代"丁卯桥童子纹三足银壶"。其器形与"铜壶"相近，类似圆底，其器底外侧中央有莲花图案。齐东方，《唐代金银器研究》（北京：中国社会科学出版社，1999），彩图48。

③ 《魏书》卷2《太祖纪》，页31。

④ 《魏书》卷2《太祖纪》，页32。

至太延二年北魏灭北燕之际又数度徙民，充实京师。① 在北魏的军事拓殖过程中网罗各地百工技巧移至代京，三燕故地的工匠为主要来源之一。百工与一般民户不同，采用军事编组，世传其业，由官府所掌控。② 参照北魏初期的建国历程，可进一步推测"铜壶"可能是北魏灭北燕之后，由北燕系工匠在平城地区所制作。

四、比较两件五至六世纪初的金属器

（一）新罗庆州皇南大冢"龟甲纹银碗"

"龟甲纹银碗"出土自新罗庆州皇南大冢（98号坟），位在庆州市南皇洞一带，由南北双冢所构成。③ "龟甲纹银碗"出土自北冢。此银碗高3.8厘米、口径7厘米，广口，底部有浅圈足，捶制而成（图2-34，国立庆州博物馆藏）。器身外侧的纹样自上而下，分别是双层短莲瓣纹、龟甲纹、短莲瓣纹，龟甲纹为纹饰的主体。"龟甲纹银碗"中龟甲纹由双线组成，交接处作成小圆圈，圈内有凹点。龟甲纹分成上下两层，除一曲身人物以外，其余配置有四足兽、鹿、凤鸟等动物。学者对于这件器物的产地见解不一，但大都同意其纹饰、制作技术均

---

① 马长寿，《乌桓与鲜卑》（桂林：广西师范大学出版社，2006），页40—43。关于平城在丝路交通上的地位，参见王银田，《丝绸之路与北魏平城》，《暨南学报》1期（2014），页139—150。

② 唐长孺，《魏、晋至唐官府作场及官府工程的工匠》，收入氏著，《魏晋南北朝史论丛续编》（北京：生活·读书·新知三联书店，1959），页29—92；逯耀东，《北魏平城对洛阳规建的影响》，收入氏著，《从平城到洛阳——拓跋魏文化转变的历程》，页195—225。

③ 上原和编，《世界の大遗迹10 古代朝鲜のあけぼの》（东京：讲谈社，1988），页112—115; Soyoung Lee and Denise Patry Leidy, *Silla: Korea's Golden Kingdom* (New York: The Metropolitan Museum of Art, 2013), pp. 87—91。

第二章 再造装饰：平城时期的装饰文化

与新罗金属器大不相同，应受到北魏、中亚等外来文化的影响。①

这件银碗的底部外侧并无纹饰，在器内底部捶制出一朵六瓣莲花。莲花以双线錾刻轮廓，内有一神兽，似为鸟首龙身（图2-35）。在其中央有鸟首，并以器物底部的中心为眼，似有双足。应是为了配合圆框，其身躯呈类似"C"字形的弯曲状，造型简化、变形，与一般的神兽不同。这类在器底刻画莲花纹的做法可见于中原的青铜器与漆器，在南北朝的器物中也很常见。

图2-34 新罗庆州皇南大冢 "龟甲纹银碗"　图2-35 "龟甲纹银碗"底部

山西大同南郊北魏墓M108出土两件漆碗，其中一件高3.5厘米、口径11.2厘米，器内底部描绘一莲花纹，外围描绘神兽。②这件漆碗的尺寸、形制均与"龟甲纹银碗"相近。这种在器底中央表现出莲花纹的做法也出现在北朝的金银器。过去曾在东魏兴和二年至北齐武平六年（540—575）之间的河北赞皇李希宗夫妇墓出土一件银杯。此杯

---

① Susan Bush, "Some Parallels between Chinese and Korean Ornamental Motifs of the Late Fifth and Early Sixth Centuries A.D.", pp. 60—78; Soyoung Lee and Denise Patry Leidy, *Silla: Korea's Golden Kingdom*, pp. 87—91.

② 山西大学历史文化学院、山西省考古研究所、大同市博物馆编著，《大同南郊北魏墓群》，页234—236、彩版10-4。

浅腹，有圈足，高4厘米、口径9.2厘米[1]，器底捶制出一浅浮雕式的六瓣莲花纹，外侧环绕两周的联珠纹。据学者考察，底部的莲花出自中原传统，器身的波浪纹则受到西方金银器纹饰影响。[2]

将"铜壶"与"龟甲纹银碗"相较，两者在装饰上的共通点为采用以神兽为主体的图案，并在底部中央表现出莲花纹。但必须注意的是，"铜壶"的莲花纹在外侧，银碗则在内侧。管见所及，四至六世纪的器物中采用近于圆底的器形，并在底部外侧装饰莲花纹的金属器，为以下广东遂溪县南朝窖藏出土的"鎏金盅"[3]。

（二）广东遂溪县南朝窖藏出土"鎏金盅"

"鎏金盅"为锥状底，敛口，高8厘米、腹径8.8厘米，器身外侧满刻花纹（图2-36）。纹饰分成五层，由上而下分别是直纹、忍冬纹、龟甲纹、忍冬纹、双层莲花纹。每一格龟甲纹内刻有图案，依据顺时针方向的顺序为鱼纹、忍冬宝瓶纹、莲花蔓草纹、神鸟（？）、莲花蔓草纹、人面鸟身、莲花蔓草纹，背景则填满叶片状植物纹。图案之

---

[1] 石家庄地区革委会文化局文物发掘组，《河北赞皇东魏李希宗墓》，《考古》6期（1977），页382—390。

[2] 学者多认为此杯为中国工匠模仿西方金银器所制。孙机，《中国圣火——中国古文物与东西文化交流中的若干问题》（沈阳：辽宁教育出版社，1996），页139—155；James C. Y. Watt ed., *China: Dawn of a Golden Age, 200—750 AD*, pp. 252—253；曾布川宽、出川哲朗监修，《中国・美的十字路展》（东京：大广，2005），页132—133；齐东方著，古田真一译，《中国文化におけるソグドとその银器》，收入曾布川宽、吉田丰编，《ソグド人の美术と言语》（京都：临川书店，2011），页168—173；石渡美江，《李希宗墓出土银碗における东西文化交流——装饰文样の渊源と东伝をめぐって》，《佛教艺术》333号（2014），页37—52。

[3] 广东遂溪县窖藏中的其他物品尚有萨珊朝银币二十枚、银镯七十三件、十二瓣莲花银碗一件等。由其中萨珊朝银币的铸造年代来看，推测窖藏的时间为南朝晚期。遂溪县博物馆，《广东遂溪县发现南朝窖藏金银器》，《考古》3期（1986），页243—246；姜伯勤，《广州与海上丝绸之路上的伊兰人——论遂溪的考古新发现》，收入广东省人民政府外事办公室、广东省社会科学院编，《广州与海上丝绸之路》（广州：广东省社会科学院，1991），页21—33。

第二章 再造装饰：平城时期的装饰文化

图 2-36 广东遂溪县南朝窖藏 "鎏金盅"线描图

间似有关联性，可分为两组：第一，鱼纹与宝瓶纹，鱼纹位在宝瓶旁且朝向宝瓶；第二，神鸟（？）与人面鸟身，两图相对，其间穿插一莲花蔓草纹。器底为双层莲花纹，内层为十瓣小莲花，外层为十二瓣大莲花，花瓣外侧呈圆弧形，内侧刻点与细线。

"鎏金盅"器身上刻画与"龟甲纹银碗"相同的龟甲纹框架，但是装饰母题与风格则大异其趣。先就装饰母题而论，"龟甲纹银碗"以神兽为主，"鎏金盅"则以植物纹为主，还出现宝瓶、鱼纹。唯一同样可见于东北亚的装饰母题为神鸟（？）与人面鸟身的组合。鱼纹则显示出"鎏金盅"与沿海文化的地缘性。

这类的莲花状植物纹、宝瓶纹、神鸟（？）与人面兽身相对的组合，流行于南朝地区。例如在五世纪末邓县画像砖墓的宝瓶纹、莲花状植物纹的风格类似"鎏金盅"纹饰。邓县画像砖墓的宝瓶纹位在两位飞仙之间，宝瓶中央伸出一忍冬纹，左右两侧则各有一忍冬纹分别朝上下伸展（图 2-37）；"鎏金盅"的宝瓶纹则向左右伸出忍冬纹，并在瓶身中央添加朝向下方的纹饰。此外，虽然不完全相同，在邓县画像砖墓的"千秋万岁"画像砖中，可见人面鸟身与兽面鸟身的组合。

除了装饰母题的类似性之外，"鎏金盅"与邓县画像砖墓纹饰的风格也较为相近。将"鎏金盅"的莲花状植物纹与邓县画像砖墓的花纹相比，两者同样以并排小叶片的方式布满表面（图2-38），植物纹样亦均表现出较具连贯性的一体感。莲花状植物纹由中央的花朵、曲茎与向两侧开展的叶片所组成，显示轻巧、柔软的动态，模仿类似有机体的生长样貌。南朝画像砖纹饰的特点正在于具整体性的流动感，工匠将纹饰视为一有机的整体来加以掌握。

图2-37　南朝河南邓县画像砖墓　飞仙宝瓶纹砖

图2-38　南朝河南邓县画像砖墓　植物纹

龟甲纹流行于东北亚，曾出现于南朝墓葬以及深受南朝文化影响的百济墓葬中。陕西安康新康厂梁天监五年（506）墓出土一块龟甲

第二章 再造装饰：平城时期的装饰文化

纹残砖，龟甲纹内有忍冬、莲花纹（图2-39）。[①]529年宋山里百济武宁王陵多受南朝文化影响，其随葬品的纹饰具有南朝风格。出土的武宁王妃漆枕表面涂朱漆，以金箔装饰龟甲纹，纹内有莲花、鱼龙、凤凰等母题（图2-40）。[②] 纹饰的母题与龟甲纹之间留有空白，显得较为疏朗且富于动感，类似梁天监五年墓的龟甲纹样。由此看来，"鎏金盏"中所有的纹饰均能在南朝找到渊源，推测此器物可能是六世纪上半叶受到南朝文化影响的工匠所制作。[③]

图2-39 梁天监五年陕西安康新康厂墓 龟甲纹残砖

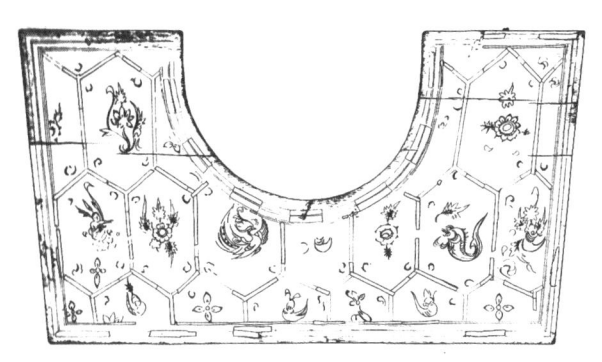

图2-40 宋山里百济武宁王妃漆枕线描图

"鎏金盏"的器外底部饰有双层莲花纹，可知"铜壶"并非孤例。若考虑当时频繁的中西文化交流，以及萨珊朝金银盘中经常在底外中央捶制图案，推测这种装饰手法可能是受到西方金银器的启发。[④] 此外，

---

① 八木春生编，《中国南北朝时代における小文化センターの研究——汉中·安康地区调查报告》（东京：筑波大学艺术学系八木研究室，1998），页40—48；八木春生，《云冈石窟文样论》，页258—270。
② 大韩民国文化财管理局编，《武宁王陵》（东京：学生社，1974），页43。
③ 马尔沙克提示出自朝鲜半岛的可能性。James C. Y. Watt ed., *China: Dawn of a Golden Age, 200—750 AD*, p. 52.
④ 西方金银器对于北朝陶瓷器的影响参见矢部良明，《北朝陶磁の研究》，Museum（东京国立博物馆研究志）《东京国立博物馆纪要》16号（1981），页31—144；Jessica Rawson, "Central Asian Silver and Its Influence on Chinese Ceramics", *Bulletin of the Asia Institute*, New Series No. 5(1991), pp. 139—152.

113

"龟甲纹银碗"与"鎏金盅"均为考古出土品，前者的年代为五世纪，后者不晚于六世纪初。这两件器物涉及南北朝、朝鲜半岛的金属工艺与装饰文化的发展，可作为评估"铜壶"年代的参照架构。[①]

五、平城时期装饰文化中的三燕因素

平城时期装饰文化中的三燕因素可以分两个层面来讨论。首先是北魏建国初期接收的三燕文化以及其后续影响。其次是文明太后冯氏（442—490）的个人因素。自皇兴五年（471）献文帝（454—476，465—471 在位）退位至太和十四年（490）之间冯太后专政，对于北魏文化发展发挥重要作用。

随着佛教美术的发展，北魏的装饰纹样表现出鲜明的西方风格，但是同时在中原内部诸国之间的文化交流，亦不容忽视。北魏建国初期多受三燕慕容鲜卑的影响，这一现象也可见于其装饰文化的发展。三燕装饰文化的特点为马具、装身具等金属工艺的发达，这种装饰趣味影响及于石刻。在北魏的石刻中也能见到三燕装饰文化的影响。

司马金龙墓柱础的形制与装饰手法承继了三燕的石雕传统（图 2-33）。辽宁朝阳北塔基址曾出土三件"双龙覆盆式柱础"，宽 124—127 厘米、高约 52 厘米，为北魏时期再利用的三燕建筑遗物（图 2-41）。[②] 此柱础由覆盆状的顶部与方形的底部所组成。覆盆的部分

[①] 同一窖藏中还出土一件银碗，碗上刻有粟特文铭文，可知拥有者为石国人。石国即塔什干，为粟特昭武九姓之一，可知此银碗原属流寓南方的粟特人所有。荣新江，《魏晋南北朝隋唐时期流寓南方的粟特人》，收入韩昇主编，《古代中国——社会转型与多元文化》（上海：上海人民出版社，2007），页138—152，又收入荣新江，《中古中国与粟特文明》（北京：生活·读书·新知三联书店，2014），页42—63。

[②] 辽宁省文物考古研究所、朝阳市北塔博物馆编，《朝阳北塔——考古发掘与维修工程报告》，页23—24。

第二章　再造装饰：平城时期的装饰文化

浅浮雕双龙，头尾相接，呈顺时针方向环绕。覆盆与底座之间所形成的四个角落则刻四蒂纹，两侧刻雀、兔。司马金龙墓柱础可以说是在这类形制的基础上发展而成，并进一步加以细致化、繁复化。朝阳北塔基址出土的四件石柱础的中央均无莲花纹，台座四角则为四叶纹。在司马金龙墓的柱础中则以莲花纹为中心，显示出平城时期的新发展。① 三燕与司马金龙墓柱础中的缠龙，除了可由天帝与升仙的角度来解释之外，可能还兼具象征皇权的意涵。

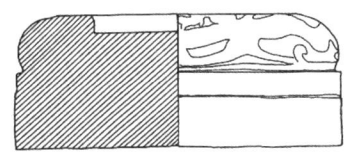

图 2-41　辽宁朝阳北塔基址三燕"双龙覆盆式柱础"线描图

三燕的马具、装身具的装饰中多见龙纹与凤鸟纹，应已具有象征皇权的政治意涵。前燕建国之前，龙即已成为预告其王朝诞生的祥瑞。东晋咸康七年（341）慕容皝（297—348）命阳裕筑龙城（今辽宁朝阳），建宫庙，并改柳城为龙城县，于同年迁都龙城。②据《晋书》卷109《慕容皝载记》③：

> 时有黑龙白龙各一，见于龙山，皝亲率群僚观之，去龙二百余步，祭以太牢。二龙交首嬉翔，解角而去。皝大悦，

---

① 这种结合莲花纹与龙的石础在北魏平城时期尚有数例。张丽，《北魏石雕柱础考略》，《中原文物》4期（2000），页61—63；大同市考古研究所刘俊喜主编，《大同雁北师院北魏墓群》，页80—84。
② 《晋书》卷109《慕容皝载记》，页2821—2822。
③ 《晋书》卷109《慕容皝载记》，页2825—2826。同事又见《水经注》卷14《大辽水》，内容大致相同，将龙翔佛寺记为龙翔祠。（北魏）郦道元著，陈桥驿校证，《水经注校证》（北京：中华书局，2007），页350。

图像与装饰：北朝墓葬的生死表象

还宫，赦其境内，号新宫曰和龙，立龙翔佛寺于山上。

文中的黑白双龙成为天命的象征。东晋永和五年（349）前燕慕容儁建国，据韩恒的建议采木德：①

> 儁僭位，将定五行次，众论纷纭。恒时疾在龙城，儁召恒以决之。恒未至而群臣议以燕宜承晋为水德。既而恒至，言于儁曰："赵有中原，非唯人事，天所命也。……且大燕王迹始自于震，于易，震为青龙。受命之初，有龙见于都邑城，龙为木德，幽契之符也。"儁初虽难改，后终从恒议。

"受命之初，有龙见于都邑城"指前引慕容皝见双龙并祭以太牢一事。群臣认为北燕承晋应采水德。韩恒独排众议，认为燕兴于东方，以龙为符瑞，故行次采木德。②

据沙岭壁画墓所见，墓室中的神兽种类多样，包括兽首鸟身、畏兽等（参见本书第一章）。其甬道顶部残存双龙，与伏羲女娲相配，与墓室内的神兽有所区隔。由沙岭壁画墓可知北魏初期所选择的神兽与三燕不同。到了五世纪下半叶献文帝时期，北魏墓葬与云冈石窟中多见龙形，有时与莲花纹一同出现，龙的地位在众多神兽之中被凸显出来，具有中心地位，这一现象可以由司马金龙墓的石础以及其他平城时期的文物得知。在此阶段虽然北魏仍采土德，但是龙取代其他神兽，成为皇权的新象征。

在献文帝时期平城装饰文化的发展过程中，冯太后所扮演的角色值得注意。冯太后为文成帝（440—465，452—465在位）的文明皇后，

---

① 《晋书》卷110《慕容儁附韩恒载记》，页2843；川本芳昭，《五胡十六国·北朝时代における"正统"王朝について》，《魏晋南北朝时代の民族问题》，页66—102。

② 除了龙之外，鸟雀也曾被视为燕国的符瑞。《晋书》卷110《慕容儁载记》，页2833—2834。

第二章　再造装饰：平城时期的装饰文化

史传中记为长乐郡信都（河北省衡水市冀州区）人，北燕君主冯弘（？—438，430—436在位）之孙。父冯朗入降北魏，官至秦、雍二州刺史，镇守长安，母为乐浪王氏女。冯朗被诛后，年幼的冯太后入宫，幸运得到太武帝左昭仪（冯弘季女，冯太后姑母）抚养教育。左昭仪在宫中的地位颇高，仅次于皇后。[1]太安二年（456）十五岁时即被文成帝立为皇后，天安元年（466）献文帝即位后被尊为皇太后，皇兴五年，献文帝禅位于太子拓跋宏（孝文帝）；其后冯太后临朝专政，孝文帝"事无巨细，一禀于太后"[2]。由冯太后的出身来看，除了广义的胡族文化与汉文化之外，三燕文化对冯太后的装饰品味所可能产生的作用尤其值得注意。又文成帝乳母常氏（昭太后）为提拔冯太后的关键人物。常氏祖籍为辽西，在北魏灭北燕之后移居平城。[3]这批出自北燕的宫廷女性对塑造北魏皇室的装饰品味可能曾扮演重要角色。

孝文帝为冯太后建造永固陵与作为寝庙的永固堂。[4]永固堂的营

---

[1] 《魏书》卷13《皇后·文成文明皇后冯氏传》，页328。《魏书》卷83《外戚·冯熙传》，页1819；张金龙，《北魏政治史研究》（兰州：甘肃教育出版社，1996），页87—91；张金龙，《北魏政治史》5册，页194—200。

[2] 《魏书》卷13《皇后·文成文明皇后冯氏传》，页329。

[3] Jennifer Holmgren, "Social Mobility in the Northern Dynasties: A Case Study of the Feng of Northern Yen", pp. 28—30；李凭，《北魏平城时代》（上海：上海古籍出版社，2011），页213—220。

[4] A. G. Wenley, "Grand Empress Dowager Wen Ming and the Northern Wei Necropolis at Fang Shan", *Freer Gallery of Art Occasional Papers*, Vol. 1, No.1(1947), p.10；宿白，《盛乐、平城一带的拓跋鲜卑—北魏遗迹——鲜卑遗迹辑录之二》，页38—46；大同市博物馆、山西省文物工作委员会，《大同方山北魏永固陵》，《文物》7期（1978），页29—35；村元健一，《北魏永固陵の造营》，《古代文化》52卷2号（2000），页18—28，收入氏著，《汉魏晋南北朝时代の都城と陵墓の研究》（东京：汲古书院，2016），页339—366；冈村秀典、向井佑介，《北魏方山永固陵の研究——东亚考古学会一九三九年收集品を中心として》，《东方学报》80册（2007），页69—150；大同市博物馆，《大同北魏方山思远佛寺遗址发掘报告》，《文物》4期（2007），页4—26；沈睿文，《永固陵与北魏政治》，《国学研究》22卷（2008），页57—77，后收入氏著，《唐陵的布局——空间与秩序》（北京：北京大学出版社，2009），页307—327。

117

图像与装饰：北朝墓葬的生死表象

建始于太和五年（481），完成于太和八年，由宦官钳耳庆时所监造，在冯太后生前完成。前述冯太后于龙城营建"思燕佛图"即是在这个时期。永固陵的门楣尚存，刻有童子像、凤鸟、藤座式柱头等浅浮雕（见本书第三章）。永固堂位永固陵南侧，所采用的建筑构件皆以石材雕制而成。永固堂今已不存，仅能由文献来推测其样貌。就《水经注》卷13《漯水》来看，地面上的永固堂远较永固陵华丽：[①]

> 二陵之南有永固堂，堂之四周隅，雉列榭、阶、栏、槛，及扉、户、梁、壁、椽、瓦，悉文石也。檐前四柱，采洛阳之八风谷黑石为之，雕镂隐起，以金银间云矩，有若锦焉。堂之内外，四侧结两石趺，张青石屏风，以文石为缘，并隐起忠孝之容，题刻贞顺之名。

檐前四根石柱取材自洛阳八风谷黑石。石柱雕镂花纹，以金银装饰云气纹，表现出"有若锦焉"的装饰趣味。最后提及堂内陈设青石屏风并刻画孝子、列女鉴戒图像。引文中永固堂的雕饰包括纹饰与图像两部分，纹饰显然占据重要地位，这种对于装饰性表现的偏好也可见于同阶段的云冈石窟第二期窟。

郦道元的文字描述由外而内，井然有序，表现出礼拜者的观看动线。其描述次第依序为建筑布局、装饰、鉴戒图像。位在其中央核心之处为刻画于青石屏风的鉴戒图像。精致富丽的石刻纹样既吸引观者的目光，同时也美化作为视觉中心的鉴戒图像。借由装饰图案来凸显画面中心，强化鉴戒图像作为展现理想化儒教秩序的政治功能。

此外，在永固堂中依位置采用不同的石材，整体以"文石"修筑，前方四柱则采"黑石"制作。这四根黑石柱在永固堂中位居醒目位置，

[①] （北魏）郦道元著，陈桥驿校证，《水经注校证》，页312。

第二章 再造装饰：平城时期的装饰文化

特别采用金银装饰。所谓"金银间云矩"推测是以贴金箔的方式表现云气纹；可以想见黑石有助于衬托出炫耀夺目的贴金花纹。"有若锦焉"指类似具有高度重复性、规律性的织品图案。由此可知，虽然永固堂采用石造，但工匠却是在石块的表面上追求类似织品图案般的装饰效果。文中对于纹饰的描述生动，相形之下关于鉴诫图像反而着墨不多。[①]

类似永固堂中"金银间云矩"的装饰手法，也可见于冯太后兄冯熙所建的皇舅寺。如《水经注》卷 13《灅水》[②]：

> 又南径皇舅寺西，是太师昌黎王冯晋国所造，有五层浮图，其神图像皆合青石为之，加以金银火齐，众彩之上，炜炜有精光。

佛塔上的图像由青石所制，以金银、琉璃一类的宝石作为装饰，光耀夺目。

据《水经注》的描述，可推测永固堂将石雕与贴金相互结合。这种创造性的做法在石材上表现出类似鎏金、镶嵌工艺的奢华感，可视为追求装饰效果的产物。石雕与贴金的结合为北朝石刻工艺的一大特点，除了石质葬具之外也运用在佛教造像。在固原北魏漆棺中采用贴金来装饰花纹（图 2-42），具有织品式的装饰趣味。北魏平城时期的石质葬具中尚未见贴金痕，洛阳时期元谧孝子石棺则保留这项特点，并延续至北朝晚期的粟特人葬具（见本书第六章）。[③] 永固堂在石面

[①] A. G. Wenley 认为永固堂的石雕表现出"夸耀而拙劣的品味"，未能恰当评估其装饰品味的历史意义。A. G. Wenley, "Grand Empress Dowager Wen Ming and the Northern Wei Necropolis at Fang Shan", p. 10.

[②] （北魏）郦道元著，陈桥驿校证，《水经注校证》，页 313。

[③] 奥村伊九良，《镀金孝子传石棺の刻画に就て》，《瓜茄》1 卷 5 册（1939），页 359—382；陕西省考古研究所编著，《西安北周安伽墓》（北京：文物出版社，2003）；西安市文物保护考古所，《西安北周康业墓发掘简报》，《文物》6 期（2008），页 14—35。

图像与装饰：北朝墓葬的生死表象

上贴金的灵感来源，由现有史料来看，可能具有三燕装饰文化的渊源。辽西地区的金饰工艺发达，该地区的墓葬又多采用石椁与漆棺，此外该地区的金属工艺可能曾影响石雕的风格，也为这两者的结合提供有利条件。

永固堂石刻的特点在于将汉文化的鉴诫图像与冯太后的装饰品味合为一体。永固堂的石刻与鉴诫图像具有称颂冯太后功德的政治功能，其繁复雕饰的风格很可能体现冯太后的品味。冯太后曾在龙城建造"思燕佛图"，借由造塔功德表达

图 2-42　固原北魏漆棺　棺盖摹本

对于燕国先祖的追思。由于永固堂是在冯太后生前所完成，其设计规画能符合冯氏所好。① 在永固堂中采用源自三燕的装饰风格，可用来显耀冯太后的出身以及投射其对于北燕的追念。鉴诫图像的政治功能则更为明确，"忠孝之容"可用来比拟理想的君臣关系；"贞顺之名"

---

① 宿白推测永固陵中结合墓地与佛塔为出自冯氏本意。除此之外，永固堂的规划可能也是如此。宋馨指出司马金龙的丧礼可能得到冯太后的礼遇，则司马金龙墓出土的石床、石柱础亦可作为推测冯太后装饰品味的参考。宿白，《盛乐、平城一带的拓跋鲜卑——北魏遗迹——鲜卑遗迹辑录之二》，页 43；宋馨，《北魏司马金龙墓的重新评估》，页 280—284。

120

则能用来宣扬冯氏的妇德。[1] 孝文帝在冯太后下葬后至迁都洛阳之前曾九度谒陵,与其确立皇权的进程相互关联。[2] 永固陵的建造可视为皇权的可视化展现,具有建立新的政治秩序的意图,与日后的礼制改革等一系列的政策遥相呼应。[3] 永固堂的华丽装饰与鉴诫图像共同塑造展现皇权的政治空间。

六、小结

本章以"铜壶"为起点,考察并重新评估北魏平城时期装饰文化中的三燕因素的重要性。"铜壶"中的三燕因素表现出由北燕过渡到北魏的特质。经由比对器形、纹饰、风格,推测"铜壶"出自北燕系工匠在平城地区的制作,时间在冯素弗墓与司马金龙墓之间,约为五世纪中叶。由于器物具有可携性,这件器物本身不仅融合三燕、北魏的装饰文化,其本身也可作为传播装饰文化的载体。

三燕可说是四至五世纪初东北亚装饰文化的中心,向东传播至朝鲜半岛、日本,向西则影响北魏。三燕的装饰体系中,以鎏金马具、金步摇、鎏金带具等最具特色,作为财富与地位的表征,居于其工艺体系的顶端,进而促使工匠在石刻上模仿类似镂孔金属工艺的装饰效果。在此可见以马具、金饰、鎏金带具的纹饰为中心所发展出来的装饰体系,其图案以龙与凤鸟为首的神兽纹为主体,正是三燕装饰文化的特色。"铜壶"的神兽纹与复合式云气纹,及这两者的组合关系均

---

[1] 冯太后曾以舜的二妃(娥皇、女英)比喻其志。《魏书》卷13《皇后·文成文明皇后冯氏传》:"太后与孝文游于方山,顾瞻川阜,有终焉之志。因谓群臣曰:'舜葬苍梧,二妃不从,岂必远附山陵,然后为贵哉?吾百岁之后,神其安此。'"

[2] 《魏书》卷7《高祖纪下》,页166—172。

[3] 村元健一,《北魏永固陵の造营》,页23—26。

模仿自三燕鎏金带具，可说明这个现象。

将"铜壶"与广东遂溪县南朝窖藏出土的"鎏金盅"相对照，可以略见五至六世纪初东亚装饰文化的新发展。本章提出"铜壶"为平城地区北燕系工匠制作，"鎏金盅"出自南朝系工匠的假说。两者均以莲花作为器底外部中央的装饰，都受到西方金银器的影响，却表现出很不相同的装饰品味。"铜壶"以神兽纹为主体，体现鲜卑固有的神兽崇拜；"鎏金盅"以植物纹为主体，表现出南朝的装饰品味。借由考察"铜壶"，也有助于增进对于"鎏金盅"的认识。

由现存的文物可以推测，冯太后专政期间为北魏平城时期装饰文化发展的关键阶段。平城时期石刻中所见织锦式的纹饰风格，可视为吸收三燕装饰文化之后的进一步发展，永固堂的华丽雕饰应该具有三燕装饰文化的渊源。三燕因素原来就已是北魏文化的重要组成，在冯太后专政期间，三燕装饰因素在北魏宫廷重新浮现，被赋予新的政治意涵，确立其地位，并与皇权的可视觉化展现紧密连结。在这期间所出现莲花与龙的组合具有象征皇权的意义，成为北魏国家的新的政治象征符号。必须留意的是，此类纹饰并非由鲜卑宗室独占，而是由代人集团所共享。不同部落、部族的统治集团成员借由复制、使用、传播共通的纹饰，确认并增进彼此的社会连结，发挥凝聚集团的政治功能。过去史学界主要由政治、制度史的角度来分析代人集团的结合原理，研究成果丰硕，而借由对于"铜壶"与装饰文化的考察，有助于提供另一个切入的角度。

第三章　图像与装饰的对话：墓葬中的佛教因素

一、前言

墓葬中的图像与装饰往往具有特定的功能，其制作目的与如何安置死者身体与灵魂等问题密切相关。由于墓葬图像的主题涉及他界的表现与生死观问题，因此就这层意义而言，墓葬图像具备宗教性。在佛教广泛流行的南北朝时代，佛教或是其他宗教的图像是否对于墓葬产生某种影响？墓葬与宗教图像之间是否产生新的关系？实为考察这一阶段墓葬图像所必须留意的课题。

随着佛教传入中国，东汉至魏晋时期的墓葬中开始出现类似佛像的装饰，可视为佛教初传时对于佛教认识不足之下的产物，佛教与传统神仙思想或民间信仰相混淆。[1] 南北朝随着佛教的传播与信徒对于

---

[1] 相关研究可举出小南一郎，《佛教中国传播の一样相——图像配置からの考察》，收于《展望アジアの考古学——樋口隆康教授退官记念论集》（东京：新潮社，1983），页515—525；Wu Hung, "Buddhist Elements in Early Chinese Art", *Artibus Asiae*, Vol. 42, No. 3/4(1986), pp. 263—316, 中译见巫鸿著，郑岩、王睿编，《礼仪中的美术——巫鸿中国古代美术史文编》下卷（北京：生活·读书·新知三联书店，2005），页289—345；Stanley K. Abe, *Ordinary Images*, pp. 1—101；宿白，《四川地方の摇钱树と长江中下流域出土器物に见られる佛像について——中国南方に现れた早期佛像に关する觉え书き》，收于东京国立博物馆等编，《中国国宝展》（东京：朝日新闻社，2004），页216—223；金子典正，《中国佛教初期に于ける佛像受容の实态に关する一考察——佛像付摇钱树の视座から》，《美术史》160册（2006），页216—332；白彬，《近年来魏晋南北朝墓葬佛道遗存的发现与研究》，《艺术史研究》第9辑（2007），页473—513。

123

图像与装饰：北朝墓葬的生死表象

佛教的了解逐渐深入，佛教图像被排除在墓葬之外。整体看来，墓葬图像与佛教美术分属两种不同的范畴。

然而不能忽略的是，在北朝曾经出现比较直接地在墓葬中表现出宗教图像的历史现象，分别是北魏平城时期与北齐、北周的粟特人墓葬。北魏平城时期墓葬中的宗教图像其实专指佛教图像，后者则以祆教图像为主，但是也掺杂部分佛教因素。虽然在南北朝其他地区的墓葬中也可见到佛教因素，但是在这两个时期并非仅是孤立或特殊的现象，而是呈现整体性的趋势，并与区域性宗教文化的发展相结合。[①]在这两个时期，墓葬图像与宗教图像之间的界线显得较为模糊。就粟特人的墓葬而言，可能是由于其原来就没有明确的墓葬图像传统，墓葬与宗教图像并没有明确的界线，往往直接将祆教图像纳入墓葬。

墓葬的装饰中最常令人联想到佛教因素者为忍冬纹、莲花纹等纹饰的表现。南北朝墓葬中所见的忍冬纹、莲花纹等纹饰，为受到广义佛教文化影响下的产物，这点并无疑问。问题是墓葬中的这类纹饰，究竟只是反映一种时代性的普遍流行，或者是具有特定佛教信仰的意义？其实并不容易有效说明墓葬中这类纹饰具有佛教信仰的意义，这

---

① 南朝墓葬中也可见到佛教图像，例如河南邓县（今邓州）画像砖墓中即出土刻有"天人"题记的画像。福建闽侯南朝墓中有僧人砖画，另外在一件传为河南上蔡县出土的南北朝时代青瓷莲花尊上，可见到有背光的交脚并坐佛像。虽然不能排除个别墓葬中可能有佛教信仰的表现，然而整体而言，南朝墓葬中的佛教图像主要还是作为传统神仙世界表现的一部分。例如湖北襄阳贾家冲砖墓中出现有头光坐像，但是该墓中同时也出土了手捧丹炉与持节的羽人。类似现象也可见于南齐帝陵丹阳吴家村与金家村砖墓。河南省文化局文物工作队，《邓县彩色画像砖墓》（北京：文物出版社，1958），图35；福建省博物馆，《福建闽侯南屿南朝墓》，《考古》1期（1980），页59—65；襄樊市文物管理处，《襄阳贾家冲画像砖墓》，《江汉考古》1期（1986），页16—33；杨文和、范世民，《青瓷莲花尊》，《文物》11期（1983），页86；南京博物院，《江苏丹阳胡桥、建山两座南朝墓葬》，《文物》2期（1980），页1—12。对于南朝墓葬中佛教因素的积极评价，参见韦正，《试谈南朝墓葬中的佛教因素》，《东南文化》3期（2010），页91—100。

124

第三章　图像与装饰的对话：墓葬中的佛教因素

是因为墓葬中的装饰花纹往往只是工匠沿袭既定模式的结果，未必可直接视为墓主的个人意志或宗教信仰的展现。为了取得较为有效的论证，可将相关图像、母题、纹饰与区域宗教文化相结合，来建立墓葬与宗教图像的关系。① 同时所不能忽略的是，所谓"佛教因素"之中可能已隐含汉文化传统。②

关于北魏平城时期墓葬图像中的佛教因素，过去学者已提出重要观察。稍早固原北魏漆棺的报告书中描述背光人物与供养天人的表现，并指出其表现与新疆地区石窟可能的关联。③ 八木春生注意到北魏平城时期墓葬中可见许多佛教母题的现象，并指出该时期墓葬美术与佛教美术的界线变得模糊。④ 曾布川宽论及永固陵甬道拱形门框的浮雕时，则认为将佛教母题作为墓室装饰显示北魏的特殊性。

本章尝试借由考古材料检视北魏墓葬与宗教图像的关系，描述由北魏平城时期至洛阳时期的变迁。关于区域性的问题，"区域作坊"的概念可提供有益的思考方向。作坊的性质以及作坊的运作机制，为研究墓葬图像的重要课题，作坊的发展则与地域文化密不可分。本章所说区域作坊，意指在特定区域内活动的工匠团体，包含中央都会区的宫廷作坊或是地方性的工匠群体。地域作坊的延续时间与活动范围，可借由风格分析加以界定。在部分个案中，可见同一地区的作坊不仅

---

① 八木春生尝试在佛教与道教造像中寻求墓葬图像的影响。认为随着佛教美术的汉化，佛教美术中出现墓葬图像。八木春生，《中国佛教美术と汉民族化——北魏时代后期を中心として》（京都：法藏馆，2004）。

② 水野清一曾简要提示佛教美术与汉代传统的关系。水野清一，《六朝佛教芸术における汉代の传统》，《东洋史研究》1卷4号（1936），页1—10，后收入氏著，《中国の佛教美术》（东京：平凡社，1968），页287—297。

③ 宁夏人民出版社，《固原北魏墓漆棺画》，页10、14。

④ 八木春生，《中国南北朝时代における金刚力士像についての考察》，《成城文艺》163号（1998），页28—86，后收入氏著，《中国佛教美术と汉民族化——北魏时代后期を中心として》，页8—40。

制作地下的墓葬图像，同时也制作地上的佛教造像。这种同时制作墓葬图像与佛教造像的地域作坊有时甚至将类似的风格、图像相互流用，区域作坊可能是连接墓葬与宗教图像的一个环节。

第二节将逐一检视北魏平城时期墓葬中的佛教图像与装饰，考察其中的宗教意义；第三节讨论北魏洛阳时期的表现与变化，并以山西榆社北魏石椁为例，说明北魏洛阳时期区域作坊的运作机制，以及其中所见墓葬图像与佛教图像的关系。

二、北魏平城地区

近年随着北魏平城时期墓葬的新发现与考古报告的陆续发表，逐渐有条件地重新由区域性的角度考察该区墓葬图像发展上的特色。以下分为壁画、漆棺与铜饰物、石床、方山永固陵等小节进行讨论。

（一）壁画墓中的摩尼宝珠与护法神像

平城时期的墓壁画中可见佛教因素者包括沙岭北魏壁画墓、云波里路壁画墓、文瀛路壁画墓、朔州怀仁县丹阳王墓、智家堡北魏石椁。沙岭北魏壁画墓甬道顶部有《伏羲女娲图》（图3-1），伏羲与女娲的形象类似，并未持规矩，却在中央置一围绕火焰纹的摩尼宝珠，不同于与传统的伏羲、女娲形象。摩尼宝珠下有一柄，似为芝草，颇为奇特。汉代画像砖中可见持芝草的伏羲女娲，但不同于沙岭魏壁画墓中仅留芝草下段的做法。除了摩尼宝珠之外，墓中未见其他与佛教有关的图像。

由于此摩尼宝珠位在伏羲与女娲之间，居中心位置，因此应该并非仅是装饰性母题，而是具有取代日月的象征意义。摩尼为各类珠、宝石的总称，相传摩尼宝珠具有不可思议神力，可以除病、却毒，调节冷热并发散光明。《大智度论》中曾言日月同为诸宝所成，但是日热月冷，不如宝珠得兼备冷热。由此可见摩尼宝珠的神力更胜于日月。[1]图中以摩尼宝珠取代日月像，作为天界的光明象征。

图 3-1　沙岭北魏壁画墓甬道顶部《伏羲女娲图》

山西朔州怀仁县丹阳王墓为重要图像材料。由砖铭可知墓主为丹阳王，学者对于其身份有不同的见解。[2]门卫武士壁画位在甬道，高约 150 厘米（图 3-2）。其身躯健硕，腹部突起，裸露手臂与上身，面部与上身呈赭红色，以匀细的墨线描写轮廓。上身似乎挂有天衣，着白裙，飘带缠绕两手并在左右两侧弯曲下垂，头部上方可见飘带飞扬。该武士有四臂，右侧一手可能持戟，另一手置于右胸前；左侧一

---

[1] 《大智度论》："日月皆诸宝所成。日能作热月能作冷，虽俱利益众生，以不能兼故，不名为如意。"见高楠顺次郎编，《大正新修大藏经》卷 25（台北：影印新修大正藏经委员会出版，1988），页 478b。

[2] Zhang Qingjie, "New Archaeological and Art Discoveries from the Han to the Tang Period in Shanxi Province", *Orientations*, Vol. 33, No. 5(2002), pp. 54—60；怀仁县文物管理所，《山西怀仁北魏丹阳王墓及花纹砖》，《文物》5 期（2010），页 19—26；王银田，《丹阳王墓主考》，《文物》5 期（2010），页 44—50、77；李梅田，《丹阳王墓考辨》，《文物》12 期（2011），页 55—60；倪润安，《怀仁丹阳王墓补考》，《考古与文物》1 期（2012），页 62—67。

图像与装饰：北朝墓葬的生死表象

手持一棒状物，可能是金刚杵，另一手则高举。在两左手手臂上端隐约可见兽首臂钏。左侧前方手臂为赭色，其臂钏为白色，而左侧后臂臂钏为赭色，手臂则为白色，两臂的设色相互对比。武士头部两侧隐约可见两个侧面像。在头部后方周围并绘有黑色弧线，可能是表现头光。此武士像双脚踩踏在裸身、披帛的地神的手掌上。总而言之，丹阳王墓武士像有头光、三面、四臂以及天衣等表现，为佛教护法神像当无疑问。

山西大同文瀛路北魏壁画墓甬道东侧亦绘有护法神（图3-3）。[①] 有三眼，身躯饱满健硕，赤裸上身，右手持戟状物，左手按金刚杵，左足踏于金刚杵上。其身躯以墨线勾勒，并未涂上赭红色。披帛与裙的形态与丹阳王墓护法神相近，但设色方式不同。

图3-2　山西朔州怀仁县丹阳王墓护法神像

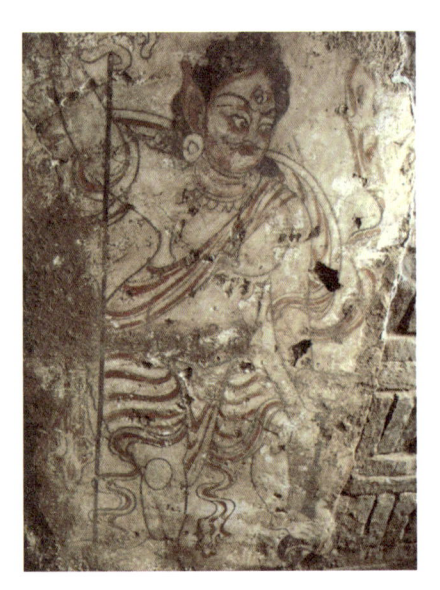

图3-3　山西大同文瀛路北魏壁画墓护法神像

---

① 大同市考古研究所，《山西大同文瀛路北魏壁画墓发掘简报》，《文物》12期（2011），页26—36、60。

第三章　图像与装饰的对话：墓葬中的佛教因素

　　丹阳王墓的护法神像风格独特，其头部浑圆，身躯健硕，并在腰部略作扭曲状。壁画为白底，身躯赭红色，以锐利的细线勾勒出轮廓线。在胸、腹部等处，特别以圆弧线表现出量感。这种风格不同于魏晋十六国时期河西或辽东地区的墓葬壁画，也与沙岭壁画墓有别，可能与凉州地区佛教石窟壁画有关。北凉王沮渠蒙逊（368—433）曾于凉州建造石窟，其壁画风格可参考甘肃武威天梯山石窟。[①] 天梯山石窟第4窟的中心柱上，截取出北凉时期的菩萨立像（图3-4，甘肃省博物馆藏）。天梯山石窟以红色为底色，

图3-4　北凉时期天梯山石窟第4窟中心柱　菩萨像壁画

不同于丹阳王墓的护法神像。但两者均以赭红色表现身躯，以细线勾勒轮廓，并注重量感的表现，飘带的描写也相当类似。

　　智家堡墓的年代约在五世纪下半叶。墓室坐北朝南，东西宽2.11米、南北进深1.13米，甚为狭窄。其中安放一件高约1.5米、宽2.11米、深1.13米的屋型石椁。在这件葬具的室内绘有墓主夫妇、侍者、牛车、鞍马等壁画。墓主夫妇图像位在北壁中央，左右各有男女侍者并列。两侧山墙上端绘有持幡仙人。石椁南壁墓门中央，两侍女之间绘有一

---

① 敦煌研究院、甘肃省博物馆编，《武威天梯山石窟》（北京：文物出版社，2000）。

129

图像与装饰：北朝墓葬的生死表象

大型忍冬纹，石椁顶盖计有六朵大型忍冬纹。石椁东壁绘男性四人，与西侧四位侍女相对，均着鲜卑服饰，面朝北侧墓主夫妇（图3-5）。男侍四人手中各持一莲蕾，周围也有莲蕾点缀。西壁画面毁损，侍女头部前后有莲蕾，很可能为其持物。[①] 这种形象显然不是来自墓葬图像传统，而是佛教供养人的表现模式。例如五世纪后半叶甘肃天水麦积山第78窟基坛上可见到着鲜卑服手持莲蕾的供养人壁画（图3-6）。采用佛教供养人的形象作为侍者，传达出为死者祈求冥福的意义。

图3-5 北魏智家堡墓石椁壁画东壁线描图

图3-6 甘肃天水麦积山第78窟基坛 供养人像

（二）石床的护法神与天人像

北魏平城时期的石床中，也可以见到佛教护法神与天人像。大同

---

① 王银田、刘俊喜，《大同智家堡北魏墓石椁壁画》，页40—51。

130

第三章　图像与装饰的对话：墓葬中的佛教因素

智家堡北砂场出土的北魏石床宽194厘米，高44厘米（图3-7）。①中央刻有兽面，兽面上方立着两人，左右相对。束发，裸露上身，手中有持物，可能是莲蕾。下方有回首的双虎，左右并各有一人以手摸虎耳。石床的左右两侧各雕有一位壮硕的护法神像，正面朝向观者。身躯饱满，着天衣，同样上身裸露，两脚向外侧伸张，一手撑腰，另一手则高举触及顶部。

图3-7　大同智家堡北砂场　北魏石床线描图

大同北魏太和元年宋绍祖墓石椁上刻有铺首浮雕，合计二十二枚（图3-8）。②根据其墓砖铭，官至幽州刺史、敦煌公。又宋绍祖墓与司马金龙墓、元淑墓相距不远，该区为北魏贵族、官僚等上层人物的墓葬区。石椁正面两侧下方的铺首浮雕上有一伸臂人物，身躯饱满，形态近似护法神（图3-9）。东侧下方铺首上有类似力士的人物，西侧下方的铺首另有一戴头光，身披飘带的天人；由此可知力士原来与天人东西相对，合为一组。宋绍祖墓石椁中结合力士与天人这两种北

---

① 王银田、曹臣民，《北魏石雕三品》，页89—92。
② 山西省考古研究所，《大同市北魏宋绍祖墓发掘简报》，页19—39；刘俊喜主编，《大同雁北师院北魏墓群》（北京：文物出版社，2008），页106—119。

图像与装饰：北朝墓葬的生死表象

魏平城时期墓葬中最常见的佛教图像[①]，可与大同智家堡村北砂场石床上的护法神相较。

图 3-8 大同北魏太和元年宋绍祖墓石椁

图 3-9 大同北魏太和元年宋绍祖墓石椁 铺首拓片

---

① 报告书中指出石椁门楣上刻有五朵莲花门簪的装饰手法与云冈石窟第10窟后室南壁拱门门楣相似。刘俊喜主编，《大同雁北师院北魏墓群》，页120。

第三章　图像与装饰的对话：墓葬中的佛教因素

司马金龙墓后室西侧放有一具石床，长 2.41 米、宽 1.33 米、高 0.51 米。石床的正面刻有丰富的图案，上段在缠绕的忍冬纹之间，刻有伎乐天人十三人，其间并有龙、虎、凤凰等形象（图 3-10，大同市博物馆藏）。① 伎乐天人所持的乐器有琵琶、排箫、横笛、细腰鼓等。中央则有一位未持乐器，作舞蹈状的天人。此外，在三个床足下以高浮雕刻有四位身躯壮硕的人物，作承托石床的姿态。在兽首下方的两位人物身材较短小，面貌似为童子，面带微笑（图 3-11）。上身着天衣，作转首跪坐状。胸前并有一垂至腹部的珠琏。一手握住兽牙，另一手则支撑兽首，两人相互对称。相对于中央两位童子，石床左右两侧的人物比例较大，竖发、皱眉、露齿，五官刻画较深（图 3-12）。同样

图 3-10　北魏司马金龙墓石床

图 3-11　北魏司马金龙墓石床　童子 　　　图 3-12　北魏司马金龙墓石床　力士

---

① 山西省大同市博物馆等，《山西大同石家寨北魏司马金龙墓》，页 21。关于司马金龙墓的整体分析，参见宋馨，《北魏司马金龙墓葬的重新评估》，页 273—298。

133

图像与装饰：北朝墓葬的生死表象

作回首状，以两手支撑顶部。

在云冈石窟第9窟明窗顶部刻有高浮雕天人像，其双手托举天井莲花状（图3-13），源自古希腊支撑天空的神像，可见于犍陀罗佛教雕刻。① 大同智家堡北砂场与司马金龙墓石床所见的壮硕人物为佛教护法神像。由于这类形象广见于云冈石窟，在当时应该被视为佛教图像。②

水野清一（1905—1971）由云冈石窟的天界与佛传故事中区分出三种形态的人物：头上有高髻，身穿长裳的飞天型（或称天女型）；剃发或童发的童子型（或称天童型）；竖发，深眼圆鼻，皱眉，身躯短小而肥硕的人物，可称为夜叉型或逆发型（图3-14）。③ 夜叉原为

图3-13　云冈石窟第9窟明窗顶部大莲花与飞天

图3-14　云冈石窟第9窟前室东壁逆发型力士

---

① 长广敏雄，《云冈石窟第9·第10双窟的特征》，收入云冈石窟文物保管所编，《中国石窟·云冈石窟》第2卷（东京：平凡社，1990），页197—214。
② 云冈石窟第二期中，天人、力士等形象往往在图像细部表现上未作严格区分，相互混用。另外在河西魏晋墓中可见"托山力士"砖画，但就整体图像配置来看，表现主题为神仙世界，并不具有佛教护法神的意义。相关史料可见甘肃省文物考古研究所，《敦煌佛爷庙湾　西晋画像砖墓》（北京：文物出版社，1998），页91—92。
③ 水野清一，《逆发形について——云冈图像学》，《佛教艺术》12号（1951），页78—81，后收入氏著，《中国の佛教美术》，页278—286。

第三章　图像与装饰的对话：墓葬中的佛教因素

印度神祇，因受佛法感召而礼拜佛陀，在天部众中地位较低。司马金龙墓石床左右两侧的护法神像，正符合第三类逆发型人物像的特征。大同智家堡北砂场石床左右护法神可视为逆发型的变形。此外，水野清一引用僧肇（384—414）注《维摩经》，说明八部众之中的夜叉位在欲界六天之中最下的二天，为守卫天城与门合的侍卫神。由此看来，司马金龙墓与智家堡北砂场石床中所见，将佛教护法神作为石床护卫的想法可能有其经典上的启发。这种使用佛教护法神的方式，显示对佛教有一定程度的理解。

（三）纹饰框架

山西大同北魏云波里路壁画墓由长斜坡墓道、封门、甬道、墓室所组成，坐东朝西。[①] 平面东西长 4 米、南北宽 3.52 米。墓顶、甬道顶部已塌毁，仅有墓室的东壁、南壁、西壁以及甬道下侧残存壁画。壁画以朱色为主调。墓室东壁为墓主夫妇图（图 3-15），南壁为狩猎图，西壁有莲花与残存的力士像。甬道南壁下段残存方格神兽、侍女、忍冬纹。最下层绘有朱带，甬道口与四壁转角处绘有朱色角柱。

云波里路壁画墓中除了木构建筑的因素之外，还增添横向的忍冬纹饰带与三角垂饰纹，作为建构墓室空间的框架（图 3-16）。其中纹饰的布局可分成墓室与甬道两部分，以西壁的力士图残像为界。可知墓室与甬道被视为两种性质不同的空间，墓室代表内部，甬道为由外至内的连结，力士则具有区隔内外的作用。墓室内的横饰带连贯东、南、西壁。自上而下，壁画的上缘为朱色宽带、忍冬纹，下缘则为忍冬纹、三角垂饰纹。南壁则仅在与甬道口相接的部分描绘忍冬纹，与甬道东侧的纹饰带相接，具有类似门框的作用。另外在甬道底部绘有六格神兽图案，朝向墓内。

[①] 大同市考古研究所，《山西大同云波里路北魏壁画墓发掘简报》，页 13—25。

图像与装饰：北朝墓葬的生死表象

图 3-15　山西大同云波里路壁画墓东壁　墓主夫妇图像

图 3-16　山西大同云波里路壁画墓南壁

第三章　图像与装饰的对话：墓葬中的佛教因素

　　云波里路壁画墓中采用朱色角柱的做法，稍早已可见于沙岭壁画墓，可知继承既有壁画模式，然而在装饰带的布局上则可见新的因素。简报中对于纹饰详加描述："忍冬纹带呈波状，一条波状弯曲的主藤蔓上，一侧一瓣、一侧两瓣忍冬叶交互附于其上，一朵红色与一朵蓝色相间而成。底部的三角垂饰纹亦是红、蓝三角相间，相间处绘红色竖条。忍冬纹带、主画面、三角垂饰带均以红色横线相隔。"① 此描述中所指的红色竖条似乎类似垂穗状的饰带，并未及于底部。②

　　值得注意的是，忍冬纹与三角垂饰纹的组合可见于河西地区的佛教石窟壁画，以北魏敦煌莫高窟第 275 窟最为接近。③ 莫高窟第 275 窟平面呈纵长形，窟顶呈纵向人字披。西壁为主尊交脚弥勒菩萨像，几乎与窟室同高，统御整体的空间。南壁与北壁上层各开三个龛，同样为交脚菩萨塑像。南北壁下层分为三段，自上而下分别是本生故事、胡服供养人像、三角垂帐纹。供养人像与三角垂帐纹之间同样以忍冬纹为界。整体看来，南北壁是以忍冬纹饰带区隔为三层，最上层为交脚菩萨，中间一层为本生故事与胡服供养人，三角垂帐纹位在最下层（图 3-17）。三角垂帐纹高约 45 厘米，由红色垂角、白色垂角、红色帐带所组成，部分垂角的颜色呈现红白相间的规律变化。同样的装饰带可见于敦煌莫高窟北周第 428 窟的最下层，其上方另有三列供养

---

① 大同市考古研究所，《山西大同云波里路北魏壁画墓发掘简报》，页 18。

② 北魏平城时期壁画墓室中采用三角垂饰纹的实例尚有山西大同文瀛路北魏壁画墓。大同市考古研究所，《山西大同文瀛路北魏壁画墓发掘简报》，页 26—36、60。

③ 敦煌研究院编；樊锦诗、蔡伟堂、黄文昆编著，《敦煌石窟全集》第 1 卷《莫高窟第 266—275 窟考古报告》第 1 分册（北京：文物出版社，2011），页 151—242。关于此窟的年代，笔者采取五世纪下半叶的北魏说。参见宿白，《敦煌莫高窟现存早期洞窟的年代问题》，《中国文化研究所学报》20 卷（1989），页 15—31，后收入氏著，《中国石窟寺研究》（北京：文物出版社，1996），页 270—278；石松日奈子，《北魏佛教造像史の研究》（东京：ブリュッケ，2005），页 66—67，中译本见石松日奈子著，筱原典生译，《北魏佛教造像史研究》（北京：文物出版社，2012），页 52—53。

图像与装饰：北朝墓葬的生死表象

图 3-17 北魏敦煌莫高窟第 275 窟 纹饰带

人像，布局相通。[①]

山西大同云冈石窟中也可见类似图案，然而位置相反，出现在佛像上方而非接近地面处，用来表现宝盖。例如第 18 窟东西两壁各有一高 9.1 米的胁侍佛立像，头部上方以高浮雕的方式表现一悬挂于空中之宝盖。宝盖侧面上层为方格图案，下层为三角垂帐纹，垂帐的折痕清晰可辨（图 3-18）。在第 10 窟主室南壁可见到连结成横带状的三角垂帐纹，分别在上层与中层的上方。这类佛教石窟中的三角垂帐纹多表现出三角形先后重叠的效果，与敦煌莫高窟第 275 窟中三角形各自独立的排列方式有所不同。这成为后来中国乃至东亚佛教石窟、造像碑、寺院中，三角垂帐纹的基本模式。

[①] 敦煌文物研究所编，《中国石窟·敦煌莫高窟》第 1 卷（北京：文物出版社，1982），图版 160—161。

第三章　图像与装饰的对话：墓葬中的佛教因素

图 3-18　云冈石窟第 18 窟东壁立佛

（四）漆棺与铜饰物

大同湖东北魏 1 号墓位在大同市东南约 16 公里，北距司马金龙墓约 7 公里。此墓为长方形斜坡墓道双室砖墓，坐西朝东，由墓道、甬道、前室和后室所组成（图 3-19）。前后室平面均呈弧边方形，后室略大于前室。前室长、宽 3.82 米，后室长、宽 4.3 米。目前墓顶已经全部坍塌。在后室中部安放一棺一椁，由于受到盗扰，棺盖等散置于墓室四周。棺椁的形制前宽后窄，头高尾低。木椁长 2.8 米，高 1.12 至 1.73 米。木椁的内外均涂上黑漆。据报告书，木椁外壁以鎏金铜牌饰与铜钉帽装饰。①

---

① 山西省大同市考古研究所，《大同湖东北魏一号墓》，页 27。

139

图像与装饰：北朝墓葬的生死表象

大同湖东北魏 1 号墓漆棺残存左侧板、后档板、棺盖前沿及棺床的局部。漆棺棺盖在前缘有装饰带，漆棺侧板为此漆棺装饰的主体部分。就目前漆棺左侧板残存的部分看来，由直径约 30 厘米的联珠圈纹排列组合而成（图 3-20）。联珠圈纹交接处，左右以兽首衔接，上下则以白色圆环相连。联珠圈纹中心与外侧均画有伎乐童子，童子上身裸露，赤足，并有天衣缠绕。据简报，可辨识的乐器有排箫、横笛。在联珠圈纹内侧，除了中央的伎乐童子之外，尚有许多呈卷曲状的图案。若将此与云冈石窟第 10 窟及司马金龙墓石床的纹饰相较（图 3-21），推测为卷草纹饰。

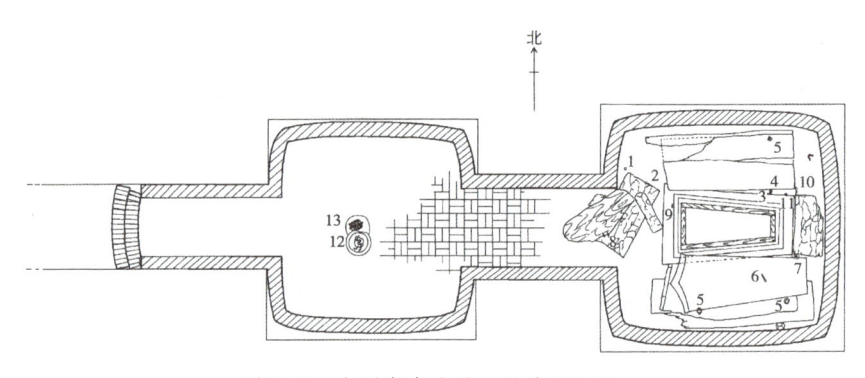

图 3-19　大同湖东北魏 1 号墓平面图

图 3-20　大同湖东北魏 1 号墓漆棺

第三章 图像与装饰的对话：墓葬中的佛教因素

图 3-21　北魏司马金龙墓石床（局部）

这种以联珠圈纹为装饰的漆棺，同样可见于宁夏固原北魏墓的漆棺，为北魏平城时期开始出现的新的葬具装饰手法。其中联珠纹的边缘以白色细线描绘，其形式与湖东北魏1号墓漆棺残存左侧板的联珠纹边饰十分近似，但固原漆棺的图样较为复杂。

图 3-22　固原北魏漆棺　供养天人

填充于其中的装饰有二类：第一种为上身裸露人物，赤足，带臂钏，有飘带，并有圆形头光，类似佛教供养天人（图 3-22）；第二种则为各类有翼神兽。这些联珠龟甲纹之中的天人或神兽均属于天界的神灵。在这里，佛教天人与其他天界神灵、孝子图像相组合。固原漆棺的孝子传图具有宗教性的神秘色彩，具有如同神仙或佛教天神的神异性[①]；

---

① 孙机，《固原北魏漆棺画研究》，《文物》9期(1989)，页38—44、12，后收入氏著，《中国圣火——中国古文物与东西文化交流中的若干问题》，页122—138。

141

图像与装饰：北朝墓葬的生死表象

图 3-23　固原北魏漆棺　前档线描图

此处的佛教供养天人则已被纳入以神仙世界为主的天界表现之中。

固原漆棺的前档多残损，但仍可知其图像的基本构成（图 3-23）。在上段中央有一屋，男性墓主坐于床沿，右手持杯，左手持麈尾。墓主两侧有侍者。其下方画有金色的框线，左右各站着一位有光背的佛教神。报告书中推测此框界为门的表现。① 由于固原漆棺的前档设有门框，因此左右有光背的佛教神应该是佛教护法神。在这里佛教护法神像被转作为守护墓主的门卫来使用，正与丹阳王墓的护法神像相应。

附带一提固原漆棺两侧板各残存一直棂窗，其边框纹饰带的造型特殊（图 3-24）。由三层的波浪状纹组成，深色点集中在纹饰一端，形成类似渐层的色彩变化效果。这种纹饰同样取自佛教石窟，可见于北魏敦煌莫高窟第 257 窟的顶部（图 3-25）。关于固原漆棺所见窗口的意义，学界已有讨论，推测窗内双人以表现墓主夫妇的可能性较高。②

---

① 宁夏固原博物馆，《固原北魏墓漆棺画》，页 10。
② 参见宁夏固原博物馆，《固原北魏墓漆棺画》，页 14；Patricia Eichenbaum Karetzky and Alexander C. Soper, "A Northern Wei Painted Coffin", Artibus Asiae, 51:1/2 (1991), pp. 5—28; Wu Hung, *Monumentality in Early Chinese Art and Architecture* (Stanford, Calif.: Stanford University Press, 1995), p. 325，中译见巫鸿著，李清泉、郑岩等译，《中国古代艺术与建筑中的"纪念碑性"》（上海：上海人民出版社，2009），页 357；Eugene Y. Wang, "Coffins and Confucianism: The Northern Wei Sarcophagus in the Minneapolis Institute of Arts", *Orientations*, Vol. 30, No. 6(1999), pp. 56—64；林圣智，《北魏平城时期的葬具》，收入巫鸿、朱青生、郑岩主编，《古代墓葬美术研究》第 2 辑（长沙：湖南美术出版社，2013），页 191—213。

第三章　图像与装饰的对话：墓葬中的佛教因素

图 3-24　固原北魏漆棺　右侧板左半部摹本

图 3-25　敦煌莫高窟第 257 窟顶部（局部）

此窗口位置醒目，采用佛教纹饰作为边框当是有意的选择。

湖东北魏 1 号墓中有鎏金铜牌饰一件，直径 7—7.2 厘米（图 3-26）。左右为朝向中央并相互对称的双龙，中央端坐一呈正面像的人物。上身裸露，双手叉于腰间，腿部类似作交脚状。报告书中称此人为化生童子，但是就此人物面貌的特征以及手势看来，应该并非童子。另有一件莲花化生铜饰件，直径 5.7 厘米（图 3-27），作莲瓣状，中央为

| 143

图像与装饰：北朝墓葬的生死表象

图 3-26　大同湖东北魏 1 号墓　鎏金铜牌饰

图 3-27　大同湖东北魏 1 号墓　莲花化生铜饰件

化生童子，有头光与背光，高肉髻，双手合十。左右有两孔，应该是固定在棺上或其他器具上的饰件。①

宁夏固原北魏漆棺侧板部分留下透雕铜铺首与透雕铜饰（图 3-28）。该墓虽出土自固原，但可与平城地区的墓葬相互参证。透雕铜饰有三件，形制完全相同。左右有对称的双龙，龙尾相连，龙背上并有凤鸟。中央立有一人物，作高髻，两腿分立，身躯饱满。铜铺首同样在上方饰有双龙，中央有人物立像。报告书中认为该人物可能为佛像或是羽人。②但若与智家堡石椁中的羽人形象相较，两者差异颇大，应该是护法神像。③报告书中将透雕铜铺首与透雕铜饰分别刊载，

---

① 另外在大同下深井北魏墓中出土一件铜饰件，也是由双龙和一位人物立像组成，身躯健壮，简报中推测为武士。大同市考古研究所，《山西大同下深井北魏墓发掘简报》，《文物》6 期（2004），页 29—34。又见大同市博物馆，《山西大同南郊出土北魏鎏金铜器》，页 997—999。

② 宁夏固原博物馆，《固原北魏墓漆棺画》，页 5。

③ 作为葬具配件的铜铺首已可见于汉代，西汉南越王墓中出土数件外椁铜铺首，但在铺首的上方都没有神人图像。广州市文物管理委员会等，《西汉南越王墓》（北京：文物出版社，1991），图版 87。又见河北省文化局文物工作队，《望都二号汉墓》（北京：文物出版社，1959），图 103。铺首的研究参见林巳奈夫，《兽镮・铺首の若干をめぐって》，页 1—74。

2004年美国大都会博物馆的展览图录中则将两者组成一完整的铺首衔环（图3-29）。①

在一件日本京都私人收藏的北魏铜饰件中，则可见到有四臂的人物，应该与佛教图像有直接关系（图3-30）。人物位在铺首的上方，有圆光，头戴宝冠，上身裸露，呈交脚状，上方两臂握住龙首。长广敏雄认为这是交脚菩萨像，然而不能排除是护法神像的可能性。② 在北魏太和二十二年（498）龙门石窟古阳洞北壁第3层第4龛"比丘

a—图 3-28　固原北魏墓　透雕铜铺首
b—图 3-29　固原北魏墓　透雕铜铺首
c—图 3-30　北魏铜饰件

① James C. Y. Watt, China: Dawn of a Golden Age, 200—750 AD, p. 164.
② 长广敏雄认为这意味着佛教美术与汉魏美术相互融合。下中邦彦，《世界美术全集》第7卷《中国古代I·秦汉魏晋南北朝》（东京：平凡社，1959），页251—252，图版24解说。

145

慧成造像龛"中，佛龛左右两侧下方有四臂护法神像。其中右侧护法神的左脚下与左侧护法神的右脚下，各有一作俯地状的夜叉，古阳洞北壁第3层第2龛"杨大眼造像龛"佛龛左右两侧下方也有四臂护法神。[1] 因此，这件四臂人物铜饰应该是作为佛教护法神像。

（五）方山永固陵的门楣

太和五年孝文帝为冯太后在平城北侧的方山建造永固陵，至太和八年建造完成。永固陵南侧有永固堂，亦即永固石室。[2] 永固陵南方600米处则发现环绕回廊的佛塔与寺院遗迹。回廊宽度近10米，塔基呈正方形，长40米，宽30米。永固陵附近另有石窟遗迹，即《魏书》卷7《高祖纪》中所载的方山石窟寺。由于冯太后热衷信仰佛教，将佛寺、斋堂纳入陵墓的布局，为中国陵寝制度史上的重要变革。[3]

永固陵由墓道、前室、甬道、后室所组成。后室墓顶嵌一石，上雕莲纹图案。在甬道前后各有一大型石卷门。石卷门分为尖拱门楣、门柱、门坎、虎头门墩、石门五部分（图3-31）。石门高1.82米、宽

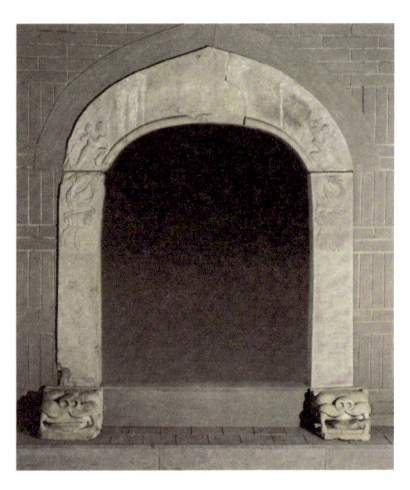

图3-31 永固陵石卷门

---

[1] 龙门石窟中这类四臂护法神仅在早期出现，另外在比丘慧成造像龛台座上缘可见联珠纹装饰。这可能意味龙门石窟的四臂护法神是延续平城佛教美术。龙门文物保管所、北京大学考古系编，《中国石窟·龙门石窟》1（东京：平凡社，1988），图版159。另外在路洞也可见到四臂神像。

[2] 大同市博物馆、山西省文物工作委员会，《大同方山北魏永固陵》，页29—35。

[3] 宿白指出墓葬与佛寺的组合为冯太后陵墓的特征，认为这种布局与冯太后的佛教信仰有关。宿白，《盛乐、平城一带的拓跋鲜卑—北魏遗迹——鲜卑遗迹辑录之二》，页38—46；又参见杨宽，《中国古代陵寝制度史研究》（上海：上海古籍出版社，1985），页45。

第三章 图像与装饰的对话：墓葬中的佛教因素

1.59 米、厚 0.2 米。在甬道南端的石卷门门楣两侧下端两侧有捧莲蕾的童子浮雕，身高 37 厘米。[1] 童子着天衣，身躯健硕。西侧童子有头光（图 3-32），东侧童子则未见头光（图 3-33）。长广敏雄指出这些形象具有神圣性，属于佛教的天童子像。[2] 童子下方，门柱上端有作回首状的神鸟浮雕与藤座雕刻，藤座雕刻中央并有一圈联珠纹。神鸟尾部并未与门楣前缘的突起相接。

图 3-32 永固陵石卷门 西侧捧莲蕾童子　　图 3-33 永固陵石卷门 东侧捧莲蕾童子

这种尖拱门楣、童子、神鸟与藤座雕刻的组合可见于云冈石窟，可知模仿自佛教造像龛。例如云冈石窟第 9 窟主室南壁，或云冈第 11 窟东壁第 3 层南壁上段佛龛，均可见到类似的龛形与鸟首、藤座雕刻（图 3-34）。但相较之下，永固陵门楣的装饰显得比较简单，仅抽取部分佛教造像龛的因素。在云冈石窟中可见到许多与永固陵门楣童子

---

[1] 大同市博物馆、山西省文物工作委员会，《大同方山北魏永固陵》，页 32。
[2] 长广敏雄，《宿白氏の云冈石窟分期论を驳す》，《东方学》60 辑（1980），页 1—15，特别是页 9—10。曾布川宽也认为这种童子形象为佛教飞天。参见曾布川宽、冈田健编，《世界美术大全集·东洋编》第 3 卷《三国·南北朝》，页 377，图版 24 解说。

| 147

图像与装饰：北朝墓葬的生死表象

图 3-34 云冈石窟第 11 窟东壁第 3 层南侧上段　佛龛

图 3-35 云冈石窟第 9 窟　前室天井西部　天人

形象相似的天人，例如云冈石窟第 9 窟前室天井西部的飞天，身躯饱满，双手托举一莲花（图 3-35），这些天人可视为佛教天界图像的一部分。[①] 由于永固陵拱门埋藏于地下，不似云冈石窟饱受风化，保存状况较好，童子像与藤座雕刻等在细部的雕饰上显得较为锐利清晰。

永固陵出现模仿佛龛的尖拱门楣与持莲蕾的童子浮雕，应该不是偶然的现象。由于冯太后热衷信仰佛教，因而将佛龛的形态运用至墓室甬道石卷门的装饰。冯太后卒于太和十四年，年四十九岁，时间在永固陵完成之后的第六年。因此永固陵的设计很可能反映冯太后的佛教信仰。由于永固陵中的装饰，除了墓室顶部的莲花之外，仅见于门楣，其位置颇为重要，应该具有佛教

---

① 吉村怜认为这表现出莲花化生的情景。吉村怜，《云冈における莲花化生の表现》，收入氏著，《中国佛教图像の研究》（东京：东方书店，1983），页 35—53。

148

第三章　图像与装饰的对话：墓葬中的佛教因素

信仰的象征意义。

据《魏书》卷114《释老志》，信奉佛教者，可以生于"天人"："云奉持之，则生天人胜处，亏犯则坠鬼畜诸苦。又善恶生处，凡有六道焉。"[1] 此"天人"意指六道（地狱、饿鬼、畜生、修罗、人间、天上）中的人与天。[2] 虽然生于人、天并未脱离轮回，但是北魏时人并不以为苦，而是将之视为死后得以重获新生的保证。同样的想法广见于北朝造像铭文。佐藤智水在其关于北朝造像铭的研究中，指出铭文中祈愿的内容之一为"生天"与"托生"，亦即重生于六道中的天上，或是下生于人间为王侯，仅求解脱三途（地狱、饿鬼、畜生）。[3] 另外，由"亡者生天"或"神登紫宫"之类的铭文用语可得知，北朝佛教信徒对于天的认识与佛教所说之天有微妙差异。在北魏佛教信仰中，认为天上世界即为天神居所，将天界视为诸佛菩萨的乐土，大多数信徒对于"天"缺乏具体认识。[4]

永固陵中出现模仿佛龛的门楣与持莲蕾的童子浮雕。但这是否意味永固陵墓室已是"天"的象征，或是冯太后将重生于天上，则难以说明。可以确定的是，相对于宁夏固原北魏墓漆棺的供养天人被纳入以神仙世界为主的天界表象，永固陵中的持莲蕾童子浮雕与神仙世

---

[1]　《魏书》卷114《释老志》，页3026。

[2]　冢本善隆译注，《魏书·释老志》，页112。冢本善隆并认为此段表现北魏佛教信仰中对于人世的眷恋，与龙门石窟所见的弥勒信仰有相通之处。冢本善隆，《龙门石窟に现れたる北魏佛教》，收入氏著，《中国佛教史研究·北魏篇》（京都：弘文堂，1944），页355—605，特别是页571。

[3]　佐藤智水，《北朝造像铭考》，《史学杂志》8卷10号（1977），后以《北朝の造像铭》，收入氏著，《北魏佛教史论考》（冈山：冈山大学文学部，1998），页77—133，特别是页102—104。

[4]　冢本善隆，《龙门石窟に现れたる北魏佛教》，页603—606；侯旭东，《五六世纪北方民众佛教信仰——以造像记为中心的考察（增订本）》（北京：中国社会科学出版社，2015），页202—209。

界无关，应该具有表现冯太后的佛教信仰，以及为冯太后祈福的宗教意义。

（六）方山永固陵与宫廷作坊

学者已指出云冈石窟第9、第10窟都可见类似永固陵的化生童子像与栖止的鸟形藤座雕刻。关于此问题可由宫廷作坊的角度来思考。据《魏书》卷94《王遇传》[①]：

> 遇性巧，强于部分。北都方山灵泉道俗居宇及文明太后陵庙，洛京东郊马射坛殿，修广文昭太后墓园，太极殿及东西两堂、内外诸门制度，皆遇监作。

文中"方山灵泉道俗居宇及文明太后陵庙"，即为永固陵、永固堂以及位在其西侧的佛寺。王遇即钳耳庆时，担任永固陵等冯太后陵庙建筑的监作。据宿白的研究，王遇同时也是云冈石窟第9、第10窟的监作。钳耳庆时所开凿的崇教寺是否即为云冈石窟第9、第10窟，学界见解纷呈。[②] 若单就前引《王遇传》看来，王遇曾监作永固陵的陵墓与佛寺，当无疑问。由此看来，理解永固陵化生童子像时，除了考虑冯太后的佛教信仰之外，还必须注意平城时期宫廷作坊的问题。北魏宫廷作坊的组织尚未明了，但可推测类似王遇监作的这类建造陵墓并修筑佛教寺院的宫廷作坊，提供佛教图像辗转利用于墓葬中的便利性。

（七）佛教图像的来源与意义

以下总结三个问题：第一，北魏平城时期墓葬中佛教图像的来源；

---

① 《魏书》卷94《王遇传》，页2024。
② 关于云冈石窟分期问题参见石松日奈子，《北魏佛教造像史の研究》，页93—95，中译本见石松日奈子著，筱原典生译，《北魏佛教造像史研究》，页80—82；曾布川宽，《云冈石窟再考》，页67—76。

第三章　图像与装饰的对话：墓葬中的佛教因素

第二，平城时期墓葬中所见的天人、护法神等佛教图像是否具有佛教信仰上的意义？第三，平城时期使用佛教图像的墓葬与其墓葬等级之间的关系。

第一，综合以上风格比较，平城时期墓葬中所见纹饰、天人、护法神等参考来源，应该是河西地区的佛教石窟与当时集佛教美术之大成的云冈石窟，特别是在云冈石窟第9、第10双窟之中开始出现大量天人形象，平城初期的沙岭壁画墓中则未见天人一类的图像。

第二，在云冈石窟的各式忍冬纹、莲花纹、天人等具有佛教信仰上的意义，并无疑问；然而类似纹饰与图像若运用在墓葬中，是否可视为有意识地运用佛教图像，就需审慎评估。解决此问题的关键在于观察佛教图像与装饰究竟在整体布局中扮演何种角色，也就是在墓葬中如何使用佛教图像与装饰的问题。根据以上考察，在北魏平城时期的墓葬中可见三种使用佛教因素的方式：

1. 佛教图像与神仙思想相混合。佛教图像虽源自佛教美术，但是在这类案例中佛教的意义并不明确，例如固原漆棺。这种将佛教图像与传统神仙画像混合的做法，最早可见于东汉末的画像石墓，并非始自北魏。这种使用佛教图像的方式，可说是继承汉晋以来的墓葬传统，所呈现的是平城时期墓葬文化中承继汉晋传统的部分。

2. 将佛教护法神或供养天人作为墓葬中的守护神使用，漆棺与石床座上的护法神、天人、童子形象均可为例。这是北魏平城时期墓葬中运用佛教图像的特色，未见于魏晋时期或是同时期的南朝墓葬。将佛教图像与传统神仙图像混合，或是将佛教护法神像作为墓葬中的守护神使用，都显示出对于佛教神通力的重视。[①]

[①] 参见村上嘉实，《高僧传の神异について》，《东方宗教》17号（1961），页1—17；蒲慕州，《神仙与高僧——魏晋南北朝宗教心态试探》，《汉学研究》8卷2期（1990），页149—176。

图像与装饰：北朝墓葬的生死表象

3. 将佛教图像作为佛教图像使用。相较于前两者，这类例子较少。永固陵门楣浮雕持莲蕾的天人是最有代表性的实例。另外在湖东北魏1号墓漆棺侧板，表现以伎乐天人为主的天界，在漆棺上可能还镶有化生童子的铜饰物。相对于固原漆棺中呈现杂多的神仙世界、孝子传图、神兽，湖东北魏1号墓漆棺则以伎乐天人作为天界的主要图像，排除仙人与瑞兽。此处的伎乐天人具有表象佛教天界，并祈求墓主得以化生于天界的意义。在以上三种北魏平城时期运用佛教图像的方式中，第二与第三种都表现不同程度的佛教信仰。

第三，北魏平城时期的墓葬中，使用佛教图像的墓葬与其等级之间的关系。就上述例子看来，使用佛教图像的墓葬规模较大，等级也较高，均属于北魏皇室、贵族或高级官僚的墓葬。[①] 综合现有的考古材料可以初步推论，北魏平城时期等级较高的墓葬中常见佛教天人、护法神像。

三、平城时期之后的变化

平城时期墓葬中的佛教图像，随着孝文帝迁都洛阳而产生很大变化。虽然在北魏洛阳时期佛教美术盛极一时，以龙门石窟为代表的石窟营建规模宏大，但是北魏洛阳时期的墓葬图像与龙门石窟的装饰差异甚大。洛阳时期虽然佛教纹饰还是广泛运用，但已少见伎乐童子、天人、护法神。相对的，畏兽、羽人、四神、穿着汉服的门卫等墓葬

[①] 宋绍祖墓石椁上的铺首衔环雕饰可能具有表现墓主身份与等级的作用。参见刘俊喜，《山西大同北魏墓葬考古新发现》，收于殷宪主编，《北朝史研究——中国魏晋南北朝史国际学术研讨会论文集》（北京：商务印书馆，2004），页473—483；张志忠，《北魏宋绍祖墓石椁的相关问题》，收于殷宪主编，《北朝史研究——中国魏晋南北朝史国际学术研讨会论文集》，页500—506。

第三章 图像与装饰的对话：墓葬中的佛教因素

图像则较为常见，成为石棺、石床与墓志的主要装饰题材。另外，摩尼宝珠为常见的母题，这个现象一直延续到北朝晚期。①

（一）北魏洛阳地区

北魏洛阳时期墓壁画相关材料有限，相较于近年北魏平城时期与北朝晚期陆续出土的考古新发现，显得较为寂寥。北魏洛阳时期壁画墓的保存状况多不佳，可举出洛阳正光元年（520）清河郡王元怿墓、洛阳北向阳村孝昌二年（526）江阳王元乂墓、洛阳孟津北陈村太昌元年（532）王温墓。②这些墓壁画中均未见佛教图像与装饰。北魏洛阳时期可作为比较的材料，主要为石棺与石床一类的葬具以及墓志线刻画。

平城时期石床中的护法神，在北魏迁都之后依然可见。北魏洛阳时期的石床中可见有头光并立于莲座上的力士像（图3-36），这件石床中并未表现出畏兽；另一件洛阳时期的石床上则开始出现畏兽（图3-37），此石床的风格较为质朴，主要以浅浮雕的方式刻画纹饰与兽面等母题，石床的上栏饰以菱形纹与龟甲纹的结组，其中填入左右对称的神兽或卷草纹。这种纹饰可见于固原漆棺的棺盖、司马

图 3-36 北魏洛阳时期石床拓片力士像

---

① 北魏墓葬中另一受到佛教影响的例子为庖厨图的表现方式。参见林圣智，《北魏宁懋石室的图像与功能》，《台湾大学美术史研究集刊》18期（2005），页1—74。
② 洛阳博物馆，《河南洛阳北魏元乂墓调查》，《文物》12期（1974），页53—55。洛阳市文物工作队，《洛阳孟津北陈村北魏壁画墓》，页26—35；徐婵菲，《洛阳北魏元怿墓壁画》，《文物》2期（2002），页89—92。

图像与装饰：北朝墓葬的生死表象

金龙墓漆画屏风，以及云冈第9窟入口左右两侧。就风格看来，此石床保留强烈平城文化色彩，可能是目前所知北魏洛阳时期石床中年代最早的例子，推测可上溯到五世纪末孝文帝迁都洛阳之初。

图 3-37 这件石床两侧有铺首及脚踏兽形，身着长袍，作忿怒状的力士像。上方有一比例较大的畏兽。在中央兽首下方另有三只畏兽。其中左右两侧畏兽面向中央，高举一手。若与司马金龙墓石床相较，原来兽首下方的两位逆发型人物已改成畏兽，在两侧另新增畏兽，较力士为醒目。这两件石床都可视为新旧图像交替之际的过渡性表现。

图 3-37 北魏洛阳时期石床拓片

河南省沁阳县西向公社出土一件附有围屏的石床。[①] 石床高 0.51、宽 1.12 米、长 2.23 米。床座上侧以双阴线区分出十六个方格，左右各八幅，其中人兽等均朝向中央，内容左右对称。图像由右而左分别是：1. 莲花蔓草；2. 凤凰；3. 畏兽；4. 香炉；5. 凤凰；6. 飞仙；7. 畏兽；8. 兽面鸟身；9. 人面鸟身；10. 畏兽；11. 飞仙；12. 凤凰；13. 香炉；14. 畏兽；15. 凤凰；16. 莲花蔓草（图 3-38）。其中人面鸟身与兽面鸟身的形象可见于河南邓县砖墓，可知为"千秋"与"万岁"[②]。左右床足上分别为捧剑武士，着长袍。中央的床足上则画有香炉与莲花

[①] 邓宏里、蔡全法，《沁阳县西向发现北朝墓及画像石棺床》，《中原文物》1 期（1983），页 5—12。

[②] 林巳奈夫，《洛阳卜千秋墓壁画に对する注释》，收入氏著，《汉代の神神》，页 281—317。

第三章 图像与装饰的对话：墓葬中的佛教因素

纹，香炉下并有一神人（图3-39）。

这种神人头顶香炉的形象，未见于其他北魏石床，较为特殊。一般石床中央床足多表现铺首，例如波士顿美术馆（Museum of Fine Arts, Boston）收藏的石床。河南省沁阳县西向公社石床上所见的这种形象，显然是受到佛教造像碑图像的影响，河南北部佛教造像碑台座正面，常可见到地天手举香炉。例如北魏景明元年（500）"石造牛伯阳等造像"（大阪市立美术馆藏）、河南省辉县百泉出土北魏景明二年（501）"石造皇甫德等造像"碑座中央等。[①] 综合床座前方上侧以及中央床足来看，这件石床位在中央的图像为千秋万岁与香炉，佛教母题与神仙思想相混合，具有辟邪、长寿与镇墓的意义。

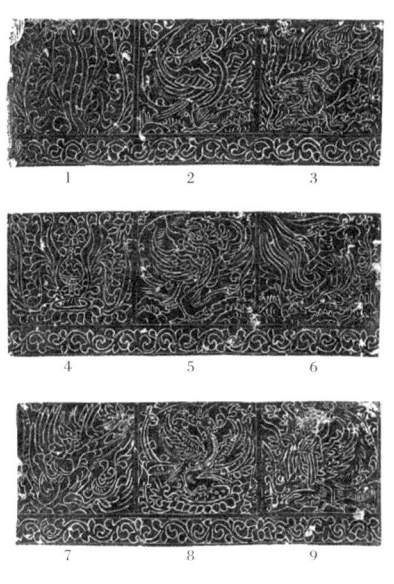

图3-38　河南省沁阳县西向公社石床拓片（局部）

图3-39　河南省沁阳县西向公社石床足拓片（中央）

[①] 石松日奈子，《北魏河南の一光三尊像》，《东方学报》69册（1997），页246—286，后收入氏著，《北魏佛教造像史の研究》，页269—286。

图像与装饰：北朝墓葬的生死表象

沁阳县石床两侧的捧剑武士，取代佛教护法神。在北魏洛阳时期，虽然在少数石床上可以见到类似的护法神像，但是以穿着汉服的门卫为主流。平城时期铺首上方常见的护法神，在洛阳时期则为其他母题所取代。

永固陵出现模仿佛龛的尖拱门楣与持莲蕾的童子像，在北魏洛阳时期之后也出现转变。这个转变可借由比较类似的墓门装饰加以说明，北魏元谧孝子石棺的前档刻划有门，可以相互对照。元谧孝子石棺前档上方中央有摩尼宝珠，左右有两只畏兽（图3-40，明尼阿波利斯美术馆藏），该门同样模仿佛龛的形态，作尖拱门楣，门楣两端饰有鸟首，且两侧有六角形柱，以藤座作为柱头的装饰，石柱中段并附有莲瓣。双柱下有畏兽支撑，左右两侧站着穿着长袍的门吏。

图3-40　北魏元谧孝子石棺前档拓片

第三章　图像与装饰的对话：墓葬中的佛教因素

此孝子石棺前档与永固陵相较，两者均使用佛龛作为墓门装饰。虽然两者均可见尖拱门楣、神鸟与藤座雕刻，但是门吏像并未见于永固陵；最重要的是，永固陵拱门中的捧莲蕾童子已被更改为两只张口伸臂，姿态威武，飞走于空中的畏兽。以畏兽取代佛教天人形象，具体表现出北魏洛阳时期墓葬中佛教图像的转变。另外在北魏洛阳出土的龟甲纹石棺中，图案布局虽类似平城

图 3-41　北魏石棺前档拓片

时期的龟甲联珠纹，但原来装饰天人的部分为畏兽、四神等所替代（图3-41）。这种畏兽取代天人的现象，一直延续到北朝晚期的墓葬。

北魏洛阳时期墓葬中护法神与供养天人的锐减，传统的墓葬图像如仙人、四神、畏兽等则频繁出现。特别是在葬具中四神与畏兽成为天界表现的主要图像。北魏平城时期的墓葬中可见龙、虎等母题，却罕见四神图。但是到了洛阳时期四神图重新流行，与四方对应，具备方位的意义。可说到了北魏洛阳时期，新旧葬俗相互融合又继承发展，一方面诸如护法神与供养天人等佛教图像大为减少，另一方面形成具北魏洛阳时期特色的墓葬图像新传统。其中使用佛教图像的方式相当于上述平城时期的第一种类型，亦即佛教母题与神仙思想相混合。

（二）摩尼宝珠

北魏洛阳时期特别值得注意的佛教母题为摩尼宝珠。在元谧孝子石棺（明尼阿波利斯美术馆）与四神石棺（洛阳古代艺术博物馆）的前档上侧中央均可见到。波士顿美术馆所藏为典型北魏石床（图3-42）。

图像与装饰：北朝墓葬的生死表象

中央床足上有一铺首，左右两足以狮子作为守卫。床座上缘以浅浮雕装饰一列覆莲瓣，床座主体则区隔出十五枚六角形龟甲纹，龟甲纹内侧的神兽由右而左分别是：1. 兽面鸟身；2. 畏兽；3. 朱雀；4. 畏兽；5. 青龙；6. 朱雀；7. 畏兽；8. 摩尼宝珠；9. 畏兽；10. 朱雀；11. 青龙；12. 畏兽；13. 兽面鸟身；14. 畏兽；15. 白虎。左右两侧的畏兽、朱雀及青龙等大致均朝向位在正中央的摩尼宝珠。畏兽重复出现，其间则穿插其他图像。位在中央的摩尼宝珠与中间床足的铺首，共同构成石床的中心图像。

图 3-42　北魏石床
〔Front support for a mortuary couch, Chinese, Northern Wei dynasty early 6th century A.D., Limestone, 53×212.3 cm (20 7/8×83 9/16 in.) Museum of Fine Arts, Boston, Keith McLeod Fund, 62.285　Photograph © 2019 Museum of Fine Arts, Boston〕

北魏洛阳时期的墓志装饰中亦可见到摩尼宝珠。北魏永安二年（529）笱景墓志盖，志盖中央篆书"魏故仪同笱使君墓铭"（图 3-43）。篆额下方中央有一摩尼宝珠，两侧有兽首鸟身像相互对称（图 3-44）；篆额上方中央为一莲花蔓草，左右则为人面鸟身像。下侧的摩尼宝珠与上侧

图 3-43　北魏永安二年笱景墓志盖拓片

的莲花蔓草相对，两组兽面鸟身像与人面鸟身像亦相互对称，合成二

第三章　图像与装饰的对话：墓葬中的佛教因素

组"千秋万岁"，篆额左右两侧则各有两只奔走的畏兽。这种以畏兽为间隔，将摩尼宝珠、莲花蔓草与千秋万岁相组合的做法，可见于前述河南省沁阳县西向公社石床，或是波士顿美术馆所收藏的石床，配置原则相同。苟景墓志盖中以摩尼宝珠与千秋万岁作为中心图像，同样兼具长寿与镇墓的意义。[①] 此外，北朝时期墓志多安放在靠近墓门处，以墓室南侧为阅读墓志的基准方位。苟景墓志盖中的摩尼宝珠位在墓志下侧，正好指向墓门的位置。[②]

图3-44　北魏永安二年苟景墓志盖拓片　摩尼宝珠与万岁

以上摩尼宝珠的布局具有共同点，亦即无论是墓室壁画、葬具或是墓志，多配置在正面或出入口处，且位在中央。如前述，摩尼宝珠具有可调节冷热、破除黑暗，并取代日月作为天界的光明象征。元谧孝子石棺与四神石棺中的摩尼宝珠，应该也具有同样的象征意义。

这种在墓葬入口处描绘摩尼宝珠的做法，一直延续到东魏、北齐。例如东魏武定八年（550）茹茹公主墓，墓门甬道口上方门墙上绘有朝向正面的朱雀与摩尼宝珠（图3-45）。[③] 北齐武平元年（570）东安王娄叡墓中，进一步扩大对于摩尼宝珠的使用。河野道房曾留

---

① 施安昌认为苟景墓志盖上的摩尼宝珠为袄教的拜火祭坛。但综合各类材料来看，当以摩尼宝珠为是。见施安昌，《北魏苟景墓志及纹饰考》，《故宫博物院院刊》2期（1998），页21—29，后收入氏著，《火坛与祭司鸟神》，页52—65。

② 并非墓志盖上的摩尼宝珠都位在南侧，例如北魏正光三年（522）冯邕妻元氏墓志志盖四面中央均刻画一摩尼宝珠。

③ 磁县文化馆，《河北磁县东魏茹茹公主墓发掘简报》，《文物》4期（1984），页1—15。

159

图像与装饰：北朝墓葬的生死表象

意娄叡的佛教信仰与其中墓门装饰花纹的关系。① 娄叡皈依北齐名僧灵裕，舍财经始位在宝山的寺院，即为河南安阳的宝山灵泉寺。另可由宝山灵泉寺的"大方广佛华严经碑"得知，娄叡与其夫人杨氏均为该寺重要赞助人。在此史料基础上，河野道房将娄叡墓中所见忍冬纹与摩尼宝珠的表现，与北齐邺城附近的南北响堂山石窟、小南海石窟中的忍冬纹等表现相联系，推测娄叡墓中的忍冬纹、莲花纹装饰反映出娄叡的佛教信仰。其研究中对娄叡墓纹饰的佛教意涵之解释，可说相当审慎。

近年娄叡墓完整的报告书发表，使得河野道房的推测得到进一步证明。除了墓门上的忍冬纹与摩尼宝珠之外，墓门上端壁面绘有一大型忍冬纹与摩尼宝珠（图 3-46）。② 摩尼宝珠置于莲座上，周围并有云气纹与散

---

① 河野道房，《北齐娄叡墓壁画考》，收入砺波护编，《中国中世の文物》（京都：京都大学人文科学研究所，1993），页137—180。又见山西省考古研究所等，《北齐东安王娄叡墓》（北京：文物出版社，2006），页78。

② 山西省考古研究所等，《北齐东安王娄叡墓》，页75。

图 3-45　东魏武定八年茹茹公主墓门墙线描图　朱雀

图 3-46　北齐武平元年东安王娄叡墓　墓门正视线描图

160

花。墓门南侧外壁上绘有摩尼宝珠、莲花、忍冬纹。墓门门额中央为铺首头顶摩尼宝珠,门额背面中央彩绘摩尼宝珠,宝珠两侧还生出两朵莲花,几乎触及顶端(图3-47)。在墓门后卷顶上(即甬道顶部),绘有莲花与摩尼宝珠,摩尼宝珠似也位在卷顶中央,漂浮于天界。娄叡墓中的摩尼宝珠与莲花,集中并反复出现于墓门、甬道区。[1] 这种在甬道顶部描绘摩尼宝珠的做法,最早可溯及沙岭北魏壁画墓。

图 3-47 北齐武平元年东安王娄叡墓 门额背面(摹本)

在目前所知的北朝晚期墓葬中,娄叡墓是少数可确认摩尼宝珠确实反映墓主佛教信仰的实例。[2] 虽然北魏洛阳时期至北朝晚期的墓葬中,以不表现出佛教图像为惯例,但是也不能排除例外的个案。[3] 丧葬行为必须遵循社会习俗与规范,然而在不违反规制的大前提下,还

---

[1] 报告书中注意到甬道拱顶、墓门前后出现大量与佛教有关的纹饰或母题,认为反映出娄叡的佛教信仰。山西省考古研究所等,《北齐东安王娄睿墓》,页75、78。

[2] 山西太原北齐武平二年(571)徐显秀墓的墓门的装饰手法近于娄叡墓,尤其是忍冬纹与摩尼宝珠的形态相似,排列方式一致,然而并未刻意强调摩尼宝珠的表现。山西省考古研究所等,《太原北齐徐显秀墓发掘简报》,《文物》10期(2003),页4—40。

[3] 例如陕西靖边八大梁M1壁画墓中描绘出僧人与佛塔。陕西省考古研究院等,《陕西靖边县统万城周边北朝仿木结构壁画墓掘简报》,《考古与文物》3期(2013),页9—18。

图像与装饰：北朝墓葬的生死表象

是可能做出局部调整，体现出墓主或丧家的期望。娄叡墓墓门与甬道区中反复出现的摩尼宝珠，正可以作如是观。反过来说，以娄叡佛教信仰之热切，其墓葬中也仅是含蓄表现出摩尼宝珠，未见供养天人或护法神像，此事正可作为北魏洛阳时期以来墓葬与佛教图像逐渐分离的一个佐证。

（三）山西榆社石椁与南涅水石塔造像

山西中南部榆社出土北魏神龟年间孙龙石椁，前档除了上方的柩铭之外，下方为墓主夫妇图像与奏乐、舞蹈图，其中柩铭与墓主夫妇图像相组合的意义已在第一章有所讨论（图 1-47）。[①] 石椁的右侧板为青龙，左侧板有白虎图（图 3-48），百戏图正位在白虎的前方。此石椁的年代属北魏洛阳时期，但是在图像、技法与风格表现上，都与当时洛阳地区华丽流畅的线刻画有所不同，采浅浮雕的方式刻成，风格朴拙。

图 3-48　北魏神龟年间山西榆社石椁左侧板　白虎

榆社西南约三十公里处沁县的南涅水村，在 1959 年曾发现大量

[①] 王太明，《山西榆社县发现北魏画像石棺》，《考古》8 期（1993），页 767；山西省考古学会、王太明，《榆社县发现一批石棺》，收入山西省考古研究所编，《山西省考古学会论文集（三）》（太原：山西古籍出版社，2000），页 119—122。

第三章　图像与装饰的对话：墓葬中的佛教因素

的佛教造像与造像石塔[1]，属于地方邑义的造像。沁县南涅水造像的年代涵盖北魏至宋代，造像与造像石塔的数量将近一千一百件，可知当地应该有颇具规模的区域性佛教造像作坊。其中最早的纪年为北魏永平三年（510），早于榆社石椁的制作年代。

值得注意的是，榆社石椁与南涅水造像具有极为类似的母题。榆社石椁前档有朱雀，类似的图像可见于南涅水石雕造像（图3-49）。又在南涅水石雕神鸟下方有两个花形图案（图3-50），也可以见于榆社石椁的右侧板（图3-51）。除了图案近似之外，雕刻的技法与石材也很类似。此外，在榆社石椁左侧板前方的百戏图，

图3-49　北魏南涅水石雕造像

由棺首起分别是跳丸、寻橦、长趫等杂技（图3-52）。这组百戏与石椁前档下方的奏乐、舞蹈相呼应。在图3-49南涅水石塔造像的佛龛上也刻有寻橦与长趫。[2] 这类百戏图的表现可溯及山东省安丘汉代画像砖墓的寻橦戏等，显然是承继汉代画像的传统。只不过在南涅水石雕中，将百戏图作为礼佛供养之用，可能与造像落成时所举行的法会有关。

---

[1] 郭勇，《山西沁县发现了一批石刻造像》，《文物》3期（1959），页54—55；郭同德，《山西沁县南涅水的北魏石刻造像》，《文物》3期（1979），页91—92。

[2] 关于跳丸与寻橦，参见萧亢达，《汉代乐舞百戏艺术研究》（北京：文物出版社，1991），页284—293、298—308；廖奔，《论汉画百戏》，收入于南阳汉代画像石学术讨论会办公室编，《汉代画像石研究》（北京：文物出版社，1987），页107—123。

图像与装饰：北朝墓葬的生死表象

图 3-50 北魏南涅水石雕造像（局部）

图 3-51 北魏神龟年间山西榆社石椁右侧板（局部）

榆社石椁与南涅水石塔造像在百戏的表现上，除了主题相同，部分图像的细部也近乎一致。南涅水石塔造像的寻橦图下方有支撑长竿的人物，该人物的姿态与衣服的表现，与榆社石椁十分类似。悬挂在竿上的人物也是如此。其他类似的部分尚可举出在榆社石椁前档下方击鼓与吹奏的人物，可见于南涅水石塔造像的上方。

图 3-52 北魏神龟年间山西榆社石椁左侧板前方　跳丸、寻橦、长趫

第三章　图像与装饰的对话：墓葬中的佛教因素

榆社石椁与南涅水石塔造像之间出现如此相似母题的原因，除了位在同一区域之外，还必须考虑是区域作坊所发挥的作用。很可能是由同一工匠群，或是同一作坊所制作。至少两者曾共享类似的粉本。在当时山西省中部，此百戏图模式可同时运用于石椁与佛教造像的墓葬图像，为葬具与佛教造像的共通图像。百戏图并非佛教图像，但由此案例可见到墓葬与佛教图像，如何以区域作坊为媒介，透过作坊的运作机制而产生关联。

石松日奈子在考察北魏河南北部地区性佛教造像时曾言："可能并没有专门雕造佛像的雕刻家，而是由地方上担任石碑或画像石等，与墓葬石刻相关的石工来雕造佛像。"而认为雕造这些佛教造像的工匠，原来是墓葬石匠。[①]由于石刻线画为北魏河南北部地区造像的特征，此说具有启发性。然而该如何考虑榆社石椁的制作情境？其状况可能正好相反，制造榆社石椁的作坊，可能原来并不擅于制作墓葬石刻，而是以佛教造像雕刻为主业。榆社石椁的浅浮雕风格不同于一般北魏洛阳时期石棺的石刻线画，显得较为特殊；然而此类型的浅浮雕技法却是南涅水石塔造像中最主要的作风，推测雕造榆社石椁的作坊，原来可能习于制作佛教造像，这样也就能解释榆社石椁这种独特的质朴风格。榆社石椁两侧石板上的龙虎与人物之间，比例不甚协调，图像配置上较缺乏整体性，明显具有拼凑母题的痕迹。除了因为其地远离洛阳，另一个可能性是该地作坊擅长佛教雕刻，但较不熟悉墓葬图像的制作。

值得注意的是，沁县、榆社一带的区域作坊中，虽然可见图像、技法的流通与转用，却无法在榆社石椁中见到天人或护法神像。换言

[①] 石松日奈子，《中国佛教造像の供养者像——佛教美术史研究の新たな视点》，《美术史》160册（2006），页364—377，特别是页374。

之，区域作坊虽然促使图像辗转流通于墓葬与佛教造像之间，但仅止于风格与图像制作的层面，并未及于佛教图像，乃至于佛教信仰。这种看待佛教图像的态度，正与洛阳都会区一致。北魏平城至洛阳时期所见墓葬与佛教美术关系的变化，也反映在位于都会之外的榆社石椁。

四、小结

以上借由考古材料考察北朝墓葬图像与佛教图像之间的关系。北魏平城时期墓葬中吸收佛教天人与护法神像，将之与神仙图像并置，或是具备佛教信仰的意义。然而必须留意的是，在北魏平城时期的丧家与工匠虽然积极将佛教图像纳入墓葬之中，但可纳入墓葬中的佛教图像其实已经过一定选择，亦即以天人（供养天人、伎乐天），与地位较低的天部护法神为主；这与东汉末、魏晋时期的墓葬中所见均直接以佛像为装饰的做法，显然有所不同。这种选择佛教图像的方式表现出北魏平城墓葬文化的特征，同时也显示对佛教一定程度的理解。如果说汉末魏晋时期为墓葬与佛教图像发生关系的初期阶段，北魏平城时期则可视为第二阶段。

本章引用的北魏墓葬中均未直接表现出佛像，然而并非没有例外。新报导的大同富乔电厂出土北魏石椁中描绘出二佛并坐与七佛，为目前仅知北魏墓葬中描绘出佛像的实例，颠覆学界以往认识。[1]由此可知，五至六世纪的东北亚墓葬中描绘出佛像者，除了过去所知吉林省集安市高句丽长川1号壁画墓之外，也可见于北魏平城时期的墓葬。富乔电厂北魏石椁中紧密结合墓葬与佛教图像的做法，明确表现出墓主的

---

[1] 张志忠，《北魏墓葬佛教图像浅议》，发表于慕尼黑大学东方研究所汉学系主办，"四至七世纪中国北部的多样文化"〔Culture and Cultural Diversity in Early Medieval China (4th—7th Century)〕国际学术研讨会。

第三章　图像与装饰的对话：墓葬中的佛教因素

佛教信仰，将墓葬与佛教融为一体。

云波里路壁画墓与文瀛路北魏壁画墓三角垂饰纹具有明确的河西佛教石窟装饰渊源，其积极采用佛教石窟纹饰的现象，对于思考北魏墓葬与宗教的关系深具启示。石窟中的纹饰带具有多重功能，除了装饰壁面之外，并具有区隔并转化空间的作用。垂帐纹既可作为石窟的装饰，也可作为框界圣域空间的手段。在敦煌莫高窟第275窟中以弥勒菩萨像为主尊，其三角垂帐纹的意义可视为用来框界圣域的符号，与地面、窟外空间区隔。此圣域空间即是指由弥勒菩萨、天人、佛本生故事所组成的佛国世界。可推测，云波里路壁画墓的设计者有意采用三角垂帐纹来建立墓室空间与石窟空间的连结。

由装饰的角度来看，云波里路壁画墓中挪用佛教因素的方式独特，并非置换单一母题（例如摩尼宝珠、天人），也非采用特定佛教图像（例如护法神），而是运用佛教石窟的装饰框架来建构墓室空间。关于这点可进一步将此墓与固原漆棺相比较。两者对于佛教纹饰的运用方式具有共通点：第一，采用佛教天界的纹饰来框界墓室或墓主人所在的空间；第二，有意识地对佛教纹饰进行挪用与重构。可知其工匠对于佛教纹饰原本的所在位置、使用方式与意义均有所认识。

北魏平城时期随着鲜卑拓跋氏军事力量的扩张，短时间内大量迁徙河北、河西凉州等地官民进入平城。这一时期拓跋鲜卑逐步摸索并重新尝试使用墓葬图像，虽然也形成若干墓葬图像的表现模式，但似乎并未建立严格的图像规范。此外，佛教多为胡族所信奉，不但是北魏的国家宗教，并且俨然成为跨部族、民族的团结纽带。这种平城时期特殊的政治情势与宗教文化，应该是促成代人集团在墓葬中采用佛教图像的重要因素。

北魏迁都洛阳之后，随着拓跋鲜卑政权进一步发展成北魏国家，洛阳时期墓葬中的佛教图像也随之淡化。墓葬中仍然可见天人、护法神像或是摩尼宝珠，但是传统的墓葬图像确立其主导性。这个现象反映出随着拓跋鲜卑汉化程度的加深，礼仪典章制度逐渐完备之后，对于墓葬与宗教图像的分类方式也开始产生变化。中国墓葬文化之中，以儒家思想为核心的丧葬礼仪实具有关键性的地位。如何进一步说明中国传统文化中对于墓葬这一范畴的界定方式，关系着如何说明中国墓葬图像的特质。由于北魏正值墓葬图像中出现佛教图像，但佛教图像又逐步被转化的阶段，正好提供一个观察中国墓葬图像与宗教图像如何产生关系的绝佳机会。北魏墓葬材料对于思考墓葬与宗教图像的关系而言，无疑是深具启示。

考察区域作坊的运作，有助于认识北朝墓葬中如何采用佛教因素。在方山永固陵、山西榆社石椁的案例中，可见到同一地区的作坊不仅制作地下的墓葬图像，同时也雕造地上的佛教造像。南涅水石塔造像为地方邑义的造像活动，其规模难与云冈石窟、永固陵等相提并论，但同样可见区域作坊所发挥的作用。换言之，无论是位在政治文化中心的皇室作坊，或是地方性的工匠团体，均可见类似运作机制。这种同时制作墓葬图像与佛教造像的区域作坊，有利于风格、图像、制作技术在墓葬与佛教美术之间辗转流通。本章举出的实例有限，现阶段尚无法对于作坊机制进行全面性的评估，但相关考察或有助于理解北朝墓葬中的佛教因素。

下编　葬具

第四章　围屏制作与生死表象：
北魏洛阳时期葬具的风格、作坊与图像

一、前言

葬具在北朝墓葬中形成一相对独立的范畴，其图像对于认识北魏洛阳时期的墓葬文化具有特殊的重要性。[1]1957年王子云所编的《中国古代石刻画选集》中曾刊载十二幅围屏拓片，合起来正好是一组围屏（以下称A组围屏）。[2]其风格与其他北魏洛阳时期的石床相同，可知为北魏洛阳地区的遗物。可能是因为这套北魏石床围屏收藏地不明，拓片顺序混乱，至今尚未受到应有的重视。此围屏不但风格独具特色，且具有多幅意义较为复杂的特殊图像，牵涉到该如何界定北魏

---

[1] 北魏葬具的研究始自二十世纪三十年代。奥村伊九良，《孝子传石棺の刻画》，《瓜茄》1卷4册（1937），页259—299，后收入氏著，《古拙愁眉　中国美术史の诸相》，页439—481；奥村伊九良，《镀金孝子传石棺の刻画に就て》，页359—382。目前搜罗最丰的拓片图集，仍属黄明兰，《洛阳北魏世俗石刻线画集》（北京：人民美术出版社，1987）。关于近年北魏洛阳时期墓葬的整理，参见李梅田，《北朝墓室画像的区域性研究》，页75—103；倪润安，《北魏洛阳时代墓葬的发现与研究述评》，《许昌学院学报》3期（2010年），页45—49。

[2] 王子云，《中国古代石刻画选集》（北京：中国古典艺术出版社，1957），页5—6。由于原书中将图11与图13分别以反白的方式重复印刷两次，虽然编号至14，但是实际上共有十二幅。十二幅拓片后来重印于黄明兰，《洛阳北魏世俗石刻线画集》，页87—98。这套围屏的收藏地不明，目前仅见拓片。

图像与装饰：北朝墓葬的生死表象

石床围屏图像的涵盖范围、生死观的解释等问题。借由考察这套围屏，可为北魏洛阳时期葬具与墓葬文化研究带来新的视野。

这一套围屏与另一组分藏于日本奈良天理大学附属天理参考馆和美国旧金山亚洲美术馆（Asian Art Museum of San Francisco）石床围屏（以下称 B 组围屏）的风格一致，图像颇有重复，应该是特定葬具作坊在同一时期所制作。将两组围屏相互比较，有助于了解北魏洛阳时期葬具作坊的运作机制以及图像组合等问题。[①] 石床围屏由多幅画面所构成，具有明确的单元性与可重组性，适合用来探讨丧家如何选择墓葬图像，以及推敲工匠如何操作、拆解、重组各类图像。

本章并尝试借由调整图像的现象，来推敲画稿的可能形态、工匠与丧家之间可能发生的协商过程。过去限于材料，在北魏墓葬图像研究中难以讨论这类问题。管见所及，A、B 组围屏是目前所仅见可用来说明此问题的珍贵材料。此外，整体而言近年学界对于北朝墓葬图像的研究偏重意义、内容方面的讨论，形式问题较受忽略。至今学界尚未对 A、B 组围屏进行深入的风格分析，也就错失北魏洛阳时期风格发展过程中的一个关键环节。本章除了考察工匠操作图像的过程之外，还尝试在北魏洛阳时期墓葬文化的脉络下，说明其形式与意义如何产生连结，以及两者之间的互动关系。

本章将由风格、作坊、图像等多重视角来考察 A 组围屏，探索个别图像的意义、图像之间的整体关联，以及所交织而成的丧葬叙事。

---

① 关于壁画作坊、粉本问题的专著参见 Sarah E. Fraser, *Performing the Visual: the Practice of Buddhist Wall Painting in China and Central Asia, 618—960* (Stanford, Calif.: Stanford University Press, 2004)；沙武田，《敦煌画稿研究》（北京：民族出版社，2006）。汉画作坊问题的讨论参见邢义田，《汉碑、汉画和石工的关系》，《故宫文物月刊》14 卷 4 期（1996），页 44—59，后收入氏著，《画为心声——画像石、画像砖与壁画》，页 47—68；曾蓝莹，《作坊格套与地域子传统——从山东安丘董家汉墓的制作痕迹谈起》，《台湾大学美术史研究集刊》8 期（1999），页 33—86。

第四章　围屏制作与生死表象：北魏洛阳时期葬具的风格、作坊与图像

第二、三节考察风格、年代、作坊工匠制作图像的过程，勾勒北魏洛阳时期葬具风格的系谱；第四、五节考察个别图像意义、检讨其配置原理，最后讨论围屏中的生死表象，并对其表象的机制提出方法上的反思。本章旨在为今后北朝葬具研究建立更多可供比较的参照。

二、A组围屏的复原

（一）围屏内容概观与复原问题

A组围屏的十二个画面原来分属于四块石板，每块石板各有三幅画面。以下首先据王子云书中图版的先后顺序简介这十二幅围屏图像。由于原书中将图11与图13分别以反白的方式重复印刷两次，虽然编号至14，但是实际上仅有十二幅画面。

第一幅《执幡图》（图4-1）。四位人物分成两组，两男两女相对，男左女右，立于画幅的下缘，均着宽袖衣袍。男性第一人双手捧物，似为书册，后方一人执幡。幡顶有圆形垂饰，幡下端与人物相重叠，隐约可以辨识出来。

第二幅《牛车图》（图4-2）。一牛车朝向画面左方。有一侍女立于牛旁，头上有双髻，宽袖。牛车与侍女之外的空间填满树木与石块，牛车后的双树分别是柳树与银杏。

第三幅《诣阙图》（图4-3）。画中两位男性拱手面向画面右侧，前方立有一阙。阙顶与阙身均有二重，可知为子母阙。

第四幅《登床图》（图4-4）。画面中央为一建筑物的正面，屋顶上有一对鸱尾，正面内部有两柱，柱顶上刻画斗拱。屋内两人侧身坐于床上，躯干挺直但是头部下垂，似作哀戚之状。床上躺有一人，头部朝向画面左侧。据王子云的解说，"室内一人仰卧，另两人似在

173

图像与装饰：北朝墓葬的生死表象

图 4-1 北魏洛阳时期 A 组围屏拓片《执幡图》

图 4-2 北魏洛阳时期 A 组围屏拓片《牛车图》

图 4-3 北魏洛阳时期 A 组围屏拓片《诣阙图》

图 4-4 北魏洛阳时期 A 组围屏拓片《登床图》

第四章　围屏制作与生死表象：北魏洛阳时期葬具的风格、作坊与图像

俯身慰问"。①

第五幅《奏乐图》（图4-5）。五位侍女面向画面右侧，第一位弹阮咸、第二位吹笙、第三位吹排箫、第四位执琴。衣袍曳地，姿态优雅。其中侍女的排列由高而低，次序分明。

第六幅《墓主夫妇》（图4-6）。墓主夫妇坐于一帐座内，帐上有莲花与火焰纹饰，帐内垂帐重叠，背后有屏风。男性墓主坐于女主人左侧，右手端耳杯，左手执麈尾，两人相对。

图4-5　北魏洛阳时期A组围屏拓片《奏乐图》

图4-6　北魏洛阳时期A组围屏拓片《墓主夫妇》

第七幅《人物相对图》（图4-7）。画面右上角有残损，画中两位男性相对而立，后方有两株树，人物背后并有锐利的奇石。

第八幅《奉食图》（图4-8）。六位侍女呈立姿，由立帐所区隔，前方一位执壶，另有两位端盘。

---

① 王子云，《中国古代石刻画选集》，页5。

图像与装饰：北朝墓葬的生死表象

图 4-7 北魏洛阳时期 A 组围屏拓片《人物相对图》

图 4-8 北魏洛阳时期 A 组围屏拓片《奉食图》

图 4-9 北魏洛阳时期 A 组围屏拓片《人物行进图》

图 4-10 北魏洛阳时期 A 组围屏拓片《树下濯足图》

第四章　围屏制作与生死表象：北魏洛阳时期葬具的风格、作坊与图像

第九幅《人物行进图》（图4-9）。两位女性人物面向画面右侧，其前方有重叠隆起的石块，背后则有两株树。

第十幅《树下濯足图》（图4-10）。画面中央一人低头坐于两树之间，画面右方另有一做立姿的人物。中央人物头部下垂，左手举起触及脸庞，右手扶左足，左足似叠于右足上，类似半跏趺坐姿态。人物下方有一道流水横贯于树石之间。身后衣带飘起，可见一朵莲蕾。

第十一幅《吹笙引凤图》（图4-11）。中央一人坐于树下吹笙，由头饰看来应该是女性。其左脚赤足，叠在右足上，类似图4-10的坐姿。人物前方有一凤凰展翅由天而降，其下有一鹤曲颈举右足，鹤下有一龟。

第十二幅《鞍马图》（图4-12）。鞍马壮硕高大，颈部弯曲，前方有一侍者，后方分别有两人持伞盖与扇。

图4-11　北魏洛阳时期A组围屏拓片《吹笙引凤图》

图4-12　北魏洛阳时期A组围屏拓片《鞍马图》

由于王子云在出版时以个别画面为单位，并且未依照围屏画面的顺序来排列先后，造成复原上的困难。这套石床收藏地不明，在无法

实际考察原物的状况下，目前仅能依据现有材料，兼与其他类似的围屏图像相比对，来推测原来可能的排列顺序。

幸运的是京都大学人文科学研究所收藏四件题名为"六朝画像"的拓片，其内容与A组围屏完全相同，可知出自同一组石床围屏，本章据此作为复原的依据。[①] 参考北魏围屏的结构，可知这四件"六朝画像"拓片代表四块围屏石板。依照这四件拓片可得知A组围屏中部分拓片之间的相对位置，首先可重建四块石板的图像顺序，复原出四块围屏图像的排列组合。这四件拓片内容的排序分别是拓片一：《奏乐图》《墓主夫妇》《鞍马图》（图4-13）；拓片二：《牛车图》《奉食图》《人物相对图》（图4-14）；拓片三：《诣阙图》《树下濯足图》《吹笙引凤图》（图4-15）；拓片四：《人物行进图》《执幡图》《登床图》（图4-16）。这四组图像分别代表四块围屏石板。以下关于石床围屏位置的描述，皆以石床的方位为基准。

确定这四组图像之后，接下来的问题是如何复原这四块围屏石板之间的相对关系。有效的方法是根据石板上穿凿铁环或铁扒钉的位置来推测相对位置。[②] 四块围屏石板之间原来以铁环与铁扒钉相连结，铁环会在石板表面留下明显的缺口或凿痕，这些凿痕转拓在拓片上，成为推测原状的重要线索。可以想见残留凿痕的部分，其位置必位在各块围屏石板的两端。

[①] 这四件拓片检索自京都大学人文科学研究所东亚人文情报学研究中心的拓片资料库。编号分别是 NAN0690A、NAN0690B、NAN0690C、NAN0690D，未载尺寸。http://kanji.zinbun.kyoto-u.ac.jp/db-machine/imgsrv/takuhon/type_a/menu/3.html（检索日期：2017年12月24日）。

[②] 虞弘墓石椁中可见到以铁环与铁扒钉来固定石板与基座。日本和泉市久保惣纪念美术馆收藏的北魏石床中还留有部分残损的铁环与钉痕。山西省考古研究所等，《太原隋虞弘墓》（北京：文物出版社，2005），页22、27；和泉市久保惣记念美术馆，《北魏棺床の研究 和泉市久保惣记念美术馆 石造 人物神兽图棺床研究》（大阪：和泉市久保惣记念美术馆，2006）。

第四章　围屏制作与生死表象：北魏洛阳时期葬具的风格、作坊与图像

图 4-13　北魏洛阳时期拓片一《奏乐图》《墓主夫妇》《鞍马图》

图 4-14　北魏洛阳时期拓片二《牛车图》《奉食图》《人物相对图》

图 4-15　北魏洛阳时期拓片三《诣阙图》《树下濯足图》《吹笙引凤图》

| 179

图像与装饰：北朝墓葬的生死表象

图 4-16 北魏洛阳时期拓片四《人物行进图》《执幡图》《登床图》

拓片中有两个值得注意的特征。拓片一的右侧与拓片二的左侧留下宽带状空白，图像偏向另一侧。此现象未见于拓片三、四，后两者的图像分布平均。此外，每件拓片均有两个凿孔痕，拓片一、二的凿孔痕均位在上侧，拓片三、四中则是一高一低。这两个特征均与围屏的结构密切相关。上述特征亦可见于日本大阪府久保惣美术馆藏之孝子图围屏石床，与安阳固岸出土东魏之围屏石床（详下）。参考这两套石床，可知拓片一、二中的空白是为了与左右两侧板的侧面相衔接所预留，呈现以后方石板正面抵住左右石板侧面的结构。位置较低的凿孔则是用来与前方的双阙相接。在洛阳古代石刻艺术馆藏之围屏石床中可见到同样的凿孔排列方式，较低的凿孔痕均位在最外侧。王子云编纂图录时可能是顾及出版的美观，刻意沾墨或以铅笔一类的工具掩盖拓片原有的空白痕迹。根据凿痕应有的连结状态，可知 A 组围屏拓片中留有带状空白的两件应位在后侧，凿孔痕高低不一者则位在前端左右两侧。

经由以上的比对，A 组围屏得以完成复原：图 4-13 在正面右侧，图 4-14 在正面左侧，图 4-15 应在右侧，图 4-16 位在左侧（图 4-17）。其凿孔痕之间的位置亦能相互对应（图 4-18）。虽然在 A 组围屏的复原案中，牛车与鞍马的朝向相同，且位在中央，不同于一般北魏墓

第四章　围屏制作与生死表象：北魏洛阳时期葬具的风格、作坊与图像

葬图像的配置方式，但就拓片的特征与凿孔痕的相对关系来看，此复原案应该可以成立。①

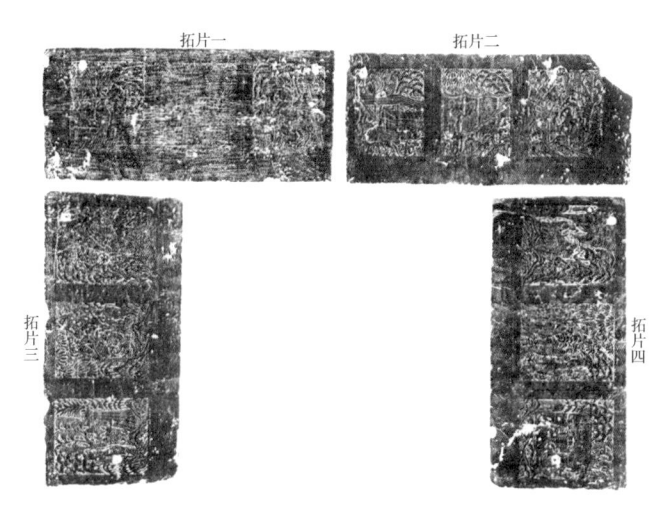

图 4-17　北魏洛阳时期 A 组围屏拓片的关系

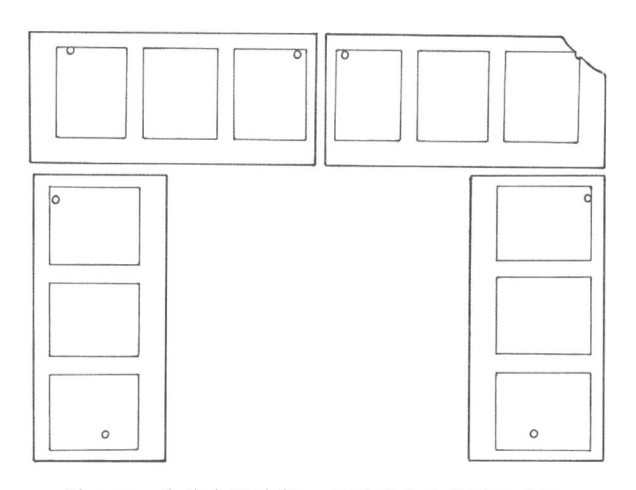

图 4-18　北魏洛阳时期 A 组围屏凿孔位置示意图

---

① 若将目光扩及于墓葬之外，北魏《魏文朗佛道造像碑》碑阳的鞍马与牛车朝向同一方向。陕西省考古研究院、陕西省铜川市药王山管理局编，张燕编著，《陕西药王山碑刻艺术总集》第 1 卷《北魏造像碑》（上海：上海辞书出版社，2013），页 117—139。

图像与装饰：北朝墓葬的生死表象

　　根据此复原案，围屏内侧正面的画面，由右而左分别是《奏乐图》《墓主夫妇》《鞍马图》《牛车图》《奉食图》《人物相对图》。《奏乐图》朝向左侧，鞍马、牛车、《奉食图》朝向右侧，皆以墓主夫妇图像为中心。右侧围屏的三个画面由外而内分别是《诣阙图》《树下濯足图》《吹笙引凤图》；左侧围屏由外而内依序为《登床图》《执幡图》《人物行进图》。为便于观察，可将王子云书中的图版依序重新排列如图 4-19。

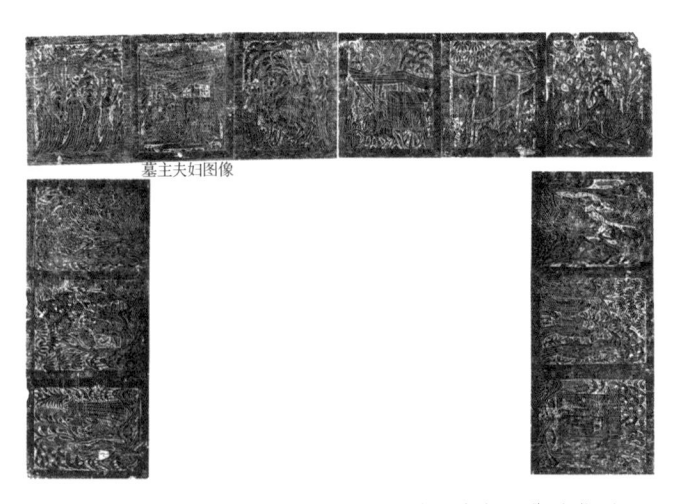

图 4-19　北魏洛阳时期 A 组围屏与墓主夫妇图像的位置

（二）图像布局

　　由 A、B 组围屏后方两块石板的图像布局来看，虽然均有墓主夫妇图像，且是作为图像配置的中心，但是并非位在后侧围屏的正中央，而是向右偏移。B 组围屏墓主夫妇图像的位置偏右，位在右起第三幅（图 4-20）。A 组围屏的墓主夫妇图像则更向右移，位在右起第二幅。墓主夫妇之间的相对位置相同，均是作男左女右。女性墓主身后为侍女奏乐，B 组中可见到男性侍者奏乐图，A 组中则省略。男性墓主后方均有《鞍马图》，但是 A 组围屏《牛车图》并非位在墓主夫妇的右侧，

182

第四章　围屏制作与生死表象：北魏洛阳时期葬具的风格、作坊与图像

而是紧接在《鞍马图》之后，行进方向与《鞍马图》相同。《牛车图》与《鞍马图》相接，在目前所知的北魏石床围屏中仅此一例，颇为特殊。

关于A、B组石床围屏图像配置的特色，可借由与北魏《孝子传图》围屏相比较而得知。北魏《孝子传图》围屏的图像排列为以墓主为中心，具有由外而内，排列有序的中轴对称布局。左右两侧板的《孝子传图》具有由外侧向后方中央排列的顺序。相形之下，A、B组围屏中作为中心的墓主夫妇图像由中央向右侧偏移，并未居于围屏的中轴线上。特别值得注意的是前方左右两侧围屏图像中的人物，或朝内或朝向外侧，缺乏统一的方向性。这点可说是A、B组围屏与其他《孝子传图》围屏在图像配置上的最大差异。

A、B组左右围屏中所见兼具朝内与朝外的方向性，开启石床围屏的配置方向由内而外的可能性。这种由内而外排列的布局，至北朝晚期成为粟特人石床围屏图像布局的重要特征。安阳北齐石床与北周安伽墓石床围屏具有由内而外的排列顺序，表面上看来似为对于北魏围屏配置原则的反动，然而实际上其产生变化的契机，还是必须在北

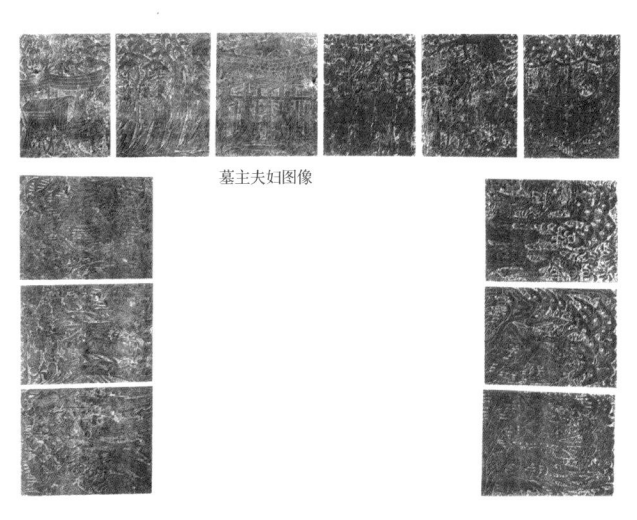

图4-20　北魏洛阳时期B组围屏与墓主夫妇图像的位置

魏围屏的发展过程之中来加以探求。A 组前方左侧围屏中所见兼具内外的方向性，对于理解北魏与粟特石床图像布局的关系而言，深具启发性。

三、风格与年代

（一）A、B 组围屏的风格

北魏洛阳时期葬具以各类图像、母题填满画面，在风格上兼具描绘性与装饰性效果。A、B 组围屏的风格也不例外。相较于其他洛阳时期的葬具，A、B 组围屏的风格特点为以人物为主体，人物比例较大，人物的体态与人物之间的心理关系成为表现要点。此外，这两组围屏并非以刻划精致的细节取胜，而是着重掌握整体感并表现出较为流畅、连贯的线描。

以下首先观察这两组围屏的《墓主夫妇》（图 4-21，天理大学附属天理参考馆藏）。[①] B 组围屏图中的墓主夫妇相对坐于帐内，墓主夫人的右手垂下，左手举起，指向男性墓主。墓主左手捧碗，右手执耳杯。两人由手势与持物传达出彼此之间的心理关系。两图中人物手部的相对位置相同，均为靠近人物内侧的手部在上，外侧手部在下，两手之间形成一小间隙。尤其是男主人的手势位置较高，衣袖较宽松并下垂至下方的矮榻，两袖之间形成的空间较为明确。这种由双袖之间形成的空间感，有助于加强男性墓主的醒目地位。这虽然仅是一局部表现，但由此可知工匠有能力描绘出一定程度的空间感。

A、B 组围屏空间表现上的特点在于刻划出细密的树石，树石与人物之间层层紧密相叠，形成掩映人物的树石空间。图中人物位在树

[①] 为便于观察，下文部分拓片图版以负片效果呈现，不逐 注明。

第四章　围屏制作与生死表象：北魏洛阳时期葬具的风格、作坊与图像

石前方或后方，人物与树石、屋宇等形成二至五层的重叠关系。在《墓主夫妇》《执幡图》《奉食图》尤其明显。[①] 由于这种重叠关系过于紧密，并未能产生具有纵深的空间感。不过在部分画面中，工匠已能暗示出人物坐于床上、石上或立于地面的效果。在《墓主夫妇》中，墓主夫妇所坐之床具有一定深度，《吹笙引凤图》中的人物似坐于岩石之上。又由于其构图均以画面下缘为基准，造成人物与树石重叠，并排于同一水平的效果，呈现出较具统整性的空间关系，进而导引出近于平视的观看视点。

图 4-21　北魏洛阳时期 B 组围屏《墓主夫妇》

A、B 组围屏的风格中显示出敏锐的线描意识，工匠以刀代笔，借由些微调整刻刀的角度、轻重变化，刻画出微妙的起伏、立体效果与空间层次感。这点可由观察 B 组围屏的原石得知。A 组围屏的原石所在不明，可参考风格相同的 B 组围屏来弥补此一缺憾。

---

① 长广敏雄已指出这点。长广敏雄，《六朝时代美术の研究》，页 148。

图像与装饰：北朝墓葬的生死表象

    B组围屏右侧有《人物对坐图》（天理大学附属天理参考馆藏），两人相对而坐，身后有一树与层叠的山石。其树干略粗，内有纹理，由点状与平行的线刻所构成。叶片以锥状点刻成，有疏有密，形成类似叶丛的效果（图4-22）。类似的树干表现方式可见于北魏熙平元年（516）洛阳永宁寺遗址出土的树干、树叶等泥塑残件（图4-23）。①永宁寺遗址出土的树干残件为具有凹凸起伏的浅浮雕式泥塑，树干内有清晰的平行纹理。A、B组围屏虽为线刻，但是《人物对坐图》中树干的纹理呈条状结组，应该就是为了表现类似于泥塑的凹凸起伏变化。此外，B组围屏工匠在部分树叶边缘留下些微深浅变化，使得图案化的树叶又兼具前后相叠的空间暗示性（图4-24，天理大学附属天理参考馆藏）。

图4-22　北魏洛阳时期B组围屏右侧《人物对坐图》

---

① 中国社会科学院考古研究所著，《北魏洛阳永宁寺1979—1994年考古发掘报告》（北京：中国大百科全书出版社，1996），页106—110。

第四章 围屏制作与生死表象：北魏洛阳时期葬具的风格、作坊与图像

图 4-23 北魏熙平元年洛阳永宁寺遗址出土 树干、树叶泥塑残件

图 4-24 北魏洛阳时期 B 组围屏右侧《侍女奏乐》原石（局部）

| 187

图像与装饰：北朝墓葬的生死表象

  此作坊的工匠颇善于利用线刻的特点，拉长线条以强调衣袍的弧度。例如两围屏的《侍女奏乐》中侍女的衣摆向后弯延，平行衣纹呈现整体性的动态与秩序感。B组围屏《侍女奏乐》中的第一位侍女转身举袖，脸部朝下，身躯呈弯弧状（图4-25，天理大学附属天理参考馆藏）。两道飘起的衣带与之呼应，表现出优雅的体态。A、B组围屏《鞍马图》中，马颈、马身亦强调其连贯性弧线，A组围屏《诣阙图》中央的柳树也显示出对于弧形线描的偏好。

  详加观察原石，B组围屏中《墓主夫妇》的线刻尤其轻巧，匀细工整，不同于同一石板中之《奏乐图》《牛车图》较为滞重且深浅、宽窄不均的刻线。《墓主夫妇》中剔地的刀痕也显得较为工整，这一现象亦可由拓片得知。这应与此图的重要性有关，因此工匠以更为慎重、轻巧的手法刻划。A组围屏也可见同样现象，A组围屏的《墓主夫妇》因为表面的磨痕较深，不易观察，但是在《登床图》中人物的线刻则显得特别匀细。换言之，这批工匠对于刻线具备纤细的敏锐度，并非如一般所认为的仅是刻划出凹痕或轮廓而已。

  A、B组围屏空间布局的特征，还可借由与波士顿美术馆藏石床围屏（图3-42）比较得知。[1]此围屏也有《鞍马图》，图中鞍马比例较小，颈部曲线并不显著（图4-26）。鞍马上方填满树石、云气，前

---

[1] 过去学界称为卢芹斋（C. T. Loo）旧藏，近年确认收藏于波士顿美术馆。2012年罗杰伟（Roger Covey）率先刊载两张稍早在波士顿美术馆所拍摄的照片，此文最初的口头发表时间为2006年。Roger Covey, "Canon Formation and the Development of Western Chinese Art History", in Nicholas Pearce and Jason Steuber, *Original Intentions: Essays on Production, Reproduction, and Interpretation in the Arts of China*, pp. 39—74。另据检索纪录，其中两块石板最迟自2008年5月18日起即可搜寻自波士顿美术馆的藏品网站。该网站中将之与同美术馆藏的一套附有双阙的北魏石床（No. 62.285）视为同一组。网址参见：http://www.mfa.org/collections/object/front-support-for-a-mortuary-couch-22133。又见徐津，《波士顿美术馆藏北魏孝子石棺床的复原和孝子图像研究》，收入巫鸿、朱青生、郑岩主编，《古代墓葬美术研究》第3辑（长沙：湖南美术出版社，2015），页119—140。

第四章　围屏制作与生死表象：北魏洛阳时期葬具的风格、作坊与图像

图 4-25　北魏洛阳时期 B 组围屏《侍女奏乐》

图 4-26　北魏洛阳时期石床围屏《鞍马图》

方马夫与鞍马所立的位置颇有落差。相较之下，A、B 组围屏的《鞍马图》中，前方马夫与鞍马位在同一地面，后侧侍者位置虽略高，但人、马、地面之间的关系较为统合、稳定。另外此围屏中的刻线较为短促、断续，也较欠缺连绵的效果。

在波士顿美术馆藏围屏中另有《孝子郭巨》，榜题记为"孝子郭巨天赐皇金"（图 4-27）。画面上侧为一飞行于空中的畏兽，左右为郭巨夫妇与其父，均坐于矩形的席上。画面下方有石块、草木，以画面底缘为边界，自此边界由下向上堆栈。人物并未以画面下缘作为地面的水平线，而是填入石块上方的空间。右侧郭巨夫妇坐席的位置略高，左右人物相交错，并未设定出统一的地面高度。坐席宛若游离、飘浮于地面上，并不稳定。

整体来看，波士顿美术馆藏石床围屏中避免重叠人物，个别母题相对清晰，但是彼此之间的关系则较为游离，维持各自的单元性，呈现填充母题、布列于画面的效果。相较之下，A、B 组围屏则表现出

| 189

多层次的母题重叠及较具整合性的地面空间概念，并在线刻的运用上显示类似笔描的敏锐度。①

（二）制作年代问题

关于A、B组围屏的年代，自二十世纪初以来就被归属于北魏洛阳时期。②现在的问题为是否可比对出更明确的年代范围，这就涉及北魏洛阳时期葬具的编年问题。目前在北魏洛阳时期刻画图像的葬具中，唯一具有传称纪年者为传正光五年元谧孝子石棺（图4-28，明尼阿波利斯美术馆藏），因此A组围屏的年代问题也就必须由这件著名的石棺着手。

图4-27 北魏石床围屏《孝子郭巨》

图4-28 北魏元谧孝子石棺
（China, Asia, Sarcophagus of Prince Yuan Mi, 524, Black limestone. Minneapolis Institute of Art, The William Hood Dunwoody Fund, 46.23.1a-d. Photo: Minneapolis Institute of Art）

---

① 同为北魏洛阳时期的河南沁阳石床围屏背景保留空白，其风格系谱与洛阳葬具不同。邓宏里、蔡全法，《沁阳县西向发现北朝墓及画像石棺床》，页5—12。
② 奥村伊九良，《镀金孝子传石棺の刻画に就て》，页359—382。

第四章　围屏制作与生死表象：北魏洛阳时期葬具的风格、作坊与图像

　　关于元谧孝子石棺的墓主，学界目前多倾向视之为贞景王元谧，并将同藏于明尼阿波利斯美术馆的元谧墓志视为与此石棺一并出土。① 元谧为北魏五代显祖献文帝弘的三男，赵郡王干次男，继赵郡王，谧贞景。墓志中未识卒年，仅记葬于正光五年闰二月三日。据《魏书》《北史》，可知元谧卒于正光四年（523）十一月。② 元谧墓志盗掘于1930年，郭玉堂曾记录出土状况，但是并未提及石棺。③ 过去将此石棺的墓主视为元谧的唯一具体证据，为其早年拓片封套上的墨书题记。如同黄明兰所言，其根据待考。④ 近年黑田彰认为虽然缺乏更多证据，但推测当时拓片题字者应有所本，而倾向视之为元谧石棺。⑤ 就目前仅有史料来看，可行的解决方案为考察石棺本身风格来推测其可能年

---

① 采此观点者有 Richard S. Davis, "A Stone Sarcophagus of the Wei Dynasty", *Bulletin of the Minneapolis Institute of Arts*, Vol. 27, No. 23(1948), p.113. Wu Hung, *Monumentality in Early Chinese Art and Architectureus* in the Minneapolis Institute of Arts", pp. 56—64；周到主编，《中国美术分类全集·中国画像石全集》8《石刻线画》（郑州、济南：河南美术出版社、山东美术出版社，2000），页47—51、图版说明页17—19；河野道房，《石刻线画》，收入曾布川宽、冈田健编，《世界美术大全集·东洋编》第3卷《三国·南北朝》，页116—117；郑岩，《魏晋南北朝壁画墓研究》，页102—104；贺西林，《北朝画像石葬具的发现与研究》，收入巫鸿主编，《汉唐之间的视觉文化与物质文化》，页341—376；李梅田，《北朝墓室画像的区域性研究》，页84；邹清泉，《北魏孝子画像研究——〈孝经〉与北魏孝子画像图像身份的转换》（北京：文化艺术出版社，2007），页33—36；李梅田，《魏晋北朝墓葬的考古学研究》，页182。

② 《魏书》卷9《肃宗纪》："冬十有一月丙申，赵郡王谧薨。"（页235）；又见《魏书》卷61《献文六王·赵郡王干附子谧传》，页543—544；（唐）李延寿，《北史》卷19《献文六王·赵郡王干附子谧传》（北京：中华书局，1983），页695。

③ 郭玉堂，《洛阳出土石刻时地记》（洛阳：大华书报供应社，1941），页28；气贺泽保规编著，《复刻　洛阳出土石刻时地记（郭玉堂原著）——附解说·所载墓志碑刻目录》（东京：明治大学文学部东洋史研究室，2002），页35。

④ 黄明兰，《洛阳北魏世俗石刻线画集》，页119。宿白谨慎地称之为"传正光五年元谧墓所出土孝子棺"。宿白，《张彦远和〈历代名画记〉》（北京：文物出版社，2008），页44。

⑤ 黑田彰，《镀金孝子传石棺续貂——ミネアポリス美术馆藏北魏石棺について》，收入氏著，《孝子传图の研究》（东京：汲古书院，2007），页408。

图像与装饰：北朝墓葬的生死表象

代，进而评估其与元谧墓志一并出土的可能性。

北魏洛阳时期的墓志中刻画畏兽、云气纹等各类图案，可作为判断年代问题的重要参考。①元谧孝子石棺左右与后侧石板均刻有畏兽。后挡板的畏兽作正面像，前肢向上伸展，足部缩起。头部有须毛，张开大嘴，露出尖齿，羽翼末端作卷曲状，下半身有重叠的弧线（图4-29）。冀州刺史元昭卒于正光三年二月，葬于正光五年三月十一日，卒年早于元谧，下葬年代相同而日期略晚。②元昭墓志盖中央为双龙衔璧，下方同样有一正面畏兽像（图4-30、4-31）。两者尺寸大小与姿态有所不同，但形象十分类似，嘴部、头身的比例、羽翼等细节均相近。元谧孝子石棺左右两侧畏兽像的头部比例同样较小（图4-32）。在元昭墓志盖的畏兽中树石与其头顶相接，元谧孝子石棺后挡中则位在畏兽上方，宛如由其高举的前肢所托举。这类畏兽的形象还可见于葬于正光三年十月二十五日冯邕妻元氏墓志盖上的畏兽（图4-33，波士顿美术馆藏）。③此外，元谧墓志盖有左右双龙相对，中央有一莲花（图

---

① 北魏墓志相关研究参见刘凤君，《南北朝石刻墓志形制探源》，《中原文物》2期（1988），页74—82；福原启郎，《西晋的墓志の意义》，收入砺波护编，《中国中世の文物》（京都：京都大学人文科学研究所，1993），页315—369；赵超，《古代墓志通论》（北京：紫禁城出版社，2003），页53—124；罗新、叶炜，《新出魏晋南北朝墓志疏证》（北京：中华书局，2005），页48—157；窪添庆文，《墓志の起源とその定型化》，《立正史学》105期（2005），页1—22；室山留美子，《出土刻字资料研究における新しい可能性に向けて——北魏墓志を中心に》，《中国史学》20期（2010），页133—151；徐冲，《从"异刻"现象看北魏后期墓志的"生产过程"》，《复旦学报（社会科学版）》2期（2011），页102—113。

② 赵万里，《汉魏南北朝墓志集释》卷3（北京：科学出版社，1956），第49条；赵超，《汉魏南北朝墓志汇编》（天津：天津古籍出版社，1992），页145—146。

③ 赵万里，《汉魏南北朝墓志集释》卷3，第57条；赵超，《汉魏南北朝墓志汇编》，页128—129；奥村伊九良，《魏冯邕之妻元氏墓志の画像》，收入氏著《古拙愁眉　中国美术史の诸项》，页421—437；长广敏雄，《鬼神图の系谱》，收入氏著，《六朝时代美术の研究》，页107—141。

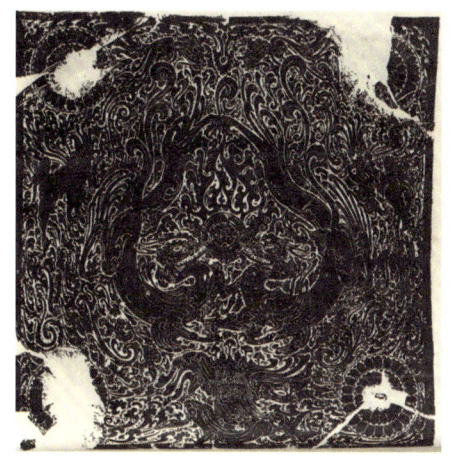

第四章 围屏制作与生死表象：北魏洛阳时期葬具的风格、作坊与图像

图 4-29 北魏元谧孝子石棺拓片 后档

图 4-30 北魏正光五年元昭墓志盖 拓片

图 4-31 北魏正光五年元昭墓志盖 拓片（局部）

图 4-32 北魏元谧孝子石棺拓片 左右两侧畏兽

图像与装饰：北朝墓葬的生死表象

图 4-33 北魏正光三年冯邕妻元氏墓志盖拓片 畏兽

图 4-34 北魏正光五年元谧墓志盖（China, Asia, Epitaph cover of Prince Yuan Mi, 524, Black limestone. Minneapolis Institute of Art, The William Hood Dunwoody Fund, 46.23.2b. Photo: Minneapolis Institute of Art）

4-34，明尼阿波利斯美术馆藏），其布局与元昭墓志盖相同（图 4-30）。①

畏兽的造型在孝昌至永安年间有所变化，头部比例较大，四肢缩短，体型益加肥硕。例如孝昌二年武阳公侯刚墓志盖上的矩形框中有四畏兽（图 4-35）。② 畏兽几乎填满框格，身躯显得较为局促、滞重，不若正光年间的畏兽较具有飞动的态势。此发展趋势一直延续至北魏末年，永安二年开国伯尔朱袭墓志上的畏兽即承袭此风（图 4-36）。③

① Susan Bush 已指出这点。Susan Bush, "Thunder Monsters, Auspicious Animals, and Floral Ornament in Early Sixth-Century China", pp. 19—33；又见德泉さち，《石碑の意匠"穿"について》，收入气贺泽保规编，《中国中世佛教石刻の研究》（东京：勉诚出版，2013），页 231—267。

② 赵万里，《汉魏南北朝墓志集释》卷 5，第 249 条；赵超，《汉魏南北朝墓志汇编》，页 188—190。

③ 赵万里，《汉魏南北朝墓志集释》卷 6，第 274 条；赵超，《汉魏南北朝墓志汇编》，页 264—266；Annette L. Juliano, *Art of the Six Dynasties: Centuries of Change and Innovation*, pp. 70—71。

第四章　围屏制作与生死表象：北魏洛阳时期葬具的风格、作坊与图像

由此可知北魏墓志的畏兽风格在正光至孝昌年间有所转变，其形象相类，但是逐渐夸大头部，益加强调壮硕、厚重的身躯。由于元谧孝子石棺中畏兽的风格近于元昭与冯邕妻元氏墓志盖，推测年代应近于正光年间。元谧墓志制作于正光四至五年之际，正与此石棺风格的年代相符。

图4-35　北魏孝昌二年侯刚墓志盖拓片　畏兽

由此看来，元谧孝子石棺拓片封套上的墨书题记很可能是信而有征。

重新考订并确认元谧孝子石棺的年代，可为北魏葬具的风格编年提供重要的时间参照点，由此可以发展出一系列关于北魏葬具风格编年的研究。由于本章着重在解决A组围屏的年代问题，因此仅选择有关的材料。一旦确认元谧孝子石棺的年代，首先可借此比对波士顿美术馆藏石床围屏的年代。这两件葬具的形制不同，但是无论就人物、畏兽、树石、云气的细部表现或是空间布局的概念来看，风格极为相似（图4-37）。由高度一致的细节来看，元谧孝子石棺与波士顿美术馆藏石床围屏很可能是出自同一葬具作坊。此作坊兼作石棺与围屏石床，其工匠将类似的画稿运用在不同形制的葬具上。推测波士顿美术馆藏石床围屏很可能也是完成于正光五年前后。

如上述，A、B组围屏的表现手法与空间布局均有别于波士顿美术馆藏石床围屏。接着面临的问题是，两者的差异究竟是由来于年代先后的差距，或是作坊系统不同所造成？就现有的材料来看，由于在

| 195

图像与装饰：北朝墓葬的生死表象

图 4-36　北魏永安二年尔朱袭墓志拓片（局部）　畏兽

图 4-37　北魏元谧孝子石棺拓片（局部）（左）与波士顿美术馆藏石床围屏（右）《孝子郭巨》

正光五年之前已经出现类似 A、B 组围屏的人物画风格，因此作坊系统的不同可能是造成这两种风格差异的主因。

就葬具以外的材料而言，完成于正光六年（即孝昌元年，525）三月二十日的"曹望憘造像碑"〔图 4-38，宾州大学考古人类学博物馆（University of Pennsylvania Museum of Archaeology and Anthropology）藏〕中同样有鞍马与牛车图。[①] 其中侍者与鞍马、牛车位在同一水平线，男女供养人与侍者的衣袍展现出弧形、重叠的纹理。

---

① Dorothy C. Wong, "Maitreya Buddha Statues at the University of Pennsylvania Museum", *Orientations*, Vol. 32, No. 2(2001), pp. 24—31.

196

第四章　围屏制作与生死表象：北魏洛阳时期葬具的风格、作坊与图像

图 4-38　北魏正光六年"曹望憘造像碑"拓片（局部）

类似的风格也可见于完成于正光五年五月三十日的"刘根造像碑"（河南省博物院藏）。① 其中胁侍弟子、菩萨等上下错落排列，树木位在最后方，形成多层重叠关系。

此类风格的系谱更早可溯及龙门石窟宾阳中洞东壁的《帝王后妃礼佛图》浅浮雕（图 4-39）。宾阳中洞完成于熙平二年（517）前后，与永宁寺落成时间相近。② 图中人物分为上下两层，以下层立于画面

---

① 曾布川宽、冈田健编，《世界美术大全集·东洋编》第 3 卷《三国·南北朝》，页 289。

② 陈明达，《巩县石窟寺的雕凿年代及其特点》，收入河南省文化局文物工作队编，《巩县石窟寺》（北京：文物出版社，1963），页 11—20；温玉成，《龙门北朝小龛的类型、分期与洞窟排年》，收入龙门文物保管所、北京大学考古系编，《中国石窟·龙门石窟》1（北京：文物出版社，1991），页 170—224；稻本泰生，《龙门宾阳中洞考》，《研究纪要》（京都大学文学部美学美术史学研究室）13 号（1992），页 53—67；石松日奈子，《北魏佛教造像史の研究》，页 163—165，中译见石松日奈子著，筱原典生译，《北魏佛教造像史研究》，页 150—152。

| 197

图像与装饰：北朝墓葬的生死表象

图 4-39 北魏龙门石窟宾阳中洞东壁《帝王后妃礼佛图》浅浮雕（局部）

下缘水平线的人物为主体。右侧后妃礼佛行列中，第一位侍女转身背向观者，衣袍呈 C 字形弯曲；第二位女性人物手持莲花；第三位为戴华丽头饰的皇后，居于尊位，其下垂的弧形衣袍作多层重叠，纹理分明，雕饰精丽。其中第一位侍女的姿态可以与 B 组围屏《侍女奏乐》中的第一位转身侍女（图 4-25）相较。宾阳中洞为皇帝敕愿窟，规模与华丽的程度远非其他中小型洞窟所能企及。① 这类风格的简化版可见于孝昌三年（527）皇甫公窟。② 其南北两龛下方刻有《礼佛图》，持伞盖侍女位在男性供养人后方，呈前后交叠（图 4-40）。男性供养人头戴笼冠，后下方有一女童执其衣摆。前方供养人的比例较大，浮雕的层次深浅不同，最后方两位女侍浮雕的深度较浅，衣褶简化成线刻。

综合上述材料，A、B 组围屏的年代大致可定在孝明帝正光元年至孝庄帝永安三年（530）之间，可能更近于这十年的前半。相当于

---

① 龙门石窟古阳洞南北壁第二层佛龛亦完成于 517 年左右，其营造时间与宾阳中洞相重叠。其中的维摩像、僧人群像等浅浮雕或线刻画风格具有共通性。石松日奈子，《北魏佛教造像史の研究》，页 156，中译见石松日奈子著，筱原典生译，《北魏佛教造像史研究》，页 142。

② 曾布川宽，《龙门石窟における北朝造像の诸问题》，收入砺波护编，《中国中世の文物》，页 181—207，后收入氏著，《中国美术の图像と样式》研究篇，页 297—317。

第四章　围屏制作与生死表象：北魏洛阳时期葬具的风格、作坊与图像

元乂（485—525）、刘腾（460—523）幽闭胡太后的期间（正光元年七月至孝昌元年四月）。[①] 武泰元年（528）四月河阴之变虽对北魏皇室贵族造成致命打击[②]，但此政治惨剧并未中断洛阳葬具作坊的运作，例如前引永安二年尔朱袭墓志仍延续孝昌年间以来墓志装饰的传统。A、B组围屏风格所涵盖的时间范围与元谧孝子石棺、波士顿美术馆藏石床围屏相重叠。[③]

图 4-40　北魏孝昌三年皇甫公窟　北壁龛基部
《礼佛图》（局部）

[①] 这期间的政争参见张金龙，《北魏政治史研究》，页279—313；张金龙，《北魏政治史》9，页145—229。

[②] 《魏书》卷62《尔朱荣传》："朝士既集，列骑围绕，责天下丧乱，明帝卒崩之由，云皆缘此等贪虐，不相匡弼所致。因纵兵乱害，王公卿士皆敛手就戮，死者千三百余人，皇弟、皇兄并亦见害，灵太后、少主其日暴崩。"（页1648）

[③] 可归入A、B组围屏风格系谱者至少包括：河南安阳安丰乡固岸村编号M57墓东魏武定六年（548）石床围屏、纳尔逊—阿特金斯美术馆藏孝子石床围屏。关于河南安阳固岸M54墓石床围屏的问题详后。纳尔逊—阿特金斯美术馆藏孝子石床围屏的研究参见长广敏雄，《KB本孝子传图について》，收入氏著，《六朝时代美术の研究》，页185—217。

由此可知，在北魏正光、孝昌年间洛阳地区的石质葬具至少具有两种不同风格，意味两种类型的石质葬具作坊同时并存。这两种作坊风格显示出不同的趣味与空间概念，推测可能为不同的社会政治群体所用。其墓主虽然均葬于洛阳，属于北魏统治集团，但是政治文化背景应该有所不同。就元谧孝子石棺而言，采用此风格的葬具作坊应该具有官方性质。[①] 至于A、B组围屏是否出自官方作坊，目前仍欠缺明确证据，有待进一步研究。

四、葬具作坊的图像制作

以下借由A、B组围屏图像的类似性与重复性来推敲其制作过程，并观察工匠如何调整图像内容，借此来思考北魏葬具作坊的运作问题。[②] 由于目前北朝墓葬尚未出土有关画稿、粉本的直接材料，仅能由完成品来推想制作过程。[③] 以下分别由图像主体的规范性与可塑性、

[①] 苏哲据认为元谧孝子石棺即是"东园秘器"，出自官方作坊"东园"的制作。苏哲，《北魏孝子传图研究における二、三の問題点》，《实践女子大学 美学美术史学》14（1999），页61—88；苏哲，《魏晋南北朝壁画墓的世界——絵に描かれた群雄割据と民族移动の时代》（东京：白帝社，2007），页134—135；又见贺西林，《北朝画像石葬具的发现与研究》，页362；邹清泉，《北魏孝子画像研究——〈孝经〉与北魏孝子画像图像身份的转换》，页29—55。

[②] 关于北魏洛阳时期葬具作坊的史料可见于《洛阳伽蓝记》《魏书》。《洛阳伽蓝记》卷3《城南》："洛阳大市北奉终里，里内之人，多卖送死人之具及诸棺椁。"（页69）《魏书》卷93《赵修传》："修之葬父也，百僚自王公以下无不吊祭，酒犊祭奠之具，填塞门街。于京师为制碑铭、石兽、石柱皆发民车牛，传致本县。财用之费，悉自公家。凶吉车乘将百两，道路供给，亦皆出官。"（页1998）文中碑铭，石兽、石柱应为官方作坊所制。

[③] 学者认为吐鲁番阿斯塔纳墓地所出土十六国时代的纸画即为画稿，但是相关墓葬的资料残阙，目前尚难骤下定论。认为这批纸画为画稿（粉本）的看法，首见于冈崎敬，《アスタナ古坟群の研究——スタイン探险队の调查を中心として》，《佛教艺术》19期（1953），页46—81，后收入氏著，《东西交涉の考古学》（东京：平凡社，1973），页87—127；另有张小舟，《北方地区魏晋十六国墓葬的分区与分期》，《考古学报》1期

第四章　围屏制作与生死表象：北魏洛阳时期葬具的风格、作坊与图像

主体与背景的关系这两个角度来观察。

（一）石棺的画稿

在讨论 A、B 组围屏之前，首先举例说明北魏洛阳时期石棺制作的画稿问题。在黄明兰出版的北魏石棺拓片中，有两件颇为相近的四神龟甲纹石棺残片（图 4-41、图 4-42）。[①] 两者均为石棺右侧板的前部，以曲颈吐气的白虎为主体。图 4-41 白虎左足前伸，图 4-42 则左足举起，姿态略有不同。两图中均以布列均整的六角形龟甲纹为背景。龟甲纹的边框由双线所组成，边角的交接点作圆形。每个龟甲纹内刻画一只神兽，成为独立的单元。两图中的龟甲纹上下分成五横列，龟甲纹的尺寸与相对关系近乎一致。两图白虎与龟甲纹之间的相对关系也颇为相近。

两图主要的差异除了在于白虎左足位置不同之外，主要表现在龟甲纹内的神兽种类。根据由前而后的顺序，图 4-41 最上方第一列均为云气纹，图 4-42 分别是云气、神鸟（？）、畏兽、神兽。第二列前者由前而后为畏兽、飞兔；后者为畏兽、神兽。第三列前者前为畏兽、神兽；后者为神兽（？）、畏兽（？）。第四列前者为云气、神鸟、神兽；后者为云气、畏兽、畏兽（？）。第五列两者均为云气纹。

（1987），页 19—44，特别是页 20；工素，《吐鲁番晋十六国墓葬所出纸画和壁画》，《文物天地》4 期（1992），页 27—29、30—31，后收入氏著，《汉唐历史与出土文献》（北京：故宫出版社，2011），页 446—450；Sarah E. Fraser, "A Reconsideration of Archaeological Finds from the Turfan Region"，《敦煌吐鲁番研究》4 期（1999），页 375—418；Sarah E. Fraser, *Performing the Visual: the Practice of Buddhist Wall Painting in China and Central Asia, 618—960*, p. 113. 持反对意见者，参见孟凡人，《吐鲁番十六国时期的墓葬壁画和纸画略说》，收入赵华编，《吐鲁番古墓葬出土艺术品》（乌鲁木齐：中国·新疆美术摄影出版社，1992），页 1—9，后收入氏著，《新疆考古与史地论集》（北京：科学出版社，2000），页 9—16；町田隆吉，《4～5 世纪吐鲁番古墓の壁画・纸画に关する基础的检讨》，《西北出土文献研究》5 期（2007），页 27—58。

① 黄明兰，《洛阳北魏世俗石刻线画集》，页 42—43。

图像与装饰：北朝墓葬的生死表象

图 4-41 北魏四神龟甲纹石棺拓片 白虎残片一

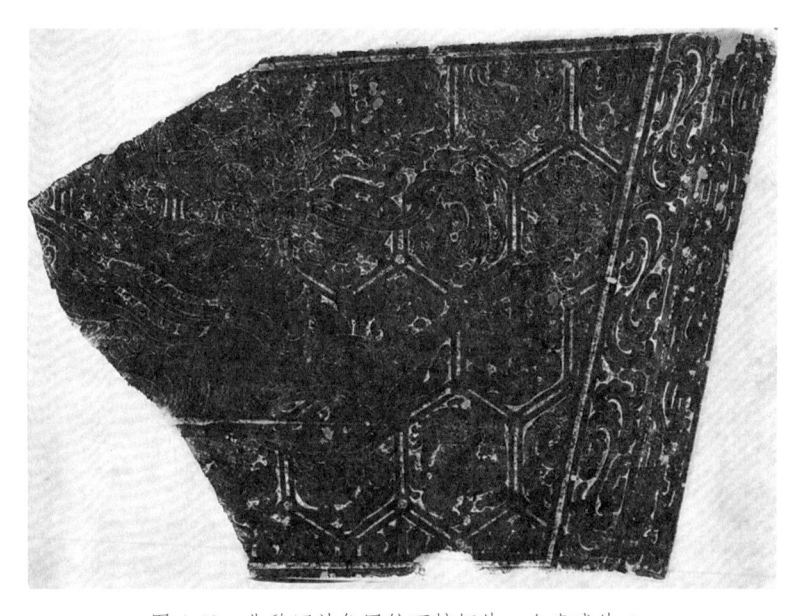

图 4-42 北魏四神龟甲纹石棺拓片 白虎残片二

第四章　围屏制作与生死表象：北魏洛阳时期葬具的风格、作坊与图像

由此可知，这两件石棺应是采用相同画稿。工匠在刻画时对于白虎的姿态与神兽的种类略加调整，制造变化，似乎有意避免一成不变地传摹画稿。工匠在不变动基本布局的前提下，对图像主体的局部与背景加以调整。经由以上比较，有助于初步认识北魏葬具作坊的工匠如何重复使用相同画稿。

（二）图像主体的规范性与可塑性

A、B组围屏中出现多幅极为类似的图像，显然沿用共通画稿。然而这些图像尽管十分类似，正如上述石棺的比较所见，并非完全相同。以下主要以《墓主夫妇》《鞍马图》《执幡图》《侍女奏乐》《奉食图》为例，来说明两组围屏中所见工匠调整画稿的现象。

1. 《墓主夫妇》（图4-43）：A组围屏《墓主夫妇》画面右侧男性墓主右手举耳杯，左手持麈尾，女墓主左手端一小盘。B组围屏《墓主夫妇》中墓主夫妇的形象、冠饰等与A组近乎一致，男性墓主右手同样举耳杯，但是左手则未持麈尾。女性墓主左手未见持物，而是改作指向男性墓主的手势。除了主体的人物之外，其背景的表现也只有些微差异。A组围屏《墓主夫妇》帷帐顶盖呈菱形状，左右对称。B组围屏《墓主夫妇》帷帐顶盖则偏向画面右侧，造成围帐右侧布幔被裁切，显得并不完整。此外，A组围屏《墓主夫妇》围帐中央有一垂带，位在墓主夫妇之间，墓主夫人左手之后。在B组围屏中则是垂至下端，区隔两人。这类细部差异也可见于后方屏风以及下方矮榻，例如B组围屏墓主夫妇身后的屏风中有剔地，A组围屏则无。

此外，B组围屏墓主夫人的造型与同一组围屏《人物对坐图》中画面左侧的男性人物相似，可知采用相同的模式（图4-44）。两人均挺立上身，右手下垂，左手举起，食指指向前方，下半身衣摆则叠在身后。女性墓主坐于床上，男性人物则坐于山石上，略有高低倾斜。由此可知，此模式可用来表现女性或男性贵人，身形不变，仅须改变

图像与装饰：北朝墓葬的生死表象

图 4-43　北魏洛阳时期 A（左）、B（右）组围屏《墓主夫妇》

发饰、头冠，并将女性人物的五官略为缩小。

2.《鞍马图》（图 4-45）：两组围屏《鞍马图》中除了侍者、鞍马与饰物类似之外，人马的比例、人物所执伞盖的相对位置等亦十分相近。两者的差异表现在持物。A 组围屏《鞍马图》中在鞍马的后方有两位侍从，前者持伞盖，后者持圆扇，扇内有纹饰。B 组围屏《鞍马图》的相同位置也有两位侍从，前者持伞盖，但是后者持羽葆。可能是工匠刻意加以改动。

3.《牛车图》（图 4-46）：若将 B 组围屏的《牛车图》反转，则其图像与 A 组围屏十分相近，宛若镜像。[1] 图中的牛则略有差异，A 组围屏中的牛一脚举起，B 组则四足着地。B 组围屏的牛车车轮上

---

[1] 反转画稿的现象颇为常见，实例可举出唐墓石椁、壁画以及晚唐敦煌菩萨像幡。徐涛、师小群，《石椁线刻与粉本的形成方式——兼论唐陵墓壁画图像粉本的来源》，收入巫鸿、朱青生、郑岩主编，《古代墓葬美术研究》第 2 辑，页 233—251；Sarah E. Fraser, *Performing the Visual: the Practice of Buddhist Wall painting in China and Central Asia, 618—960*, pp. 140—142。

第四章　围屏制作与生死表象：北魏洛阳时期葬具的风格、作坊与图像

图 4-44　北魏洛阳时期 B 组围屏人物比较

图 4-45　北魏洛阳时期 A（左）、B（右）组围屏《鞍马图》比较

添加莲花状饰。A 组围屏中侍者的背面略朝向观者，B 组围屏的侍者则位在牛的后方。

4.《执幡图》（图 4-47）：两组围屏的《执幡图》中各有四人，人物的姿态、持物均同，其中尤其幡下垂的弯曲弧度相近，可知两图根据同一画稿。就人物的表现而言，唯一的细部差异在于 A 组围屏《执幡图》的幡顶有一圆形饰物，未见于 B 组围屏。

5.《侍女奏乐》（图 4-48）：两组侍女衣袍向后垂下的弯曲弧度类似。A 组围屏中五位侍女面向画面右侧，第一位弹阮咸，第二位吹笙，第三位吹排箫，第四位执琴。B 组围屏同样有五位侍女，第一位为举袖的舞者，第二位吹短笛，第三位弹阮咸，第四位执琴，第五位吹横笛。这两组奏乐侍女所演奏的乐器有所不同，排列顺序也不一致。此外，B 组围屏中的第一位侍女为舞者，表现乐舞的情景，这是两图最大的差异。

6.《奉食图》（图 4-49）：A 组围屏中计有六位侍女，持壶者位在前方。在 B 组围屏中现存三位。由于 B 组围屏有所残损，推测原来约有四位侍女。其中第一、二位侍女均持盘，转身朝向围帐内侧端壶的侍女。端壶侍女为这两组围屏人物群像中的主要人物，在 A 组围屏中位在前方，在 B 组围屏中位在内侧。此外，B 组围屏由于前方围帐面积较大，压缩帐内人物活动的空间，侍女的比例显得较小。B 组围屏的工匠还在帷帐上刻画排列整齐的花纹，并运用剔地手法。

在上述围屏图像中，图像主体的规范性随题材的差异而有所不同。整体而言，直接表现、象征墓主夫妇的图像具有较强的规范性，可塑性较低。对于这类图像，工匠不会更动主体或更改人物的数量，调整的部分限于持物等细节，例如《墓主夫妇》《鞍马图》《牛车图》《执幡图》。相对地，在《侍女奏乐》《奉食图》这类以侍者活动为主体的图像中，虽然基本上也依循原有的模式，但是在人物的持物、活动、

第四章　围屏制作与生死表象：北魏洛阳时期葬具的风格、作坊与图像

图 4-46　北魏洛阳时期 A（左）、B（右）组围屏《牛车图》比较

图 4-47　北魏洛阳时期 A（左）、B（右）组围屏《执幡图》比较

图像与装饰：北朝墓葬的生死表象

图 4-48　北魏洛阳时期 A（左）、B（右）组围屏《侍女奏乐》比较

图 4-49　北魏洛阳时期 A（左）、B（右）组围屏《奉食图》比较

第四章　围屏制作与生死表象：北魏洛阳时期葬具的风格、作坊与图像

数量上均可见到较大幅度的改易，工匠有较多可变动、调整的余地。确认上述现象，有助于了解北魏葬具作坊如何运用画稿的问题。

另外，工匠刻画的精粗程度与主题具有相关性。由于 B 组围屏的原石尚存，可以借由比较原石与拓片得知（图 4-50）。直接表现墓主夫妇的图像刻工较为细致。其中最明显的是关于《墓主夫妇》的刻画，其刻线匀细，力道轻巧，呈现出细致的线描效果。位在其右侧《侍女奏乐》则刻画较深，刀痕显得较为锐利，在拓片上所呈现的线描也就不如《墓主夫妇》来得匀细。在同一石板的《牛车图》中，甚至将支撑车篷的斜向木架与侍女脸部相交错（图 4-51）。相形之下，工匠在刻画墓主夫妇图像时，特别谨慎并刻意表现刻线的美感。由此可知，在工匠运用画稿之际，主题的重要性与否显然是必须考虑的重要因素之一。

图 4-50　北魏洛阳时期 B 组围屏《墓主夫妇》原石（局部）

图 4-51　北魏洛阳时期 B 组围屏《牛车图》原石（局部）

（三）两种背景的模式与画稿的可能形态

在这两组围屏中可见到图像主体相同，但是背景不同的表现，例如其中的《鞍马图》《牛车图》《奉食图》《执幡图》《山林人物图》。

209

A组围屏《鞍马图》的背景为双树，B组则为飞动的云气纹。两幅《牛车图》均以双树为背景，树木的种类则有所变化。在A组围屏中前方为柳树，后方为银杏；在B组围屏中则前方为银杏，后方为多叶树。《奉食图》的背景同样为双树，在A组围屏中前方为多叶树，后方为银杏。在B组中则顺序相反，前方为多叶树，银杏位在后方。

两组《执幡图》的背景不同，A组围屏《执幡图》的背景仍为双树，B组围屏则改为成为中轴的银杏，此树并将人物分成左右两组，强化人物相互对称的效果。两侧山石呈现由外而内、左右包夹的态势，远景并增添一列小树。这种将大树置于近中央处的做法也可见于B组围屏的《山林人物图》，中央有一树，两侧为云气与山石、树木，画面最上缘为远山。在B组围屏《人物对坐图》（图4-22）同样仅采一树，偏向画面左侧；相形之下，A组围屏《山林人物图》中仍采用双树为背景，也并未刻画远景。

另外两组围屏《侍女奏乐图》与《人物对坐图》的图像主体大致相近，但是背景表现不同。A组围屏《侍女奏乐图》中画面右侧为银杏，左侧为梧桐（？），B组围屏中则是右侧为柳树，左侧为银杏。

经由以上比较可发现A组围屏的工匠偏好使用双树的模式，在B组围屏中除了双树之外，也兼采将单一树木置于中央。由此可知，北魏洛阳时期葬具的围屏图像中，其图像主体与背景可以拆解、重新组合，两者间不具有必然关系。工匠可依据不同情况或丧家喜好来加以变更。由于这两套围屏为同一作坊在同一时期的制作，可知此作坊至少具有两种类型的背景可供丧家选用。由洛阳葬具图像与风格的类似性来看，可推测北魏洛阳葬具作坊已发展出高度模式化的图像规范，以一幅围屏为图像单位，约经历一个世代的工匠传摹、汰选而成。这显示出墓葬图像单元化、标准化的现象。

据此尚可进一步推敲围屏画稿的可能形态。由于散叶式的形态较

第四章　围屏制作与生死表象：北魏洛阳时期葬具的风格、作坊与图像

便于工匠排列、重组不同的图像单元，围屏画稿的形态可能近于散叶式，并非连贯的长卷。这种散叶式的画稿也可以运用于石棺，添加树石背景，即可将不同故事单元重组成一排列有序的孝子传图，元谧孝子石棺可能就是这样的实例。奥村伊九良曾指出这件孝子石棺中，各个孝子故事的画面之间缺乏联系，仅作并列式的配置，推测可能是拼接画稿所造成。[①] 此观察至今依然具有启发性。如果说波士顿美术馆藏孝子围屏中的各幅孝子传图更接近散叶式画稿的基本形态，元谧孝子石棺则可视为画稿的进一步运用。在此工匠串连不同故事的画稿，配合石棺前高后低的形制来连结树石背景，添加石棺特有的铺首衔环、方型窗口、四神等图，重组成具有连贯性的整体画面。

附带一提，B 组围屏左侧石板最外侧画面下方刻有"之"字，字迹端正工整，清晰可辨（图 4-52）。在康业墓围屏中有两块石板刻有"上"字，位在围屏上缘，可知是用来标示方位，以便重组围屏。[②]

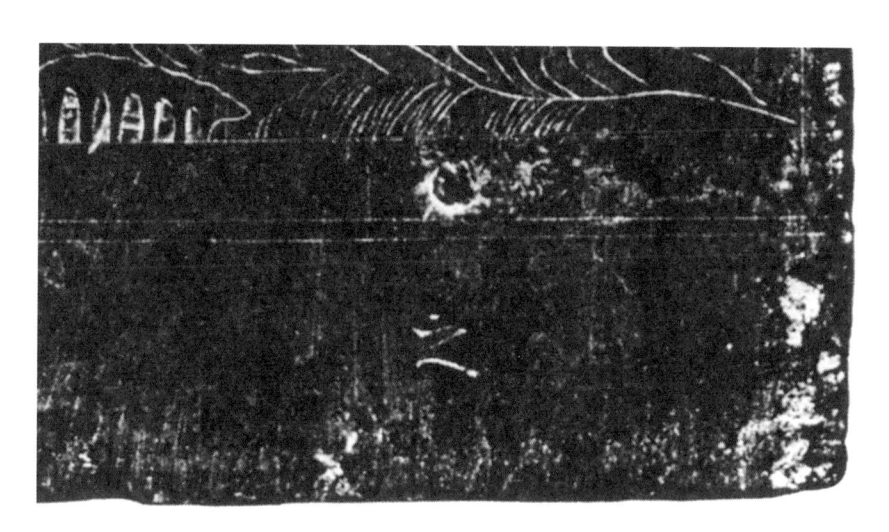

图 4-52　北魏洛阳时期 B 组围屏　左侧石板最外侧画面下方"之"字

[①] 奥村伊九良，《镀金孝子传石棺の刻画に就て》，页 362—363。
[②] 西安市文物保护考古所，《西安北周康业墓发掘简报》，页 14—35。

B组围屏"之"字的用途不明。此"之"字近于围屏外侧,字迹明显,易为观者所见,是否具有用来标示这套围屏或墓主的意图,尚难判断。若此之字为同一作坊工匠所刻,则此作坊显然也有能力镌刻墓志。

五、个别图像的解释

在A组围屏中出现多幅主题较为特殊的图像,以下依据围屏由外而内的顺序,逐一考察《登床图》《执幡图》《树下濯足图》《吹笙引凤图》。

(一)《登床图》与《执幡图》

《登床图》中屋内两人侧身而坐,躯干挺直但是头部下垂,眉目之间似有哀戚之色(图4-4)。据王子云解说,"室内一人仰卧,另两人似在俯身慰问"[1]。两人身后有屏风,屏风上缘由双线所构成的边框,清晰可见。在建筑内部横躺一人,头部有残损,朝向画面左侧。

《登床图》的构图令人联想到佛教涅槃图。在东汉武梁祠画像《京师节女》中可见到人物仰卧于床上的表现(图4-53)[2],但《登床图》中床上人物侧身而卧,头部朝向画面左侧,与《京师节女》不同,可能是受到佛教涅槃图的影响。例如龙门石窟普泰洞北壁佛龛右侧有《涅槃图》,佛陀右胁触地卧于床上,其床有三足。卧佛上方有一横线,弟子由此探出头部,面容悲戚(图4-54)。此横线可能是代表围屏的上缘。《登床图》中死者同样头部朝向画面左侧。只是此图虽然模仿《涅槃图》的表现模式,但其中以世俗人物取代释尊与众弟子,未见佛教

---

[1] 王子云,《中国古代石刻画选集》,页5。

[2] Wu Hung, *The Wu Liang Shrine: The Ideology of Early Chinese Pictorial Art*, pp. 267—269,中译见巫鸿著,柳扬、岑河译,《武梁祠——中国古代画像艺术的思想性》,页282—283。

第四章　围屏制作与生死表象：北魏洛阳时期葬具的风格、作坊与图像

图 4-53　东汉武梁祠画像拓片《京师节女》

图 4-54　北魏龙门石窟普泰洞北壁佛龛右侧《涅槃图》

信仰的意义。

关于《登床图》至少有三种解释的可能性：第一，表现墓主生前的居所，墓主卧于床中，两人前来慰问；第二，表现墓主生前卧病在床，家属服侍、奉药的情景；第三，视为墓主临终前后的情景或丧仪。据魏晋南北朝的史料，可见在丧礼中使用灵床、灵座的记载。灵床的形制不明，既然称床，推测应该与一般的床座相近。《晋书》卷80《王献之传》[①]：

> 未几，献之卒，徽之奔丧不哭，直上灵床坐，取献之琴弹之，久而不调，叹曰："呜呼子敬，人琴俱亡！"因顿绝。先有背疾，遂溃裂，月余亦卒。

王献之（344—386）病卒，其兄王徽之（338—386）径坐于灵床并弹献之琴，因悲痛至极，琴声遂不调。由此可知丧礼中曾置灵床，床上可置物，其中包括死者生前爱用的遗物。

由于《登床图》中采用类似涅槃图的表现模式，推测此图内容可

---

① （唐）房玄龄等，《晋书》卷80《王献之传》（北京：中华书局，1993），页2104。

图像与装饰：北朝墓葬的生死表象

能与墓主临终前后的丧仪有关。本文采取第三种解释，将图中的床视为丧葬礼仪中所使用葬具或是灵床，而非生前居所的表现，坐于床上的两人并非慰问者，而是吊唁死者的丧家。这一解释可由与其相接的《执幡图》得到佐证。

《执幡图》（图4-1）位在左侧围屏石板的中央，与《登床图》相接邻，两者的图像解释应该一并考虑。如前述，相似的画面可见于B组围屏。云冈石窟第6窟主室东壁腰壁佛传《四门出游》中，可见持幡送葬的场面（图4-55）。右上方有两人送葬，前方一人右手执飞扬的长幡。[1]汉末之后的礼制中正式使用铭旌一词。[2]北魏丧礼中使用铭旌，用来标志死者之神魂[3]，《执幡图》中的幡应该是铭旌的表现。图中人物依男左女右排列，秩序分明，表现出克尽丧礼，展现孝思的丧家。由于此图与丧仪有关，因此与其相接邻的《登床图》很可能也是表现丧葬过程的一部分，而非生前居所的表现。

图4-55 北魏云冈石窟第6窟主室东壁《四门出游》

---

[1] 云冈石窟文物保管所编，《中国石窟·云冈石窟》第1卷（东京：平凡社，1989），页241。
[2] 马怡，《武威汉墓之旐——墓葬幡物的名称、特征与沿革》，页61—82。
[3] 《魏书》卷108《礼志二》，页2771。

第四章　围屏制作与生死表象：北魏洛阳时期葬具的风格、作坊与图像

（二）《树下濯足图》

该画面位在右侧围屏中央。中央一人低头坐于两树之间，右方另有一做立姿的人物，面向中央（图4-10）。据王子云的描述："两人在山林中溪水边对话，其中一人在水边洗足，并有所思。"① 颇为贴切。

濯足具有丰富的文化象征意义，最早可见于《楚辞·渔父篇》，为渔父所歌，意为渔父能顺应时事的推移。其中将濯缨与濯足并举："沧浪之水清兮，可以濯吾缨。沧浪之水浊兮，可以濯吾足。"以沧浪之水的清浊来比喻政局的治乱。② 在《孟子》卷7《离娄章句上》中并进一步阐述③：

> 有孺子歌曰："沧浪之水清兮，可以濯我缨；沧浪之水浊兮，可以濯我足。"孔子曰："小子听之，清斯濯缨，浊斯濯足矣，自取之也。"夫人必自侮，然后人侮之。

孺子所歌的一句近于《楚辞·渔父篇》，其次阐明君子应明辨政治的清浊，所谓"夫人必自侮，然后人侮之"，祸福皆由自取的道理。西汉扬雄《太玄赋》中仅举濯足，省去濯缨，并进一步将濯足与神仙思想结合，也就从根本上改变原有的儒家意涵。④ 魏晋时期濯足已成为高士逍遥于自然的隐喻。据西晋左思《咏史八首》第五首："被褐

---

① 王子云，《中国古代石刻画选集》，页6。
② （西汉）刘向编，（东汉）王逸章句，《楚辞》（北京：中华书局，1985），页90。
③ （清）阮元校刊，《十三经注疏》8《孟子》（台北：艺文印书馆，1989），页128。
④ （西汉）扬雄《太玄赋》："纳僑禄于江淮兮，揖松乔于华岳。升昆仑以散发兮，踞弱水而濯足。"（汉）扬雄著，张震泽校注，《扬雄集校注》（上海：上海古籍出版社，1993），页141。

| 215

图像与装饰：北朝墓葬的生死表象

出闾阖，高步追许由。振衣千仞岗，濯足万里流。"①旨在表达左思企盼远离都城，效法高士许由的隐逸之志。后一句中分别将振衣与濯足，高山与流水相对，以表达高士隐居自然，逍遥自得的精神境界。

当濯足与道家隐逸思想相结合之后，佛教僧传中也以此作为称颂高僧的隐喻。例如《高僧传》卷1《晋长安竺昙摩罗刹（竺法护）》②：

> 故支遁为之像赞云："护公澄寂，道德渊美。微吟穷谷，枯泉漱水。邈矣护公，天挺弘懿，濯足流沙，领拔玄致。"

支遁（314—366）借由"濯足流沙"来称颂竺法护的超俗绝伦，并以"流沙"取代"沧浪之水"。在当时的士人看来，竺法护在高僧中独具高士风范。在《高僧传》前述引文之后以竺法护比拟竹林七贤中的山涛。在南北朝濯足具有洗涤身心的意义，表现出高士不为尘世所束缚。

南北朝开始将濯足图像化，与这一时期高士图的流行有关。结合濯足与道家隐逸思想结合的图像，最早可见于南朝邓县画像砖墓中的《南山四皓》（图4-56）。③邓县画像砖墓的年代推测在五世纪下半

---

① （梁）萧统编，（唐）李善注，《文选》3（上海：上海古籍出版社，1986），页990。

② （梁）释慧皎撰，汤用彤校注，汤一玄整理，《高僧传》卷1《晋长安竺昙摩罗刹（竺法护）》（北京：中华书局，1992），页23；（梁）慧皎著，吉川忠夫、船山彻译，《高僧传》1（东京：岩波书店，2009），页87—88。

③ 河南省文化局文物工作队，《邓县彩色画像砖墓》（北京：文物出版社，1958），图31。史传中作商山四皓，参见沈从文，《花花朵朵坛坛罐罐——沈从文文物与艺术研究文集》（北京：外文出版社，1994），页88—89；Terukazu Akiyama eds., *Arts of China: Neolithic Cultures to the T'ang Dynasty* (Tokyo: Kodansha International Ltd., 1968), p. 222。

216

第四章　围屏制作与生死表象：北魏洛阳时期葬具的风格、作坊与图像

图 4-56　南朝河南邓县画像砖墓《南山四皓》

叶至六世纪初[①]，由砖画的风格来看，可能稍早于洛阳石床围屏画像。《南山四皓》画面最左侧一人以右手撑地，身躯后倾，赤足，颓然自放。足部前方排列着锐角状纹理，应该是水波的表现[②]，类似的水波纹可见于元谧孝子石棺中丁兰故事的下方。邓县画像砖《南山四皓》中除了濯足之外，还有一凤凰位在吹笙高士的上方。虽然商山四皓与吹笙引凤无关，也未见濯足的记载，但是工匠在此图中融合濯足与吹笙引凤这两种图像来重新塑造高士的形象。

《树下濯足图》应该是采用《南山四皓》一类当时所流行的高士濯足形象，但其间差异同样值得玩味。《南山四皓》中濯足的高士披发，为古代隐士的形象。《树下濯足图》中濯足的人物则头戴冠帽，

[①] 参见杨泓，《邓县画像砖墓的时代和研究》，《考古》6期（1959），页255—261、263，后收入氏著，《汉唐美术考古和佛教艺术》，页103—114；Annette L. Juliano, *Teng-hsien: An Important Six Dynasties Tomb*, p. 74；韦正，《六朝墓葬的考古学研究》（北京：北京大学出版社，2011），页313—320。

[②] 朱安耐最早注意到流水的表现，Annette L. Juliano, *Teng-hsien: An Important Six Dynasties Tomb*, p. 56；又见林宛儒，《高士还是神仙？——从高士图像看六朝墓葬中神仙观的展现》（未刊稿）。

其服饰与围屏中其他的男性人物并无差异，显然并非古代高士而是当代的世俗人物。另外，《树下濯足图》中濯足人物的坐姿奇特，类似半跏趺坐，与《南山四皓》不同。这种独特坐姿颇类似佛教《太子别马》或菩萨半跏思惟像。由此看来，《树下濯足图》中融合多种元素，在高士濯足的图像中还增添佛教因素来投射墓主所向往的方外世界。

（三）《吹笙引凤图》

画面中央一女性坐于树下吹笙，其左脚赤足，叠在右足上，与凤凰、鹤、龟之间的关系颇为亲密（图 4-11）。《吹笙引凤图》与《树下濯足图》均演变自树下人物的构图，同为魏晋南北朝时代的新型墓葬图像。就出现的时间来看，《吹笙引凤图》的原型可追溯至魏晋时期，较《树下濯足图》为早。

敦煌佛爷庙湾西晋砖画中可见到类似《吹笙引凤图》的构图。M167 墓出土的墨线画像砖中有一高士抚琴坐于树下，前方有两只飞鸟，报告书中将此图定名为《伯牙抚琴》（图 4-57）。[1] 由于 M167 墓经盗扰已塌毁，原来砖画的布局不明。参考其他 M37、M39、M133 墓，可知原来应另有《子期听琴》与之相对。例如在 M37 墓照墙第 5 层中央为相望的天鹿，左右两侧为《伯牙抚琴》与《子期听琴》，朝向中央（图 4-58）。在《伯牙抚琴》与《子期听琴》的外侧均有一朝向上方的飞鸟，表现出伯牙琴声能感通万物。[2] 不过 M167 墓的《伯牙抚琴》有一重要特色，即画面采用树下人物的构图，双鸟位在正前方而非人物的身后，更直接地表现出琴音与飞鸟之间的感通。

江西南昌火车站前出土六座西晋晚期至东晋早期的墓葬，其中

---

[1] 甘肃省文物考古研究所，《敦煌佛爷庙湾　西晋画像砖墓》，页 39—40。
[2] 甘肃省文物考古研究所，《敦煌佛爷庙湾　西晋画像砖墓》，页 82—83。

第四章　围屏制作与生死表象：北魏洛阳时期葬具的风格、作坊与图像

图 4-57　西晋敦煌佛爷庙湾 M167 墓砖画《伯牙抚琴》

图 4-58a　西晋敦煌佛爷庙湾 M37 墓照墙砖画《伯牙抚琴》

图 4-58b　西晋敦煌佛爷庙湾 M37 墓照墙砖画《子期听琴》

219

图像与装饰：北朝墓葬的生死表象

图4-59 西晋晚期至东晋早期江西南昌火车站M2墓漆器线描图《九天玄女图》

M2墓出土一件被命名为《九天玄女图》之漆器。[①] M2墓已遭破坏，推测原为由前后室与耳室所构成的卷顶砖室墓。这件漆器出土自前室，圆形，木胎，直径21.4厘米、厚0.3厘米。漆盘左上方有一人弹琴，衣袖飘举，头上戴冠（图4-59）。弹琴人物前方有一人面鸟身像，另有一位穿着衣袍、乘于云上的人物，头部已损。四周有五只飞鸟，均飞向弹琴人物。特别是弹琴人物前上方的飞鸟首部与人物头冠相接，颇为奇特。画面中央下方似有一龙，张口仰身，朝向弹琴人物。龙的后方地面有锯齿状，一直延伸到龙身的下方，应该是暗示水岸，可知为龙跃自水渊的表现。漆盘右侧有一兽，其下方另有一兔，均朝向画面左侧，富于动态。

简报中将弹琴人物比对为西王母，人面鸟身像视为九天玄女。[②] 但是漆盘中的弹琴人物头上并未戴胜，弹琴也并非西王母所特有的母题，无法直接比对为西王母，以弹琴高士的可能性较高。此外，将人面鸟身的形象比对为九天玄女也缺乏说服力。类似的高士弹琴图像可

---

① 这一批墓葬的墓主为当地大族。M3出土墨书木方书有"永和八年"（352），该墓为雷陔夫妇合葬墓。江西省文物考古研究所、南昌市博物馆，《南昌火车站东晋墓葬群发掘简报》，《文物》2期（2001），页12—41；张小舟，《南昌东晋墓出土漆器》，收于宿白先生八秩华诞纪念文集编辑委员会编，《宿白先生八秩华诞纪念文集》（北京：文物出版社，2002），页145—159。

② 报告书中并未说明将人面鸟身像视为九天玄女的理由。同样的观点可举出王恺，《"人面鸟"考》，《考古与文物》6期（1985），页97—101。

第四章　围屏制作与生死表象：北魏洛阳时期葬具的风格、作坊与图像

见于同一批墓葬 M3 墓出土的"宴乐图漆平盘"[①]。《九天玄女图》的主题应该是表现在伯牙一类的高士弹琴时，飞鸟百兽感应琴声，万物来集的场面。

嵇康（223—262）《琴赋》中以华丽的辞藻称颂琴音能与天地相协的境界，其中部分文字有助于了解《九天玄女图》的表现：[②]

> 于时也，金石寝声，匏竹屏气。王豹辍讴，狄牙丧味。天吴踊跃于重渊，王乔披云而下坠。舞鸑鷟于庭阶，游女飘焉而来萃。感天地以致和，况蚑行之众类。

赋中推崇各种乐器中以琴的地位最高，琴音使各类金石、匏竹息声。金为钟，石为磬，匏为笙，竹为管等类的乐器。琴音并使善歌的王豹弃歌，善于辨味的狄牙丧味。其次形容水神跃舞于水渊，仙人由天而降，凤鸟起舞于庭阶，琴音感通天地并与万物相协。"天吴"为水神[③]，"王乔"为仙人王子乔，"鸑鷟"为凤鸟，"游女"亦为水神。将上述内容与《九天玄女图》相较，类似之处为天上有乘云人物、人面鸟身等神人、飞鸟百兽来集。虽然在漆盘中并无水神天吴，但是描绘一龙跃自于水渊。[④] 本文无意推断《九天玄女图》是依据嵇康《琴赋》

[①] 孙机认为漆盘中的四位高士为商山四皓。孙机，《翠盖》，《中国文物报》893 期（2001年3月18日）；郑岩，《魏晋南北朝壁画墓研究》，页 209—235。

[②] （梁）萧统编，（唐）李善注，《文选》卷 2，页 848。

[③] 《山海经》卷 4《海外东经》："朝阳之谷，神曰天吴，是为水伯。"又见卷 9《大荒东经》："有神人，八首人面，虎身十尾，名曰天吴。"袁珂校注，《山海经校注》（上海：上海古籍出版社，1980），页 256、348。

[④] 孙作云认为西汉卜千秋壁画墓中的人面鸟身形像即为王子乔，但是学界的见解分歧。参见孙作云，《洛阳西汉卜千秋墓壁画考释》，《文物》6 期（1977），页 17—22，收入氏著，《孙作云文集——美术考古与民俗研究》（开封：河南大学出版社，2003），页 208—210；林巳奈夫，《汉代の神神》，页 281—317；贺西林，《古墓丹青——汉代墓室壁画的发现与研究》（西安：陕西人民美术出版社，2001），页 35—36；邢义田，《汉代画象胡汉战争图的构成、类型与意义》，页 63—132，特别是页 103。

而制作,而是要指出两者均表现出对于音乐功能的共同认识,亦即琴音可以感通天地万物。

关于吹笙引凤的传说最著名者出自仙人王子乔。邓县画像砖墓的封门砖中有两块有关王子乔引凤吹笙的图像。其中一砖有榜题"王子桥〔乔〕""浮丘公",长38厘米、宽19厘米(图4-60)。王子乔坐于梧桐树下,树下有一石,他束发,着宽袍大袖,捧吹高笙,笙的上段绑着绶带。前方有一凤鸟展翅,乘云而至,凤鸟上方并有一朵莲花纹。浮丘公披发呈立姿,与王子乔相对,右手高举麈尾,身后也有一梧桐树,构图上左右对称。另有一块构图大致相同的邓县画像砖,王子乔于树下吹笙,右足似叠于左足坐于层层相叠的岩石上,凤鸟同样位在中央,但无榜题、莲花纹,浮丘公身后也没有树木。另外画面下方的起伏地面被移到上缘,成为远山。

图4-60 南朝河南邓县画像砖墓《王子桥〔乔〕与浮丘公》

仙人王子乔的传说为自先秦以来不同系统的文献交织而成,在各类文献中其名称、性格也并不一致。汉代常见的名称为"王乔",往往与仙人"赤松子"搭配组合而并称为"松乔",成为仙人的代表。

第四章　围屏制作与生死表象：北魏洛阳时期葬具的风格、作坊与图像

在东汉顺帝年间，王子乔成为官民共通的祠祀信仰[①]；然而汉晋之际王子乔传说出现新的转变，以《列仙传》为代表。据《列仙传》卷上《王子乔》[②]：

> 王子乔者，周灵王太子晋也。好吹笙作凤凰鸣。游伊、洛之间，道士浮邱公接以上嵩高山。三十余年后，求之于山上，见桓良曰："告我家，七月七日待我于缑氏山巅。"时至，果乘白鹤驻山头。望之不得到，举手谢时人，数日而去。亦立祠于缑氏山下，及嵩山首焉。

文中将王子乔视为周灵王太子晋，被道士浮邱（丘）公接引上嵩山，并未与赤松子并举。在七月七日王子乔乘白鹤停于缑氏山，时人分别为王子乔立祠于缑氏山下与嵩山顶。《列仙传》传为西汉刘向所撰，其中增添魏晋时代的元素。[③] 相较于其他系统的王子乔传说，邓县画像砖《王子乔与浮丘公》与《列仙传·王子乔》前半部分的记载最为接近。图中凤凰位在中央，以王子乔吹笙与凤凰来仪为主题，可视为"好吹笙作凤凰鸣"的可视化诠释。不过邓县画像砖中的王子乔并未乘白鹤。

邓县画像砖墓中的王子乔形象采用高士的形象，未见于汉代，表现出南北朝时代发展完成的新型神仙。图中的新元素包括：第一，采用树下人物的表现模式，且与双人相对的构图相结合；第二，以高士

[①] 大形彻，《松乔考——关于赤松子和王子乔的传说》，《复旦学报》4期（1996），页87—105；大形彻，《松乔考——赤松子と王子乔の传说について》，《古代学研究》137期（1997），页43—60。汉镜铭文中可见到王乔与赤松并举。张金仪，《汉镜所反映的神话传说与神仙思想》（台北：台北"故宫博物院"，1981），页72—75。

[②] 王叔岷，《列仙传校笺》（台北："中央研究院"中国文哲研究所，1995），页65。

[③] 王叔岷，《列仙传校笺》，页4。

或道人的形象来表现仙人；第三，将王子乔吹笙引凤的传说加以图像化；第四，以山石、树木为背景，象征仙人所游的方外世界。①

这种新型的仙人表现模式与 A 组围屏《吹笙引凤图》具有直接关联。《吹笙引凤图》中将双人相对的构图调整为单人，吹笙人物坐于树下，朝向画面右侧，身后有山石，凤凰展翅自天而降。尤其是两者的坐姿类似，均是将左足或右足叠于另一足上，类似半跏坐像（图 4-61）。可推测《吹笙引凤图》是以邓县画像砖墓王子乔一类的仙人图像作为范本。邓县位在河南南部，而 A 组围屏为河南洛阳出土，可知在五世纪末至六世纪初，《吹笙引凤图》的表现模式流行于这一地区。又据《水经注》卷 23《汳水》，蒙县（今商丘市）有王子乔冢，并立有其祠庙。② 由地缘关系来看，推测这种表现模式可能与当时流传于河南一带的王子乔祠祀信仰有关。③

最后回到 A 组围屏的《吹笙引凤图》。由于此图具有如下两项重要差异，因此不能直接将其人物比对为王子乔。第一，《吹笙引凤图》中的人物为女性；第二，《吹笙引凤图》中除了凤凰之外，还加入龟、鹤，龟、鹤为仙寿的象征，可知有意强调仙寿的意义。引凤吹笙与龟、鹤的共通之处在于均可作为仙寿的象征，推测此图借由吹笙、凤凰、鹤、

---

① 这类仙人的表现模式直接为唐镜纹饰所继承。参见颜娟英，《唐代铜镜文饰之内容与风格》，《"中央研究院"历史语言研究所集刊》60 本 2 分（1989），页 289—366，特别是页 306—308，后收入氏著，《镜花水月——中国古代美术考古与佛教艺术的探讨》（台北：石头出版社，2016），页 31—82。

② （北魏）郦道元著，陈桥驿校证，《水经注校证》卷 23《汳水》，页 558—559。

③ 参见宫川尚志，《水经注に见えた祠庙》，收入氏著，《六朝史研究　宗教篇》（京都：平乐寺书店，1964），页 366—390。仙人与祠祀信仰的关系，参见大形彻，《仙人と祠——〈列仙传〉の事例を中心にして》，《人文学论集》20 号（2002），页 51—80。佐野诚子，《民间祠庙记录の形成》，收于小南一郎编，《中国文明の形成》（京都：朋友书店，2005），页 241—265。

第四章　围屏制作与生死表象：北魏洛阳时期葬具的风格、作坊与图像

图 4-61　北魏洛阳时期《吹笙引凤图》人物与河南邓县画像砖墓"王子桥〔乔〕"比较

龟，表现出墓主欣羡松乔之寿，祈求成仙的愿望。[①] 此外，无论是凤凰亦或鹤、龟也都可作为祥瑞。[②] 换言之，这三种母题具有双重意涵，既蕴含着墓主夫人寿如王乔的寓意，又可作为上天感应丧家孝行，天赐祥瑞的视觉表征。

六、北魏石床围屏的组合原理与图像解释

（一）反思北魏石床围屏的组合原理

近年河南安阳安丰乡固岸村编号 M57 墓出土东魏武定六年石床，

[①] 据《魏书》卷 109《乐志》中认为乐声可以感通神人，可知北魏对于音乐的认识继承汉晋传统："然音声之用，其致远矣，所以通感人神，移风易俗。至乃箫韶九奏，凤凰来仪；击石拊石，百兽率舞。"（页 2829）

[②] 例如《后汉书》卷 42《光武十王·楚王英传》："英后遂大交通方士，作金龟玉鹤，刻文字以为符瑞。"（宋）范晔撰，（唐）李贤等注，《后汉书》（北京：中华书局，1996），页 1429。

图像与装饰：北朝墓葬的生死表象

围屏上刻画《孝子传图》（图4-62）。①这套石床是目前唯一经考古发掘的《孝子传图》石床，对于反思北魏石床围屏的构成原理提供比较基准。借此石床可以验证过去学者所提出复原方案的可靠性，并增进对于《孝子传图》围屏排列顺序的认识。②

这套石床同样由四块石板组成，其配置如下（图4-63）：墓主夫妇居于正面中央，男左女右。男性墓主的左侧由内而外分别是孝子韩伯瑜、孝子丁兰；女性墓主的右侧为两幅孝子郭巨图。③左前方石板由内而外分别是鞍马、女性侍者、男女侍者；右前方石板由内而外为牛车、女性侍者、女性侍者（以上顺序依石床之方位）。由此可知此

---

① 此墓出土墓志砖，图版尚未公布。据报导，记有"武定六年二月廿五日谢氏冯僧晖铭记"。相关简介参见潘伟斌，《河南安阳固岸北朝墓地考古发掘的重要收获及认识》，《中国文物报》2007年12月7日，5版，后收于中国文物报社编，《发现中国——2007年100个重要考古新发现》（北京：学苑出版社，2008），页298—303；中国考古学会编，《中国考古学年鉴2008》（北京：文物出版社，2009），页292—295；河南省文物考古研究所，《河南安阳固岸墓地考古发掘收获》，《华夏考古》3期（2009），页19—23；河南省文物局，《河南省南水北调工程 考古发掘出土文物集萃（一）》（北京：文物出版社，2009），页18—41；河南省文物局编著，《南水北调中线工程文物保护项目 河南省考古发掘报告第12号 安阳北朝墓葬》（北京：科学出版社，2013），页7—9。简报中屡称此围屏图像为"二十四孝子图"，有误。

② 北魏孝子传图研究除了第171页注①奥村伊九良的考察之外，参见长广敏雄，《六朝の说话图》《KB本孝子传图について》，收入氏著，《六朝时代美术の研究》，页175—217；加藤直子，《魏晋南北朝墓における孝子传图について》，收入吉村怜博士古稀纪念会编，《东洋美术史论丛》（东京：雄山阁，1999），页115—133；苏哲，《北魏孝子传图研究における二、三の问题点》，页61—88；林圣智，《北朝时代における葬具の图像と机能——石棺床围屏の墓主肖像と孝子传图を例として》，《美术史》154册（2003），页207—226；黑田彰，《孝子传图の研究》；邹清泉，《北魏孝子画像研究——〈孝经〉与北魏孝子画像图像身份的转换》；Eugene Y. Wang, "Coffins and Confucianism: The Northern Wei Sarcophagus in the Minneapolis Institute of Arts", pp. 56—64。

③ 丁兰与郭巨故事中均有榜题，可知内容。"韩伯瑜"图未刻榜题，简报中并无说明。由于此图中刻画母亲举杖笞打一儿，可比对为孝子韩伯瑜。韩伯瑜像可溯及东汉，北魏时期的实例可见于元谧孝子石棺的左侧板，榜题为"韩伯余母与丈知弱"。图中母举杖，儿转身朝向其母。元谧孝子石棺的韩伯瑜故事接在丁兰之后，在固岸石床中两图也相接连。

第四章　围屏制作与生死表象：北魏洛阳时期葬具的风格、作坊与图像

图 4-62　东魏武定六年河南安阳 M57 墓围屏石床

```
        郭巨    郭巨      墓主夫妇     韩伯瑜    丁兰

牛车                                              鞍马

女性侍者                                          女性侍者

女性侍者                                          男女侍者
```

图 4-63　东魏武定六年河南安阳 M57 墓围屏石床《孝子传图》示意图

图像与装饰：北朝墓葬的生死表象

石床围屏以墓主夫妇为中心，《孝子传图》紧接在侧，其后为《鞍马图》与《牛车图》，分别位在左右并朝向内侧，与墓主夫妇的性别遥相呼应。《鞍马图》与《牛车图》之后则为侍者，朝内，位在围屏的外侧，可知其重要性较低。

笔者曾对北朝《孝子传图》石床围屏提出复原方案[①]，当中推测这类围屏是以墓主夫妇图像或是身体为中心，《孝子传图》排列在其左右两侧，并根据《孝子传》钞本（船桥家旧藏，现藏京都大学附属图书馆）的编排顺序，认为《孝子传图》的排列有一定方向性，即根据目录编目的先后顺序由内而外排列，强调出以墓主为中心的集中性。在此进一步探讨该复原方案是否能得到新考古出土材料的支持？

安阳固岸石床中央为墓主夫妇图像，两侧为《孝子传图》，左右对称。如果将此石床正面的《孝子传图》与船桥本《孝子传》相比对，其编纂的排列顺序分别是：韩伯瑜（4）、郭巨（5）、丁兰（9）。其中郭巨故事分为两个画面，依据故事情节先后顺序，可标示为5A与5B（图4-64）。由《孝子传图》的排列顺序来看，数字较小者的位置靠近中央。韩伯瑜与郭巨的顺序相接，先左而右，再回到最左侧的丁兰，成为由左右紧密包夹墓主夫妇图像的态势。郭巨的两个画面依据时间发展顺序，由外而内。韩伯瑜与郭巨分别紧接在墓主夫妇图像的左右，在《孝子传》中的编纂顺序同样相互接续，呈现秩序井然的现象；可知北魏至东魏葬具中《孝子传图》的排列与《孝子传》钞本的编目顺序之间确实具有对应关系。

然而必须留意的是，固岸石床中《孝子传图》的数量较少，仅有四幅，且位在墓主夫妇图像的两侧，显示出借由左右包夹的方式来凸

[①] 林圣智，《北朝时代における葬具の图像と机能——石棺床围屏の墓主肖像と孝子传图を例として》，页207—226。

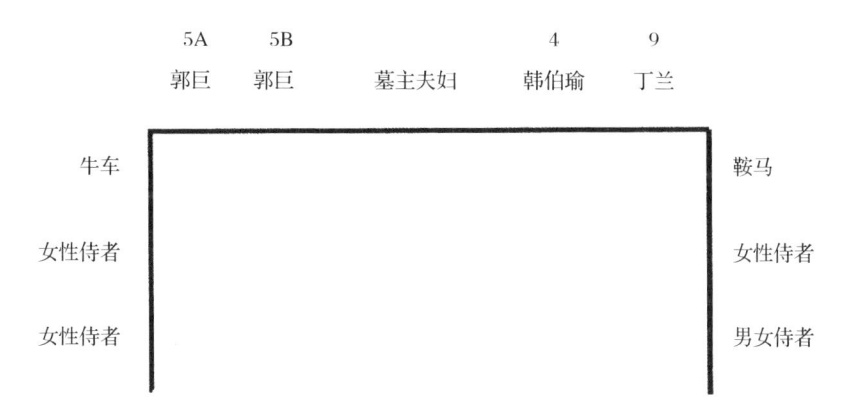

第四章　围屏制作与生死表象：北魏洛阳时期葬具的风格、作坊与图像

```
        5A    5B            4      9
        郭巨   郭巨   墓主夫妇  韩伯瑜  丁兰
       ┌──────────────────────────────┐
  牛车  │                              │  鞍马
       │                              │
女性侍者 │                              │ 女性侍者
       │                              │
女性侍者 │                              │ 男女侍者
       └──────────────────────────────┘
```

图 4-64　东魏武定六年河南安阳 M57 墓围屏石床《孝子传图》与《孝子传》对照示意图

显墓主夫妇图像的态势。若将两侧石板图像朝内的方向性与内侧《孝子传图》的排序一并考虑，可知整体而言其方向为由外向内，以墓主夫妇为中心。《孝子传图》的排序可视为由左右向中央递减。[1]

由此可知，北魏孝子传围屏中《孝子传图》的排列原则较过去所认识者更为多样，至少呈现两种排列的类型：第一，编目数字小者在外，并向内递增；第二，编目数字大者在外，并向内递减。就现有实例来看，第一类包括美国纳尔逊—阿特金斯美术馆藏孝子图围屏、日本大阪府久保惣美术馆藏孝子图围屏石床；第二类可举出安阳固岸孝子图围屏石床，其排列方式为过去学界所不知。无论编目排序为递增或递减，两种排列方式均被用来凸显作为中心的墓主夫妇图像。

经由以上反思可以得到三点新的认识：第一，围屏中孝子故事的排列不论采取何种方向，经由安阳固岸孝子围屏石床的佐证，可知其

---

[1] 过去笔者所提出有关波士顿美术馆藏的石床围屏的复原案须重新检讨。该复原案中参考当时唯一经由考古发掘的河南沁阳北魏石床，其中《鞍马图》与《牛车图》分别位于正面的两块石板。不论就风格或图像而言，安阳固岸《孝子传图》围屏石床显然是更为合适的比较基准。在安阳固岸围屏中《鞍马图》与《牛车图》位于左右两侧。又见徐津，《波士顿美术馆藏北魏孝子石棺床的复原和孝子图像研究》，页 120—122。

排列顺序确实曾参照《孝子传》抄本的编目，呈现中轴对称性，强调出作为中心的墓主夫妇图像；第二，鞍马与牛车图除了如同沁阳石床位在后方之外，也可配置在围屏两侧，方向朝内；第三，重新确认A组围屏在图像组合方向性上的特殊性。A、B组围屏虽以墓主夫妇图像为中心，但是并未强调中轴对称布局，在图像内容上也更为多样，均有别于《孝子传图》围屏。

（二）A组围屏图像的组合原理与整体解释

A组围屏的十二个画面可以分成四组：第一，与奉养墓主夫妇有关的场景，自右起第一至第五个画面，集中在围屏正面，包括《墓主夫妇》《鞍马图》《牛车图》《奏乐图》《奉食图》；第二，《树下濯足图》与《吹笙引凤图》所表现的仙界与祥瑞，位在右侧围屏石板的第二、三幅；第三，与丧葬礼仪有关的场景分别是《登床图》《执幡图》《诣阙图》，《登床图》与《执幡图》位在左侧围屏石板第一、二幅，《诣阙图》位在右侧围屏第一幅；第四，两幅树下人物图（《人物相对图》与《人物行进图》）相接，位在正面左侧围屏的最左侧与左侧围屏石板的最内侧。

A组围屏后方两块石板的图像布局与《孝子传图》石床围屏相同，依然保有以墓主夫妇图像为中心的布局。由此可知在北魏石床围屏的图像配置中，后侧正面两块围屏石板的图像较为固定。墓主夫妇的相对位置相同，均是男左女右；但其他图像的排列方式则完全不同，除了题材之外，最大差异是不具有由外而内的方向性。另一个差异是A组围屏中的墓主夫妇图像在右起第二幅，位置明显偏右，并非位在中央。类似布局可见于B组围屏。B组围屏中墓主夫妇图像在右起第三幅，中央略偏右侧。此外，A组围屏中《鞍马图》与《牛车图》的排列方式异于北魏的惯例，也不似B组围屏，并未对称。A组围屏中女性墓主身后为侍女奏乐，男性墓主后方为《鞍马图》，《牛车图》则

第四章 围屏制作与生死表象：北魏洛阳时期葬具的风格、作坊与图像

紧接在《鞍马图》之后，省略 B 组围屏中的男性侍者奏乐图。

就石床实际的使用状况来看，《树下濯足图》与《吹笙引凤图》两图并排，位在相应于死者头部的位置。据大同南郊北魏 M112 墓与陕西西安北周天和六年康业墓，墓主遗骨放置于石床上，仰身直肢，头均朝向西侧，足向东侧（图 6-2）[①]；两墓中头骨与右侧棺床边缘之间也都保留一定距离，足部几乎触及棺床左侧。由此可推测，《树下濯足图》与《吹笙引凤图》的位置靠近墓主头部，居于尊位。

《树下濯足图》中的男性与《吹笙引凤图》中的女性人物，可能是墓主夫妇形象的另一种表象。《树下濯足图》中濯足的人物为男性，《吹笙引凤图》中的人物则为女性。由于《树下濯足图》与《吹笙引凤图》的表现模式均可见于邓县画像砖墓的《商山四皓》或《王子乔与浮丘公》，后者这类高士、仙人图像应该是当时工匠设计围屏图像的重要参考。只是在这组围屏中将原来融为一体的高士图拆解成两个独立画面。工匠借由高士、神仙图像来塑造其所想象的死后世界，借以回应丧家企盼墓主寿如仙人的期望；换言之，在 A 组围屏中，工匠并非如同邓县画像砖墓直接以高士图作为墓葬图像，也不仅止于采用常见的墓主夫妇图像模式，而是另外透过模拟高士、仙人形象的手法来重新塑造出第二种墓主夫妇的形象。进而言之，这两图不仅是作为神仙世界的表象，同时是以可视化的手法确保墓主死后得以安居于理想世界。

除了《登床图》《持幡图》与墓主临终前后的丧仪有关之外，《诣阙图》具有礼敬墓主的意涵，也有可能是表现墓阙。这些图像都不是墓主生活在地下世界的情景，而是将丧葬活动作为具有纪念性的事件

[①] 山西省考古研究所、大同市博物馆，《大同南郊北魏墓群发掘简报》，页 4；山西大学历史文化学院、山西省考古研究所、大同市博物馆编著，《大同南郊北魏墓群》，页 351；西安市文物保护考古所，《西安北周康业墓发掘简报》，页 14—35。

图像与装饰：北朝墓葬的生死表象

而记录下来。相较于其他以墓主生活为主题的《奏乐侍女》《鞍马图》等图像，《登床图》《持幡图》《诣阙图》以丧家为主体。可能是因为这个缘故，这几幅图像均位在围屏的最外侧或是靠近墓主身体足部的一侧，重要性低于其他表现墓主夫妇生活情景的图像。

此外，由于《持幡图》《登床图》是以丧家的行为作为主体，也因而具有行孝的含意。相较之下，在其他北魏孝子传围屏、石棺中，丧家借由《孝子传图》来表达对于墓主夫妇的奉养与孝心。在 A 组围屏左端转角处的两幅树下人物图，就北魏《孝子传图》的表现模式来看，似不能排除其为孝子故事的可能性。[①] 可知 A 组围屏主要是借由《登床图》《持幡图》《诣阙图》这类具有纪念性、仪式性的图像来展现孝思。正如《魏书》卷 108《礼志》所记："今铭旌纪柩，设重凭神，祭必有尸，神必有庙，皆所以展事孝敬，想象平存。"[②]

A 组围屏中与丧葬礼仪有关的《登床图》《执幡图》位在左侧石板，相当于墓主的足部，重要性低于靠近墓主头部、居于尊位的《吹笙引凤图》与《树下濯足图》，《诣阙图》则位在右侧石板前方。相对于《吹笙引凤图》与《树下濯足图》以墓主夫妇为主体，《执幡图》与《登床图》以丧家为主体，塑造出丧家吊念死者并克尽丧礼的自我形象。由此可知，其中图像配置的原理除了以墓主夫妇图像为中心，由外而内排列之外，还兼具以横躺在床上的墓主身体为基准，以头部为尊的横向阶序关系，显露出对于墓主的身体、头足的意识。由于墓主身体成为图像配置的参照基准，可以说围屏的图像已经与身体部位建立紧密的对应关系。在此围屏图像中建构出三重层次的"墓主"：墓主画像、墓主神游于仙界的形象，以及在图像配置上所显露对于墓主身体

---

① 可比较河南洛阳古代石刻艺术馆藏的北魏石床围屏。周到主编，《中国美术分类全集·中国画像石全集》8《石刻线画》，图版说明页 20—21。
② 《魏书》卷 108《礼志二》，页 2771。

第四章　围屏制作与生死表象：北魏洛阳时期葬具的风格、作坊与图像

的意识。石床的使用方式可能是促成围屏图像特殊化发展的重要因素，相关问题有待进一步研究。

A 组围屏图像配合围屏的结构，依据中央与左右、内与外、头与足等关系来安排各画面。此时期围屏图像的配置已经存在大致可遵循的图像模式，但同时丧家仍可调整，表现出不同层面的生者与死者关系。就图像选择与组合方式来看，其目的并不在于重建一完整的死后世界或是表现死后生活的情景，而是着重同时兼顾死者与生者的愿望，与丧家有关的图像虽扮演次要的角色，但是未被排除在外。

综合以上考察，可对 A 组围屏图像做出以下的整体解释：墓主夫妇死后仍犹如生前由侍者相随、得到丧家的孝养，并转化为高士、神仙，得享仙寿，神游于方外世界。丧家则随侍于父母身旁，不离不弃，实行丧礼，展现孝心。

七、小结

经由北魏洛阳时期 A 组围屏的复原，可得知北魏石床围屏除了以墓主为中心，图像排列方向朝内的布局之外，还有另一类如同 A 组围屏所代表的类型。这类围屏中墓主画像位置偏右，较不强调绝对的左右对称性，并且图像排列方向开始出现朝向围屏外侧的趋势。其中还刻画出丧礼的情景，以及仙界与方外之游。这两种题材的出现，显示围屏图像除了表现墓主宴饮生活之外，也表现出墓主由生前向死后过渡的阶段，以及死后的神仙世界。这些都是在其他北魏围屏所未见的图像。

北魏洛阳时期石质葬具的风格兼具描绘与装饰性趣味，至少可以区分出两种不同的风格。A、B 组围屏着重人物的表现，展现出多层重叠、较具有整合性的空间概念；元谧孝子石棺、波士顿美术馆藏石

床围屏则避免重叠母题,呈现罗列、错落的视觉效果。综合各类材料,A、B组围屏的年代可定在孝明帝正光元年至孝庄帝永安三年之间,且可能更接近这十年的前半。其风格涵盖的时间范围与正光五年的元谧孝子石棺、波士顿美术馆藏石床围屏相重叠。这两种风格出自两个同时并存的葬具作坊,风格相异,其丧家的政治文化背景应有所不同。A、B组围屏呈现重视表现人物与线刻美感的新型风格,可视为安阳固岸、纳尔逊—阿特金斯美术馆藏《孝子传图》围屏风格的先声,这点对于日后重建北朝葬具的风格系谱具有重要意义。

北魏石床围屏图像具有明显的模式化倾向,但同时也可见到模式的调整与改易。相较于石棺,围屏图像具有高度可塑性。工匠依据粉本熟练刻画、制作图像,并不完全忠于画稿。北魏洛阳时期葬具的围屏图像中,图像主体与背景可以拆解、重新组合,两者间不具有必然关系,工匠可灵活调整、变更。其中与墓主有关的图像较具有规范性。在此显示出看似矛盾但却又共存的现象:墓葬图像的标准化与画稿的可操作性。就现有材料来看,推测北魏洛阳时期墓葬图像标准化的程度可能高于平城时期。由于北魏洛阳墓志也开始出现定型化的现象,这与墓葬图像标准化之间是否具有关联性,有待进一步探讨。

比较A、B组围屏可一窥丧家与工匠协商的过程,观察工匠如何因应丧家的要求来改造并制作出更具有个人性的墓葬图像。这种更具有个人化意义的墓葬图像出现,可视为对于当时墓葬图像标准化倾向的回应与反动;《树下濯足图》与《吹笙引凤图》可能就是这类实例。由于《树下濯足图》与《吹笙引凤图》的表现模式均可见于邓县画像砖墓《商山四皓》《王子乔与浮丘公》,推测这类高士、仙人图像为当时工匠设计围屏的重要参考,被转用来表现墓主夫妇逍遥于死后世界的情景。工匠为了达成丧家的期望,吸收并转化不同来源的世俗或宗教图像,也就扩展石床围屏的图像范围。

第四章　围屏制作与生死表象：北魏洛阳时期葬具的风格、作坊与图像

由《树下濯足图》与《吹笙引凤图》可知北魏洛阳葬具作坊在图像制作的过程中，确实参考河南邓县一带位在南朝疆域之内的墓葬图像，以符合其所需的方式来加以改造与转用，并未忠实依据原样模仿。由此可见洛阳工匠一方面参照南朝系统的墓葬图像，但是为符合围屏的结构与丧家的期待，一方面又大胆加以改易。在本案例中，南朝的墓葬图像虽可作为重要图像参照来源，但不具备绝对的权威性或规范性，即使是在工匠操作的层次上，也颇有可调整、改易的余地。确认这一现象有助于反思南北朝文化的交流问题。

A组围屏对于考察北魏乃至于南北朝时代的生死观提供重要案例。北魏洛阳时期石床围屏图像所传达的生死观较过去学界的认识更为复杂，不仅止于表现理想性的生前活动或死后安居于地下世界的情景，而是兼具现世、初亡、死后三种不同层次的时间与空间。这三种层次时空不是采墓主单一人称的视点来表述，而是在兼顾墓主与丧家期望的前提下，以石床围屏的结构与墓主的身体作为双重基准，借由对称／非对称、并列／串连等方式来重构位阶关系。A组围屏中未凸显这三种不同层次时空之间的区隔或断裂，而是将之组成一紧密相连的整体。生者与死者在物理或心理上的紧密连结，葬具入土后依然能借由围屏图像获得视觉保证。在这样的图像配置之下，生死之别不再界线分明。

A、B组围屏借由图像之间的排列组合，形成可重组与再造的丧葬叙事。随着部分围屏图像内容的调整，所构成的丧葬叙事也随之改变，A组与B组围屏所传达的生死观从而不尽相同。这类围屏图像的组成可能不是依据自一套完整的文本，其丧葬叙事随着丧家的选择而有所变化，由此显示出图像学方法的局限性。在现存北朝史料中，尚难以找到一套可完整解释围屏图像的文字叙述。北魏洛阳时期大量出土的墓志也几乎对墓葬图像保持缄默。更有效的方法是依据个别葬具

的具体样貌,由墓主、丧家、作坊之间的交互关系来探求墓葬图像的意义与生死表象。换言之,将墓葬图像视为丧葬活动的连带产物,由广义的社会、政治实践来探求其意义形成的动态过程。这样的研究途径能兼顾物质、社会等不同层面的因素,较贴切地掌握北魏葬具图像的运作机制。丧家在围屏所界定的框架中展现对于墓主的追念与孝思,在此同时,围屏结构、作坊运作,乃至于画稿形态也都牵动着生死表象。葬具的形式与意义于是互为表里,合为一体。

第五章　展现自我叙事：
北齐安阳粟特人葬具与北魏遗风

一、前言

以汉地粟特人活动为中心的中西文化与艺术交流，无疑为近年中国中古时期艺术文化研究中最受瞩目的议题。自 1999 年山西太原虞弘墓发掘至今，世界各地不同领域的学者相继投入研究，相关论文、出版品的数量激增。随着研究成果的累积与研究角度的推陈出新，刷新学界对于汉地粟特文化的认识。[1] 汉地粟特人葬具图像的研究，不再仅仅是北朝墓葬图像研究中的附带性问题；如何恰当地认识汉地粟特墓葬文化，已经牵涉到北朝墓葬图像研究架构的调整与修正。

汉地粟特人葬具图像丰富，其中主要呈现中亚粟特与中原墓葬文化两种因素。[2] 在葬具与墓门装饰上表现强烈粟特宗教文化色彩的图

---

[1] 阶段性的代表成果为《法国汉学》丛书编辑委员会编，《粟特人在中国——历史、考古、语言的新探索》；荣新江、罗丰主编，宁夏文物考古研究所、北京大学中国古代史研究中心编，《粟特人在中国——考古发现与出土文献的新印证》上下册。前者的中文书评参见张广达，《评魏义天、童丕合编〈粟特人在中国〉》，收入氏著，《文本、图像与文化流传》（桂林：广西师范大学出版社，2008），页 354—364。

[2] 汉地粟特人葬具可举出陕西西安康业墓围屏石床（北周天和六年）、山东傅家石刻画像〔传北齐武平四年（573）〕、陕西西安安伽墓围屏石床〔北周大象元年（579）〕、陕西西安史君墓石椁〔北周大象二年（580）〕、山西太原虞弘墓石椁（隋开皇十二年）、甘肃天水围屏石床（北朝晚期至隋）、日本滋贺 Miho 博物馆藏石床围屏、传安阳出土粟特

图像与装饰：北朝墓葬的生死表象

像，但墓室的兴建、随葬品、墓志与石质葬具的使用，则采用北朝中原地区的葬制。过去学界对于这批墓葬中的粟特与中原文化因素曾进行广泛讨论；但整体而言均较强调汉地粟特图像与中亚粟特图像的关联，呈现出与中亚粟特艺术文化母体相连续的文化景象。虽然绝大多数的学者都承认中原墓葬图像与传统在其中所产生的作用，但是其中的具体关系尚有待厘清。当今汉地粟特人墓葬图像研究的一个迫切性问题，在于该如何具体说明粟特图像与中原墓葬传统之间的关系。此问题的提出是基于以下历史事实：汉地粟特人墓葬中的葬具与图像均是在中原地区所制作。近年学者开始意识到这个问题的重要性，并尝试弥补这方面研究的不足，但仍有进一步讨论的空间。[1] 反省过去学

围屏石床、Shelby White 与 Leon Levy 收藏的两件石床。另有 Vahid Kooros 藏围屏石床，其墓主是否为粟特人学界尚有不同的看法。相关报告、图录可举出天水市博物馆，《天水市发现隋唐屏风石棺床墓》，《考古》1 期（1992），页 46—54；陕西省考古研究所，《西安发现的北周安伽墓》，《文物》1 期（2001），页 4—26；山西省考古研究所等，《太原隋代虞弘墓清理简报》，《文物》1 期（2001），页 27—52；陕西省考古研究所编著，《西安北周安伽墓》；西安市文物保护考古所，《西安市北周史君石椁墓》，《考古》7 期（2004），页 38—49；西安市文物保护考古所，《西安北周凉州萨保史君墓发掘简报》，《文物》3 期（2005），页 4—33；国家文物局主编，《2004 中国重要考古发现》（北京：文物出版社，2005），页 123—131；山西省考古研究所等，《太原隋虞弘墓》；西安市文物保护考古所，《西安北周康业墓发掘简报》，页 14—35；杨军凯，《北周史君墓》（北京：文物出版社，2014）。Miho Museum 编，《Miho Museum 南馆图录》（滋贺：Miho Museum，1997），页 247—257；Musée Guimet ed., *Lit de pierre, sommeil barbare: Présentation, après restauration et remontage, d'une banquette funéraire ayant appartenu à un aristocrate d'Asie centrale venu s'établir en Chine au VIe siècle* (Paris: Musée Guimet, 2004)。

[1] 张庆捷，《入乡随俗与难忘故土——入华粟特人石葬具概观》，收于荣新江、张志清主编，《从撒马尔干到长安——粟特人在中国的文化遗迹》（北京：北京图书馆出版社，2004），页 9—16；杨泓，《北朝至隋唐从西域来华人士墓葬概说》，《华学》8 期（2006），页 218—232，后收入氏著，《中国古兵与美术考古论集》，页 297—314；影山悦子，《ソグドの壁画と东方に移住したソグド人の葬具（要约）资料——ペンジケント遗迹出土壁画资料》，《神户外大论丛》54 卷 7 期（2003），页 141—155，特别是页 145；曾布川宽，《中国出土のソグド石刻画像试论》，收于同氏编，《中国美术の图像学》（京都：京都大学人文科学研究所，2006），页 97—182；Judith A. Lerner, "Aspects of Assimilation: The

第五章　展现自我叙事：北齐安阳粟特人葬具与北魏遗风

界未能深入或是误解这个问题的主要原因，在于对北魏墓葬文化的认识有所局限。

汉地粟特人所采用的葬具形制大致可分为三类，分别是围屏石床、附有双阙的围屏石床，以及屋型葬具。[①] 这三种葬具的源流均与北魏墓葬文化密切相关，为北魏开始出现的新型葬具。[②] 欲探究汉地粟特墓葬图像，有必要认识石床、屋形葬具的发展、特征与其文化意义；考察北魏葬具形制与图像的发展，为理解汉地粟特人葬具图像不可或缺的基础。

Funerary Practices and Furnishings of Central Asians in China", *Sino-Platonic Papers* 168 (2005), pp. 1—73。

① 目前学界对于这类葬具的名称尚未统一，考古简报中多以"石棺床"来描述这类葬具，但也不乏称之为"石床""石榻"的例子。稍早《新中国的考古发现和研究》中称司马金龙墓的葬具为"石床"。席克曼（Laurence Sickman）曾称为"stone funerary couch"，可译为石床或石棺床。杨泓将"石床"与"石棺床"并用。长广敏雄亦曾称为"石床"，山本忠尚认为就出土实际状况来考虑可如此称呼，向井佑介承其说。近年赵超以传世品的题记为证据积极提倡此说。本书采用"石床"一词来称呼这类葬具。Laurence Sickman and Alexander Soper, *The Art and Architecture of China* (New Haven and London: Yale University Press, 1968), p. 120; 长广敏雄，《六朝时代美术の研究》，页 176—177；中国社会科学院考古研究所编著，《新中国的考古发现和研究》，页 538；韩伟，《北周安伽墓围屏石榻之相关问题浅见》，《文物》1 期（2001），页 90—101，后收入氏著，《磨砚书稿——韩伟考古文集》（北京：科学出版社，2001），页 105—120；杨泓，《北朝至隋唐从西域来华人士墓葬概说》；山本忠尚，《围屏石床の研究》，《中国考古学》6 期（2006），页 45—67，后收入氏著，《日中美术考古学研究》（东京：吉川弘文馆，2008），页 108—140；向井佑介，《墓中の神坐——汉魏晋南北朝の墓室内祭祀》，《东洋史研究》73 卷 1 号（2014），页 1—34；赵超，《介绍胡客翟门生墓门志铭及石屏风》，收入荣新江、罗丰主编，宁夏文物考古研究所、北京大学中国古代史研究中心编，《粟特人在中国——考古发现与出土文献的新印证》下册，页 673—684。

② 巫鸿认为屋型葬具源自四川东汉石棺，但是并未论及围屏石床。Wu Hung, "A Case of Cultural Interaction: House-shaped Sarcophagi of the Northern Dynasties", *Orientations*, Vol. 33, No. 5(2002), pp. 34—41; 巫鸿著，郑岩译，《"华化"与"复古"——房形椁的启示》，《南京艺术学院院报》2 期（2005），页 1—60，后收入巫鸿著，郑岩、王睿编，郑岩等译，《礼仪中的美术——巫鸿中国古代美术史文编》下卷，页 659—671。

| 239

图像与装饰：北朝墓葬的生死表象

关于北魏围屏石床，无论是围屏或是下方的台座，其图像主题的类别、图像配置的原则，大致已经可以知悉。[1] 围屏图像以墓主夫妇图像为中心，左右两侧图像相互对称，并且在排列上具有由外而内向墓主画像集中的方向性。北周安伽墓围屏中以墓主画像为中心的图像配置，无疑是延续北魏围屏的成规，并非汉地粟特人的发明。然而必须注意的是，目前关于北魏石床围屏的研究，尚不足以涵盖所有围屏的配置方式与图像表现范围。

第四章曾复原一套北魏洛阳时期的 A 组围屏。这套石床围屏的复原与研究，对于认识北魏石床围屏图像题材所涵盖的范围，以及了解石床围屏的性质而言颇为重要。这是因为单由目前已复原的北魏石床围屏，尚无法充分说明其与汉地粟特人石床围屏之间的关系。A 组围屏恰可作为具体说明两者关系的一个环节。本章尝试以这套围屏作为考察汉地粟特人葬具图像特征的新基准，检视安阳粟特石床的表现特征以及其与北魏石床之间的关系。

本章主要以河南安阳出土的粟特人石床（以下称安阳石床）为例，考察汉地粟特人葬具与北魏墓葬文化的关系。安阳石床的年代约为六世纪中叶的北齐，为目前所知北朝粟特人葬具中年代最早的一件。由于其年代较早，遵循部分北魏石床围屏配置上的成规；到了北朝末、隋代粟特葬具图像的种类则更为丰富多变。如何充分理解由安阳石床所代表的初期汉地粟特石床的图像与配置原则，也就成为认识北朝粟特人葬具图像发展的基本问题。

第二节首先讨论安阳石床的相关研究与石床的复原，特别是藏于弗利尔美术馆（Freer Gallery of Art, Washington, D.C.）床座的归属问

---

[1] 关于北魏石床围屏的配置原则参见本书第 4 章。石床的研究参见山本忠尚，《围屏石床の研究》。Elinor Pearlstein, "Pictorial Stone from Chinese Tomb", *The Bulletin of the Cleveland Museum of Art*, Vol. 71, No. 9(1984), pp. 302—331。

第五章　展现自我叙事：北齐安阳粟特人葬具与北魏遗风

题。由于这件石床具有鲜明的佛教雕刻风格，近年学者对于这件床座的归属问题尚持有不同见解，或认为并非粟特人葬具应有的构件，因而将之排除在外。经由多方面比较，笔者赞同这件床座原来应与安阳石床同为一组的看法。其次将考察安阳石床图像配置的基本模式，以及这种模式与北魏石床围屏之间的关系。在安阳石床中，北魏墓葬文化、粟特图像以及佛教因素，三种不同文化因子相互重合，融为一体。本章将尝试说明这三者之间具体的结合样态，并参照北魏时期汉地粟特人的活动历程，解释得以产生这种结合的历史文化背景。

二、北齐安阳粟特石床

（一）石床

1. 归属问题

安阳石床于二十世纪二十年代被盗掘后随即辗转流散至欧美各博物馆。目前所知，德国科隆东亚艺术博物馆（Museum für Ostasiatische Kunst Köln）藏有两件石阙（图5-1），门阙下方有类似仪仗的持旗人物与鞍马，石阙侧面刻有火坛与祭司的形象（图5-2）。波士顿美术馆藏有两件围屏石板（图5-3、5-4），法国吉美博物馆（Musée Guimet，Paris）藏有一件围屏（图5-5），另有一件围屏石板不知去向。

安阳石床与两件床檐板藏于弗利尔美术馆。石床高60.3厘米、长234厘米，雕饰华丽（图5-6）。中央以饰有莲花座的香炉为中心，下方狮子，口衔向左右伸展的莲花。莲花上并立有四位天人像，较高大的两位天人双手置于胸前，有头光。两侧透雕四位呈跪姿的天人，

图像与装饰：北朝墓葬的生死表象

图 5-1　安阳粟特石床石阙
（Miniature Gatehouses of a Death-bed, Northern Henan or Southern Hebei, Northern Qi dynasty A.D. 550—577, dark grey limestone, 71.5×74×14 cm, Museum für Ostasiatische Kunst Köln, picture-number: rba_d016246_15, rba_d016246_23 Photo: © Rheinisches Bildarchiv Köln）

图 5-2　石阙内侧的火坛与祭司
（Miniature Gatehouses of a Death-bed, Northern Henan or Southern Hebei, Northern Qi dynasty A.D. 550—577, dark grey limestone, 71.5×74×14 cm, Museum für Ostasiatische Kunst Köln, picture-number: rba_mf700478 Photo: © Rheinisches Bildarchiv Köln）

第五章 展现自我叙事：北齐安阳粟特人葬具与北魏遗风

图 5-3 安阳粟特石床正面右侧围屏
〔Back panel from a mortuary couch, Chinese, Northern Qi dynasty A.D. 550—577, Marble, 64×115.8×10 cm (25 3/16×45 9/16×3 15/16 in.) Museum of Fine Arts, Boston, Gift of Denman Waldo Ross and Gift of G. M. Lane, 12.589　Photograph © 2019 Museum of Fine Arts, Boston.〕

图 5-4 安阳粟特石床正面左侧围屏
〔Back panel from a mortuary couch, Chinese, Northern Qi dynasty A.D. 550—577, Marble, 63.8×116×10 cm (25 1/8×45 11/16×3 15/16 in.) Museum of Fine Arts, Boston, Gift of Denman Waldo Ross and Gift of G. M. Lane, 12.588　Photograph © 2019 Museum of Fine Arts, Boston.〕

图像与装饰：北朝墓葬的生死表象

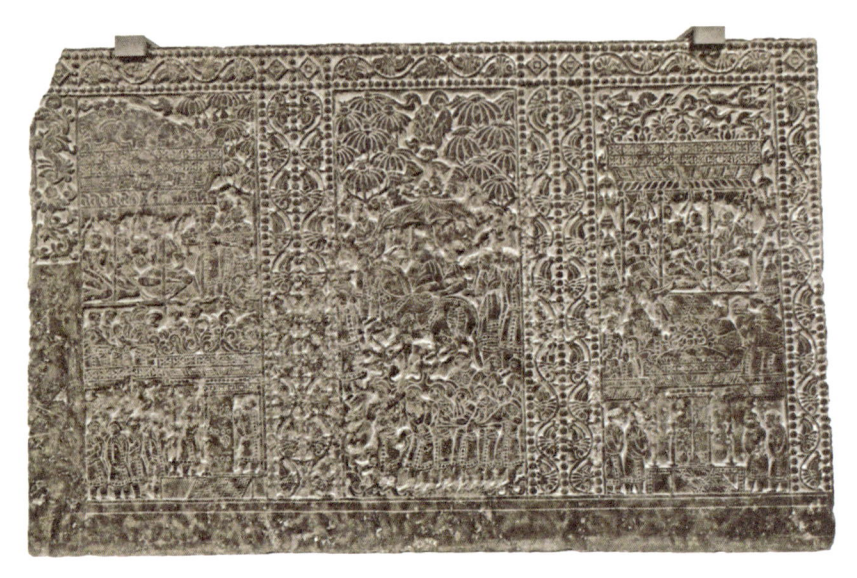

图 5-5　安阳粟特石床右侧围屏

图 5-6　安阳粟特石床台座
(Freer Gallery of Art and Arthur M. Sackler Gallery, Smithsonian Institution, Washington, D.C.: Gift of Charles Lang Freer, F1915.110.)

第五章　展现自我叙事：北齐安阳粟特人葬具与北魏遗风

手持宝珠。也有学者认为这些天人是菩萨像。[①] 左右最外侧则是脚踏狮子或羊，持三叉戟的天部形象。这件床座原来是否属于安阳石床围屏的构件，学者持正反两种意见。以下简述石床的研究史与其归属问题。

喜仁龙（Osvald Sirén）在1925年的解说中将此石床的年代定在唐代，并称此石床出土于河南北部，距彰德府（今安阳）不远，所有构件出自同一墓葬。当地人称之为"曹操床"，喜仁龙认为此名称当是误传。[②] 在出版当时，安阳石床的各构件已是波士顿美术馆等欧美各博物馆的收藏。1955年斯卡利亚首次对于安阳石床进行个案研究，利用河北邯郸响堂山石窟的造像与装饰风格重新检讨安阳石床的年代，认为其年代应属于北齐，[③] 这个结论为后来的学者所接受。文中认为此石床的图像与中亚粟特昭武九姓有关，表现祆教信仰，推测安阳石床的墓主可能是位北齐邺城的萨宝。并对于此石床出现大量佛教因素的现象提出解释，认为中亚地区佛教深受祆教影响，这件棺床为祆教与佛教两种信仰并存之下的产物。

席克曼（Laurence Sickman）曾对安阳石床提出复原方案，认为波士顿美术馆所藏的两块石板位在后侧，石床位在前侧正面。[④] 席克曼对于围屏后侧的复原无疑是正确的。席克曼称此石床为"stone funerary couch"，否定斯卡利亚所提出"gate shrine"的说法。在喜

[①] 例如中国美术全集编辑委员会编，《中国美术全集·雕塑编》3《魏晋南北朝雕塑》（上海：上海人民美术出版社，1988），图版126解说；曾布川宽、冈田健编，《世界美术大全编·东洋编》第3卷《三国·南北朝》，页378，图版27、28解说。

[②] Osvald Sirén, *Chinese Sculpture: From the Fifth to the Fourteenth Century* Vol.II (Bangkok: SDI Publications, 1998), pp. 37—39, pls. 444—450.

[③] Gustina Scaglia, "Central Asians on a Northern Ch'I Gate Shrine", pp. 9—28.

[④] Laurence Sickman and Alexander Soper, *The Art and Architecture of China*, pp. 120, 479.

图像与装饰：北朝墓葬的生死表象

仁龙所出版的图版中，石床下方尚有两层没有雕饰的石阶，是否为原来的配件，目前已不得而知。不过后来在弗利尔美术馆的收藏中，除了石床之外，又多出两件床檐板（图 5-7）。席克曼并没有对于石床与两件床檐的问题提出进一步说明，其书的图版中可见两件床檐板位于床座之下。这种配置显然并不正确，并不符合北朝石床的结构。后来在《中国美术全集》与《世界美术大全集》中的图版都仅刊出床座的部分，并未将床檐板置于台座下方。[1]

图 5-7　安阳粟特石床床檐板
（Freer Gallery of Art and Arthur M. Sackler Gallery, Smithsonian Institution, Washington, D.C.: Gift of Charles Lang Freer, F1915.109.）

曾布川宽认为床座与石阙、围屏并非属于同一组石床的构件，在其近年的研究中抱持同样见解[2]；他并将科隆博物馆所藏石阙的年代定在北齐，石床的年代则定在北齐至隋，同时指出上半身裸露的菩萨像与八角柱形的束柱，与北齐北响堂山石窟的中洞、北洞有共同之处，表现共通的时代性，并认为石床的性质为灵座，石阙代表墓主世界的入口。

---

[1] 另外何恩之（Angela F. Howard）介绍此床座时也是如此。Angela F. Howard, "Highlights of Chinese Buddhist Sculpture in the Freer Collection", *Orientations*, Vol. 24, No. 5(1993), pp. 93—101。

[2] 曾布川宽、冈田健编，《世界美术大全集·东洋编》第 3 卷《三国·南北朝》，页 378，图版 27、28 解说；曾布川宽，《中国出土のソグド石刻画像试论》，页 100。另外，松原三郎在图版中标为隋代。松原三郎，《中国佛教雕刻史论·图版编》2《南北朝后期·隋》（东京：吉川弘文馆，1995），页 446—447。

246

第五章　展现自我叙事：北齐安阳粟特人葬具与北魏遗风

姜伯勤对安阳石床重新进行复原工作，其围屏部分的复原结果与席克曼相同，另外又将吉美博物馆所藏的围屏置于石床的左侧。[①]此外，他对于台座部分提出新的看法，尝试解决床檐位在台座下方的矛盾问题。[②]姜伯勤称之为"床檐板"，认为此床檐与围屏同属一组，推测"两条檐板似为棺床两头的檐饰"。文中并认为若参考甘肃天水所出屏风石床，其台座上有石条饰带，弗利尔美术馆所藏的二件床檐板应该就是这种台座饰带石条。此见解十分具有说服力。但是关于台座的归属问题，姜伯勤认为是响堂山石窟第4窟（即北响堂山北洞）的构件，并非这套石床的原物。关于这件台座是否属于安阳石床的构件，目前学界看法分歧，值得进一步讨论。[③]

北响堂山北洞中心柱南壁顶西起第3龛内凿有石穴，平面为长方形，顶部略有弧度。石穴长3.9米、宽1.33米、高1.66米，内部并无任何雕饰。石穴有六块封门石，上雕佛像背光。由于封门石上的背光图样与侧龛的背光相同，石穴的开凿年代与石窟的年代接近。学界对

[①] 邢福来曾根据安伽墓围屏来复原安阳围屏。由于安阳石床的年代早于安伽墓，可能以北魏石床而非安伽墓石床作为比较的基准较为合适。邢福来，《北朝至隋初入华粟特贵族墓围屏石榻研究》，《考古与文物》2002年增刊，页227—239。

[②] 姜伯勤，《安阳北齐石棺床画像石的图像考察与入华粟特人的祆教美术》，《艺术史研究》1期（1999），页151—186，后以《安阳北齐石棺床画像石与入华粟特人的祆教美术——兼论北齐画风的巨变与粟特画派的关联》，收入氏著，《中国祆教艺术史研究》（北京：生活·读书·新知三联书店，2004），页33—62，特别是页53—54。英译见 Jiang Boqin, "The Zoroastrian Art of the Sogdians in China", *China Archaeology and Art Digest*, Vol. 4, No. 1(2000), pp. 35—71.

[③] 例如影山悦子、马尔沙克、卡特（Martha L. Carter）将此床座视为安阳石床的构件。参见影山悦子，《中国北部に居住したソグド人の石制葬具浮雕》，《西南アジア研究》61期（2004），页67—79; Boris I. Marshak, "Le Programme Iconographique des peintures de la 'Salle des ambassadeurs' à Afrasiab (Samarkand)", *Arts Asiatiques* 49 (1994), pp. 5—20; Martha L. Carter, "Notes on Two Chinese Stone Funerary Bed Bases with Zoroastrian Symbolism", *Cashiers de Studia Iranica* 25(2002), pp. 263—287.

图像与装饰：北朝墓葬的生死表象

于此石穴是否即为安放高欢灵柩之处尚存有不同看法，但多认为北响堂山北洞与高欢的关系密切。①

北响堂山北洞中心柱上确实凿有石穴，但是安阳石床原来是否即出自此石穴，则又另当别论。②虽然弗利尔美术馆收藏著名的南响堂山西方净土浮雕，风格上安阳石床也与北响堂山石窟十分类似，但这种风格上的相似性应该只是表现共通的区域风格，并非意味石床即来自北响堂山石窟。虽然安阳石床中的部分图像转化自佛教造像，但是部分细节上被加以粟特化或祆教化。③由于安阳石床具有粟特化或祆

---

① 曾布川宽，《响堂山石窟考》，《东方学报》62册（1990），页165—207，后收入氏著，《中国美术の图像と样式》研究篇，页318—338；赵立春，《响堂山北齐"塔形窟龛"》，《中原文物》4期（1991），页53—56；颜娟英，《河北南响堂山石窟寺初探》，收入宋文熏、李亦园、许倬云、张光直编，《考古与历史文化》下（台北：正中书局，1991），页331—362；刘淑芬，《石室瘗窟——中古佛教露尸葬研究之二（中）》，《大陆杂志》98卷3期（1999），页97—113，后收入氏著，《中古的佛教与社会》（上海：上海古籍出版社，2008），页244—289；李裕群，《北朝晚期石窟寺研究》（北京：文物出版社，2003），页48、55。

② 也有学者认为安阳石床即为北齐帝王的御用棺床。张林堂、孙迪编著，《响堂山石窟——流失海外石刻造像研究》（北京：外文出版社，2004），页95—112。

③ 关于中国中古时期"祆教"的定义与内涵，有必要加以留意。正如学者所指出，汉籍中所谓的祆教并不能等同于纪元前的琐罗亚斯德教（Zoroastrianism）。祆教的源流虽然可追溯至琐罗亚斯德教，但是已经土俗化或粟特化，与琐罗亚斯德教的原貌并不相同。魏礼（Arthur Waley）根据亨宁（W. B. Henning）的见解，指出汉地祆教与琐罗亚斯德教的差异，以Baga而不是琐罗亚斯德教来指涉汉文史料中的"祆"。葛乐耐（Frantz Grenet）与张广达认为汉地祆教可称之为马兹达教（Mazdaism）。参见 Arthur Waley, "Some References to Iranian Temples in the Tun-Huang Region", 《"中央研究院"历史语言研究所集刊》28本上（1957），页123—128；姜伯勤，《敦煌吐鲁番文书与丝绸之路》（北京：文物出版社，1994），页235—243；林悟殊，《近百年国人有关西域祆教之研究》，收入氏著，《中古三夷教辨证》（北京：中华书局，2005），页229—255；青木健，《ゾロアスター教史——古代アーリア・中世ペルシア・现代インド》（东京：刀水书房，2008），页194—205；Frantz Grenet and Zhang Guangda, "The Last Refuge of the Sogdian Religion: Dunhuang in the Ninth and Tenth Centuries", *Bulletin of the Asia Institute*, 10 (1996), pp. 175—186。

第五章　展现自我叙事：北齐安阳粟特人葬具与北魏遗风

教化的图像表现，这与北响堂山石窟作为佛教石窟的本质相抵触。另外，这类石床可上溯自北魏平城时期，其发展脉络明确。就现有东魏、北齐的墓葬看来，皇室墓葬中未见出土围屏石床。等级较高北齐墓如娄叡墓、湾漳墓中仅见以砖、石砌成的平板式棺床，石床是否足以作为北齐皇室等级的葬具，颇值得怀疑。[①] 此外，安阳石床的联珠纹、伎乐表现与波士顿美术馆所藏的同为安阳出土的围屏极为类似。由整体的雕刻风格来看，其围屏虽与台座的雕刻风格不同，不过原来应该属于同一套石床，同时制作，两者的时代没有先后之别。[②] 换言之，在安阳石床中具有两种风格并存的现象。

2. 石床的比较

判断安阳石床是否可作为粟特人葬具的另一个方法，是直接将安阳石床与其他粟特人葬具的台座相比较，检视是否具有共通特征。虽然屋形石椁与棺床围屏的构造不同，但是台座部分的设计可以相互比较。以下举出虞弘墓石椁底座、纽约私人藏石床、巴黎个人藏石床为例。[③] 这些石床之间具有共通特征，不过与陕西西安的安伽墓或史君墓石床的差异较大。这很可能意味两种不同的系统与区域性发展。这种区域性发展可以约略以北齐系统（分布于山西太原以及河北邺城一

[①] 山西省考古研究所、太原市文物管理委员会，《太原市北齐娄叡墓发掘简报》，《文物》10期（1983），页1—23；山西省考古研究所、太原市文物考古研究所，《北齐东安王娄睿墓》（北京：文物出版社，2006）；中国社会科学院考古研究所、河北省文物研究所编著，《磁县湾漳北朝壁画墓》（北京：科学出版社，2003）。

[②] 同样的见解参见Sascha Priewe, "Das Zhangdefu-Sargbett: Grundlegende Fragen erneut gestellt (The Zhangdefu Funerary Bed: Raising Basic Questions Anew)", *Ostasiatische Zeitschrift* 17 (Spring 2009), pp. 15—24.

[③] 纽约私人藏石床的介绍参见Martha L. Carter, "Notes on Two Chinese Stone Funerary Bed Bases with Zoroastrian Symbolism", pp. 263—287。

带）与北周系统（集中于陕西西安）为分别。①

将安阳石床与虞弘墓石椁的椁座比较，就会发现两者结构与布局颇为类似。虞弘墓石椁椁座正面浮雕分为上下两层，上层有五组由束莲柱与龛楣形拱所构成的区隔，每个区隔内各立两位有头光、饰带的神人（图5-8）。人物两两相对，或弹奏琵琶或吹奏横笛，均作奏乐状。衣饰上红彩颇为鲜艳。

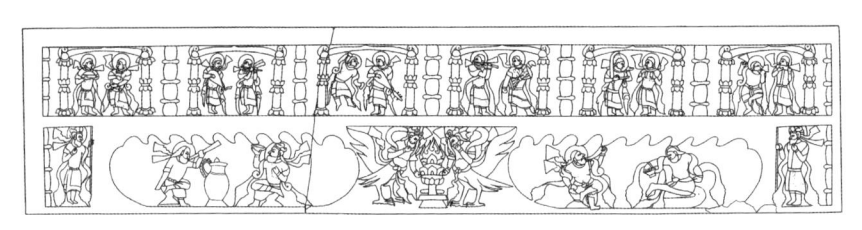

图 5-8　山西太原隋代虞弘墓石椁台座　正面线描图

下层中央为火坛，左右两侧有上半身为人，下半身为鸟的火坛祭司。在火坛祭司的左右两侧各有一壶门，壶门上端有波浪状突起，朝向中央。在壶门内侧各有两位人物对坐。左侧壶门内部的右侧人物有头光，左手高举角形器。左侧人物则无头光，手持酒碗。身上均挂有长衣带。右侧壶门中的两位人物均有头光，两人之间还放置一大型有柄壶。在椁座下层左右两端，则各有一位手持长矛，面向中央的武士立像。头上有戴冠，冠上似有羽翼状。另外在椁座的背面也有装饰，同样分为上下两层，构图与正面大致相同（图5-9）。但是相对于正面以浅浮雕与彩绘装饰，背面则仅施加彩绘，未见正面的火坛与武士，壶门内的对饮人物则改为狩猎图像。由虞弘墓石椁椁座图像前后的比较可知，火坛与武士为仅绘于正面的重要图像。

---

① 影山悦子曾举出一件藏于英国维多利亚与艾伯特博物馆（Victoria and Albert Museum）的北齐石床，认为其中具有祆教因素。Etsuko Kageyama, "Quelques Remarques sur des Monuments Funéraires de Sogdiens en Chine", *Studia Iranica* 34 (2005), pp. 257—278.

第五章　展现自我叙事：北齐安阳粟特人葬具与北魏遗风

图 5-9　山西太原隋代虞弘墓石椁台座　背面线描图

纽约私人藏的石床高 46.9 厘米、宽 210.8 厘米，除了中央火坛与左右的护法神之外，基本上分成上下两段（图 5-10）。[①] 上缘刻有一道联珠纹与覆莲瓣纹浮雕。上段左右各有三个圆形联珠纹，联珠纹内部为有翼神马与有翼羊。联珠纹之间并饰以忍冬纹。下段左右各有一壶门，内有相对的狮子，背后有葡萄纹，狮子与葡萄纹以透雕的方式表现，中央为造型近似香炉的火坛。火坛台座颇为复杂，由地天（？）、莲花座、交缠的双兽所构成。火坛两侧下方有人面、人身、鸟足的火坛祭司。火坛两侧上方则有两位有头光，形象类似佛教飞天。左右两端则为四臂的护法神像，右侧护法神手持三叉戟、刀等武器，并以一手抓住身旁夜叉型的人物，脚下还踏着一人。护法神头冠顶部中央有日与新月，左侧护法神的冠上似有羽翼。

借展于巴黎吉美博物馆的 Vahid Kooros 藏石床其台座并未分层，仅分隔出三个壶门，壶门内部有浅浮雕图像（图 5-11）。[②] 中央壶门

[①]　朱安耐、乐仲迪与影山悦子认为这件石床原来可能是 Miho 博物馆石床围屏的正面台座。参见 Annette L. Juliano and Judith A. Lerner, "The Miho Couch Revisited in Light of Recent Discoveries", pp. 54—61；影山悦子，《中国北部に居住したソグド人石制葬具浮雕》，页 72。

[②]　这件石床的图像综合多种宗教因素。黎北岚（Pénélope Riboud）著，毕波、郑文彬译，《祆神崇拜——中国境内的中亚聚落信仰何种宗教？》，收于《法国汉学》丛书编辑委员会编，《粟特人在中国——历史、考古、语言的新探索》，《法国汉学》第 10 辑，页 305—323；德凯琳（Catherine Delacour）、黎北岚（Pénélope Riboud）著，施纯琳译，《巴黎吉美博物馆展围屏石榻上刻绘的宴饮和宗教题材》，收于张庆捷、李书吉、李钢主编，《4～6 世纪的北中国与欧亚大陆》，页 108—125。

图像与装饰：北朝墓葬的生死表象

内侧有两位跪拜的祭司，中央为一祭坛或香炉，底部有两位童形立像立于莲花座上。跪拜的人物一手举起，手后有一莲蕾，人物身后并有葡萄纹饰。祭坛左右两人并非祆教火坛祭司，而是类似菩萨或天人的形象。另外左右两侧壶门中的人物，其表现近于虞弘墓椁座正面下段壶门，均由两人对坐所构成。右侧壶门中的人物分别在吹奏横笛与弹琵琶，左侧壶门则一人弹奏竖琴另一人双手拍击腰鼓。

图 5-10　纽约 Shelby White 与 Leon Levy 藏石床

图 5-11　Vahid Kooros 藏石床线描图

这三件石床的装饰手法均可与安阳石床相互参照。虞弘墓石椁椁座正面分上下两栏，上栏中有胡人奏乐，以及左右两侧安排武士的做法，均类似安阳石床。然而与安阳石床最相近的还是纽约个人藏的石床。除了复瓣莲叶纹、联珠纹与忍冬纹的排列、壶门的位置之外，这两组护法神像的表现更为接近。此外，在这两件石床中，均同时兼采用浅浮雕、高浮雕以及透雕三种技法。安阳石床中除了使用高浮雕，还采用透雕，雕工圆滑细腻。石床在雕刻技法上浅浮雕与高浮雕并用，上方的胡人奏乐以及围屏为浅浮雕，佛教因素较浓厚的图像与莲瓣边饰则全部以高浮雕表现。亦即运用佛教造像的风格，制作援引自佛教

第五章　展现自我叙事：北齐安阳粟特人葬具与北魏遗风

美术的主题，并以浅浮雕刻划祆教图像。高浮雕技法只运用在石床中佛教因素较浓厚的图像，表现技法与表现对象之间具有特定的关联性。可进一步推测，制作此石床的工匠群，显然对于佛教、祆教图像与特定雕刻风格的关系具有明确意识。经过以上比较，可确认安阳石床具有粟特人葬具的性质，可视为粟特人葬具的配件。

3. 佛教因素

安阳石床上有类似天人与护法神的形象，其所戴宝冠的中央都刻有新月形与圆形（或作火焰形），圆形在上新月在下（图5-12、5-13）。萨珊王朝帝王像的宝冠上可见到饰有日与新月的头冠，但是更为直接的影响来自嚈哒人（Hephtalites），为六世纪中亚粟特人受嚈哒统治下的产物。① 这种特殊的冠饰随着佛教东渐也传入中国，在早期的敦煌莫高窟与云冈石窟的菩萨像宝冠上均可见到相关实例。② 据桑山正进的考证，萨珊式日月冠图案传入中国的年代在北魏438—460年

图5-12　安阳粟特石床（局部）　天人像
（Freer Gallery of Art and Arthur M. Sackler Gallery, Smithsonian Institution, Washington, D.C.: Gift of Charles Lang Freer, F1915.110）

---

① 影山悦子，《中国新出ソグド人葬具に見られる鳥翼冠と三面三日月冠——エフタルの中央アジア支配の影响》，《オリエント》50卷2号（2008），页120—140；Etsuko Kageyama, "The Winged Crown and the Triple-crescent Crown in the Sogdian Funerary Monuments from China: Their Relation to the Hephthalite Occupation of Central Asia", *Journal of Inner Asian Art and Archaeology* 2 (2007), pp. 11—22。

② 石田干之助，《我が上代の文化に于けるイラン要素の一例》，收入氏著，《东亚文化史丛考》（东京：财团法人东洋文库，1973），页489—510。

图5-13 安阳粟特石床（局部） 护法神（Freer Gallery of Art and Arthur M. Sackler Gallery, Smithsonian Institution, Washington, D.C.: Gift of Charles Lang Freer, F1915.110）

之间，并且较近于460年。其传播方式并非是在太延五年北魏灭北凉之后由凉州传入平城，而是由西域使节、胡商直接带入北魏皇室。[①]值得注意的是安阳石床中日月的位置均在头冠中央，不但比例较大而且显得相当醒目，除了日月之外并无其他繁琐饰物。

安阳石床的护法神手持三叉戟，有头光，头戴盔帽，盔帽上除了日月之外还刻有一对羽翼，甲胄上饰有联珠纹（图5-13）。在服饰上则特别表现出异于佛教护法神的特征。甲胄中央有十字形带状联珠纹，一直延伸到下摆呈锐利三角状突起的部分。左右飘起的天衣表现与一般佛教造像的力士或神王不同，在中央处做出天衣侧面的弧状旋转，颇富于装饰趣味。安阳石床中护法神的表现，虽然具有佛教因素，但是同时也凸显中亚粟特的趣味。

林良一较早注意到安阳石床护法神头戴羽翼冠的特征，并指出在

[①] 北魏孝文帝太和五年河北定县塔基中，出土三十九枚卑路斯二世（Peroz II）银币，其发行年份在卑路斯二世在位的第三年（461）之后，距离这批银币入藏塔基的年代颇近，可知萨珊银币在较短的时间内迅速输入北魏。河北省文化局文物工作队，《河北定县出土北魏石函》，《考古》5期（1966），页252—259；桑山正进，《サーサーン冠饰の北魏流入》，《オリエント》20卷1号（1977），页17—35。

第五章　展现自我叙事：北齐安阳粟特人葬具与北魏遗风

西域与中国所见的戴羽翼冠神均作武人装扮。① 这种护法神像并未见于龙门石窟或响堂山石窟。不过在云冈石窟第8窟、第9窟中，可见到头戴羽翼冠手持三叉戟的护法神。云冈石窟第8窟入口处左右有持三叉戟戴羽翼冠的天部形象（图5-14）。② 第9窟前室北壁门口上方也有类似的形象。邺城地区除了安阳石床之外，佛教石窟中也可见到戴羽翼冠，持三叉戟的护法神，不过冠饰中均未见日与新月的符号。如开凿于隋开皇九年（589）的河南安阳灵泉寺大住圣窟，窟门两侧有"那罗延神王"与"迦毗罗神王"。③ 东侧"那罗延神王"高1.74米，头戴羽翼冠，左手持剑右手握三叉戟，脚踏牛形兽（图5-15）。西侧"迦毗罗神王"高1.78米，脚下亦踏一兽，有残损，但能略见头部。

安阳石床中所选择的佛教图像包括天人与两侧的护法神，与北魏平城时期墓葬中所见佛教图像的主题与类型相当类似。安阳石床的护法神脚踏两只身躯朝向左右两侧的狮子，右侧天部的左脚下则有一羊。两位护法神扭腰，并将头部朝向石床的外侧。在石床两侧配置护法神或力士形象，最早可追溯至北魏大同时期，例如司马金龙墓石床两侧即可见力士（图5-16，大同市博物馆藏）。在石床中央刻画博山炉，最早则可见于北魏洛阳时期河南沁阳石床。不过安阳石床博山炉下方有口衔莲花的兽首，则为新出现的母题，流行于北齐时期的佛教造像。安阳石床的图像显得十分特殊，但是仔细检视其中所表现的佛教因素，并未脱离北魏平城时期墓葬中使用佛教图像的方式；不同之处在于安

---

① 林良一，《サーサーン朝王冠宝饰の意义と东伝》，《美术史》28号（1958），页107—122。

② 田辺胜美称之为毗沙门天像。参见田辺胜美，《ギリシア美术の日本佛教美术に対する影响——ヘルメース神像と（兜跋）毗沙门天像の羽翼冠の比较》，《东洋文化》75号（1995），页43—78。

③ 河南省古代建筑保护研究所，《河南安阳灵泉寺石窟及小南海石窟》，《文物》4期（1988），页1—14、20。

图像与装饰：北朝墓葬的生死表象

图 5-14 云冈石窟第 8 窟 拱门东侧 护法神

图 5-15 隋开皇九年 河南安阳灵泉寺大住圣窟 "那罗延神王"

图 5-16 北魏司马金龙墓石床左侧力士

第五章　展现自我叙事：北齐安阳粟特人葬具与北魏遗风

阳石床中将佛教主题转化为祆教墓葬图像来使用，援用北齐佛教美术的语言来扩充祆教墓葬图像的表现范围。[①] 安阳石床中并未直接表现出祆神，而是将佛教天部的形象作为祆教天界图像的补充。

过去学者已注意到安阳石床中的佛教因素，却直接将这类图像与佛教造像比较，因而忽略北魏石床中已出现佛教因素的现象。[②] 作为图像载体的石床，其发展并未得到充分重视。值得注意的是，在石床上装饰天人奏乐的情景，最早可见于司马金龙墓石床，然而北魏迁都洛阳之后的石床却见不到这类图像。在安阳石床上所见配置粟特伎乐的方式，比较起洛阳时期的石床，反而更接近司马金龙墓。[③] 在智家堡村北砂场石床中也可见到持莲蕾的天人。另外，安阳石床中地面石块的图案性表现，近于云冈石窟第10窟前室北壁须弥山形与司马金龙墓石柱础的山石浮雕，与洛阳时期围屏中的山石表现并不相同（图5-17）。就图像布局、佛教因素以及石块的表现而言，安阳石床与司马金龙墓石床之间具有类似性。这种北魏平城文化的影响，是透过何种方式流传并保留在北齐司州，颇值得留意。这应该与北齐之前汉地粟特人在邺城一带的活动有关，将在后文讨论。

[①] 卡特认为粟特石床中时代愈晚者佛教因素愈浓厚，因而暗示安阳石床的年代近于北齐末。然而本书认为这类佛教因素却是安阳石床继承北魏平城墓葬文化的证明，安阳石床年代应较早。Martha L. Carter, "Notes on Two Chinese Stone Funerary Bed Bases with Zoroastrian Symbolism", p. 277.

[②] 除了安阳石床的相关研究之外，朱安耐将虞弘墓石椁中坐姿人物像与北朝佛教思惟菩萨像相比较。值得注意的是相同坐姿可见于 A 组围屏中的《树下濯足图》。Annette L. Juliano, "Converting Traditions in the Imagery of Yu Hong's Sarcophagus: Possible Buddhist Sources", *Journal of Inner Asian Art and Archaeology* 1(2006), pp. 29—50。

[③] 另外在甘肃天水石床床座上也可见到伎乐的形象。天水市博物馆，《天水市发现隋唐屏风石棺床墓》。

图像与装饰：北朝墓葬的生死表象

图 5-17　北魏司马金龙墓石柱础

（二）围屏图像

1. 图像配置与风格

安阳石床围屏在图像配置上最大的特征，在于反复运用极为相似的构图与模式。随着近年数件汉地粟特人葬具的出土与公开，安阳石床的这个特色益加明显。[1] 安阳石床中每块围屏均分为三栏，每栏左右两侧与上侧以联珠纹与忍冬纹组成的饰带作为边框。在波士顿美术馆收藏的两块石板中，均有一侧边框保留空白；吉美博物馆藏的石板则在左侧保留部分空白。以下就正面左侧石板为例，依照围屏图像由左而右说明其中内容（图 5-4）。

正面左侧石板左边第一幅分为上下两部分。下侧为一建筑物的部分，可见饰有植物纹样的半圆顶、位在方形台阶上的门扇、有柱的长廊等。画面中门扇已经开启，有一人正侧身隐入门中（图 5-18）。其身后有一人，手捧大盘，盘上有物。接下来的两人位置一高一低，其中一人回首观望门内并牵引两匹鞍马。两匹鞍马前后并列，头部下方

---

[1] 斯卡利亚已指出这项重要特征。Gustina Scaglia, "Central Asians on a Northern Ch'I Gate Shrine", p. 16.

第五章 展现自我叙事：北齐安阳粟特人葬具与北魏遗风

图 5-18 安阳粟特石床正面左侧围屏（局部）
〔Back panel from a mortuary couch, Chinese, Northern Qi dynasty A.D. 550—577, Marble, 63.8cm×116cm×10cm (25 1/8×45 11/16×3 15/16 in.) Museum of Fine Arts, Boston, Gift of Denman Waldo Ross and Gift of G. M. Lane, 12.588 Photograph © 2019 Museum of Fine Arts, Boston.〕

并有一穗状垂饰，装饰颇为华丽。鞍马后方有侍从手执高大的伞盖，伞盖顶部有莲花型饰物。人物均作胡人装扮，着翻领上衣、长靴，衣服的中央与边缘均有带状联珠纹。

画面上方有葡萄园宴饮，画有贵人在葡萄树下宴饮的景象，占据此扇屏风约三分之二的部分，为这幅画面的主体（图 5-19）。画面顶部有三列葡萄，其间配有葡萄叶。左上方有一贵人盘坐，手持酒杯，下方有一堆满食物的大圆盘。画面右侧有三人与贵人相对，仅第一人持酒杯，均作跪坐的姿态，身份较低。下方有一列奏乐人物，左侧第

| 259

图像与装饰：北朝墓葬的生死表象

图 5-19 安阳粟特石床正面左侧围屏（局部）
〔Back panel from a mortuary couch, Chinese, Northern Qi dynasty A.D. 550—577, Marble, 63.8cm×116cm×10cm (25 1/8×45 11/16×3 15/16 in.) Museum of Fine Arts, Boston, Gift of Denman Waldo Ross and Gift of G. M. Lane, 12.588 Photograph © 2019 Museum of Fine Arts, Boston.〕

一与第二人弹奏琵琶，第三人吹奏，最后一位弹竖琴。

其次第二幅为《贵人骑马图》。画面同样大致分为三横列，以位在中央的贵人为中心排列骑马人物（图 5-20）。最下层有四位骑马人物，画面底部有圆弧状突起，表现地面的石块。中央的贵人最为醒目，其身后有一人执大伞盖。贵人所乘鞍马的下方有一石，石上还长出一朵莲花，暗示此人身份特殊。画面上方另有两株树与云气纹作为背景。

第三幅为《墓主宴饮图》。下方与第一幅类似，均有建筑物、门阶、廊柱的表现，门扇同样开启，有一人正要进入。建筑物与人物的安排具有对称性。门与圆顶均位在中央，左右各有三位侍从，姿态相互对应，未见鞍马。

第五章　展现自我叙事：北齐安阳粟特人葬具与北魏遗风

图 5-20　安阳粟特石床正面左侧围屏（局部）
〔Back panel from a mortuary couch, Chinese, Northern Qi dynasty A.D. 550—577, Marble, 63.8cm×116cm×10cm (25 1/8×45 11/16×3 15/16 in.) Museum of Fine Arts, Boston, Gift of Denman Waldo Ross and Gift of G. M. Lane, 12.588 Photograph © 2019 Museum of Fine Arts, Boston.〕

由这一块石板的三幅画面来看，左右两端的画面均为宴饮图像，中央则为出行图。宴饮图的画面均分为上下两段或上中下三段。下段似为接引宾客或主人进入建筑物，上段则表现宴饮的情景。这种构图的模式，反复出现在其他两块围屏石板上，仅在部分细节的表现上有所调整。例如前述右侧围屏第三幅画面中，上段表现在葡萄树下宴饮的情景，前方有奏乐人物。在右侧围屏最右侧画面的葡萄园中，中心人物右手高举来通，前方则在奏乐之外又添加胡旋舞的表现（图 5-3）。

| 261

图像与装饰：北朝墓葬的生死表象

　　安阳石床围屏的画面具有重复性，类似构图增补局部变化之后又重新出现。因此，在这类重复性构图的布局中，实不宜过度追究其中各幅画面之间的叙事性先后关系，而是应注意其各种画面的重复性与同时性展现。[①] 若将安阳石床围屏后侧正面的左右两扇围屏并列，就会发现左右画面之间具有严整的对称关系（图 5-21）。中央两幅为室内的《墓主宴饮图》，其两侧为面向中央的《贵人骑马图》，最外侧两端则为相对称的《葡萄宴饮图》。在目前所知的北朝粟特人石床围屏中，无论是安伽墓石床、甘肃天水石床，均未见如此重视左右对称性的构图表现。然而以墓主夫妇为中心的左右对称布局，却是北魏石床围屏配置的基本原则。

图 5-21　安阳粟特石床围屏正面
〔Back panel from a mortuary couch, Chinese, Northern Qi dynasty A.D. 550—577, Marble, 63.8cm×116cm×10cm (25 1/8×45 11/16×3 15/16 in.), 64cm×115.8cm×10cm (25 3/16×45 9/16×3 15/16 in.) Museum of Fine Arts, Boston, Gift of Denman Waldo Ross and Gift of G. M. Lane, 12.588, 12.589　Photograph © 2019 Museum of Fine Arts, Boston.〕

　　北魏围屏上的图像配置，基本上以墓主夫妇图像为中心，供奉墓主的侍者、家属或是《孝子传图》则排列于墓主画像的左右两侧。其

---

① 姜伯勤以甘肃天水石床为依据，认为解读顺序若以观者为准，应为由右向左。然而由后侧两块围屏与双阙的对称性来看，安阳石床围屏的布局应作左右对称。姜伯勤，《中国祆教艺术史研究》，页 37、43；Jiang Boqin, "The Zoroastrian Art of the Sogdians in China", pp. 48, 54.

第五章 展现自我叙事：北齐安阳粟特人葬具与北魏遗风

排列的方式具有由左右朝向中央的方向性，秩序井然。双阙则位在石床的前方，左右对称。在双阙上多刻画仪仗图。石床的图像相对于围屏，多为与镇墓或保护墓主有关的题材。例如在波士顿美术馆收藏的北魏石床中，上段有龟甲纹，其中饰各类畏兽、神兽，两侧床足有狮子，中央则为兽首（图5-22）。北魏石床中，上方由围屏、双阙所围绕的空间为死者或其家属活动的表现，下方台座与围屏外侧，则被视为鬼神世界；安阳石床图像的布局基本上也符合这个原则。此外，安阳石床围屏内侧两幅《贵人骑马图》朝向中央，但是右侧围屏的《贵人骑马图》方向相反，朝向外侧（前方）。由此可知，安阳石床围屏兼具朝向中央与外侧的布局，延续A、B组左右围屏中所见兼具朝内与朝外的配置。安阳石床围屏中所见的对称性与兼具朝内与朝外的布局，继承自北魏石床，为采用北魏石床的布局原则来安排粟特图像的结果。

图5-22 北魏洛阳时期石床与双阙
〔Front support for a mortuary couch, Chinese, Northern Wei dynasty early 6th century A.D., Limestone, 53cm×212.3cm (20 7/8×83 9/16 in.) Museum of Fine Arts, Boston, Keith McLeod Fund, 62.285 Photograph © 2019 Museum of Fine Arts, Boston.〕

图像与装饰：北朝墓葬的生死表象

　　根据北魏石床围屏中石阙表现，可知安阳石床中双阙与仪仗人物行列的结合，也是源自北魏。然而也不能忽视粟特围屏石阙与洛阳北魏围屏的差异，最关键处在于火坛与祭司的表现。安阳石床中的火坛与祭司位在双阙侧面，祭司的视线朝向棺床内部。汉地粟特人墓葬中，火坛为具有中心性意义的图像。现在所知汉地粟特人墓葬中，火坛的位置均位在墓门入口处或葬具中央。安伽墓火坛位在甬道石门上方的门楣，史君墓火坛位在石椁入口两侧，虞弘墓石椁则位在椁座正面的中央。火坛除了作为祆教祭祀的象征之外，可能还具有净化通过此入口的灵魂，以及净化墓葬的作用。安阳石床的双阙中刻画有火坛祭司，具有界定以及区划祆教神圣空间的意义。

　　安阳石床围屏中的空间表现与北魏围屏并不相同[①]在北魏洛阳围屏中，人物均位在画面中央或偏下处，上为天，下为地，人物居于天地之间。虽然整个画面完全由树石所填满，不留空白，空间深度极浅，但还是表现出人物与地面、背景之间的关系；特别是石块堆栈有序，无论是左右铺陈或是由下而上，可见其中空间的延展。然而在粟特围屏中其区分画面的空间概念并不相同，是以平面性、排斥前后空间深度的方式来界定空间，成为上下两层或是上中下三层并排的布局。[②]

[①] 关于汉地粟特人葬具空间表现的综论，参见 Annette. L. Juliano, "Chinese Pictorical Space at the Cultural Crossroads", in Matteo Compareti, Paola Raffetta, Gianroberto Scarcia eds., *Ērān ud Anērān: Studies Presented to Boris Il'ič Maršak on the Occasion of His 70th Birthday* (Venezia: Cafoscarina, 2006), pp. 293—316。建筑母题的分析参见 Nancy S. Steinhardt, "Structuring Architecture at the Cultural Crossroads: Architecture in Sogdian Funerary Art", *Oriental Art* XLIX.4 (2003), pp. 48—62。

[②] 斯卡利亚指出安阳石床围屏的上下分层具有由下而上的叙事关系。马尔沙克认为这种上下分为三层的排列与六世纪片治肯特二号神殿（Temple II）壁画相近。Gustina Scaglia, "Central Asians on a Northern Ch'I Gate Shrine", Ibid., p. 16.; Boris I. Marshak, "The Miho Couch and the Other Sino-Sogdian Works of Art of the Second Half of the 6th Century", 《Miho Museum 研究纪要》4 号（2004），页 16—31，日译见ボリス I. マルシャク，稻垣

第五章　展现自我叙事：北齐安阳粟特人葬具与北魏遗风

上层与下层人物之间并没有比例变化，刻意不表现空间远近与深度，充满装饰性趣味，在墓主宴饮以及贵人骑马出行的表现均是如此。画面中的上下列母题之间并无前后关系，而是在同一平面上作垂直并列。

值得注意的是，尊贵者或主要人物多刻画于画面上方，坐于画面高处。此外，又特别夸大尊贵者的比例。在上下并列的人物群像中，上方人物比例较大，下方较小。简而言之，人物上下排列并非意味着前后空间的远近关系，而是身分高低的象征与位阶的区隔。图中往往

图 5-23　八世纪初片治肯特壁画 28 号室东壁南侧　线描复原图

特别强调尊贵者的比例，同样的安排可见于八世纪初期中亚片治肯特（Panjikent）壁画（图 5-23）。[1] 壁画中人物分成上下两列，在上方呈坐姿的国王为中心，上段人物比例大于下段，坐姿人物的比例反而大于立像人物，可知画面上侧为尊贵者所居的位置。[2] 在安阳石床围

肇译，《MIHO MUSEUM の棺床屏風と 6 世紀後半の中國》，《Miho Museum 研究纪要》4 号（2004），页 32—42。

[1] Boris I. Marshak and Valentina I. Raspopova, "Wall Paintings from a House with a Granary. Panjikent, 1st Quarter of the Eighth Century A.D.", *Silk Road Art and Archaeology* 1(1990), pp. 123—176.

[2] 例如虞弘墓石椁内部中央有墓主夫妇画像，所在位置较高，居于天堂。另外可比较撒马尔干壁画（阿弗拉西阿卜和片治肯特壁画）沿袭萨珊王听政场面的表现手法。葛乐耐著，毛民译，《粟特人的自画像》，《法国汉学》丛书编辑委员会编，《法国汉学》第 10 辑，页 305—323；法兰兹·格瑞内（Frantz Grenet）著，阿米娜译，《法国——乌兹别克考古队在古代撒马尔干遗址阿弗拉西阿卜发掘的主要成果》，《法国汉学》丛书编辑委

屏中《贵人骑马图》居于各个石板三幅画面的中央,人物比例高大。相较于北魏石床围屏《鞍马图》仅是用来衬托墓主的辅助性图像,安阳石床所见粟特骑马人物具有独特的尊贵性。这种以骑马的姿态来表现人物的尊贵身份,也可见于片治肯特或是位在撒马尔干北郊的阿弗拉西阿卜(Afrasiab)壁画,有其中亚文化的渊源。[①]

安阳石床围屏中带状装饰花纹的表现亦值得注意。每扇屏风的上侧与左右两侧均有由联珠纹与忍冬纹组成的饰带;中央两块石板下方虽然没有忍冬纹,但可见到联珠纹。在靠近前方双阙的一边,由于部分为前方双阙构件所遮掩,仅描绘出上段的花纹。安阳围屏中所见这种对于带状纹样的兴趣,表现出粟特人装饰的好尚。在片治肯特壁画边框以联珠纹分隔,其中也可见到结合植物纹与联珠纹的装饰带(图5-24)。以带状装饰作为壁画边框,为片治肯特壁画布局上的基本模式。[②]

关于安阳石床围屏的图像内容,斯卡利亚指出其受到萨珊王朝宫廷宗教礼仪的影响。[③]马尔沙克认为表现出源自祆教的新年祭祀及供养祖先的场面,这个解释后来广为学界所接受。[④]例如张广达提及这

员会编,《法国汉学》第 8 辑(北京:中华书局,2003),页 510—531;フランツ・グルネ(Frantz Grenet),《サマルカンド出土"使节の壁画"に关する最新の研究》,东京文化财研究所文化遗产国际协力中心编,《シルクロードの壁画——东西文化の交流を探る》(东京:言丛社,2007),页 27—42; Boris I. Marshak, "The Sarcophagus of *Sabao* Yu Hong, a Head of the Foreign Merchants (592—598)", *Orientations*, Vol. 35, No. 4(2004), pp. 57—65。

① "撒马尔干"或"撒马儿罕"(Samarkand)在《魏书》中记为"悉万斤",《新唐书》作"萨末鞬"或"飒秣建"。陈庆隆,《"撒马儿罕"语源考》,《大陆杂志》39 卷 4 期(1969),页 29—34。

② Guitty Azarpay, *Sogdian Painting: The Pictorial Epic in Oriental Art* (Berkeley: University of California Press, 1981), pp. 144—147.

③ Gustina Scaglia, "Central Asians on a Northern Ch'I Gate Shrine", pp. 19—20.

④ Boris I. Marshak, "Le Programme Iconographique des peintures de la 《Salle des ambassadeurs》à Afrasiab (Samarkand)", pp. 5—20.

第五章　展现自我叙事：北齐安阳粟特人葬具与北魏遗风

图 5-24　八世纪初片治肯特壁画　联珠纹边饰摹本

类图像为"反映昭武九姓胡（粟特人）欢度节日的场景"①，田边胜美称之为"粟特人新年祭典图"②，姜伯勤称安阳石床中葡萄园的表现为"粟特人新年节庆"③。但值得注意的是围屏中的主人戴帽。据影山悦子的研究，白帽为粟特商人所好的服饰，可见于安伽墓围屏。④安阳石床中人物所戴的帽型近似，虽然无法确认为白帽，但可推测安阳石床中的新年祭祀图并非以粟特人中亚的故土为背景。中亚粟特壁画中的粟特人主要以贵族的形象与活动呈现，在安阳石床的墓主画像中表现出粟特贵族的活动，其中则兼具商人形象的因素。⑤

---

① 张广达，《唐代祆教图像再考——敦煌汉文写卷伯希和编号 P.4518 之附件 24 表现的形象是否祆教神祇妲厄娜（Daêna）和妲厄娲（Daêva）？》，《唐研究》3 期（1997），页 1—17，后收入氏著，《文本图像与文化传播》，页 274—289。

② 田辺胜美、前田耕作，《世界美术大全集·东洋编》第 15 卷《中亚》（东京：小学馆，1999），页 16。同样题名可见于东京国立博物馆编，《シルクロード大美术展》（东京：株式会社便利堂，1996），页 39。

③ 姜伯勤，《中国祆教艺术史研究》，页 33—62；Jiang Boqin, "The Zoroastrian Art of the Sogdians in China", pp. 54—56。

④ 影山悦子，《粟特人在龟兹——从考古和图像学角度来研究》，《法国汉学》第 10 辑，页 191—204。

⑤ 关于中亚粟特壁画中所呈现粟特人的自我形象，参见葛乐耐著，毛民译，《粟特人的自画像》，页 305—323；Étienne de la Vaissière, translated by James Ward, *Sogdian Traders: A History* (Leiden, Boston: Brill, 2005), pp. 162—163。

2. 双阙的来源与意义

德国科隆东亚艺术博物馆藏有两件石阙（图 5-1、图 5-2），原来位在安阳石床的前方，左右对称。门阙正面刻有人物与鞍马。这种附有双阙的石床，以及在阙内表现仪仗的做法，均可在北魏围屏石床中找到原型。

（1）北魏石床中的阙

汉代画像中可见到许多与阙有关的形象。[①] 但是就现有的材料来看，将阙置于围屏石床，始于北魏洛阳时期。A 组围屏画像中以线刻画的形式表现出阙形。在 A 组围屏的《诣阙图》中，只有一组子母阙，未见相对称的双阙（图 4-3）。子母阙位在画面的一侧，阙前站有两位男性人物，着长袍，拱手而立，作贵族人物形象。阙后未见墙垣，画面下方有石块重叠，以树与云气为背景。《诣阙图》位在右侧围屏最前端，正与北魏石床中安放石阙的位置相符合。

北魏石床同时也出现立体的双石阙。双阙上及连结在双阙之后的墙檐上，均刻划仪仗人物。波士顿美术馆藏的北魏双阙，由子母阙与一面有瓦檐的墙所构成（图 5-22）。[②] 子母阙与墙上均刻划细柱与斗拱，作为仿木构建筑的表现。子母阙上各有一位仪仗人物立像，石墙则由细柱分为五栏，每栏中各有一位人物，面朝中央，排列整齐。母阙上的人物尺寸较大，并且与其他人物不同，作正面像。双阙侧面，亦即朝向中央的一面，也刻划一位仪仗人物。波士顿美术馆的这件双阙原来所对应的石床，是否就是图 5-22 同馆收藏的北魏石床，尚难确定，但是这种双阙原来应该就是安放在石床的前侧并且相互对称。A 组围

[①] 相关研究的综合评述，参见刘增贵，《汉代画象阙的象征意义》，《中国史学》10 期（2000），页 97—127。

[②] 这组双阙最早的介绍可见于 C. T. Loo & Co., *An Exhibition of Chinese Stone Sculptures*（New York, 1940）图版 36 之解说。

第五章 展现自我叙事：北齐安阳粟特人葬具与北魏遗风

屏画像中的阙并未作对称安排，子母阙也尚未与仪仗人物结合，正可与波士顿美术馆所藏的双阙相对照。这种现象显示北魏洛阳时期为阙与石床相结合的初期阶段，尚可在葬具中见到单阙、双阙等不同的表现形式。北魏之后北朝石床中的双阙，则均与仪仗图或鞍马图相结合。

日本大阪府和泉市久保惣记念美术馆藏有一套北魏石床（图5-25），石床围屏中央为墓主夫妇图像，墓主夫妇的左右两侧，以及左右侧板上的画像均为《孝子传图》。[1] 在石床的前侧有双阙，双阙分别由子母阙组成，阙上并未刻画图像。

图 5-25 北魏围屏石床

河南安阳安丰乡固岸村发现大规模东魏北齐墓地，其中东魏武定六年编号 M57 墓出土一套完整的石床（图 4-62）。[2] 围屏上刻画《孝子传图》，前侧有一对子母阙。安阳固岸出土的石床或双阙的形制均与久保惣记念美术馆藏石床类似，这是至今经正式考古发掘的北朝石

---

[1] 黑田彰，《和泉市久保惣记念美术馆藏北魏石床考》，和泉市久保惣记念美术馆，《北魏棺床の研究 和泉市久保惣记念美术馆 石造 人物神兽图棺床研究》，页38—58，后收入氏著，《孝子传图の研究》，页415—459。

[2] 参见本书第 226 页注①。

269

床围屏中唯一出土双阙的实例,弥足珍贵。此外,石床上有两具遗骨,残存帷幕痕迹,对于思考石床的功能与名称等问题具有重要参考价值。由安阳固岸石床可知,北魏洛阳石刻线画风格与围屏石床到了东魏保留在安阳、邺城一带。

另有一件以人马为主题的北魏石刻线画,原来应该也是属于围屏石床的构件(图 5-26,川端康成旧藏)。[①] 原石为石灰岩,石块右侧残损,上方有瓦檐,宽约 21 厘米。画面中有一侍者以右手牵引鞍马,衣袖宽大,着袴。鞍马颈部有饰物,举起一足。马蹄下方有石块,画面边缘则有小树,鞍马背部上方有两只飞鸟与远山。这类的鞍马形象常见于北魏洛阳石刻线画。就上方瓦檐的结构与鞍马的方向看来,这件画像原来应该是石床围屏的配件,置于石床前方的右侧。石块一端切割平齐,未见阙形。若参考波士顿美术馆以及久保惣记念美术馆藏的北魏双阙,原来在石块左侧可能也附有石阙。

这种石床阙上的仪仗人物,其意义应该与描绘在墓道上的仪仗人物相近,均具有表现墓主身份与墓主出行的意义。北魏时期仪仗人物立像壁画可见于正光元年元怿墓,另外在东魏茹茹公主墓在墓道中出现许多作正面立像的仪仗人物。[②] 阙图与石阙的出现,也改变围屏图像的配置方式。围屏布局的方向性,除了原有的向后方中央集中之外,又增加导引向外侧的诱因。正如同墓主夫妇作为图像向内排列的中轴点,双阙成为向外对称排列的新基准。围屏图像于是由单一基准(墓主夫妇)的单向布局,转向双基准(墓主夫妇与双阙)的双向排列。这种石床围屏布局的新发展始于北魏完成于北齐,可见于安阳粟特

[①] 水野清一,《北朝画像石》,《史林》33 卷 6 号(1950),页 9,后收入氏著,《中国の佛教美术》,页 167—168。

[②] 北魏围屏中也可见到以仪仗图的例子,但是并未与阙图结合,而是位在墓主夫妇画像的左侧。图版参见黄明兰,《洛阳北魏世俗石刻线画集》,页 91。

第五章　展现自我叙事：北齐安阳粟特人葬具与北魏遗风

图 5-26　北魏人马画像

石床。①

（2）阙的尊贵性

阙本身就是具有政治象征性的建筑地标，由汉代至南北朝，均可见到许多与阙相关，且具有浓厚政治意味的记载。由于阙为官府、朝廷的象征，赴阙往往就是指参拜官府或朝廷。②官吏或百姓前往阙的所在多称为"诣阙"，无论是颂恩、谢罪、上献、上章，皆可为与诣阙这一行为产生关联。北魏元（拓跋）平原（？—487）武勇有谋略，

---

①　克利夫兰美术馆（Cleveland Museum of Art）藏北魏石床上方两侧各有两个稍窄的凹槽，这可能是用来安放双阙。这件石床上方的线描图参见 Elinor Pearlstein, "Pictorial Stone from Chinese Tomb", p. 304。同样的结构可见于和泉市久保惣记念美术馆收藏的石床。北魏石床中原本曾经放置双阙的实例，可能超过目前所知的比例。

②　刘增贵，《门户与中国古代社会》，《"中央研究院"历史语言研究所集刊》68本4分（1997），页817—897。

曾任齐州、兖州诸军事、镇南将军、齐州刺史。北魏孝文帝时以私粮赈济百姓，《魏书》卷16《道武七王·颍川王平原传》叙述："百姓咸称咏之。州民韩凝之等千余人，诣阙颂之，高祖览而嘉叹。"[1] 由孝文帝"览而嘉叹"来看，诣阙颂德一事显然为孝文帝所知悉。北魏末年节闵帝（498—532）曾诏："天下有德孝仁贤忠义志信者，可以礼召赴阙，不应召者以不敬论。"[2] 阙在此则是作为朝廷象征。

北朝与汉代相同，墓前立阙同样是彰显墓主身份的常见方式。景明三年（502）灵太后（？—528）母皇甫氏殁于洛阳，封为京兆郡君，又追封为秦太上君。灵太后特意扩建其母的茔园，其中包含门阙与碑表："太后以太上君坟瘗卑局，更增广，为起茔域门阙碑表。"[3] 借由扩建地面上的茔园来表彰死者，其中"门阙碑表"为墓地的重要地标。

在阙上刻画图像，也同样具有表彰德行的意义。东魏北齐时期的许惇任阳平郡（今河北馆陶）太守，正值迁都于邺城之际，治理有功，朝廷"特加赏异，图形于阙，诏颁天下"[4]。此阙所在位置当中并未明言，但显然并非墓阙，可能是官府的阙或是朝廷的天阙；由"诏颁天下"来看，似乎朝廷天阙的可能性要高一些。值得注意的是，在这里并非借由立阙，而是以图画于阙的方式表彰许惇的政绩。

上述关于诣阙的记载，有助于认识北魏石床双阙的社会政治意义。无论诣阙所行为何事，诣阙这一行为表现下对上的礼敬，区分出上下之间的尊卑关系，具有浓厚政治意涵。诣阙表达下对上的臣服与称颂，立阙、图画于阙，则又可作为上对下的嘉许与礼遇。虽然北魏石床为

---

[1] 《魏书》卷16《道武七王·颍川王平原传》，页396。
[2] 《魏书》卷11《前废帝广陵王纪》，页276。
[3] 《魏书》卷83《外戚·胡国珍传》，页1834。
[4] 《北齐书》卷43《许惇传》，页574。又见《北史》卷26《许彦五世孙惇传》，页946。

第五章　展现自我叙事：北齐安阳粟特人葬具与北魏遗风

葬具，但是其中对于阙的使用方式以及所传达的意义，应与当时社会文化中对于阙的认识密切相关。就阙在北魏政治文化中的象征性来看，无论在石床围屏上描绘《诣阙图》或是安放双阙，都具有彰显墓主身份的作用。北魏石床中双阙多与仪仗人物结合，正是这种象征意义的展现。因此，描绘阙图或是将双阙安放于石床上等这类行为本身，也就具有礼敬墓主的意涵。

3. 叙事的基本单位

安阳石床围屏在图像配置上的特征之一，在于反复运用极为相似的构图与模式。波士顿美术馆与吉美博物馆收藏的围屏中，均可见到三个画面构成一组叙事单位。这个叙事单位分别由《墓主宴饮图》—《贵人骑马图》—《葡萄宴饮图》或是《墓主宴饮图》—《贵人骑马图》—《墓主宴饮图》所组成。本文称为"三幅成组"。《贵人骑马图》的行进方向虽有右左之别，但是始终位在中央。左右两端的《墓主宴饮图》与《葡萄宴饮图》则可互换位置，或是以《墓主宴饮图》取代《葡萄宴饮图》。

这种"三幅成组"的叙事单位，未见中亚粟特壁画，也不见于北魏石床围屏图像。但是追溯其原型，却是来自北魏围屏，源自北魏围屏特有的物理结构。北魏石床围屏由四块石板所组成，一般而言每块石板分成三幅画面，合计十二幅。这种划分石板与区隔画面的方式，应是为了配合石床而设计，为葬具所专用。在北魏石床围屏中，并未将每一块石板中的三个画面视为一组固定的单位。然而在北齐安阳石床则将这种物理结构加以格式化，将一块石板的三幅画面作为设计围屏图像的基本单位，并在这个单位内加以变化，成为"三幅成组"的图像组合。

值得注意的是，这种"三幅成组"的叙事单位也可见于陕西西安北周大象二年史君墓石椁（图 5-27）。史君墓位在西安市未央区大明

273

图像与装饰：北朝墓葬的生死表象

宫井上村东，与北周安伽墓相距约2.2公里。[①]墓室中部偏北侧发现一座屋形葬具，东西长2.46米、南北宽1.55米、高1.58米，主要可分成底座、椁壁、椁顶三大部分。石椁四面刻有祆神祭天、宴饮等题材丰富的浮雕，内部残留有壁画痕迹，附有一件石床。石椁正面（南面）石门上方发现一长方形题刻，分别以粟特文与汉文书写。由此可知墓主史君为北周凉州萨宝，卒于大象元年，其妻于大象二年与之合葬。石椁西壁有三幅画面，自南而北第一幅W1上方有一神说法、W2为男女夫妇怀抱婴儿、W3为狩猎和商队出行（图5-28、5-29）。石椁北壁由四块石板组成，其中由西而东分别是N1至N5五幅画面（图5-30）。N1为帐篷饮酒、商旅，N2为男女主人宴饮，N3为骑马出行，N4为男女主人葡萄园宴饮，N5为洞中老者、飞天等形象。

史君墓石椁图像表现史君生涯，依照西壁、北壁而东壁的顺序推移，为具有自传性的叙事表现。学者对于个别图像的细部解释略有差异。葛乐耐将各壁画面与史君墓题铭记载相对照，认为由W2、W3至N1、N2、N3、N4六幅具有连续性的叙事关系，表现史君生平的活动[②]；他同时指出这六幅画面而非如同其他汉地粟特人葬具中所见，

[①] 北周史君墓的相关介绍参见杨军凯，《北周史君墓石椁东壁浮雕图像初探》，《艺术史研究》5期（2003），页189—198；杨军凯，《入华粟特聚落首领墓葬的新发现——北周凉州萨保史君墓石椁图像初释》，收入荣新江、张志清主编，《从撒马尔干到长安——粟特人在中国的文化遗迹》，页17—26，又收入《法国汉学》丛书编辑委员会编，《法国汉学》第10辑，页3—15。Frantz Grenet, Pénélope Riboud et Yang Junkai, "Zoroastrian Scenes on A Newly Discovered Sogdian Tomb in Xi'an, Northern China", *Studia Iranica* 33 (2004), pp. 273—284。

[②] Frantz Grenet, "Religious Diversity among Sogdian Merchants in Sixth-Century China: Zoroastrianism, Buddhism, Manichaeism, and Hinduism", *Comparative Studies of South Asia, Africa and the Middle East* Vol. 27, No. 2(2007), pp.463—478; Frantz Grenet, Pénélope Riboud, "A Reflection of the Hephtalite Empire: The Biographical Narrative in the Reliefs of the Tomb of the Sabao Wirkak (494—579)", *Bulletin of the Asia Institute* 17(2007), pp. 133—143.

第五章 展现自我叙事：北齐安阳粟特人葬具与北魏遗风

图 5-27 北周大象二年陕西西安史君墓石椁正面（上）西壁至北壁（下）

图像与装饰：北朝墓葬的生死表象

图 5-28　史君墓石椁西壁

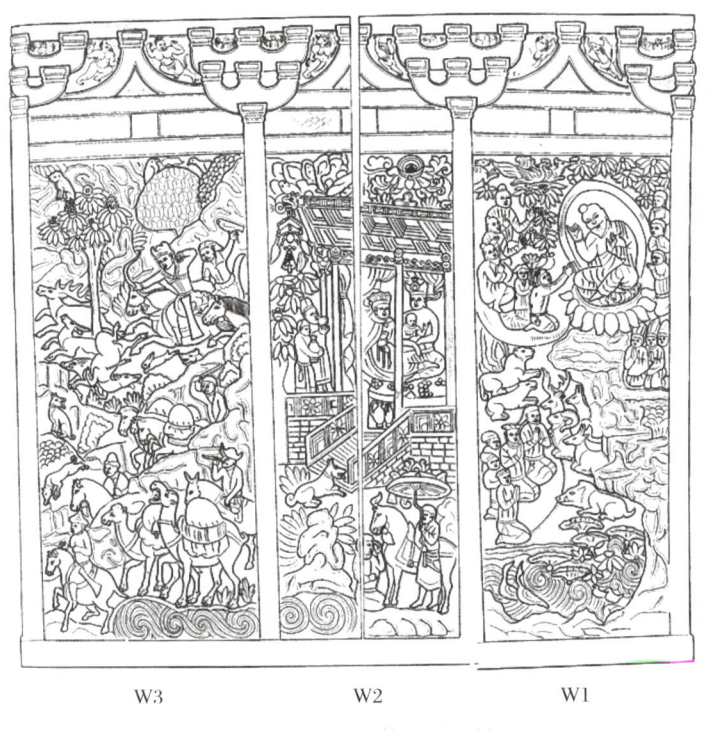

图 5-29　史君墓石椁西壁线描图

W3　　　　　W2　　　　　W1

第五章　展现自我叙事：北齐安阳粟特人葬具与北魏遗风

图 5-30　史君墓石椁北壁线描图

仅是遵循模式化的表现，而是较接近实际发生的事件。这六幅画面叙事的顺序是由西壁绕至北壁，其方向可由狩猎、骑马人物的行进方向得知。其中重复出现两次的蓄胡人物应为史君。葛乐耐并认为 W2 与 N2 头戴有翼冠的统治者为嚈哒国王。[1] W2 中上方头戴有翼冠的王者手中怀抱一婴儿。N2 的构图与 W2 类似，但是其中却无婴儿，葛乐耐认为这意味两图之间相距一个世代。这些图像的意义在于表现当史

---

[1] 吉田丰稍早已指出 N1 中头戴有翼冠者为嚈哒首领。曾布川宽、影山悦子与丁爱博认为 N2 为墓主夫妇宴饮图，其中戴羽翼冠者为史君。荣新江将画面中的人物统称为粟特商队。吉田丰，《西安新出土史君墓志的粟特文部分考释》，《法国汉学》第 10 辑，页 32；荣新江，《北周史君墓石椁所见之粟特商队》，《文物》3 期（2005），页 47—56，后收入氏著《中古中国与粟特文明》，页 217—234；曾布川宽，《中国出土のソグド石刻画像試論》，页 124—125；影山悦子，《中国新出ソグド人葬具に見られる鳥翼冠と三面三日月冠——エフタルの中央アジア支配の影響》，页 125—126；Etsuko Kageyama, "The Winged Crown and the Triple-crescent Crown in the Sogdian Funerary Monuments from China: Their Relation to the Hephthalite Occupation of Central Asia", pp.12—14; Albert E. Dien, "Observations Concerning the Tomb of Master Shi", *Bulletin of the Asia Institute*, 17(2003), pp. 105—115。

君成为萨宝之前,曾与嚈哒进行约一世纪的贸易,并且得到嚈哒国王的信赖。史君活跃于商旅的时间约在六世纪上半叶,在N3、N4中史君已经成人并且完婚。文中指出N3位在北壁正中央,以骑马人物代表史君担任萨宝,具有独特的重要性。N4为史君夫妇两人与其他粟特人在新年祭中的宴饮场景。并由树木的造型推测W2、W3、N1、N2以中亚为场景,N3为史君在中国,N4则为史君就任萨宝之后于甘肃的活动。

这六幅画面借由既定叙事单位来表现史君的生平,是由两个连续的"三幅成组"模式所构成:W2、W3、N1为一组;N2、N3、N4则为另一组。换言之,这六幅画面是借由两个连续的"三幅成组"模式来表现史君的生涯。W2、W3、N1为"三幅成组"模式的变形,以狩猎和商队出行取代贵人骑马,以帐篷饮酒、商旅替换葡萄园宴饮。N2、N3、N4则较忠实地遵守"三幅成组"的基本图像组合,亦即依照《墓主宴饮图》—《贵人骑马图》—《葡萄宴饮图》的顺序。图中强调《贵人骑马图》的重要性。又由于"三幅成组"是用来表现墓主的模式,因此N2中戴羽翼冠的人物应该不是嚈哒国王,而是史君的形象。

N2、N3、N4的图像组合与安阳石床围屏极为相似,合起来正好是安阳围屏中一块石板的图像组合。[①] 但是史君墓石椁的叙事顺序由西壁、北壁而至东壁,连结两个"三幅成组"模式,与安阳围屏中强调左右对称的布局不同。在安阳围屏中,由于遵守北魏围屏对称性布局的原则,因而以左右对称的方式排列"三幅成组"的组合。相反地,在史君墓中则解消了对称性,将"三幅成组"作为连续性的叙事单位,

---

① 葛乐耐推测N4葡萄宴饮可能是表现粟特人新年节庆。同样主题也可见于安阳石床。Frantz Grenet, "Religious Diversity among Sogdian Merchants in Sixth-Century China: Zoroastrianism, Buddhism, Manichaeism, and Hinduism", p. 467。

第五章　展现自我叙事：北齐安阳粟特人葬具与北魏遗风

其叙事由石椁的西壁延伸至北壁。N2、N3、N4 三幅图为石椁北壁图像的主体，占据绝大部分面积。这三图安排在石椁北壁，画面最大，成为表现墓主的主要图像。两相比较，可以将安阳石床视为基本形态，史君墓则为进一步的运用与变化。由于安阳石床的年代较史君墓为早，汉地粟特人图像的叙事性表现似有由简而繁的趋势。

史君墓石椁东壁同样由三幅画面所组成，具有连续性关系。由北而南，E1 上方有神像、男女人物，下方有祭司等；E2 为夫妇过桥，天空有坠落的人物与有翼马；E3 为夫妇骑马飞升天国（图 5-31）。这三幅画面表现墓主夫妇经过天神审判之后，通过"钦瓦特桥"（Chinvat Bridge）而飞升天国。[1] 由于是表现升天的情景，这三幅画面并未依照《墓主宴饮图》—《贵人骑马图》—《葡萄宴饮图》的模式。但其叙事方式同样是以三个画面来表现升天的过程，可视为"三幅成组"的另一种应用。[2]

"三幅成组"叙事单位的出现为汉地粟特葬具图像配置的重要发展，促使围屏图像的配置原则由单一中心转变为多重中心。[3] 北魏《孝

---

[1] 杨军凯，《北周史君墓石椁东壁浮雕图像初探》，页 195—196；西安市文物保护考古所，《西安市北周史君石椁墓》，页 48；Frantz Grenet, Pénélope Riboud et Yang Junkai, "Zoroastrian Scenes on A Newly Discovered Sogdian Tomb in Xi'an, Northern China", pp. 278—279。

[2] "三幅成组"的模式未能涵盖史君墓石椁全部的图像配置，例如西壁 W1 与北壁最东侧的 N5。值得注意的是 W1 与 N5 均有天神的表现。W1 上方有天神坐于莲花座，N5 上方有一老人坐于山洞内，下方有天人拯救落水人物的情景。Étienne de la Vaissière（魏义天）与葛乐耐认为两幅画面中的天神并非祆神，而是与摩尼教（Manichaeism）有关。这显示在北周"三幅成组"的模式为了表现更复杂的叙事内容，可在两个相连结的"三幅成组"的前后插入不同的主题。Étienne de la Vaissière, "Mani en Chine au VIe si", *Journal Asiatique* 293(2005), pp. 357—378; Frantz Grenet, "Religious Diversity among Sogdian Merchants in Sixth-Century China: Zoroastrianism, Buddhism, Manichaeism, and Hinduism", pp. 463—476.

[3] 北周西安康业墓中央右侧围屏中同样可见到"三幅成组"的叙事单位，参见本书第 6 章。

图像与装饰：北朝墓葬的生死表象

E3　　　　　　　E2　　　　　　　E1
图 5-31　史君墓石椁东壁线描图

子传图》石床围屏图像具有单一中心，墓主夫妇图像为唯一的中心性图像，该图与其他图像之间具有主从之别的位阶关系。A 组围屏中开始打破这个原则，墓主夫妇图像至少出现两次，分别是在墓主夫妇宴饮以及两幅仙界图像《吹笙引凤图》《树下濯足图》之中，但是围屏后侧的墓主夫妇图像依然具有中心地位。然而在汉地粟特人葬具中，墓主夫妇图像即使是位在围屏后侧，未必代表其为最重要图像，《贵人骑马图》具有同等甚至更高的地位。在"三幅成组"的模式中，三幅画面中均出现墓主的形象，图像之间的关系并不具绝对的主从之别，而是多重中心的图像组合；其表现着重在叙事性关系，为图像主题在时间推移过程中的不同展现。安阳石床围屏与安伽墓围屏中所见两侧围屏朝向前方（外侧）的排列方式，可说是对于单一中心的解消，也

第五章　展现自我叙事：北齐安阳粟特人葬具与北魏遗风

是配置石阙以及多重中心图像组合后所导引出来的结果。

"三幅成组"的叙事单位不仅可见于北齐邺城一带，也出现在北周的长安，该如何解释这个现象？首先可以考虑粟特人所建立足以联络并横跨邺城与长安的贸易网络。但是若比较安阳石床、史君墓石椁及康业墓石床，三者之间除了"三幅成组"的叙事单位之外，其他相似图像有限，因此较为合理的推测是两者具有共通的北魏渊源。由于这类葬具与北魏墓葬文化的关系密切，这种"三幅成组"的表现模式可能在北魏已经出现，魏分东西之后在各地辗转流传，表现出不同区域性变化。此外，值得注意的是这几件葬具皆与萨宝有关：安阳石床墓主可能是邺都萨宝，史君为北周凉州萨宝，而萨宝为北魏建国之初开始设置的官衔。[1] 康业则任"大天主"，相当于祆教祭司的职位。[2] 由此看来，似乎不能排除这种"三幅成组"的叙事模式在北魏已经为萨宝所用的可能性。

4. 粟特墓葬图像的制作

以下检讨安阳石床制作者的问题，首先考虑是否出自粟特工匠之手。[3] 南北朝粟特聚落中的粟特人除了经商贸易之外，还有不少擅于

---

[1] 关于北魏萨宝官职，可见于唐永徽五年（654）《唐安万通砖志铭》与咸亨元年（670）《史诃耽墓志》；贺梓城，《唐王朝与边境民族和邻国的友好关系——唐墓志铭札记之一》，《文博》创刊号（1984），页 56—60；罗丰编著，《固原南郊隋唐墓地》（北京：文物出版社，1996），页 67—72；姜伯勤，《萨宝府制度源流略论——汉文粟特人墓志考释之一》，《华学》3 期（1998），页 290—308；荒川正晴，《ソグド人の移住聚落と东方交易活动》，《岩波讲座　世界历史 15　商人と市场》（东京：岩波书店，1999），页 81—103。

[2] "天主"即为"祆主"。程林泉、张翔宇、山下将司，《北周康业墓志考略》，《文物》6 期（2008），页 82—84。

[3] 荣新江认为安阳石床为粟特工匠所制。荣新江，《粟特祆教美术东传过程中的转化——从粟特到中国》，收入巫鸿主编，《汉唐之间文化艺术的互动与交融》，页 51—72，后收入氏著，《中古中国与外来文明》（北京：生活·读书·新知三联书店，2001），页 301—325。

手工业的工匠。汉地粟特人在引进"胡锦"的技术中具有关键性的中介作用，胡锦同时也是粟特商人重要的贸易货物。[1] 这类胡锦除了表现中亚风物的图案之外，也有祆神的表现。唐代粟特人工匠主要制作皮革、纺织与金银器皿为主。

值得注意的是粟特工匠中也有擅长绘画的画工。例如在高昌延昌三十七年（597）吐鲁番阿斯塔那153号墓中出土文书《高昌入作人画师主胶人等名籍》，其中"次主胶人"有康众□（缺字）、康师保、康致得等人、"次画师"有何相胡。"五月廿九日入作人"有康回君、康师保等。[2] 又据张彦远《历代名画记》，北齐粟特画家中特别杰出者为曹仲达，擅于制作"梵像""外国佛像"，并曾绘制《弋猎图》。[3] 贵族狩猎图为中亚粟特人所喜好的题材，曹仲达所绘的《弋猎图》可能具有粟特文化的渊源。曹仲达虽为粟特人，但却擅长佛画。就粟特人原有的信仰来看，曹仲达应该除了佛画之外，也善于祆教绘画，只是这类画像很难为非信仰祆教的汉人所窥见。

关于汉地祆教图像与佛教美术的关系，除了石床本身图像的发展之外，还可以由中亚地区粟特人宗教图像的特征来考虑。中亚粟特人的宗教图像中原本就已融汇多元宗教图像传统，粟特固有的宗教图像极为有限，必须以借用或转化的方式扩充其图像表现的范围。即使在中亚故土，粟特人的宗教图像也已与邻近文化的政治、宗教图像相习

---

[1] 姜伯勤，《敦煌吐鲁番文书与丝绸之路》，页165、222—223。

[2] 国家文物局古文献研究室等编，《吐鲁番出土文书》第2册（北京：文物出版社，1981），页333—334；姜伯勤，《敦煌吐鲁番文书与丝绸之路》，页158。

[3] （唐）张彦远，《历代名画记》卷8："曹仲达，本曹国人也。北齐最称工，能画梵像，官至朝散大夫。僧悰云：'曹师于袁，冰寒于水。外国佛像，无竞于时。'"于安澜编，《画史丛书》第1册，页97；（唐）道宣，《集神州三宝感通录》卷中："时有北齐画工曹仲达者，本曹国人。善于丹青，妙尽梵迹，传模西瑞，京邑所推，故今寺壁正阳皆其真范。"《大正新修大藏经》卷52（台北：新文丰出版公司，1983），页421。

第五章　展现自我叙事：北齐安阳粟特人葬具与北魏遗风

合。五世纪片治肯特壁画中的神像与萨珊王朝皇室的图像具有类似性，六世纪还吸收印度宗教文化的因素，例如以印度湿婆（Shiva）的形象来表现粟特风神（Veshparkar）。六至八世纪中亚粟特人对于异国宗教图像已颇为熟悉。[①]

其次，还可由较为实际的宗教图像制作角度，来观察祆教图像与佛教图像的关系。当北朝晚期祆教徒制作墓葬图像时，中国佛教已得到蓬勃发展，影响力遍及中国社会文化的各个层面。佛教美术包括寺院、石窟的建造与造像活动等，上由皇室下至民间均极为盛行；相对地，祆教的影响力仅限于粟特人聚落，范围有限。汉地粟特人葬具图像的制作，还是必须与其他非祆教信徒的汉人或其他民族合作。其中图像制作的参照来源，除了祆教既有图像与中原墓葬图像之外，可能就是当时居于宗教美术主流的佛教图像。因此无可避免地，北朝祆教图像的发展，往往必须面临如何与佛教图像产生区别、相互对话，或是运用既成的佛教美术语言来表现祆教图像意义的问题。在其他汉地粟特石床中同样可见转用佛教图像的现象，安阳石床并非特例。[②]

安阳石床墓主的等级甚高，正如斯卡利亚与姜伯勤所言，其身份很可能是萨宝。如果再配合安阳石床与北响堂山石窟在风格上的类似性，则制作此石床的技术与工匠，很可能是出自北齐皇室的作坊。北

[①] Guitty Azarpay, *Sogdian Painting: The Pictorial Epic in Oriental Art*, pp. 29—30; Boris I. Marshak, "New Discoveries in Pendjikent and A Problem of Comparative Study of Sasanian and Sogdian Art", in *Convegno internazionale sul tema: La Persia e l'Asia Centrale da Alessandro al X secolo* (Roma: Accademia Nazionale dei Lincei. Atti dei convegni lincei, 1996), pp. 425—438.

[②] 卡特注意到粟特石床与佛教造像碑龛的关系。粟特人葬具中出现佛教因素，尚可见于其他实例。史君墓墓门门扉上有彩绘飞天痕迹，门坎两端有狮子与四位童子像。石椁的图像中有坐于莲花座上的天神与类似飞天的形象。安伽墓石门门额上有奏乐天人，虞弘墓石椁入口尖顶门楣与一对鸟首，与佛龛相类。Martha L. Carter, "Notes on Two Chinese Stone Funerary Bed Bases with Zoroastrian Symbolism", p. 270.

齐鸿胪寺掌管番客朝会与吉凶吊祭等礼仪[1]，安阳石床的制作可能与北齐邺都官方作坊有关，汉人或其他部族的工匠集团应该有参与墓葬制作。这些汉地粟特人墓葬，其墓室的挖掘、开通墓道、石材、砖瓦的制作等，应该都是雇用当地工匠。石床之所以出现大量佛教因素，可能是因为这类邺城官方作坊原来主要从事佛教石窟、造像的雕刻。由风格来看，石床应该是出自官方作坊；围屏与双阙的风格独特，当为汉地粟特人的制作。综合各种图像制作的内外条件看来，安阳粟特石床很可能是在北齐鸿胪寺与邺都萨宝府的规划之下，由粟特人与其他部族的工匠分工合作完成。

三、北魏的粟特人活动

如导论所述，至今在中国所发现最早的粟特文献，为1907年斯坦因于敦煌西侧烽燧下所发现的一组粟特文书信残片。[2] 其中最重要的是二号书信，内容为在河西走廊和中国内地经商的粟特人写给家乡撒马尔干，并描述在中国经商的状况。二号书信中提及西晋末永嘉之乱期间，洛阳陷于饥荒与火灾，洛阳至敦煌一带粟特人家破人亡的遭

---

[1] 《隋书》卷27《百官志》："鸿胪寺，掌番客朝会，吉凶吊祭。统典客、典寺、司仪等署令、丞。典客署又有京邑萨甫二人，诸州萨甫一人。"（页756）

[2] 关于中亚粟特发展史的简介，参见 Boris I. Marshak, "The Sogdians in Their Homeland", in Annette L. Juliano and Judith A. Lerner eds., *Monks and Merchants: Silk Road Treasures from Northwest China, Gansu and Ningxia*, pp. 230—237。关于粟特人贸易网络与活动的综论，参见荣新江，《北朝隋唐粟特人之迁徙及其聚落》，《国学研究》6（1999），页27—86，后收入氏著，《中古中国与外来文明》，页37—110；森安孝夫，《兴亡の世界史 第5卷 シルクロードと唐帝国》（东京：讲谈社，2007），页87—136，中译见氏著，张雅婷译，《丝路、游牧民与唐帝国——从中央欧亚出发，骑马游牧民眼中的拓跋国家》（台北：八旗文化，2018），页95—147；Étienne de la Vaissière, translated by James Ward, *Sogdian Traders: A History* (Leiden, Boston: Brill, 2005).

第五章 展现自我叙事：北齐安阳粟特人葬具与北魏遗风

遇。可以想见中原的战乱为粟特人在汉地的活动带来很大限制，破坏粟特人的贸易网络，直到四世纪末才得以逐渐改善。[1]

北魏建国之后，随着北魏灭北凉，粟特人得以重建在中原的贸易网络，其商业活动得到较大保障。北魏对于西域的经营有助于丝路的畅通，便于粟特人进行贸易。北魏道武帝拓跋珪无心与西域交通，至太武帝拓跋焘太延年间开始经营西域，西域诸国也遣使来献。太武帝于太延元年遣使者二十人行使西域，鄯善、粟特国遣使朝献。[2] 太延二年遣六人使西域。[3] 太延三年（437）三月西域多国使者来贡，包括龟兹、悦般、焉耆、车师、粟特、疏勒、乌孙、渴盘陁、鄯善等国。太延年间散骑侍郎董琬、高明经鄯善前往乌孙国，其后董琬往破洛那，高明赴者舌而东归，于是西域诸国使节相继而来。[4]

然而这种交流的盛况随着太延五年北魏灭北凉而改变。北魏虽灭北凉并迁徙凉州民三万余家至平城，但是由于北凉残留的沮渠无讳派遣安周于太平真君二年（441）击鄯善，又北上高昌（今新疆吐鲁番地区），北魏经鄯善通往西域的交通路线于是受阻。[5] 太平真君元年（440）至六年（445）八月万度归平定鄯善为止，仅有太平真君五年（444）粟特使节入朝一例。其后在七年（446）下诏灭佛，但是灭佛期间，西域破洛那、迷密、疏勒、渴盘陀、龟兹等国相继入朝。太武帝出兵北凉所举出沮渠牧犍的罪状中，列有"切税商胡，以断行

---

[1] 1907 年二号书信被发现时尚未拆封，这封信终究未能送达收信地。这段时期汉地粟特人活动的分析，参见 Étienne de la Vaissière, translated by James Ward, *Sogdian Traders: A History*, pp. 43—68。

[2] 《魏书》卷 4《世祖纪上》，页 85。

[3] 《魏书》卷 4《世祖纪上》，页 87。

[4] 《魏书》卷 102《西域列传》，页 2260。

[5] 唐长孺，《南北朝期间西域与南朝的陆道交通》，收入氏著，《魏晋南北朝史论拾遗》（北京：中华书局，1983），页 168—195。

图像与装饰：北朝墓葬的生死表象

旅"一项。①北魏征伐北凉的原因之一，是为了有效控制通往西域的道路。②

自北魏五世纪下半叶起粟特人贸易根据地逐渐由凉州东移。虽然凉州作为粟特人在东西贸易上转运站的地位并未改变，但同时在北魏平城与其他主要城市中也建立起稳定的聚落。五世纪末之后北魏洛阳成为另一个贸易重要据点。北魏洛阳时期在洛阳商贩的胡商甚至定居于此地。洛阳城南设"四夷馆""四夷里"，中亚、西域胡商宿于"崦嵫馆"或居于"慕义里"。《洛阳伽蓝记》卷3《城南》记载③：

> 西夷来附者，处崦嵫馆，赐宅慕义里。自葱岭已西，至于大秦，百国千城，莫不款附。商胡贩客，日奔塞下。所谓尽天地之区已。乐中国土风因而宅者，不可胜数。是以附化之民，万有余家。门巷修整，阊阖填列。青槐荫陌，绿柳垂庭。天下难得之货，咸悉在焉。

文中"附化之民，万有余家"或有夸大之处，但显然在北魏洛阳时期，数量颇多的胡商已经入籍，为北魏粟特人在中原发展的重要阶段。④这批入籍北魏的粟特人采用何种丧葬礼仪，颇令人好奇。无论如何，北魏由平城至洛阳时期胡商日益活跃。可以想见六世纪初的

---

① 《魏书》卷99《沮渠蒙逊传》，页2207。
② 刘淑芬，《从民族史的角度看太武灭佛》，《"中央研究院"历史语言研究所集刊》72本2分（2000），页1—48，后收入氏著，《中古的佛教与社会》（上海：上海古籍出版社，2008），页3—45。
③ （北魏）杨衒之撰，周祖谟校释，《洛阳伽蓝记校释》（北京：中华书局，1963），页132—133。
④ 引文中的"胡商"未必以粟特人为限，可能还包括来自印度、波斯的商人。森安孝夫，《興亡の世界史　第5卷　シルクロードと唐帝国》，页107，中译本见森安孝夫著，张雅婷译，《丝路、游牧民与唐帝国——从中央欧亚出发，骑马游牧民眼中的拓跋国家》，页117。

286

第五章　展现自我叙事：北齐安阳粟特人葬具与北魏遗风

洛阳已经成为当时西方传来各类奢侈品的集散中心。① 又根据唐贞观二十一年（647）《大唐故洛阳康大农（婆）墓铭》②：

> 君讳婆，字季大，博陵人也。本康国王之裔也。高祖罗，以魏孝文世，举国内附，朝于洛阳，因而家焉，故为洛阳人也。祖陀，齐相府常侍。父和，隋定州萨宝。

此文可与前引《洛阳伽蓝记》的记载相互对照。康婆祖上在北魏孝文帝时举国内附并定居洛阳，正说明这个盛况。这一阶段粟特人不仅是在中原贸易，并且移居中国。

此外，邺城在北魏初可能是汉地粟特人活动的重要据点。③ 西晋末年的粟特文二号书信中，已提到最东方的经商据点为邺。又据北京国家图书馆藏唐咸亨四年（673）《唐故处士康君墓志》拓片④：

> 君讳元敬，字留师，相州安阳人也。原夫吹律命氏，其先肇自康居，毕万之后，因从孝文，遂居于邺。祖乐，骠骑大将军，又迁徐州诸军事。父伳相，齐九州摩诃大萨宝，寻改授龙骧将军。

康元敬祖康乐为北魏骠骑大将军，依据《魏书》卷113《官氏志》太和十七年令，官品为一品下，可见颇受北魏皇室重用。父康伳相任

---

① 林悟殊指出西域人大量进入中国内地聚居的时间在五世纪中叶之后。林悟殊，《火祆教始通中国的再认识》，《世界宗教研究》4期（1987），页13—23。后收入氏著，《波斯拜火教与古代中国》（台北：新文丰出版公司，1995），页105—122。
② 洛阳市文物工作队，《洛阳出土历代墓志辑绳》（北京：中国社会科学出版社，1991），页126。
③ 荣新江，《中古中国与外来文明》，页100—101。
④ 北京图书馆金石组编，《北京图书馆藏中国历代石刻拓片汇编》第15册（郑州：中州古籍出版社，1989），页193；荣新江、张志清主编，《从撒马尔干到长安——粟特人在中国的文化遗迹》，页118—119。

"齐九州摩诃大萨宝",驻在邺城。太和十七年冬至十八年春,孝文帝南迁洛阳前曾短暂留滞于邺城,并于城西建造宫殿。[1]由"因从孝文,遂居于邺"来看,康元敬祖上可能跟随孝文帝南迁,但抵达洛阳前就定居于邺城,这应该是墓志中称康元敬为相州安阳人的原因。可知在孝文帝迁都洛阳时,已有部分粟特人由平城辗转迁至邺,并可窥见北魏汉地粟特人与邺城的地缘关系。[2]此外北齐邺城与山西晋阳(今太原)之间的交通频繁,有利于邺城与山西中北部一带区域文化的交流。如果说安阳石床为属于萨宝等级的葬具,康元敬祖上的经历可作为理解该墓主家族背景的参考。

北魏平城初期邺城一带也已有鲜卑代人定居。北魏天赐五年(408)道武帝拓跋珪二子清河王绍擅闯禁中,道武帝暴崩,政局骚动。《魏书》卷16《道武七王·清河王绍传》:"肥如侯贺护举烽于安阳城北,故贺兰部人皆往赴之,其余旧部亦率子弟招集族人,往往相聚。"[3]可见北魏平城初期,除了平城之外,邺城一带已经是代人活动的重要据点。

粟特人亦曾进入代人集团,安同仕于北魏拓跋氏,在道武帝、明元帝时期颇受重用,卒于神䴥二年(429)。安同先祖传为高僧安世高,父安屈曾仕前燕慕容晲,因中原战乱避居于辽东。《魏书》卷30《安

---

[1] 《魏书》卷7《高祖纪下》,页173。
[2] 又河南安阳出土唐神龙元年(705)《康悊墓志》:"昔因仕邺,今卜居焉。匡后魏而尽忠,辅齐邦而献鲠。……曾祖□北齐金紫光禄大夫。祖君政,考积善,并蕴相国之奇谋,包卫尉之宏略。"康悊字慧悊,敦煌郡人,因仕于邺而居于此地。其家族应该是在北魏时入居中原。祖曾□(缺名)于北齐任金紫光禄大夫。北京图书馆金石组编,《北京图书馆藏中国历代石刻拓片汇编》第20册,页19;荣新江、张志清主编,《从撒马尔干到长安——粟特人在中国的文化遗迹》,页118—119。
[3] 《魏书》卷16《道武七王·清河王绍传》,页390。

第五章　展现自我叙事：北齐安阳粟特人葬具与北魏遗风

同传》：[1]

> 安同，辽东胡人也。其先祖曰世高，汉时以安息王侍子入洛。历魏至晋，避乱辽东，遂家焉。父屈，仕慕容晞，为殿中郎将。苻坚灭晞，屈友人公孙眷之妹没入苻氏宫，出赐刘库仁为妻。库仁贵宠之。同因随眷商贩，见太祖有济世之才，遂留奉侍。性端严明惠，好长者之言。

安屈父子为北魏之前进入中原的昭武九姓胡。安同在北魏鲜卑拓跋氏崛起之际随公孙眷商贩，在太祖道武帝登位之初即加入代人集团。道武帝曾命为外朝大人，赐爵北新侯。明元帝时期安同与长孙嵩、奚斤、崔宏等人并称"八公"[2]。安同晚年"颇殖财货，大兴寺塔"，热衷佛教信仰。

关于汉地粟特人对于北魏鲜卑拓跋氏的态度，河北定州出土的隋开皇五年（585）《惠郁等造像记》可提供若干思考线索。《惠郁等造像记》记载北魏太和十六年（492）至景明二年僧晕于七帝寺造三丈八弥勒金像一事。[3] 太和十五年（491）北魏太庙建成，迁七世神主于新庙，次年僧晕始建七帝寺并造丈八弥勒金像，以为帝室祈福。[4]

---

[1] 《魏书》卷30《安同传》，页712。文中称安同为安息王后裔，可能是附会之言。陈国灿，《魏晋至隋唐河西人的聚居与火祆教》，《西北民族研究》1期（1998），页198—209、282。

[2] 《魏书》卷13《长孙嵩传》，页643。又北魏神瑞元年（414）置"八大人官"，世号"八公"。《魏书》卷113《官氏志》："神瑞元年春，置八大人官，大人下置三属官，总理万机，故世号八公云。"（页2975）

[3] 《惠郁等造像记》见北京图书馆金石组编，《北京图书馆藏中国历代石刻拓片汇编》第9册，页25。贾恩绂，《定县金石志余》，收入《石刻史料新编》3辑24册（台北：新文丰出版公司，1986），页253、273。

[4] 关于七帝寺石刻史料的辨析，参见史睿，《金石学与粟特研究》，收入荣新江、张志清主编，《从撒马尔干到长安——粟特人在中国的文化遗迹》，页34—40。又见同书页107。

此事又见于正始二年（505）《僧晕等造像记》。① 弥勒金像于北周建德六年（577）废佛时严重毁损。之后隋文帝提倡佛教，前七帝寺寺主惠郁与玄凝等僧人发愿修复寺院，重塑大像，前定州赞治、并州总管府户曹参军博陵崔子石、前萨甫下司录商人何永康两人出资赎得七帝寺。其中记有"前萨甫下司录商人何永康"，无疑为粟特何国人。造像记中将博陵崔子石与粟特商人何永康并列，颇为特殊。博陵崔氏为北方代表性士族之一，社会地位崇高。北朝博陵崔氏又多热衷佛教信仰。由于粟特商人多富商，怀疑何永康为实质上出资最多的主要赞助人。可能是这个原因，在造像记中何永康才得以与崔子石并列。

粟特人信仰祆教，曾身为萨宝下属的何永康却出资赎回七帝寺，原因颇令人好奇。② 由此碑的记载来看，不能排除何永康是佛教徒的可能性。除了由何永康个人的宗教信仰或现实的社会政治因素来解释之外，另一项值得考虑的因素是七帝寺与北魏皇室的关系。何永康赎回七帝寺，或许还与其个人或族人对于北魏政权的历史记忆有关。四至六世纪之间，中原历经分裂战乱，其中曾经统一北方的政权为前秦与北魏；然而前秦的统一仅维持数年，北魏才是唯一实质上统一北方的政权。对于汉地粟特人而言，北魏建立西晋末永嘉之乱以来空前和平安定的贸易环境。此外，北魏建国初期开始设置萨宝，灵太后尊崇胡天，都具有笼络粟特人的作用。③ 北魏统一北方的局面以及皇室对于祆教的友善态度，亦有利于汉地粟特人扩大其在中原的聚落与商业

---

① 颜娟英主编，《北朝佛教石刻拓片百品》，"中央研究院"历史语言研究所珍藏史料暨典藏系列之三（台北："中央研究院"历史语言研究所，2008），页24—25。
② 荣新江，《北朝隋唐胡人聚落的宗教信仰与祆祠的社会功能》，收入同氏主编，《唐代宗教信仰与社会》（北京：上海辞书出版社，2003），页385—412。
③ 《魏书》卷13《皇后·宣武灵皇后胡氏传》："后幸嵩高山，夫人、九嫔、公主已下从者数百人，升于顶中，废诸淫祀，而胡天神不在其列。"（页338）。又见陈垣，《火祆教入中国考》，《国学季刊》1卷1期（1923），页27—46。

第五章 展现自我叙事：北齐安阳粟特人葬具与北魏遗风

活动。

自北魏灭北凉至北魏末年，五世纪中叶至六世纪初，实为北朝粟特人在地化的重要阶段。目前在中国出土的北朝晚期粟特人墓葬，就其墓志看来，这些汉地粟特人多已经在中原历经一代以上，而非第一代移民。康业生于北魏永平四年（512）。康业父于西魏大统十年（544）任大天主，北周保定三年（563）卒后由康业继任，史君出生于北魏太和十八年，时间正值孝文帝迁都洛阳。安伽生于北魏神龟元年（518），其父安突建曾任冠军将军、眉州刺史。固原史氏最晚在北魏末已定居中国。推测在五世纪下半叶至六世纪初，北魏的墓葬文化已逐渐为入籍的粟特人所熟悉，并逐渐转化为汉地粟特人相传的墓葬文化。这期间也正是北魏发展出围屏石床与屋形葬具这两种新型葬具的关键时期；在这期间内活跃于中原并入籍北魏的粟特商人，很可能受到北魏墓葬文化不同程度的影响。安阳石床虽然是目前所知年代最早的粟特人葬具，但在此之前应该还存在一段粟特人葬俗受到北魏墓葬文化影响的过程。北朝晚期汉地粟特人偏好使用围屏石床与屋形葬具的现象，还必须由粟特人在北魏时期活动内容性质的变化加以认识。

四、小结

考察北魏墓葬文化，大有助于我们认识汉地粟特人的葬具图像。通过这样的途径，无论是安阳石床的形制、图像、排列方式，乃至于运用佛教因素的方式，均能得到较合理的解释。以下分别由三方面加以总结：粟特人葬具与北魏墓葬文化的关联性、"汉化"模式的反思、粟特人如何展现自我叙事。

第四章中复原的北魏洛阳时期 A 组围屏，提供分析汉地粟特石床新的参照基准。粟特人葬具与北魏石质葬具的关系，不仅局限于使用

图像与装饰：北朝墓葬的生死表象

形式相同的葬具而已。北魏石床围屏不但是作为汉地粟特人葬具的形式，也是提供葬具图像的题材、内容以及表现范围的框架。汉地粟特人葬具图像的表现，是在参照这类北魏墓葬图像的基准点上，配合其独特的世俗与宗教图像发展而成。除了阙的形象之外，墓主宴饮、丧礼、天界等主题也都可见于 A 组围屏。Miho 博物馆石床围屏中有粟特人丧礼的表现，史君墓石椁表现墓主由生前至死后天堂的历程，虞弘墓石椁中则表现了墓主夫妇安居于死后的天堂。A 组围屏复原后的意义，并不限于安阳石床的研究。

北齐安阳石床中的石阙显然延续了北魏石床的形式。A 组围屏中位在右侧前方的《诣阙图》与石阙相呼应，《诣阙图》与波士顿美术馆藏石床的双阙，都可视为安阳石床阙的原型。这种石阙上刻画仪仗图的形式，也为时代稍晚，藏于 Miho 博物馆的粟特石床所继承。将双阙附加于石床上，其基本象征意义在于表彰墓主的身份，借由立阙来将墓主尊贵化。又由于立阙是尊贵的象征，因此安阳石床中将祭司与火坛刻画于双阙之上。特别是祭司位在双阙的侧面，与外侧的仪仗行列有所区隔。这样既能彰显墓主的身份，也能荣耀祆神崇高的地位。

然而，欲充分了解汉地粟特人葬具与北魏石质葬具的关系，不能将讨论局限于葬具形制或个别图像的关联性，还必须由更宽广的墓葬文化发展的角度思考。随着粟特人的在地化，其墓葬中表现出具有北魏特征的墓葬文化因素。这种在地化的过程，由北魏至北齐、北周已经历一百余年。北魏墓葬文化中包含中原传统墓葬文化的因素，但已被加以改造与变化，应视为北魏的新发展，而非中原传统葬制的复旧。若仅是将屋形葬具、围屏石床的使用视为北魏汉化的体现，则可能失去了观察北魏墓葬文化主体性的机会。北朝石质葬具为富含游牧部族特征的葬具形式，不能单纯视之为汉化的表征。

关于汉地粟特墓葬中所见与中原墓葬传统之间的关系，学者多以

第五章　展现自我叙事：北齐安阳粟特人葬具与北魏遗风

"华化""汉化"模式说明。然而文化交流过程中隐含许多复杂的内外因素，若能达成交流，其中必然有促进其完成此种交流之运作机制。从这个角度来看，汉地粟特人墓葬如何与中原葬制产生关系？在何种层次上产生何种关系？也就成为必须进一步思考的问题。就墓葬文化的特征来考虑，北朝粟特人的"汉化"其实很大一部分是"北魏化"，这种现象在"粟特—汉"这类胡汉二元对立的论述中并不容易得到具体说明。透过北魏墓葬文化这一观念上的滤镜，有助于梳理问题的层次，观察到更为复杂而丰富的粟特文化与汉文化之间的互动关系。

安阳石床围屏在图像配置上最大特征，在于反复运用"三幅成组"的叙事单位，将北魏石床围屏的结构转化为汉地粟特人自我叙事的语法。这种图像题材较为单一化的现象，仅见于安阳石床，或可视为初期汉地粟特人葬具图像组合的特征，也可能与萨宝身份有关。安阳石床围屏有独特的粟特人图像与风格表现，但是就图像类型、图像组合方式来看，与北魏石床之间具有明确继承关系。由于北魏石床中已可见援引佛教图像的现象，因此安阳粟特人葬具中佛教因素的表现，其实并非粟特人的创新，而是延续北魏平城时期石床图像配置的特色，并保留北魏墓葬文化中自洛阳时期起逐渐被排除的部分。又由于粟特祆神早已与其他宗教的诸神相习合，这种将佛教因素混融于葬具图像的做法，也不违背粟特人的好尚。

然而北朝晚期的墓葬中，除了汉地粟特人的墓葬之外，罕见使用围屏石床与屋形石椁者，即使是北朝晚期等级较高的墓葬中，也并未采用这类石质葬具。由目前考古出土的状况可以推测，北朝晚期粟特人可能采用有别于当时一般北齐、北周统治阶层所惯用的葬具，刻意选择当时受到忽视的北魏葬具传统。安阳石床的布局与转用佛教图像的方式，与司马金龙墓石床类似。康业墓石床围屏中除了采用北魏洛阳时期的石刻线画风格之外，将骑马出行安排在原来应刻画墓主宴饮的位置，也显示工匠对于北魏围屏配置的原则有所理解。对于北齐、北周的汉地粟特人而言，北魏葬具传统可能具有特殊的文化意涵。综合葬具形制、图像的选择，以及粟特人在北魏活动的文化轨迹来看，汉地粟特人对于北魏可能怀抱着特殊的历史记忆。

  北朝晚期原来为北魏统治集团所惯用的围屏石床已被逐渐淘汰，然而却保留在粟特人墓葬文化之中，重新被赋予具有粟特文化特征的宗教性。北朝晚期汉地粟特人将北魏旧有的墓葬文化巧妙融入其自身的葬俗，并将之作为与其他北齐、北周墓葬相区隔的表征：以葬具显示所承继的北魏葬具传统，以图像来表达墓主的文化身份与永恒的宗教归属。汉地粟特人墓葬图像中所见的叙事性表现，具有凝聚汉地粟特人聚落集体意识的社会功能，同时也可视为对于自我文化的再塑造。汉地粟特人借由运用包含不同文化因子的表现模式，来建立、回溯并确认其文化本源。在安阳石床围屏中，汉地粟特人以其独特的方式展现自我叙事。

第六章　葬具作坊的分化：康业墓与北周政治

一、前言

北周天和六年陕西西安康业墓围屏石床，自2004年4月6日发现以来广受学界瞩目。在目前所知北朝晚期至隋代的汉地粟特人葬具中，不仅纪年最早，其围屏的风格与图像亦独具特色。然而令人意外的是，虽然康业墓的出土已超过十年，但是相较于其他汉地粟特人葬具，专论性的研究显得相当有限。[①] 其原因可能在于康业墓围屏石床

[①]　Judith A. Lerner, "Aspects of Assimilation: The Funerary Practices and Furnishings of Central Asians in China", pp.1—73；曾布川宽，《中国出土のソグド石刻画像试论》，收入同氏编，《中国美术の图像学》，页97—182，此文增补版改题为《中国出土ソグド石刻画像の图像学》，后收入曾布川宽、吉田丰编，《ソグド人の美术と言语》，页294—295；郑岩，《北周康业墓石榻画像札记》，《文物》11期（2008），页67—76；Zheng Yan, "Notes on the Stone Couch Pictures from the Tomb of Kang Ye in Northern Zhou", *Chinese Archaeology*, Vol. 9, No.1(2009), pp. 39—46；郑岩，《逝者的"面具"——再论北周康业墓石棺床画像》，页217—242；同氏，《从考古学到美术史——郑岩自选集》（上海：上海人民出版社，2012），页111—154；同氏，《逝者的面具——汉唐墓葬艺术研究》（北京：北京大学出版社，2013），页219—265；沈睿文，《论墓制与墓主国家和民族认同的关系——以康业、安伽、史君、虞弘诸墓为例》，《西域文史》6辑（2011），页205—232；Wu, Jui-man, *Mortuary Art in the Northern Zhou China (557—581 CE): Visualization of Class, Role, and Cultural Identity* (PhD dissertation, University of Pittsburgh, 2010). 关于粟特人葬具研究的综述，参见影山悦子，《中国北部に居住したソグド人の石制葬具浮雕に关する研究动向（2004年～2012年）》，收入森部丰，《ソグド人の东方活动に关する基础的研究（课题番号21320135）平成21年度～平成24年度科学研究费补助金（基盘研究〔B〕）研究成果报告书》（2013），页67—82；Patrick Wertmann, *Sogdians in China: Archaeological and Art Historical Analyses of Tombs and Texts from the 3rd to the 10th century AD* (Darmstadt: Verlag Philipp von Zabern, 2015), pp. 77—83。

较欠缺典型的粟特宗教文化因素，却近于北魏的石刻线画传统。该如何说明这种墓主身份与围屏风格、图像之间在表面上的不一致性，以及解释何以产生这种现象的历史文化背景，也就成为考察康业墓的关键问题。

本章以北魏洛阳葬具作坊的分化作为分析的起点与立论主轴，由此葬具作坊的发展趋势来看待北周汉地粟特人葬具的演变，尝试将康业墓放回北周葬具发展的脉络，其中涉及石刻线画的发展以及金饰葬具等问题。本章首先概观康业墓，第三节讨论北魏洛阳葬具作坊的分化与其在北周的发展，第四节检视北周粟特人葬具中贴金的现象，并由金饰葬具发展的脉络加以理解。第五节考察康业墓围屏与石床的配置原理，追溯其所依据的北魏模式。葬具作坊的分化、北周政治的变迁均与康业自我形象的塑造密切关联。

二、康业墓概观

康业墓位在西安市北郊炕底寨村西北，南距安伽墓 150 米，东距史君墓 2000 米。[①] 其墓葬形制为斜坡墓道穹窿顶土洞墓，坐北朝南，由墓道、甬道、墓室所组成（图 6-1）。墓道长度不明，宽约 1.58 米。甬道长 2.16 米、南宽 1.42 米、北宽 1.5 米。墓门由门楣、门框、门扉所组成，门楣与门框上有线刻图案，门扉上有门钉，表面贴金。门楣中央为兽面，两侧为龙。门框顶部为朱雀，下侧为执长剑的门卫。

墓室平面近方形，边长 3.2 至 3.4 米，残高 1.6 米。墓室壁面有壁画残迹，仅能辨识出红色边框。由剖面图来看，壁画残留边框类似

---

① 程林泉、张翔宇，《西安北郊再次发现北周粟特人墓葬》，《中国文物报》2004 年 11 月 24 日第 1 版；国家文物局主编，《2004 中国重要考古发现》，页 123—131；西安市文物保护考古所，《西安北周康业墓发掘简报》，页 14—35。

第六章　葬具作坊的分化：康业墓与北周政治

屏风画的框架。墓室北壁安放一具围屏石床，紧靠北壁，上有男性墓主的遗骨，仰身直肢，头西足东（图6-2）。口内含东罗马金币一枚，右手握铜钱一枚，身上残存锦袍痕迹，腰部有铜饰带。墓志位在墓室入口处，西侧有动物骨骸。墓室中央有烧土痕。

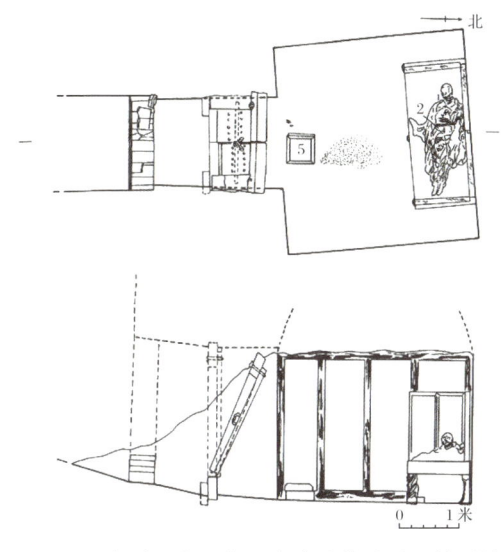

图 6-1　北周天和六年西安康业墓平面、剖面图

图 6-2　北周天和六年西安康业墓围屏石床

围屏由四块长方形石板组成。左右侧板长93.5厘米、高82厘米、厚7至8.5厘米。正面两块石板长106至111厘米、高82至83.5厘米、厚9至10厘米。左右侧板各分两栏，正面石板分为三栏，刻有边框，

内有线刻图像，局部残存贴金痕迹。右侧围屏上方中央、正面右侧围屏上方、左侧围屏上方刻有"上"字，用来标示上下位置。康业墓中最受瞩目者除了墓志之外，无疑为其围屏上的复杂的石刻线画。就风格而言，无论是人物群像的表现手法或是流水、树石空间的经营等，均显示出北魏洛阳时期以来的新发展。

三、北魏洛阳葬具作坊的分化

欲了解康业墓围屏的图像与风格特点，首先要由探究其风格的渊源，亦即北魏洛阳时期的葬具着手。北魏洛阳时期葬具的线刻画，向来为学者所重视，近年来虽然许多重要文物不断问世，但是这批石刻线画对于认识北朝墓葬图像的重要性依然无法取代。北魏洛阳葬具的风格特色是在平滑的石板表面，采用阴刻线刻画风格制作图像、纹饰，并且经常在表面贴上金箔，呈现华丽装饰效果。这类作坊除了葬具之外，很可能也制作墓志的装饰图案。随着北魏灭亡与东西魏建立，葬具作坊与图像的发展也出现新的变化。

过去学界对于北朝葬具的研究，由于史料上的制约，对于魏分东西之后，北魏石质葬具作坊分化问题的讨论较为有限[1]；但随着考古的新发现，特别是康业墓与河南安阳固岸 M57 号墓出土之后，为北朝晚期围屏石床发展提供重要的纪年基准点，从而有可能勾勒出此阶段石质葬具的发展。若以北魏灭亡至北周建德六年灭北齐为范围，将石刻线画的相关材料依照年代排序如下：

---

[1] 郑岩，《青州北齐画像石与入华粟特人美术——虞弘墓等考古新发现的启示》，收入巫鸿主编，《汉唐之间文化艺术的互动与交融》，页 73—109，又收入氏著，《魏晋南北朝壁画墓研究》（增订版），页 212—255；郑岩，《逝者的面具——汉唐墓葬艺术研究》，页 266—306。

第六章　葬具作坊的分化：康业墓与北周政治

（一）东魏武定六年河南安阳安丰乡固岸村 M57 号墓孝子传图围屏石床。①

（二）北周保定四年（564）西安南康村李诞墓石棺。②

（三）北周天和六年西安康业墓围屏石床。

（四）北周建德元年（572）匹娄欢墓石棺。③

（五）传北齐武平四年青州傅家画像。④

（六）北周建德五年（576）咸阳郭生墓石棺。⑤

上述北朝晚期石质葬具包括围屏石床与石棺两种形制，均沿袭自北魏。安阳固岸 M57 号墓与康业墓分别位在东魏邺城与北周长安，可知北魏洛阳葬具作坊在北魏灭亡后，随着新政权的树立，在邺城与长安这两座都城建立新据点。从葬具作坊分化的现象来看，葬具工匠

---

① 参见本书第4章第226页注①。另外深圳博物馆藏一套东魏孝子传围屏，其风格、图像布局与安阳固岸石床极为相类，可知为同一葬具作坊的制作。图版参见赵超、吴强华，《永远的北朝——深圳博物馆北朝石刻艺术展》（北京：文物出版社，2016），页140—165。

② 程林泉、张小丽等，《陕西西安发现北周婆罗门后裔墓葬》，《中国文物报》2005年10月21日第1版；程林泉、张小丽、张翔宇，《谈谈对北周李诞墓的几点认识》，《中国文物报》2005年10月21日第7版；程林泉、张翔宇、张小丽，《西安北周李诞墓初探》，《艺术史研究》7期（2005），页299—308；国家文物局主编，《2005中国重要考古发现》，页123—128；程林泉，《西安北周李诞墓的考古发现与研究》，《西部考古》1期（2006），页391—399；王维坤，《论西安北周粟特人墓和罽宾人墓的葬制和葬俗》，《考古》10期（2008），页71—81。

③ 武伯纶，《西安碑林述略——为碑林拓片在日本展出而作》，《文物》9期（1965），页12—21。

④ 关于青州傅家画像原有的形态是否为葬具，尚无定论。曾布川宽主要根据图像内容的特点认为是石床围屏。山东省益都县博物馆（夏名采），《益都北齐石室墓线刻画像》，《文物》10期（1985），页49—54；夏名采，《青州傅家北齐画像石补遗》，《文物》10期（2001），页49—54；郑岩，《逝者的面具——汉唐墓葬艺术研究》，页305—306；曾布川宽、吉田丰编，《ソグド人の美术と言语》，页240—253。

⑤ 陕西省考古研究院，《北周郭生墓发掘简报》，《文博》5期（2009），页3—9。郭生任武功郡守，于西魏恭帝三年（556）葬于漕水，北周建德五年妻韩氏殁后改葬于咸阳午云。由于郭生墓志是在其妻殁后所造，推测石棺可能也是在改葬之际重新制作。

的流动可能不只涉及徙民问题。由于葬具与墓志同样不仅止于丧葬用器，还具有界定政治身份、传达政治正统性的功能，因此葬具工匠可能是东西魏政权掠夺、收编的对象。对于东西魏统治集团而言，掌控葬具作坊有助于新政权重建政治秩序。

若将固岸 M57 号墓与康业墓相比较，可知固岸 M57 号墓的围屏石床无论在形制上或图像上，都更近于北魏石床，较忠实地继承北魏洛阳葬具传统。相较之下，康业墓围屏石床则可观察到更多改易、转用的现象。这不仅因为固岸 M57 号墓的年代距离北魏较近，也与工匠作坊的发展，以及康业墓墓主身为粟特人且担任"大天主"的身份有关。相关问题详见下节。

李诞墓、匹娄欢墓、郭生墓则都采用石棺，同样以线刻画制作图像。李诞墓对于思考康业墓的相关问题尤其具有启发性。李诞墓南距康业墓约 500 米，由长斜坡墓道、甬道、穹隆顶墓室所构成，墓门朝南（图6-3）。石棺位在墓室中央，前档朝西，其中有李诞与其夫人的遗骨。石棺盖板刻画人面蛇身的伏羲与女娲，伏羲捧月，女娲捧日，较为特殊。石棺左右档线刻青龙、白虎，后档为玄武。玄武背上有力士状神人，背有头光，右手持刀，裸露上身（图6-4）。石棺前档中央为一门，门楣有三朵莲花，门框涂红彩，两侧为莲花柱，整体造型类似佛龛（图6-5）。门下有一火坛，两侧伸出莲花。门的左右两侧为持戟、戴头光、立于莲花座上的人物，上身裸露，状似佛教护法

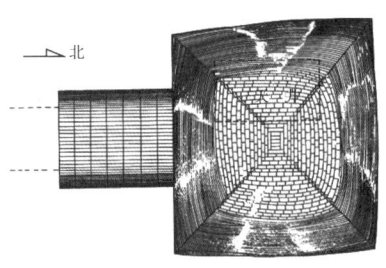

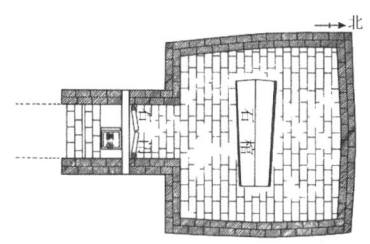

图 6-3 北周保定四年西安南康村李诞墓 平面图

第六章　葬具作坊的分化：康业墓与北周政治

图 6-4　北周保定四年西安南康村李诞墓石棺后档线描图

图 6-5　北周保定四年西安南康村李诞墓石棺前档线描图

神[1]，上方两侧则是相对称的双朱雀。[2]

李诞墓石棺中的诸多重要元素均可见于北魏石棺。其前档类似佛龛造型的门楣，可见于北魏元谧孝子石棺的前档（图 6-6，明尼阿波利斯美术馆藏）。[3] 持剑人物与玄武的组合，也可见于开封博物馆藏北魏洛阳时期四神石棺的后档。另外 1977 年在洛阳缠河公社曾发现一具北魏石棺，左右有青龙、白虎，前档以朱彩绘制门扉，上方有双朱雀相互对称。棺盖内侧为手捧日、月的伏羲与女娲，日月上方并有三星以线相接连。[4] 这件北魏石棺仅以朱彩绘制门扉，在李诞墓前档

---

[1] 在北魏平城时期，首度将佛教护法神作为具有守护功能的墓葬图像，参见本书第 3 章。
[2] 匹娄欢石棺同样为四神石棺，左右为青龙、白虎，棺盖刻画伏羲、女娲，图像整体配置与李诞墓石棺相近。
[3] 奥村伊九良，《镀金孝子传石棺の刻画に就て》，页 359—382。
[4] 洛阳博物馆，《洛阳北魏画像石棺》，《考古》3 期（1980），页 229—241。

图 6-6　北魏元谧孝子石棺前档拓片

的门框同样描绘朱彩。此外，缠河公社四神石棺所放置的位置为头档朝西，墓道同样朝南，与李诞墓石棺的陈设方式完全相同。

由于李诞墓的年代较康业墓为早，可知在康业下葬之前，北周长安已出现分化自北魏洛阳的葬具作坊。此作坊在西魏、北周政治的新情势下发展，为了与北魏洛阳的发展有所区别，以下称"长安葬具作坊"。由李诞墓石棺可知，此作坊在康业墓之前已经开始为政治地位较高的胡人首领制作葬具，康业并非首例。据《李诞墓志》所见，李

第六章　葬具作坊的分化：康业墓与北周政治

诞颇受北周皇帝重用[①]：

> 君讳诞，字陁娑，赵国平棘人。……君禀玄妙气，正光中自罽宾归阙。大祖以/君婆罗门种，屡蒙赏。……皇帝授君/邯州刺史。其季闰月，葬中乡里。

志文中"大祖"即北周太祖宇文泰，"皇帝"指武帝宇文邕（543—578，560—578在位）。李诞生于北魏正始三年（506），于正光年间（520—524）赴洛阳，北魏灭亡后入西魏。北周太祖宇文泰因其为"婆罗门种"，屡加赏赐。五十九岁卒时北周武帝赠邯州刺史。此"邯州"即为甘州（今甘肃省张掖）。[②]由于康业同样由周武帝诏赠甘州刺史，考察李诞石棺的制作模式，可对认识康业墓围屏石床提供有力的线索。

学者指出李诞墓、康业墓、安伽墓墓地相近的现象，在当时长安城东郊形成一高规格的胡人首领墓葬区。[③]这一墓葬区的形成可能与北周对于胡人首领葬地的规范有关，并非伴随于胡人聚落而自然形成。进而言之，北周官方是否曾在不同的程度上介入胡人首领墓葬的营造，

[①] 国家文物局主编，《2005中国重要考古发现》，页128。程林泉，《西安北周李诞墓的考古发现与研究》，页393—394；福岛惠，《罽宾李氏一族考——シルクロードのバクトリア商人》，《史学杂志》119编2号（2010），页35—58，后收入氏著，《东部ユーラシアのソグド人——ソグド人汉文墓志の研究》（东京：汲古书院，2017），页225—259。

[②] 福岛惠，《东部ユーラシアのソグド人——ソグド人汉文墓志の研究》，页234。毕波，《中古中国的粟特胡人——以长安为中心》（北京：中国人民大学出版社，2011），页76。

[③] 荣新江，《有关北周同州萨保安伽墓的几个问题》，收入张庆捷、李书吉、李钢主编，《4～6世纪的北中国与欧亚大陆》，页126—139，特别是页132；王维坤，《论西安北周粟特人墓和罽宾人墓的葬制和葬俗》，页71；福岛惠，《东部ユーラシアのソグド人——ソグド人汉文墓志の研究》，页240—242。毕波，《中古中国的粟特胡人——以长安为中心》，页50。这一带可能即是李诞墓志中所记的"中乡里"。ソグド人墓志研究ゼミナール，《ソグド人汉文墓志译注（9）西安出土"安伽墓志"（北周·大象元年）》，《史滴》34号（2012），页138—158。

图像与装饰：北朝墓葬的生死表象

颇值得留意。除了墓地的选择之外，另一项指标是墓志志文的撰写。李诞墓志中刻意提及太祖、皇帝，显示出志文撰者与丧家对于今上的政治意识。在李诞墓的例子中，除了墓地、墓志之外，石棺的制作可能也是在官方的协助下进行。如前所述，制作者正是由朝廷所管理的"长安葬具作坊"。此作坊在制作李诞石棺时，除了前档的火坛之外，其余所有的元素均取自北魏平城或洛阳时期的葬具传统。[①] 在此，火坛也就成为表达墓主宗教信仰或是作为胡人首领的重要象征。如下述，康业墓围屏的风格、图像主要也是依据北魏，并以火坛来象征其特殊的身份。康业墓围屏石床的制作模式可在李诞墓中找到先例。

由李诞墓石棺来看，长安葬具作坊充分承继北魏石棺的制作技术与图像配置。由于李诞墓距北魏灭亡永熙三年（534）有三十年的间隔，可知此作坊的工匠在北魏之后已延续一至两个世代；换言之，北魏葬具作坊分化至西魏、北周之际已落地生根。长安葬具作坊中除了迁移自洛阳的工匠之外，应该还衍生出新一代的工匠。由于康业墓的年代又较李诞墓晚七年，这新一代的工匠在制作过程中可能扮演更为重要的角色。除了新一代的工匠之外，考察康业墓中独特的图像配置之际，必须顾及新一波的区域文化交流。

另外值得注意的是，在康业墓之后的安伽墓围屏石床、史君墓石椁均改用浅浮雕，并未采用石刻线画；这并非意味北周末年的粟特人首领完全排斥石刻线画风格，因为其墓葬中仍留有部分遗存。例如安伽墓墓门边框仍采线刻画图案，其围屏石床的床足上所见的畏兽形象同样以石刻线画风格表现（图6-7）。这类举臂的畏兽形象广见于北魏，例如正光三年冯邕妻元氏墓志盖（图6-8，波士顿美术馆藏）。史君

[①] 曾布川宽指出此墓中的西域要素仅止于火坛，具有其时代性。曾布川宽、吉田丰编，《ソグド人の美术と言语》，页316。

第六章　葬具作坊的分化：康业墓与北周政治

墓石椁的墓门则以线刻画与贴金并用，来表现天人。然而在安伽墓、史君墓中石刻线画风格显然仅扮演次要角色；换言之，在北周武帝统一北齐、驾崩之后，长安粟特首领葬具的风格与图像均出现剧烈转变。

图 6-7　北周安伽墓围屏石床床足线描图　畏兽

图 6-8　北魏正光三年冯邕妻元氏墓志盖拓片

安伽墓完成于大象元年，史君墓完成于大象二年，正值北周皇权不稳，政治动荡的阶段。相对地，李诞墓、康业墓则均完成于武帝时期。建德六年北周灭北齐，统一北方。次年周武帝亲征突厥，征途中病倒，驾崩于长安。其后宣帝（559—580，578—579在位）继位，朝令夕改，诛除功臣，大成元年（579）让位于年仅七岁的皇太子宇文衍（静帝，579—581在位）。但宣帝自称天元皇帝，仍掌握大权。大象二年宣帝暴崩，外戚左大丞相杨坚主政，大定元年（581）静帝禅位，隋朝建立。[①]参照北周末年的历史可知，安伽墓与史君墓葬具的制作是在与李诞、康业墓相当不同的政治前提、背景下所进行。这期间，北周皇帝对于胡人首领丧葬的支配方式可能有所变化。若换个角度来看，北周末年

---

① 参见吕春盛，《关陇集团的权力结构演变——西魏北周政治史研究》（台北：稻乡出版社，2002），页223—280。

305

图像与装饰：北朝墓葬的生死表象

粟特首领的政治地位、军事实力可能有所提升。[1] 安伽墓、史君墓中更直接、鲜明传达出粟特人宗教、习俗、活动的图像，与李诞墓、康业墓的做法有所不同，这也是北周末年至隋代汉地粟特首领葬具图像表述的重要特质。

在北朝粟特人墓葬中，康业墓的纪年虽然最早，但发现时间最晚（2004年4月）。李诞墓发掘于2005年9月，又晚于康业墓。在康业墓出土之际，学界基于虞弘墓（1999年7月发现）、安伽墓（2000年5月发现）、史君墓（2003年6至10月发现）等震惊中外的前例，已惯于将北朝粟特人墓葬中的粟特图像表述视为理所当然。但是将李诞墓、康业墓与安伽墓、史君墓相比对，这两组葬具整体的差异颇令人玩味。这其中是否涉及墓葬等级问题，仍有待进一步研究。然而若考虑北周政治的变迁，葬具中粟特图像的多寡、有无，可能还涉及官方监督、介入的程度，以及粟特人首领的政治地位、军事实力消长等问题。换言之，这两组葬具的图像差异之间，可能隐含由官方积极介入到较为缓和的历史过程，透露出北周皇权与粟特人聚落首领之间的互动关系。[2] 北周武帝是否曾在此过程中扮演过某种角色，可能值得进一步考虑。由此看来，北朝粟特人墓葬中唯一刻有粟特文题记的史君墓出现在北周末年，恐怕并非偶然。

另外，由于安伽墓与史君墓的葬具均采用浅浮雕，这是否意味着

---

[1] 安伽曾从事武职，任大都督。据《安伽墓志》："俄除大都督。董兹戎政，肃是军容，志劾鸡鸣，身期马革。"陕西省考古研究所编著，《西安北周安伽墓》，页62。

[2] 山下将司对于胡人聚落首领与皇帝之间的关系曾言："由先前康业父子就任大天主的事例所见，可知在西魏、北周对于这类聚落自身职务的就任，也必须得到皇帝认可。这意味着北朝后期的长安政权对于自西魏以来粟特聚落的管理、干涉更为彻底，也说明长安政权重视粟特聚落。"山下将司，《北朝时代后期における长安政权とソグド人——西安出土〈北周·康业墓志〉の考察》，收入森安孝夫，《ソグドからウイグルへ——シルクロード东部の民族と文化の交流》（东京：汲古书院，2011），页113—140，又收入石见清裕编著，《ソグド人墓志研究》（东京：汲古书院，2016），页81—113。

第六章　葬具作坊的分化：康业墓与北周政治

北周末年长安葬具作坊出现风格转变，由石刻线画为主转变为浅浮雕为主？若参照隋代关中地区出土的石棺来看，北周长安葬具作坊的线刻画风格并未中断，依然延续下来并扩散至关中地区。陕西三原县隋开皇二年（582）李和墓石棺、陕西潼关税村壁画墓石棺可以为证。①

四、金饰葬具

康业墓石床围屏与李诞墓石棺均有贴金痕迹，因此有必要追溯这类金饰葬具的发展。上一节主要就石刻线画与图像配置说明北周长安与北魏洛阳葬具作坊的关系，然而不能忽略的是这种线刻画风格往往与贴金一并出现，具有华丽的装饰趣味，与拓片黑底白线所传达的古朴效果大不相同。本节将由贴金的形式来考察北魏葬具作坊的分化过程。

在康业墓的简报中清楚提到石床围屏贴金箔的现象。其中贴金的部分包括门钉表面、围屏内侧、围屏边框、石床正面；关于围屏的部分，简报中称"局部贴金，两侧及上部饰贴金柿蒂纹"。另外简报中对于右侧石板第一幅中人物手捧的圆盘有"局部贴金"的描述。②由以上描述可知特点为局部性贴金，并在画面外侧装饰"柿蒂纹"，但简报中并未详述各围屏中残留有贴金的部分以及柿蒂纹的具体形态。

然而若详细观察康业墓简报中的彩色图版，可以识别出多处残存贴金的位置。若以前引简报中人物手捧贴金圆盘的特点为依据，逐一

---

① 陕西省文物管理委员会，《陕西省三原县双盛村隋李和墓清理简报》，《文物》1期（1966），页27—42；陕西省考古研究院，《陕西潼关税村隋代壁画墓线刻石棺》，《考古与文物》3期（2008），页33—47；陕西省考古研究院，《陕西潼关税村隋代壁画墓发掘简报》，《文物》5期（2008），页5—31；陕西省考古研究院编著，《潼关税村隋代壁画墓》（北京：文物出版社，2013）。

② 西安市文物保护考古所，《西安北周康业墓发掘简报》，页15、25。

比较，可以辨识出贴金的部分包括：

（一）右侧石板第一幅中两位男性人物手中所端的圆盘。

（二）正面右侧石板第一幅女性人物的发饰与衣袍部分。①

（三）正面右侧石板第二幅骑马人物中的马饰、骑马人物以及其后方侍者的衣饰。

（四）正面右侧石板第三幅女性人物的服饰。

（五）正面左侧石板第一幅为牛车图。其中有贴金痕迹的部分包括牛车棚顶上的联珠纹、牛车双辕下支撑物的底部、牛车旁胡人所举的酒杯。

（六）正面左侧石板为墓主图像。墓主的帽饰、衣袍中央、所坐毡毯、背后的屏风、中央的火坛等部分均有贴金痕迹。② 另外可见于墓主左侧胡人所持器物、下方胡人侍者所捧的大圆盘与长颈瓶瓶身。墓主背后的屏风上刻有山峦、云气痕迹，简报中称为"山水画"。推测此屏风是以山水为主题的山水屏风。此山水屏风上也残存贴金。③

（七）正面左侧石板左侧的鞍马图中央有背向观者的马匹。其马鞍上联珠纹内有贴金，呈规律状排列。左侧露出半身的鞍马亦有贴金痕。

（八）左侧围屏石板内侧女性人物的服饰、发饰。

（九）左侧围屏石板外侧侍女，例如芭蕉状树旁侍女的发髻、发簪、腰部饰带。另外其中有一执扇侍女，扇内似可见由金箔所组成的图案。

---

① 以下正面两块围屏石板的图像依自右而左的顺序（以石床的方位为基准），分别称为第一、二、三幅。

② 简报中称之为"炉"。然而其形制与李诞墓石棺前档的火坛十分相近，当可视为火坛。又见影山悦子，《中国北部に居住したソグド人の石制葬具浮雕に关する研究动向（2004年～2012年）》，页71。

③ 西安市文物保护考古所，《西安北周康业墓发掘简报》，页32。

第六章　葬具作坊的分化：康业墓与北周政治

（十）石床正面中央兽首口缘的部分。

（十一）石床正面朱雀的尾端以及缠枝莲花纹。另外在朱雀与下方的联珠纹之间有一道横向的贴金边框，隐约可辨。

（十二）围屏边框有三处残存贴金痕迹。在墓主图像的两侧边框可见由五至七个圆点所组成的图案，布局呈十字状，顺着边框中央的分隔线由上而下排列，右侧计有四组，左侧隐约也可见四组。[①]在左侧围屏两幅画面之间的边框上有三个圆点，上下对称，推测其原状可能作上下、左右对称的十字形，与前者相类。类似图案也可见于左侧围屏最外侧的边框上。这些由圆点所组成的图案即为简报中所称"贴金柿蒂纹"[②]。

由于年代已久，绝大部分的贴金均已剥落，但仍可想见当初康业墓围屏石床完成时，应该颇为灿烂夺目。此外，由于这类围屏边框上的装饰应作规律性排列，根据现存的图案，可对康业墓围屏边框做出假设性的复原。在正面左侧石板边框上的图案可见到较密集且具有对称性的排列（图6-9），左侧石板边框则可能分布较疏朗（图6-10）。

经由以上观察可对康业墓的贴金形式得到以下几点初步认识：第一，围屏画面中贴金的位置集中在人物的服饰、发饰、器具、用品、鞍马与牛车的装饰上，这些贴金用来强调各类饰物、金银器作为金属质材的类似性与奢华感，凸显这些母题的物质属性；第二，围屏边框有贴金图案，推测其原状应是作规律性布局；第三，石床正面的兽面、四神、纹饰可能均满布金箔。这些图样与上下联珠纹之间的边框则贴上金边；第四，须留意康业墓中所谓"贴金"并非贴上大片金箔，而是将金箔裁切成细碎的矩形，配合线刻画的内容，仔细逐次粘贴金箔。

[①] 图版参见中国陵墓雕塑全集编辑委员会编，《中国美术分类全集·中国陵墓雕塑全集》第4卷《两晋南北朝》（西安：陕西人民美术出版社，2007），页72。

[②] 此比对承蒙杨军凯先生的确认，特此致谢。

图像与装饰：北朝墓葬的生死表象

图 6-9 康业墓正面左侧围屏 边框图案复原图

图 6-10 康业墓左侧围屏 边框图案复原图

第六章　葬具作坊的分化：康业墓与北周政治

这种矩形的小单元可见于左侧围屏石板外侧侍女的发髻上。

随着南北朝佛教造像的蓬勃发展，贴金佛像并不罕见。河北曲阳、山东青州龙兴寺遗址、四川成都等地都曾出土贴金彩绘造像。其中尤其以山东青州龙兴寺石佛彩绘贴金的表现最为细致繁复。就北周的地理范围来看，2007 年在西安窦寨村发现的佛教造像窖藏曾出土一件残高 160 厘米佛像（编号 XHD07-003），袈裟彩绘保存较好，清楚可见莲花纹的贴金痕迹（图 6-11）。① 值得注意的是，在右下侧莲花纹下方可见由五个点所组成的图案，布局近于十字形。此图案与康业墓围屏边框上的贴金图案相近。贴金作为一种装饰石雕的技术，在佛教造像与葬具之间可相互流通。但若就北朝葬具发展的系谱来看，康业墓实继承自北魏代人集团的金饰棺传统。

图 6-11　西安窦寨村窖藏北周佛教造像贴金痕迹

北魏平城初期首次采用金饰棺作为高等级的葬具。据《魏书》卷 27《穆观传》②：

> 太宗即位，为左卫将军，绾门下中书，出纳诏命。及访旧事，未尝有所遗漏，太宗奇之。尚宜阳公主，拜驸马都尉，

---

① 西安市文物保护考古所，《西安窦寨村北周佛教石刻造像》，《文物》5 期（2009），页 86—94。

② 《魏书》卷 27《穆观传》，页 664。

稍迁太尉。世祖之监国，观为右弼，出则统摄朝政，入则应对左右，事无巨细，皆关决焉。……太宗亲临其丧，悲恸左右。赐以通身隐起金饰棺，丧礼一依安城王叔孙俊故事。

北魏泰常八年（423）穆观卒，太宗明元帝临丧。穆观（389—423）为穆崇（?—406）次子，地位显赫。穆崇则为道武帝时期的建国功臣，在道武帝拓跋珪称帝之前即加入拓跋联盟，追随拓跋珪一同流亡贺兰部。穆（丘穆陵）氏家族在北魏地位崇高，其成员世代尚拓跋公主，为北魏最重要的外戚家族。① 孝文帝于太和十九年（495）以其族"勋著当世，位尽王公"，下诏定为代人姓族的"八姓勋贵"之一，改丘穆陵氏为穆氏。② 文中"通身隐起金饰棺"的描述具有启发性。"通身"意指布满表面，"金饰"为借由金等贵重金属装饰葬具。"安城王叔孙俊故事"指明元帝在叔孙俊（389—416）卒后，为纪念其功绩所立下的丧葬规范。叔孙氏出自"帝室十姓"③。《穆观传》中对于金饰的强调，反映出北魏平城初期葬具装饰的新发展。

北魏平城时期金饰棺的具体样貌，可由北魏固原漆棺推想。其花纹先贴上金箔再以金泥描绘，满布纹饰，装饰华丽。④ 其中大面积贴金箔的做法与"通身隐起金饰棺"的描述最为符合。固原漆棺中将贴金与纹饰相结合，表现出满布葬具表面的视觉效果。结合文献与考古材料来看，可知在北魏平城时期即有以贴金装饰葬具的传统。北魏洛

---

① 张金龙，《北魏政治史研究》，页21—22；张金龙，《北魏政治史》2，页251—253、438—439。

② 《魏书》卷113《官氏志》："其穆、陆、贺、刘、楼、于、嵇、尉八姓，皆太祖已降，勋著当世，位尽王公。"（页3014）

③ 《魏书》卷113《官氏志》："又命叔父之胤曰乙旃氏，后改为叔孙氏。"（页3005）

④ 宁夏固原博物馆，《固原北魏墓漆棺画》，页18。

第六章 葬具作坊的分化：康业墓与北周政治

阳时期的石棺、石床围屏也常见贴金装饰。例如元谧孝子石棺原来留有金箔痕迹。[①]

魏分东西之后，金饰葬具的传统随着葬具作坊分化，连同石刻线画风格分别流传至邺城与长安。东魏固岸孝子传围屏石床用金箔贴出四方形边框。[②] 北周李诞墓石棺的前后与左右档板均残存贴金痕迹。以李诞墓前档板下方的火坛为例，贴金箔的部分与火坛的线刻纹饰相搭配，分布上具有规律性，可看出贴金与线刻互相衬托，相得益彰。

北朝晚期至隋代汉地粟特人首领葬具图像的风格有所变化，然而贴金的做法不但保留下来，而且出现新的发展。安伽墓的围屏石床保存状况较为完好，可借此了解康业墓以后粟特人墓葬中贴金形式的转变（图6-12）。如前所述，康业墓围屏石床中使用贴金的部分包括人物的服饰、发饰、器具、用品、围屏边框、石床正面等部分。安伽墓围屏石床延续此做法，人物的腰带、器皿、乐器、石床边框等处可见

图6-12 北周大象元年西安安伽墓围屏石床

① 奥村伊九良，《镀金孝子传石棺の刻画に就て》，页359—360。
② 河南省文物考古研究所，《河南安阳固岸墓地考古发掘收获》，页21。

到完整的贴金,用来彰显图中器物和围屏的贵重感。在围屏边框上可见到土黄色圆形图案,分布规律。这些图案的作用相当于康业墓围屏边框上的柿蒂纹,尚无法确认是否以金泥描绘。安伽墓围屏中的贴金与康业墓最大的差异在于将金箔作为背景,填满余白的空间,成为名符其实的金地屏风。

另外,安伽墓墓门贴金的部分包括门额的图像以及门楣、门框的纹饰。门楣以金箔为边框,其中的缠枝葡萄纹以贴金连结成弧线,与中央的兽面相接。半圆形门额的浅浮雕图像中,西侧乐神的项圈、手镯可见到均整的贴金。人身鹰足祭司的前方有供案,陈设于案上之瓶有贴金。另外左右两侧各有一跪坐胡人,前方有贴金熏炉。东侧胡人前方熏炉的火焰也贴金。门额背景填上朱彩,不同于围屏采用金地。[①]

将康业墓贴金的形式与安伽墓相较,最大的差异之处在于前者的贴金较为细碎,后者则贴上面积较大的金箔。安伽墓进一步将大面积的金箔用于人物的背景上,排除空间深度,强化平面的效果。史君墓中贴金的方式则介于安伽墓与康业墓之间。史君墓门扉上有飞天形象,似乎并非先行刻上线描,而是直接以彩绘、金箔表现出飞天的形象。[②]由此可知这种大面积贴上金箔的方式在北周末年开始流行,所传达的视觉效果较康业墓更为华丽。[③]

经由以上考察可知,康业墓中葬具贴金的做法并非始于粟特人,而是延续北魏平城时期以来代人集团葬具的传统。此外,北周末年安伽墓围屏中的贴金形式有所转变,成为浅浮雕式的金地屏风。

---

① 陕西省考古研究所编著,《西安北周安伽墓》,页 16—17。
② 西安市文物保护考古所,《西安市北周史君石椁墓》,页 39;西安市文物保护考古所,《西安北周凉州萨保史君墓发掘简报》,页 7。
③ 另外在山西太原隋开皇十二年虞弘墓石椁、甘肃天水石床围屏均可见贴金痕迹。山西省考古研究所等,《太原隋虞弘墓》;天水市博物馆,《天水市发现隋唐屏风石棺床墓》,页 46—54。

第六章　葬具作坊的分化：康业墓与北周政治

五、康业墓围屏石床的图像与配置原理

（一）围屏

学者对于康业墓中的图像配置各有不同见解。乐仲迪推测正面围屏的六幅可能是表现墓主的旅程，画面之间具有叙事性关系。曾布川宽认为这件石床围屏为北朝式葬具演变至粟特人葬具的过渡形式，图像内容表现墓主夫妇的生涯。郑岩则认为其图像组合搭配零乱生硬，并有意掩盖康业本人的胡人血统。[①]

关于康业墓围屏的配置原理，无法由单一的传统得到完整解释，其中可见工匠较为灵活地重组、综合不同围屏配置方式的现象。所依据来源包括：北魏洛阳围屏的墓主图像模式、北魏洛阳围屏中以右侧板为尊位的布局、河南安阳石床所见以骑马出行为中心的"三幅成组"叙事单位。前两者出自洛阳葬具作坊，第三则为粟特人转用北魏围屏的结构后所独创的布局。康业墓中同时采纳这三种新旧不同的配置方式，并予以综合为一体。

1. 围屏正面

康业墓围屏正面两块石板的图像布局可视为"三幅成组"叙事单位的运用。依自右而左（自西而东）的顺序，正面右侧围屏主题为女主人会见女宾、男主人骑马出行、女主人出行（图6-13）；左侧分别是牛车、墓主宴饮、鞍马（图6-14）。[②] 正面右侧围屏以骑马出行为中心，类似河南安阳粟特围屏"三幅成组"的叙事单位，差异之处在于以女主人会见女宾、女主人出行取代宴饮图。

[①] Judith A. Lerner, "Aspects of Assimilation: The Funerary Practices and Furnishings of Central Asians in China", pp. 22—23; 曾布川宽、吉田丰编，《ソグド人の美术と言语》，页294—296；郑岩，《逝者的面具——汉唐墓葬艺术研究》，页256。

[②] 西安市文物保护考古所，《西安北周康业墓发掘简报》，页19—34。

图像与装饰：北朝墓葬的生死表象

图 6-13　康业墓围屏正面右侧石板线描图

图 6-14　康业墓围屏正面左侧石板线描图

第六章 葬具作坊的分化：康业墓与北周政治

正面左侧围屏以正面的墓主图像为中心，左右配以鞍马、牛车，延续北魏平城时期以来表现墓主图像的基本模式。在此的特点为以三幅画面呈现墓主、鞍马、牛车这三个主题。北魏石床围屏中可见墓主图像与鞍马、牛车的组合，在墓主图像左右还穿插侍者的图像或孝子传图，墓主与鞍马、牛车的画面之间保持着距离。康业墓中则出现浓缩、简化既有模式的倾向，以"三幅成组"的方式将墓主图像与鞍马、牛车化约成一组构图。

此外，一般北魏石床围屏中，墓主图像均位在正面围屏的中央，或是略向右侧移位，偏向遗骨头部。特别是作正面像的墓主图像均位在围屏中央，墓主夫妇呈左右对称，目前无一例外。如康业墓中将正面墓主图像移到左侧，尚无前例可循。而其中骑马出行所在的位置刚好是原来应该放置墓主图像之处。如果依"三幅成组"的模式来看，将正面两块石板相比较，可知此墓主正面像与骑马出行的所在位置一左一右，正好相互对称。这两图的表现主题同为墓主，但在此被赋予新的位阶关系。就图像与遗骨之间的关系来看，骑马出行图近于遗骨头部，可能较正面墓主图像更为重要。北魏以来的墓主图像传统模式不再具有足以主导围屏整体布局的中心地位。工匠为了凸显骑马人物的尊贵性，将骑马出行安排在原来应该刻画墓主宴饮图的位置，并将墓主宴饮图移至靠近遗骨下半身的一侧。由此可知长安葬具作坊新一代工匠大胆改易北魏洛阳围屏的传统模式。

康业墓围屏中最重要的位置，应该是位在正面右侧围屏自右算起的第二幅画面。值得注意的是，此位置也正是北魏洛阳时期 A 组围屏（第四章）中用来表现墓主夫妇宴饮的所在（图 4-19）。这并非偶然，康业墓也不是孤例。北周安伽墓出土围屏石床，围屏中的墓主夫妇宴饮图位在正面围屏右起第三幅，与 B 组围屏中墓主夫妇图像的位置相

图像与装饰：北朝墓葬的生死表象

同（图 4-20）。①由此可知，制作康业墓围屏的工匠显然深悉北魏围屏的配置原则，并对这个原则加以调整、操作，以符合丧家的期望。在康业墓中虽然采用北魏石刻线画风格，但是经由调整图像内容与位置等较为间接的方式，同样得以传达出丧家的期望与其文化主体性。

以下针对康业墓正面墓主图像的部分，观察工匠在承继、改造图像上所呈现的特点（图6-15）。此画面高 73 厘米、宽 26 厘米，上半部表现墓主正坐于木构建筑内，上方有柳树，建筑外侧左右各有两名胡人侍者。墓主戴帽，右手举起，左手置于胸前。内穿圆领服，外披大衣。衣领的部分呈八字形，显得较为宽大。在安阳固岸的东魏孝子传图围屏中，也出现十分类似的墓主图像（图 6-16）。其中墓主身披大衣，右手置前，左手举杯，坐于华饰的帐内。其后有屏风，前方有两位背向观者的侍女。此墓主的手势与康业墓围屏的墓主像略有差异，但是身躯的整体比例、大衣的表现以及刻画衣袍的方式等，均颇为相似。由此再次证明康业墓围屏与固岸围屏均承继共通的北魏

图 6-15　康业墓围屏正面左侧石板线描图　正面墓主图像（局部）

---

① 参见陕西省考古研究所编著，《西安北周安伽墓》，页 29—30。安伽墓的相关研究有姜伯勤，《中国祆教艺术史研究》，页 95—120；林悟殊，《西安北周安伽墓葬式的再思考》，《考古与文物》5 期（2005），页 60—71；Rong, Xinjiang, "The Illustrative Sequence on An Jia's Screen: A Depiction of the Daily Life of a Sabao", *Orientations* 34 (2003), pp. 32—35。

第六章　葬具作坊的分化：康业墓与北周政治

洛阳葬具传统。

但另一方面，康业墓的工匠对于这种既有的墓主图像模式再加以改造。首先，在固岸围屏中的墓主图像包含夫妇两人，各占一幅画面。北魏洛阳时期围屏的墓主图像均同时表现出墓主夫妇。相对地，在康业墓中仅选择表现男性墓主正面像，排除了女性墓主的正面像。这可视为工匠

图 6-16　河南安阳固岸 M57 号墓《孝子传图》围屏石床　正面墓主图像（局部）

为了将男性墓主作为表现中心，并以"三幅成组"的叙事单位来化约北魏传统模式所产生的结果。

康业墓正面墓主图像的下方有火坛，显然并非出自北魏传统的墓主图像模式。如前述，类似的火坛造型可见于李诞墓石棺前档。火坛最上层为一侈口盆状，其次为一盘，盘缘作梯形，悬挂九件垂饰，接着为一细腰状座，底部似有莲花瓣饰。李诞墓火坛的两侧有对称的莲花纹，在康业墓主图像中则改为左右相对的长尾鸟。除了火坛的形制类似之外，所在位置也有类似之处。李诞墓的火坛位在前档门扉正下方。这类石棺前档的门扉具有作为墓主神魂出入通道的象征意义，暗示墓主的存在。例如在北魏固原漆棺前档上方绘有墓主图像，其下有门扉，可知门扉与墓主的密切关系。[1] 简而言之，在康业墓与李诞墓

---

[1] 固原漆棺墓主图像的研究参见孙机，《固原北魏漆棺画研究》，页 38—44，收入氏著，《中国圣火——中国古文物与东西文化交流中的若干问题》，页 122—138；罗丰，《固原漆棺画に见えるペルシャの风格》，《古代文化》44 卷 8 号（1992），页 40—52，中文版收入氏著，《胡汉之间——"丝绸之路"与西北历史考古》（北京：文物出版社，2004），页 52—78；Patricia Eichenbaum Karetzky and Alexander Soper, "A Northern Wei Painted Coffin", pp. 5—28。

319

中均可见到借由火坛标示出墓主的意图。

此外，康业墓正面墓主图像的空间布局与其左右的鞍马、牛车图不尽相同，隐含着粟特式的空间概念。在正面墓主的画面中以中央的栏杆、火坛为界，大致可分为上下两部分。上半部为墓主，下半部为四位胡人侍者。最外侧的左右两位手端壶与皮囊状容器等，中央两位侍者则手捧大圆盘，朝向上方墓主，做出敬献的姿态。这种将画面分为上下两层，尊贵者在上，卑位者在下的布局，亦广见于安阳石床、安伽墓石床、史君墓石椁，可视为出自粟特人固有的构图模式（参见第五章）。由此可知，虽然康业墓墓主正面画像承袭自北魏传统，但在此被重组于粟特式的空间概念之中。

2. 围屏左右侧板

康业墓围屏左右两石板各有两个画面，显然不是依据"三幅成组"的模式（图6-17、6-18）。这四幅图像均采用树下人物图的模式，男性或女性人物坐于榻上，其身旁或身后有大树，周围环绕众多人物。由于康业墓继承北魏洛阳葬具传统，该如何恰当地解释这四幅图像，笔者认为最佳的解决方案还是应由其源头找寻线索。以下首先由右侧石板的两幅图像着手。

右侧石板第一幅的主角为男性人物，手按隐囊，坐于榻上（图6-19）。简报中认为其内容为主人会见宾客。[1] 周围共计十六人，以中央大柳树为界，分为两组，各有六人。画面右侧六人均戴官帽，着汉服长袍，朝向墓主，地位较高。上方四位戴漆纱笼冠，下方两位似戴进贤冠。上方四人之间有三朵莲花，下方二人姿态恭敬，端盘。画面左侧六人着窄袖圆领，似为胡服。此六人均为侍者，其中三人手持仪仗，分别是一华盖与两件羽葆。

---

[1] 西安市文物保护考古所，《西安北周康业墓发掘简报》，页19—20。

第六章 葬具作坊的分化：康业墓与北周政治

图 6-17 康业墓围屏右侧石板线描图

图 6-18 康业墓围屏左侧石板线描图

图6-19 康业墓围屏右侧石板线描图 第一幅（局部）

这种单华盖与双羽葆的仪仗组合，稍早可见于河南洛阳北魏龙门石窟宾阳中洞东壁的帝王礼佛图；男性人物身凭隐囊的表现，则可见于同窟东壁上层的维摩诘与文殊问答图。维摩诘图中的隐囊位在维摩诘身后，此图中则置于人物前方。在康业墓围屏中，无论是华盖、羽葆、隐囊，都是用来作为彰显主人尊贵地位的象征物。此外，在康业墓中单华盖与双羽葆的仪仗组合除了这幅树下人物之外还出现两次，分别是正面围屏中的鞍马图与骑马出行图。排列方式均为华盖居中，双羽葆位在左右。由于鞍马图与骑马出行图均是作为暗示或表现墓主的一种形式，因此如同简报所言，这幅树下人物图中的主人很可能即是墓主。

此图构图较为复杂，与一般树下人物图的模式并不相同。图中男主人位在画面左端，与前方着朝服的人物之间保持一定距离。两者不但以柳树区隔，且柳树的根部纠结盘绕。横置于主人前方的隐囊与柳

第六章 葬具作坊的分化：康业墓与北周政治

树的复杂表现，都有助于强化区隔两侧的人物。工匠可能刻意以这样的布局凸显出主人的尊贵地位。虽然主人所坐的位置略低，但是由于在此群像中主人与宾客之间保留距离，在宾客簇拥与仪仗的衬托下，有效传达出人物之间的尊卑关系。此外，五位着朝服人物的视线朝向主人，特别是前方端盘的两人略弯腰，强调出礼敬主人的意涵。

值得注意的是，这种经营人物尊卑关系的手法仅出现在此图中，未见于其他三幅位在围屏左右两侧的画面。这三幅图像的人物均为女性，女主人坐于榻上，榻前有靴。类似的构图亦可见于正面围屏最右侧的一幅。图中采用了有别于男主人的构图，其共通点为：第一，树木位在人物身后而非人物之间；第二，女主人与宾客之间的距离较近，显得较为亲密；第三，女性宾客并非立姿而是坐于席上；第四，未陈设仪仗。由于这三图均为女性人物，因此与右侧围屏第一幅以男主人为主体的树下人物图相较，在构图上的差异不仅止于表现方式的不同，可能还意味男尊女卑并彰显男主人地位特殊的用意。

若围屏右侧树下人物图中的男主人即为墓主，则此图所欲传达的意义值得进一步推敲。图中男主人前方的人物着朝服，并非侍者，颇为特殊。在北魏围屏乃至于北朝壁画墓中尚无前例可循。若以《康业墓志》为线索，可进一步推测着朝服人物为代表拥护康业一族的朝官，或是其粟特集团内部的僚属。据《康业墓志》（图6-20），康业承继父职[1]：

> 以大周保定三年／正月薨。天和元年蒙　诏，以君积代蝉联，门传忠孝，／授世掌大天主。居官在任，莅职贞清，检执赋均，曾无／纤疊。

---

[1] 程林泉、张翔宇、山下将司，《北周康业墓志考略》，页82—84；毛远明校注，《汉魏六朝碑刻校注》卷10（北京：线装书局，2008），页247。

图像与装饰：北朝墓葬的生死表象

图 6-20 《康业墓志》拓片

其父殁于保定三年正月，三年后天和元年（566）康业继任大天主。① "纤罍"为细微的过失。②康业任内行事清正，赋役均等，但似缺乏明确功绩。相较之下，志文中对于其父事迹的描述则较为详细，字数甚至超过康业本人，颇为罕见。据《康业墓志》：

> 父魏大／天主罗州使君，去魏大统十年，车骑大将军雍州呼／药翟门及西国胡豪望等举为大天主。云：祖世忠孝，／积叶义仁，年德敦厚，且恭且顺，冰清玉洁，堪为轨范，／谐合物情，称允众望。乃降诏许。

---

① 康业于其父殁后三年任职，可能是守丧三年。另外，唐咸亨元年《史诃耽夫妇墓志》载："丁母忧。集蓼崩魂，匪莪缠痛。同子羔之泣血，类叔山之荒毁。"罗丰，《固原南郊隋唐墓地》，页 70；又见杨军凯，《北周史君墓双语铭文及相关问题》，《文物》8 期（2013），页 49—58。

② 毛远明校注，《汉魏六朝碑刻校注》卷 10，页 247。

324

第六章　葬具作坊的分化：康业墓与北周政治

西魏大统十年康业父得到车骑大将军、雍州呼药翟门以及"西国胡豪望"的拥戴，担任西魏大天主。翟门亦为粟特人。[1] 将这段志文与关于康业的描述相比，康业的"莅职贞清"引申自其父的"冰清玉洁"，其父"堪为轨范"则远非康业"曾无纤璺"所能比拟。康业父任大天主的时间为十九年，康业则任职五年，仅约为其父的四分之一。[2]

由此可知康业虽承继父职，但在粟特人聚落中的声望不如其父。推测丧家为了巩固其集团内部向心力，于是特别在志文中长篇描述康业父如何受到粟特豪望的拥戴与皇帝的重视，并在树下人物图中表现出孚众望的康业形象。

以下考察右侧围屏两幅画面的组合关系。两图前侧的主角为男性，后侧为女性，男前女后的组合关系可见于北魏石床围屏。根据第四章所复原的 A 组围屏，其中《树下濯足图》与《吹笙引凤图》并排，均位在围屏右侧板。就石床实际使用情况来看，两者均位在与死者头部相对应的位置。由图像内容与位置来看，《树下濯足图》与《吹笙引

---

[1] 程林泉、张翔宇、山下将司，《北周康业墓志考略》，页84；石见清裕编著，《ソグド人墓志研究》，页101—106。翟姓作粟特人姓的实例又见荣新江著，森部丰译、解说，《新出土石刻史料から见たソグド人研究の动向》，《关西大学东西学术研究所纪要》44号（2011），页121—151；罗丰、荣新江，《北周西国胡人翟曹明墓志及墓葬遗物》，收入荣新江、罗丰主编，宁夏文物考古研究所、北京大学中国古代史研究中心编，《粟特人在中国——考古发现与出土文献的新印证》上册，页269—299。

[2] 《康业墓志》中有两处值得注意。康业殁后诏赠甘州刺史，然而在甘州刺史之前有四个空格，原因不明。山下将司认为可能是表示敬意，但或许另有原因。推测这可能是在墓志完成之时，待赠官衔仍未完全确定，或者是丧家期待更多的哀荣，因而刻意留下空白，以便补刻之用。另外墓志最后一行为"大周天和六年岁次辛卯十一月廿九日"，即为康业下葬之日。若仔细观察，这行字略大，笔画较深，可能是最后才补刻上，而非与志文主体同时完成；亦即当志文初刻毕之际，除了在甘州刺史之前保留四格空阙，由于下葬之日未决，最后一行也保留空白，直到最后确认下葬日后才补刻最后一行。关于下葬之日悬而未决的原因，若参考这四格空阙，可能是丧家为了等待朝廷的赠官。石见清裕编著，《ソグド人墓志研究》，页88。

凤图》居于尊位。《树下濯足图》中的人物为男性,《吹笙引凤图》中的人物为女性,性别相应于墓主夫妇。这可能是表现墓主夫妇升仙、神游于方外世界的形象。换言之,在 A 组围屏中具有双重的中心,除了正面的墓主夫妇图像之外,围屏右侧石板内侧与墓主身体头部相对应的两幅画面,同样具有较高的重要性。《登床图》《执幡图》等以丧家为主体的图像则配置在左侧,对应于足部的一侧,重要性较低。

若以 A 组围屏右侧板的图像作为比较基准,则康业墓右侧围屏一男一女的图像可以解释为康业夫妇受到僚属、身份较高的妇人、侍者等礼敬的情景。A 组围屏中男性人物位在外侧,女性人物位在内侧,这种内外关系完全对应于康业墓右侧围屏。此外,正面围屏的骑马人物朝向右侧,也强调出以墓主头部的一侧为尊。康业遗骨位于棺床上,头向西,足部向东。头骨与西侧石板之间留有间距,足部则几乎触及东侧石板。头骨正位在女主人会见女宾与骑马出行图之间。康业墓围屏的配置与 A 组围屏相同,表现出以围屏右侧板为尊位的布局,透露出对于墓主身体的意识。

3. 树石的表现

从风格发展的角度来看,康业墓围屏中树木与山石的新表现令人瞩目。图中刻画出每片树叶,树叶的结组有疏密变化,已逐渐脱离北魏式的图案化表现。例如在骑马出行人物上方刻有小叶片,结组疏密有致,形成丛叶的效果。各画面中亦屡见柳树,下垂的柳条之间的间距略有不同,排列并不均整。

不过部分画面中仍残存北魏式的图案化树叶。例如在骑马出行人物的后上方,一叶片呈扇形(图 6-21),与同一株树中其他的小叶片格格不入。扇形叶广见于北魏洛阳时期,用来代表银杏。另外在左侧围屏第一幅上方有一由三片扇形叶片所组成的远景树丛,同样是源自北魏遗风。这种残留旧母题的现象,显示出工匠在采用新风格之际,

第六章　葬具作坊的分化：康业墓与北周政治

无意间透露出原本所惯用的北魏成规，有助于我们思考新风格成立的过程并追溯其源流。

康业墓围屏中出现一种类似灌木树丛的特殊造型。树丛下半有枝干，上半以弧状边缘作为轮廓，内侧填满鳞片状的纹理。管见所及，这种鳞片状树叶未见于北魏，却广见于四川地区出土的南朝造像。例如在梁中大通五年（533）四川彭州市龙兴寺 1 号背屏式造像（图 6-22）、梁大同十一年（545）"二佛并坐像"（成考所西安路 4 号背屏式造像）、中大同三年（548）"观音菩萨立像"（川博 4 号背屏式造像）背面的礼佛图中，坐佛上方的树叶圈画出明确的界线，其内侧叶片呈鳞片状排列。在"二菩萨立像"（川博 1 号造像碑）背面的净土场景、两侧方格状的佛传故事，或是"须弥山图浮雕"（川博 3 号造像碑）的背面、侧面，不但均可见到造型类似的树木，并且展现出更为辽阔的山石空间。① 这种树木的表现可视为南朝益州一带所发展出来的区域风格。

图 6-21　康业墓围屏正面右侧石板线描图　第二幅（局部）

图 6-22　梁中大通五年四川彭州市龙兴寺 1 号背屏式造像　背面

---

① 四川博物院、成都文物考古研究所、四川大学博物馆编著，《四川出土南朝佛教造像》（北京：中华书局，2013），页 91—94、102—116、160—163、174—175。

西魏于承圣二年（553）攻克益州，关中与益州之间建立起新的文化连结。康业墓石床围屏完成之际，西魏、北周已统治四川地区将近二十年。康业墓围屏中树叶的特殊表现，可能就是益州文化对关中地区产生影响的例证。此外，粟特人在蜀地的活动也值得注意。《安伽墓志》中称"父突建，冠军将军、眉州刺史"。虽然此处的眉州刺史可能是北周朝廷所追赠，但也可能显示出安氏一家与眉州（今四川省眉山市）的地缘关系。[①] 四川地区自东汉以来有其独特的工艺传统，无论是墓葬图像或是佛教造像，其共通的特点是空间表现较为复杂且更具有层次感。若能考虑益州文化的因素，则可对康业墓石床围屏中复杂的山水空间表现，提供一辅助说明。

（二）石床

康业墓围屏石床的正面床板长 2.38 米、宽 1.07 米、厚 0.16 米，正面与两侧以线刻减地的方式刻画图案。床足有五件，正面中央为兽面[②]，左右为蹲踞状狮，背面两件呈靴形，高 0.34 米。此石床的正面与侧面刻有图像，尚未充分受到学界关注。

石床正面中央为一兽面（图 6-23），其余图案均以此为中心，呈左右对称，排列均整。据简报，此兽面与墓门门楣中央的兽面相同。[③] 石床正面自中央向右侧（西）依序是：朱雀、缠枝莲花、狮子、缠枝莲花、青龙、缠枝莲花、玄武、缠枝莲花；自中央向左侧（东）依序是：朱雀（图 6-24）、缠枝莲花、白虎、缠枝莲花、青龙、缠枝莲花、

[①] 荣新江，《魏晋南北朝隋唐时期流寓南方的粟特人》，收入韩升主编，《古代中国——社会转型与多元文化》，页 139—152，后收入氏著，《中古中国与粟特文明》，页 42—63。

[②] 简报中称中央的兽面为狮子。国家文物局主编，《2004 中国重要考古发现》，页 124；西安市文物保护考古所，《西安北周康业墓发掘简报》，页 15。

[③] 西安市文物保护考古所，《西安北周康业墓发掘简报》，页 34。

第六章　葬具作坊的分化：康业墓与北周政治

图 6-23　康业墓围屏石床正面　兽面

图 6-24　康业墓围屏石床正面　朱雀

图像与装饰：北朝墓葬的生死表象

玄武、缠枝莲花。其中除了狮子与白虎之外，所有图案均相互对称。[①]石床侧面的图案则未左右对称。右侧面由外而内为山羊、骆驼、兽等；左侧面由外而内为雄鸡、虎、兽、凤鸟等。

石床正面图案由四神所组成。其中以狮子取代白虎，因此白虎仅出现一次。整体看来，对称性的四神即为康业墓石床正面图案的特点。前述李诞石棺也刻画四神，可知在此阶段，四神在胡人首领的墓葬中扮演较为重要的角色。在北周末年的安伽墓、史君墓中则未见四神的痕迹。[②]康业墓围屏石棺为目前所知的汉地粟特人葬具中，唯一完整刻画四神的实例，由此可见其石床图案的重要性。

然而，这种双四神的组合出自何处？北魏洛阳时期石床正面同样刻画图案，包含各类祥瑞、天人、仙禽、畏兽等，但是未见双四神。前引波士顿美术馆藏石床（图 3-42）刻有相对应的朱雀、青龙，然而未见玄武。另外，北魏洛阳石棺的棺底刻有带状图案。棺底前部中央为兽面，左右青龙白虎各一，相互对称。棺底后部中央则为莲花，左右同样是青龙白虎相对。棺底左右侧各分成十二个方格，每一格内有畏兽、神兽、朱雀、龙、虎等，未见玄武。[③]在此石棺中，青龙与白虎为一组，而非如同康业墓石床所见将青龙与青龙相对。

康业墓石床的双四神组合可能沿用北魏墓志的装饰系统。北魏神龟三年（520）元晖墓志四侧面刻有四神图，配合方位，东西为青龙、

---

① 简报中图版 21 标题中的白虎应作狮子。西安市文物保护考古所，《西安北周康业墓发掘简报》，页 24。
② 固原南郊隋大业六年（610）史射勿墓志盖、唐显庆三年（658）史索岩墓志盖上刻有四神图。史索岩墓第五过洞上方绘朱雀壁画，墓门门楣刻双朱雀，门扉刻双朱雀、双青龙。如同罗丰所言，此为北朝时代传统的延续。罗丰，《固原南郊隋唐墓地》，页 17、34—54。
③ 洛阳博物馆，《洛阳北魏画像石棺》，页 232—239。

第六章 葬具作坊的分化：康业墓与北周政治

白虎，南北为朱雀、玄武（图6-25）。①其中的四神均两两相对，成为对称的双四神。

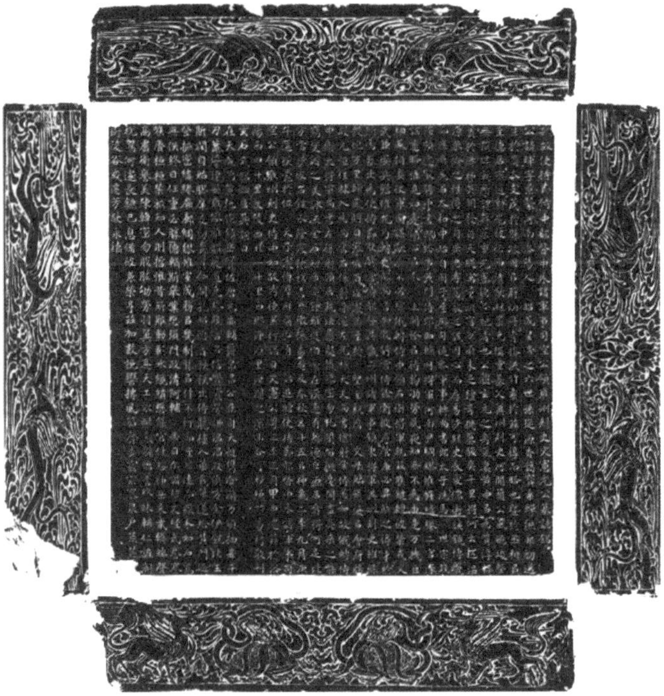

图6-25 北魏神龟三年元晖墓志拓片

玄武后侧有麒麟，与四神合为五灵。②此外，康业墓志由志盖与志石组成，无任何装饰图案，可能是由于康业墓志并无须雕饰，工匠遂将墓志装饰运用在石床上。

在康业墓石床中虽采用双四神的组合，但为了配合石床的结构，

---

① 赵万里，《汉魏南北朝墓志集释》卷3，页55—56；毛远明校注，《汉魏六朝碑刻校注》卷5，页46—49。
② 曾布川宽，《南朝帝陵の石兽と砖画》，《东方学报》63册（1991），页115—263，特别是178—181，后收入氏著，《中国美术の图像と样式》研究篇，页225—293，特别是页248—254。

图像与装饰：北朝墓葬的生死表象

其排列方式与墓志有所不同。将双四神排列在同一正面，弱化四神与方位的对应，成为朱雀—白虎（狮）—青龙—玄武的线性顺序。可知康业石床的图案虽然引用自北魏洛阳的线刻画传统，但并非忠实沿袭，而是配合其需要，选择性地重新加以拆解与转用。在目前所知的北朝围屏石床中，康业墓可能是将墓志中的双四神模式，转用成石床正面图案的唯一实例。

康业墓石床右侧面的图案由前而后分别是：云气、云气、羊、骆驼、兽、不明、云气、云气（？）。左侧面由前而后的图案是：公鸡、云气、兽、云气、云气，最后三个图案则不明。其中部分图案的表现方式亦可见于北魏墓志。例如右侧面最前方有羊，其后半部为变形的云气纹，意指其由云气变化而成。[1]

其中公鸡的图案位在左侧最前方，可能具有祆教的意涵。陕西靖边县出土北周大成元年翟曹明墓石门，高159厘米、宽127厘米。翟曹明任夏州天主、仪同，为北周末年夏州地区的粟特聚落首领。[2] 石门门扉上各雕刻一武士，鼻梁英挺，蓄胡，头戴新月形饰冠，手执三叉戟。左侧武士的右手按长刀，其上半部石材表面尚保留着鲜艳的朱彩。武士下方刻画岩石作为基座。门墩各雕一狮。门楣中央刻划兽面，两侧各有一公鸡，左右对称，朝向中央（图6-26）。据琐罗亚斯德教典籍《万迪达德》（Vendidad），公鸡在破晓啼鸣能除魔，被大神阿胡拉·马兹达（Ahura Mazda）任命为斯劳沙（Sraoša）之Sraoša-varez。可知翟曹明墓石门门楣上方的公鸡具有除魔，并护送死者灵魂

---

[1] 高桥宗一，《北魏墓志石に描かれた凤凰・鬼神の化成》，《美术史研究》27册（1989），页87—104。

[2] 陕西历史博物馆编，《三秦瑰宝——陕西新发现文物精华》（西安：陕西人民出版社，2001），页133；尹夏清，《陕西靖边出土彩绘贴金浮雕石墓门及其相关问题探讨》，《考古与文物》1期（2005），页49—53。荣新江，森部丰译、解说，《新出土石刻史料から见たソグド人研究の动向》，页128—132。

第六章　葬具作坊的分化：康业墓与北周政治

通往天国的意义。[①]由此看来，康业墓石床左侧面的图案以公鸡为首，应该也具有祆教意涵。此公鸡图案位在左侧面，正朝向东方，应该是有意的安排。

图 6-26　北周大成元年陕西靖边县翟曹明墓石门门楣

整体而言，在此石床中以正面的双四神为主体，公鸡排列在四神之后。此处的公鸡在整体图像布局中的地位远不如翟曹明墓石门。在这里显示出康业墓围屏石床运用祆教因素的重要特点，亦即刻意降低其图像上的重要性。无论是石床侧面的公鸡或是墓主图像下方的火坛，均可见到同样现象。火坛虽位在墓主图像下方，但比例甚小，若不详观，可能会误认为熏炉。石床上的公鸡图案则位在侧面，几乎可说是被隐藏起来。这两个母题为康业墓围屏石床中所仅见与祆教直接相关的母题。不过换另一个角度来看，康业墓围屏石床的制作虽然主要依据北魏的风格与图像，但也含蓄表达康业一族自身的宗教信仰。这种在图像上仅透露些许祆教因素的做法，同样可见于北齐安阳石床，可视为此阶段汉地粟特人葬具图像的特征之一。

---

① 沈睿文，《论墓制与墓主国家和民族认同的关系——以康业、安伽、史君、虞弘诸墓为例》，页217—218；影山悦子，《中国北部に居住したソグド人の石制葬具浮雕に関する研究动向（2004年~2012年）》，页71—73；Pénélope Riboud, "Bird-priests in Central Asian Tombs of 6th-century China and Their Significance in the Funerary Realm", pp. 1—23。

六、小结

就北朝葬具发展的角度来看，康业墓的重要之处，在于可作为北魏洛阳至北周长安葬具作坊发展之间的具体联结。康业墓的制作模式延续自稍早的李诞墓。由李诞墓石棺来看，长安葬具作坊充分承继北魏洛阳石质葬具的制作技术与图像配置。长安葬具作坊在康业墓以前，已开始为政治地位较高的胡人首领制作葬具。又由于李诞、康业均由北周武帝赠甘州刺史，考察李诞石棺的制作模式有助于认识康业墓围屏石床的制作。

李诞、康业墓葬具与北魏葬具传统的关系较密切，不同于安伽、史君墓葬具中所见大量采用粟特图像的表现方式。这可能意味北周粟特人葬具在北周统一北齐、周武帝驾崩后有所转变，呈现出不同阶段的发展。在李诞墓、康业墓的葬具中采线刻画风格来表现主要出自北魏的图像；安伽墓、史君墓葬具则改用浅浮雕以及粟特特有的图像。这种粟特图像表述上的差异，不仅是墓主族属、身份或好尚的问题，可能还涉及北周政局的变动、皇权的消长、粟特首领政治军事地位的变迁，以及皇帝与粟特人聚落首领之间互动关系的转变。推测在这两个阶段，北周皇帝对于胡人首领丧葬的支配方式、程度可能有所不同。北朝粟特人墓葬中的粟特图像表述，不应视为理所当然的现象。

汉地粟特人首领的葬具以贴金装饰为常态，其源流可追溯至北魏代人集团的葬具传统。北周末年的粟特人葬具不仅在雕刻技术上，由线刻画为主转向浅浮雕为主，贴金的形式也出现新发展，以安伽墓围屏为代表。管见所及，康业墓围屏中墓主图像背后的山水屏风为现存最早以贴金来表现山水的例子，安伽墓石床围屏则为东亚现存最早的金地屏风实物。金地屏风的出现，不仅对于汉地粟特人葬具或北朝绘画的研究，对于探究东北亚金地屏风的发展系谱亦深具意义。

第六章　葬具作坊的分化：康业墓与北周政治

康业墓围屏中男性墓主的形象共出现三次，分别是正面像、骑马出行、树下人物。这三种不同的康业形象传达出康业的三种层面。正面像的前方设有火坛，下方有胡人捧盘，代表康业作为"大天主"的职司与死后受祭。骑马出行图传达出粟特人理想中的传统贵族形象。右侧树下人物图则将康业塑造成深受其族人、僚属拥护的领导者。这三种康业形象均有助于强化其粟特集团内部的凝聚力。其中人物画风虽然采自北魏洛阳的石刻线画传统，但是经由新一代工匠的重制并采用新的配置方式，也就能展现出符合康业一族所需的丧葬功能与政治社会意义。

在康业墓围屏石床的制作过程中，除了北周长安葬具作坊之外，康业一族与北周皇权都曾经以不同的形式介入。作坊的图像制作过程较为具体可辨，北周皇权所可能扮演的角色，主要仰赖葬地的选择与墓志的讯息来推测。其中的"三幅成组"模式、以右侧板为尊的做法、石床正面图案与墓志装饰的关系等，都可见工匠操作的痕迹。无论是围屏或是石床的制作，均一方面依循既定模式，一方面却又同时加以拆解、转用、重制，不仅显示长安葬具作坊的特质，也透露出汉地粟特人葬具与北魏墓葬文化之间的微妙关系。

总　结

　　本书以北魏为起点探究北朝墓葬图像的发展，尝试寻求一种可称为"北魏观点"的论述方式。此观点的提出，一方面是得自近十多年来新出土史料的启发，另一方面是为了响应正不断成形中的北朝墓葬图像研究新局面。立足于北魏观点，有助于回答一个重要问题：何为北朝墓葬生死表象的特质。自北魏起，厚葬重新开始盛行，墓室被视为死后魂神的地下居所；在此同时，形制简单的单室墓成为主流。因此，如何在单室墓的空间框架中，以葬具与各类随葬品来安顿死者的魂神，也就成为北朝墓葬规划的基本课题。其中的图像与装饰不但是塑造地下世界的重要方式，也体现出地下与地上世界之间的社会、政治、宗教联结。

　　以下分成"图像与装饰的对话""图像、观看与政治秩序""北魏墓葬图像的模式""粟特人的北魏记忆"四个层面来总括北朝墓葬生死表象的部分特质。

图像与装饰的对话

　　在佛教文化的影响下，北魏的图像与装饰，无论从形式或内容来看都进入新的阶段。图像与装饰之间的错综关系，无疑是中国美术史中引人入胜的课题。本书着眼于图像与装饰之间的相关性来考察装饰

图像与装饰：北朝墓葬的生死表象

的意义，北朝墓葬的出土品正可作为探究此问题的绝佳材料。本书所考察的装饰问题包含以下几个方面：第一，装饰本身的结构与意义；第二，装饰如何成为图像表现的基础；第三，装饰作为界定图像的边框；第四，图像表现中的装饰性视觉效果；第五，图像与装饰在传达意义上的连续性，以及装饰如何完成"饰终"的丧葬功能。

拓跋鲜卑对于金属工艺的使用早于壁画，其历史进程为经由装饰来学习观看与运用图像。四世纪上半叶起拓跋鲜卑已开始面临如何观看/运用图像，这也就产生其装饰传统如何与图像产生对话的新问题。在此阶段虽然北魏尚未建立，但已可见拓跋鲜卑的装饰与图像发展的新开端。图像与装饰的对话构成北魏墓葬图像发展的基调。

沙岭壁画墓中单元式排列母题的方式可能与游牧部族饰物的形态有关。在沙岭壁画墓漆棺中的纹饰带与图像之间呈现边框与内容的关系，具有外与内的对应。装饰带除了框界图像的功能之外，还具有引导方向性与辅助内容的作用，既可区隔又能建立各类图像之间的相关性。云波里路壁画墓甬道上以方格为框界的神兽图案也出现在铜牌饰，显示游牧部族金属工艺的装饰品味对于壁画布局的影响。云波里路壁画墓中转用佛教石窟的纹饰带，具有建立墓室与石窟空间相关性的宗教功能。这种佛教纹饰与墓葬的新关系，颇能显示北魏墓葬文化的特点。此外，装饰的复杂度也是所耗人力、物力多寡的表征，可用来传达墓主的政治社会地位。

北朝粟特人葬具中，图像与装饰亦呈现多样的关系。在安阳石床围屏中，以纹饰带作为围屏的边框，围屏内部的浅浮雕远较其他北朝墓葬图像更具装饰性效果。相对于此，康业墓围屏中的人物群像采线刻画，其装饰性主要是以贴金的形式来表现。康业墓的贴金除了作为围屏边框或石床的纹饰之外，并与人物服饰与持物的表现紧密结合。金箔成为促使图像与装饰合为一体的物质媒介。

总　结

图像、观看与政治秩序

鲜卑拓跋由部落联盟转型为国家之际，如何学习观看／运用图像为其文化变迁的重要课题。对于拓跋鲜卑而言，图像的使用并非理所当然。拓跋鲜卑无固有文字，在西晋时期与代北汉人官员接触之后才开始认识到文字的强大力量。北魏对于图像的认识，应可说是伴随文字发挥政治效用而加深。北魏的图像启蒙与书写启蒙的进展，等同于其统治集团以政治权力掌握并运用文字、图像的过程。

北魏的图像启蒙可溯及西晋末年的桓帝、穆帝时期，但直到北魏平城时期才广泛运用图像，以沙岭壁画墓为代表。早期鲜卑的墓葬中除了金属牌饰以外未见壁画或漆画。然由沙岭壁画墓可知，五世纪上半叶的平城已出现内容多样且布局完整的墓室壁画，而且北魏平城初期的墓葬图像已兼具综合性与统整性的双重特征。所谓综合性，是指其统治集团在建国历程中掠夺河西、辽东地区的图像资源，在平城地区综合成新的样貌；整合性则是指该墓葬图像具有特定方位上的对应关系，将墓室转化为具有视觉秩序的地下世界。

拓跋鲜卑在掠夺各地的图像资源之后，开始体认到图像的政治、宗教效力，进而转用来凝聚内部的向心力，塑造代人集团。拓跋鲜卑建国的历程与图像启蒙可谓并进发展。平城时期所建立的墓葬图像模式，成为日后北魏洛阳时期至北朝晚期图像制作的重要参考。另外就规模恢弘的云冈石窟所见，拓跋鲜卑在学习观看与运用图像上均显示出独特的适应性。

魏晋时期中原地区墓葬盛行薄葬，几乎排除图像。相对于此，北魏平城时期的代人集团将墓葬作为用以建构政治社会秩序的一种机制，积极采用图像。代人集团在学习运用图像之际，图像也为其塑造出死后世界，图像的运用与死后世界的具像化乃一体之两面。北魏平

图像与装饰：北朝墓葬的生死表象

城时期虽然各部族杂处于平城，但是此地区的墓葬图像却呈现出较为单一的死后世界。死后世界的趋同也同时意味统治集团对于异质性政治群体的统合与重塑。在北魏平城时期，"图像"在墓葬与佛教这两个范畴之中被赋予新的时代意义，并经历一场波澜壮阔的视觉启蒙运动。

本书将观看视为需要学习的社会行为，在各章中均致力于寻求脉络化的观看模式。北魏的观看模式与图像运用为体制化的政治社会行为，由特定阶层、集团所掌控。图像与装饰成为建构政治社会集团连带感的文化机制，辅助塑造北魏政治集团与国家。本书所设定的一连串研究视角，包括拓跋鲜卑的图像启蒙、北魏对于图像的运用方式、墓葬中的佛教因素、图像与不同政治集团的关系等，均与此命题息息相关。书中将观者界定为由多人所组成的社会群体，重视其集团性的视觉经验与文化心态。在这样的前提下，墓葬图像的制作、使用等活动，可视为具更广泛时代性观看的一环。[①] 观者的文化态度与联想是任何类型之观看所必要的基础，墓葬图像的变迁并不局限于墓葬文化内部，而是与特定历史脉络中所发展出来的观看模式密切相关。

在代人集团学习观看／运用墓葬图像之际，辽东一带的慕容鲜卑可能曾扮演重要的角色。北魏装饰文化也多受辽东地区的影响。因此探讨平城时期墓葬文化的多元因素时，必须特别注意平城与辽东之间在人力、物力上的流通。冯太后临朝期间为北魏图像与装饰发展的重要阶段。

北朝墓葬中以各种图像与装饰来象征生命的延续性，避免直接描绘死亡场景，排除哀伤情绪的表现。这与同时期墓志中常见生者伤痛

---

① 若用 Michael Baxandall（1933—2008）的用语来说即为"时代之眼"（period eye）。Michael Baxandall, *Painting and Experience in Fifteenth Century Italy: A Primer in the Social History of Pictorial Style* (Oxford; New York: Oxford University Press, 1972).

之情的表达恰成对比。在中国墓葬传统中，关于如何表达"事死如事生"（语出《荀子》），图像与文字具有不同分工。图像独具视觉力量，在墓葬中可发挥重塑死者样貌以及建构地下世界的丧葬功能。墓葬图像虽无法改变死亡的事实，却具有引导丧家如何认知死亡的心理效用。经由图像与观看方式的共享，丧家得以重新确认其家族与部族／国家之间的关系，社会政治秩序也就得到进一步强化。在图像运作之下，死亡遂由个别生命史中的事件，升华为集体共有的生死表象。

北魏墓葬图像的模式

北魏与汉、唐有着不同的墓葬图像传播模式。东汉壁画墓、画像砖、画像石在各地形成多个区域传统，随着中央与地方的互动逐次形成一跨区域的汉代墓葬图像体系。唐代则是以长安、洛阳为中心发展出中央都会风格，以此为核心向周边辐射，形成横跨欧亚大陆的国际性风格。相对来说，北魏在建国之初并未具备一个可作为核心的图像制作中心。此中心（即平城）是在道武帝、太武帝至献文帝近七十年的期间内，不断收纳各区域文化才形成。相对于汉代中央与地方互动的模式，或是唐代跨国际的普遍性，北魏则是不断由区域文化的力量来重构中央。汉、唐的墓葬图像是以帝国为规模，然而北魏从平城到洛阳始终没有完全脱离区域性色彩。魏分东西之后，北齐、北周各偏一隅，地域性益加强化，也因此无论在平城或洛阳，北魏对于周边的支配力远不及于汉、唐。

平城时期拓跋鲜卑为了重建政治秩序，收编不同的部族、民族，重新汇聚西晋以来的丧葬习俗，厚葬因而重新流行，墓室被视为神灵凭依之处与地下居室的所在。这种将墓室视为神魂所居之处的生死观，为北朝墓葬图像开拓出新的表现空间。除了墓葬图像之外，随葬陶俑

图像与装饰：北朝墓葬的生死表象

也成为建构地下世界的重要物质媒介。墓室既然被视为死者的地下居室，采用屋形葬具可用来强化墓葬作为居室的核心象征。此外，图像具有转换屋形葬具象征性的关键作用。当屋形葬具内外描绘天神时，地下居室即被转化为天界。例如大同富乔电厂北魏屋形葬具中描绘有多尊佛坐像，遂成为佛国世界。类似做法一直延续至北朝晚期、隋代的粟特人葬具，同样是借由图像将葬具由地下居室转化为天界，展现出祆教的生死表象。

北魏平城时期墓葬图像的布局已形成一定的模式：第一，以单室墓为主，墓室被视为与天地相应的小宇宙；第二，墓门至甬道描绘镇墓兽、镇墓武士或金刚力士像；第三，以正面墓主图像作为墓壁画中轴布局的核心；第四，墓室壁画题材以出行、宴饮、狩猎、庖厨为主。上述特点均同时可见于沙岭壁画墓。此模式在北魏平城至洛阳时期的变迁过程中产生何种变化，尚有待更多考古材料来佐证。不过从现有材料已可得知，其对于北朝晚期墓葬产生深远影响。北朝晚期墓壁画由墓室内部扩及于墓道，大面积的墓道壁画成为北朝至唐代壁画墓的特点。唐代墓壁画的题材推陈出新，但其布局仍延续北魏以来的中轴对称原则。

基于以上有关北魏墓葬图像的认识，可对墓葬文化变迁的分期问题提出新的构想。魏晋时期中原地区盛行薄葬，形成所谓"晋制"[①]，此为"汉制"之后的一大变革。然而同时期河西与辽东墓壁画仍延续汉代的传统，形成中原地区薄葬墓与图像分离，周边地区墓葬仍持续运用图像的态势。到了平城时期厚葬再度兴起，墓葬重新与图像相结

---

① 俞伟超，《汉代诸王与列侯墓葬的形制分析——兼论"周制""汉制"与"晋制"的三阶段性》，收入中国考古学会编辑，《中国考古学会第一次年会论文集 1979》（北京：文物出版社，1980），页 332—337；齐东方，《中国古代丧葬中的晋制》，《考古学报》3 期（2015），页 345—366。

合，并与佛教产生新的关联，确立墓葬图像的新模式。这种综合汉晋制度与鲜卑故俗的新型墓葬文化可称为"平城型厚葬"，是墓葬文化继晋制之后的另一巨变。由于北方地区从汉制之后一直到北魏平城时期才确立新的墓葬图像模式，因此可将北魏平城时期视为中古时期北方墓葬图像的新开端。此外，借由北魏墓葬图像的研究，亦有助于重新定义中古时期北方的图像传统。陈寅恪在概观中古工艺时曾说："盖当中古时代吾国工艺之发展实有资于西域之文明，而东方胡族之艺术殊不足有所贡献于中国。"[①] 然而若就北朝墓葬图像的发展来看，有必要重视北亚游牧部族所发挥的关键作用。借此，也能对于中国中古美术史发展进程得到新的认识。

粟特人的北魏记忆

北齐安阳石床与北周康业墓石床围屏在风格与图像均大不相同，工匠各以独特的方式运用北魏葬具传统。欲了解汉地粟特人的墓葬图像，除了粟特人本身的宗教文化、北魏传统、佛教因素之外，还须充分考虑所在地的区域文化。此外，相较于北魏葬具图像模式化的表现，北朝粟特人葬具中可见到更多为墓主、丧家量身定做的现象。康业墓、史君墓、安伽墓的葬具图像均须参照墓主的生平、信仰才能得到较为合理的解释，这显示出粟特人颇善于运用图像来自我表述。

北朝晚期粟特人采用北魏的葬具传统，此现象除了具有美术史的意义之外，还具有政治文化史的意义。北朝粟特人墓志提供进一步考察的线索。北周史君墓铭文中汉文与粟特文并记，其中汉文部分在述

---

① 陈寅恪，《隋唐制度渊源略论稿》，页85。

图像与装饰：北朝墓葬的生死表象

及祖上东迁时书有"水运应期，中原显美"①。此处"水运"指北魏。②北魏五行次原为土德，太和十五年孝文帝为承接西晋金德改为水德。③墓志中的这段文字称颂洛阳时期的北魏盛世，却未提到北周政局。史君卒于北周大象元年，当时北周虽已征服北齐，但政局不稳，或许因此对于北魏洛阳的盛世尤其感念。又当时中亚诸国称中国北方为"拓跋"，可作为此现象的辅证。④

到了唐代，粟特人继续在政治、军事、宗教等领域扮演着重要的角色，其墓葬图像是否得到新的发展，颇令人好奇。但就现有实例来看，北朝晚期至隋代粟特人墓葬中鲜明的粟特图像，到了初唐已不复可见。例如唐中宗景龙三年（709）安菩墓的石床刻画十二支，祆教图像消失无踪。⑤推测这可能与官方的管控有关。自初唐起中央政府改变对于粟特首领、聚落的管理方式，贯彻律令制，粟特聚落被编入唐代州县下的乡里，解消自治并成为百姓。⑥同时期的墓葬等级制度也逐步

---

① 报告书释为"永运"，当作"水运"。参见孙福喜，《西安史君墓粟特汉文双语题铭汉文考释》，收入《法国汉学》丛书编辑委员会编，《粟特人在中国——历史、考古、语言的新探索》，页18—25。

② Albert E. Dien, "Observations Concerning the Tomb of Master Shi", *Bulletin of Asia Institute*, New Series, Vol. 17 (2003), pp. 105—115；石见清裕，《西安出土北周"史君墓志"汉文部分译注・考察》，收入森安孝夫编，《ソグドからウイグルへシルクロード东部の民族と文化の交流》，页67—92，后收入石见清裕编著，《ソグド人墓志研究》，页31—60。

③ 《魏书》卷108《礼志一》，页2744—2747。

④ 伯希和，《支那名称之起源》，收入冯承钧译，《西域南海史地考证译丛》第1卷（北京：商务印书馆，1995），页36—48；杉山正明，《中央ユーラシアの历史构图——世界史をつないだもの》，收入桦山纮一等编，《岩波讲座 世界历史11 中央ユーラシアの统合》，页3—89，特别是页42。

⑤ 洛阳市文物工作队，《洛阳龙门唐安菩夫妇墓》，《中原文物》3期（1982），页21—27、14。程永建、周立主编，洛阳市文物考古研究所编著，《洛阳龙门唐安菩夫妇墓》（北京：科学出版社，2017），页154—163。

⑥ 荒川正晴，《唐帝国と胡汉の商人》，收入氏著，《ユーラシアの交通・贸易と唐帝国》（名古屋：名古屋大学出版会，2010），页336—384。

严密化，原来粟特首领所好的屋形葬具成为唐代皇室所用的高规格葬具。可想见在这样的情势下粟特人对屋形葬具的使用有所限制。

关于北朝墓葬图像，从基本的图像比对、区域文化的界定，一直到对于墓葬的整体性认识等，尚有诸多课题有待进一步研究。如何厘清墓葬图像与不同政治集团之间的关系，以及辨析其中所蕴含的多元文化、宗教因素，将是日后研究的重点。最后针对文化交流的课题，从"图像与民族的关系""反思南北文化交流""丝路东端的再定义"三个角度来省思并展望未来。

图像与民族的关系

"民族"是北朝墓葬图像中不可忽略的重要因素，然而关于民族在墓葬中发挥何种作用，须审慎评估。例如本书中讨论到的沙岭壁画墓中镇墓兽与鲜卑旧俗的关系、神兽图像与鲜卑的神兽崇拜、北魏洛阳时期的葬具图像、粟特人墓葬中对于祆教图像的不同运用等议题，即使是同一民族，所采用的墓葬图像仍可能因时间、区域而呈现多变样貌。再加上拓跋鲜卑是由多部族所组成，政治制度与国家祭祀兼采鲜卑故俗与汉晋制度，而且使用图像具有新创与综合性的特点，因而增加此问题的复杂度。

在探讨图像与民族之间的关系时，一个有效的研究途径是将此问题与时间、区域、集团三项要素一并考虑。换言之，采用多重视角，借由民族与这三者之间的连锁关系来评估民族所发挥的作用。例如就以拓跋鲜卑为主体的代人集团而言，墓葬图像不仅与墓主的族属，也与其政治地位相对应，而且后者更为关键。因此，考察北魏的墓葬图像时应着眼于墓主的活动区域与政治集团。再就沙岭壁画墓而言，墓主虽出自鲜卑破多罗部，但墓壁画的制作地为平城，吸收来自周边的区域文化。在这种情境中，决定壁画风格的关键因素并非墓主的部族，而是其归属的统治集团以及平城的政治局势。平城时期渊源不同的墓葬图像重新整合之后为代人集团所共享，图像与民族的关系显得较为间接。北魏迁都洛阳后孝文帝采汉化政策，统治集团重新建立新的图像模式，民族因素益加难以捉摸。神兽与镇墓兽图像可能是少数例外，这类图像由平城延续至洛阳时期，可视为拓跋鲜卑神兽崇拜的可视化表现，被赋予部族守护神的意义。

在汉地粟特人的墓葬图像中，民族的表现方式则与代人集团大不相同，图像与民族的关系显得较为直接、鲜明，而须留意其具体表现样态仍同样与时间、区域、集团要素紧密相连。北周康业墓中粟特图像的表述较为隐讳，图像中的民族因素甚至可说是有意被遮掩，涉及北周政局的变动、皇权的消长、粟特首领政治军事地位的变迁。康业墓之后粟特人墓葬图像的表述进入新的阶段，较直接表现出粟特与祆教图像。然而这些祆教图像仅流传于封闭性的粟特人聚落之内，外人难以窥见，其性质与一般的墓葬图像不同，较为特殊。不过在这种情境下祆教图像仍具有流通的可能性，只是范围以粟特人聚落为限。其图像传播的方式独特，是经由粟特人的贸易网络而流传于各城市的粟特人聚落。

反思南北文化交流

关于南北朝的文化交流问题，过去美术史学界多主张南朝影响北朝，南朝绘画为北魏洛阳时期风格的源流[1]，这可由不同面向考虑。

---

[1] 例如 Alexander Soper, "South Chinese Influence on the Buddhist Art of the Six Dynasties Period", *Bulletin of the Museum of Far Eastern Antiquites*, Vol. 32 (1960), pp. 25—55；长广敏雄，《六朝时代美术の研究》。

就画史论著而言,建康无疑被视为当时画坛的中心。然而如第四章所述,北魏洛阳时期墓葬中所见的南朝因素中,有部分来自边境之间的区域文化交流。邓县画像砖墓虽属南朝墓葬,但具有鲜明的区域文化特点,与建康一带皇室、贵族的墓葬大不相同。因此,讨论此问题应同时兼顾南北朝都城之间的远距离交流,以及国境之间的区域文化交流这两方面。另由本书案例可知,南朝的墓葬图像并不具备绝对的规范性。

此问题的另一面向是如何认识北魏的主体性。围屏石床与屋形葬具为北魏的发明。北魏墓葬图像所见的风格、图像组合均有别于南朝,已经北魏的筛选与再诠释。换言之,即使是北魏积极汉化的洛阳时期,其葬具形制与墓葬图像均呈现特殊的区域性发展。因此,充分考察北魏区域文化,探求具有文化主体性的文化交流史,将有助于理解北魏如何吸收南朝文化。若能赋予此过程积极的历史意义,则可建立具有北魏主体性的图像传播论。北魏文化主体性的重建,为"北魏观点"论述中不可或缺的一环。墓葬文化作为特定时空的产物无法被完全复制,只能被不断重新转译、改造。

丝路东端的再定义

学界多将长安视为丝路的东端(终点/起点)。[①]这种观点主要是就汉、唐而论,并不适用于北朝。更重要的是丝路所代表的是一种整体的贸易网络,以单一城市作为丝路终点/起点的观点稍嫌简化。本书案例主要出自平城、洛阳、邺城、长安四座都城,在北朝构成中

---

① 例如 Valerie Hansen, *The Silk Road: A New History* (New York, Oxford: Oxford University Press, 2017), pp. 239—284,中译见芮乐伟·韩森著,吴国圣、李志鸿、黄庭硕译,《丝路新史——一个已经逝去但曾经兼容并蓄的世界》(台北:麦田出版,2015),页183—212。

原地区胡商的贸易网络。关于丝路东端的考察，应涵盖此错综的贸易网络。其中平城不但建都时间最早，且作为都城的时间也最长，可知其墓葬对于重新界定中古时期丝路东端问题的重要性。北魏讨伐北凉之后不但控制通往西域的道路，也为其与西域、中亚诸国之间的交流拓展新局。须留意墓葬图像的传播路线与丝路的贸易网络颇有重叠；例如平城时期墓葬的图像与装饰，与敦煌、原州（宁夏固原）、辽阳、集安等地呈现东西向连结的相关性。这不仅显示北方草原地区之间的文化传播，也意味丝路东端的动态发展。

从宏观的角度来看，北朝文化呈现双向的大脉动：南北向游牧草原文化与农耕文化的碰撞，以及东西向丝路的中西文化交流。两种波澜壮阔的文化脉动与佛教东传相互激发，共同塑造出北朝文化丰富的样貌。拓跋鲜卑与粟特人，分别在此历史舞台扮演着关键性的角色。集中于这些都城的墓葬图像，不仅体现不同群体的生死表象与社会文化变迁，同时也展现出北朝文化所持有的多元性。如何进一步探讨此种多元性，为日后的重要课题。北亚游牧部族对于中国中古时期美术史的独特贡献，将随着研究进展而得到新的评估。

后　记

　　我最早着手考察北朝墓葬图像是在进入日本京都大学博士班之后。1998年3月日本学界对于奈良县明日香村龟虎（キトラ）古坟重新进行调查后，发现墓室顶部绘有天文图，引起多方关注。指导教授日本京都大学人文科学研究所曾布川宽先生为此新发现特别举办研读会，热烈的气氛至今依然历历在目。当时我以"天文图的中国源流"为题发表，进而将问题聚焦在北魏元乂墓天文图，提交首篇日语论文，这样的因缘际会引发我对于北朝墓葬图像的兴趣，日后完成博士论文《南北朝时代における墓葬の図像の研究》。

　　约在我进入台"中央研究院"历史语言研究所（以下称史语所）的第二年，当时的所长王汎森院士鼓励我将博士论文中译早日出版。然而就在着手翻译的同时，北朝的重要考古发掘成果陆续刊布，让我意识到若仅是翻译或局部改写博士论文，并无法充分讨论新出土材料的诸多问题。为了响应新的研究局面，遂决定在新旧材料的基础上，采用新的视角、问题意识、架构来撰写另一部著作。

　　本书采个案研究的方式自下而上、由个别到整体逐步构筑而成。为了配合专书的架构与持续公开的新材料，各章节都不断改写、增补，以期能反映出至2018年10月为止的考古报告与研究著作的成果。在写作过程中确立图像、装饰、表象这三个概念坐标，以探求三者之间的交互关系为研究思路，并尝试借由墓葬材料来反思中国美术史学的部分既定概念。

以下列出各章节首次出版的原篇名与期刊出处。这些论文在成书之际均配合架构调整标题并将内容加以增补修改。

上编 墓葬

第一章 《北魏沙岭壁画墓研究》,《"中央研究院"历史语言研究所集刊》83本1分(2012),页1—95。

第二章 《北魏平城时期的装饰文化:由台北故宫博物院藏的一件铜壶谈起》,台"故宫学术季刊"33卷1期(2015),页169—210。

第三章 《墓葬、宗教与区域作坊——试论北魏墓葬中的佛教图像》,《台湾大学美术史研究集刊》24期(2008),页1—66。

下编 葬具

第四章 《北魏洛阳时期葬具的风格、作坊与图像:以一套新复原石棺床围屏为主的考察》,《台湾大学美术史研究集刊》39期(2015),页49—126。

第五章 《北朝晚期汉地粟特人葬具与北魏墓葬文化——以北齐安阳石棺床为主的考察》,《"中央研究院"历史语言研究所集刊》81本3分(2010),页513—596。

第六章 《北周康业墓围屏石棺床研究》,收入荣新江、罗丰主编,宁夏文物考古研究所、北京大学中国古代史研究中心编,《粟特人在中国:考古

后 记

发现与出土文献的新印证》上册（北京：科学出版社，2016），页237—263。

由于在2019年2月拙著出版后，北朝墓葬陆续有新的考古发现及研究成果问世，因此也借此机会稍加介绍。近五年来重要的相关论著，依出版年份排列可举出：韦正《将毋同：魏晋南北朝图像与历史》（2019）、沈睿文《中古中国祆教信仰与丧葬》（2019）、巫鸿主编，《物绘同源：中国古代的屏与画》（2021）、贺西林主编，《汉唐陵墓视觉文化研究》（2021）、李梅田《葬之以礼：魏晋南北朝丧葬礼俗与文化变迁》（2021）、韦正《南北朝墓葬礼制研究》（2022）、贺西林《读图观史：考古发现与汉唐视觉文化研究》（2022）、李梅田《中古丧葬模式与礼仪空间》（2023）等。这些论著的共通性之一，是高度关注图像解释的问题，反映出当前考古学、历史学与美术史学的趋势，也显示学者越发认识到视觉材料的重要性，以及其中所涉及的各种历史文化因素。

关于已正式出版的重要新出土材料，可举出山西大同富乔电厂北魏石堂、山西万荣北魏孝昌二年（526）薛怀吉墓石棺、河南洛阳北魏永安元年（528）曹连墓石棺、东魏武定元年（543）翟门生围屏石床、河南安阳隋开皇十年（590）至十八年（598）隋代麹庆夫妇合葬墓。山西大同富乔电厂石堂的佛教壁画内容丰富，包含二佛并坐、七佛等图像，可借此重新思考北魏平城时期墓葬与佛教信仰的关系。拙著第三章中虽然曾提及这套葬具，但由于当时材料的信息尚不完备，未能详加讨论。相关研究的评述与拙见，可参考《墓葬与佛教：重探北魏平城时期的屋型葬具》（《台湾大学美术史研究集刊》53期，2022）。以上所提及的新出土材料在年代上涵盖北魏平城、洛阳时期至东魏、隋代，可补充北朝至隋代石质葬具的发展序列。

图像与装饰：北朝墓葬的生死表象

在美术史学习过程中，有幸承蒙多位师长的指导；就读台湾大学艺术史研究所期间，陈葆真教授、石守谦院士、陈芳妹教授、谢明良教授、李玉珉教授引领门径；"史语所"颜娟英教授启发我对考古美术的兴趣，颜教授谨严精进的治学态度一直是自我砥砺的榜样；曾布川宽先生教导我如何培养观看材料的眼光与见识，以及持续挑战新课题的重要性。我还必须特别感谢"史语所"如此卓越的学术环境，在讲论会与所内中得到邢义田院士、刘淑芬教授、刘增贵教授、黄进兴院士、王明珂院士、李贞德教授、林富士教授等同仁的指教。除了颜娟英教授规划的佛教美术田野调查与拓片研读之外，邢义田院士举办的汉画读书会亦令我受益良多。傅斯年图书馆充实的藏书与迅捷的学术支持也是不可或缺的后盾。

研究过程中曾得到多位学界先进与同道的协助。西北大学文化遗产学院罗丰教授、大同市考古研究所所长张志忠先生、陕西省考古研究所张建林先生与李明先生、西安博物院杨军凯先生、安阳博物馆馆长周伟先生、大阪府和泉市久保惣美术馆馆长和田昌之先生等人慷慨协助田野调查并提供宝贵意见。东洋文库田仲一成先生、会谷佳光先生安排调阅"梅原考古资料"，台北故宫博物院器物处前处长蔡玫芬女士、张丽端女士，台北故宫博物院副院长余佩瑾女士协助调查。罗格斯大学纽瓦克分校（Rutgers University-Campus at Newark）朱安耐（Annette L. Juliano）教授、北京大学郑岩教授、辽宁省文物考古研究所王宇先生、加拿大皇家安大略博物馆（Royal Ontario Museum）裴严华（SaschaPriewe）先生惠赠资料，都让我铭记在心。

拙著简体版的付梓，得到浙江古籍出版社鼎力支持，以及台大出版中心的居中协助，让拙著以图文并茂的方式呈现，谨致谢忱。承蒙郑岩教授、韦正教授、李梅田教授拨冗撰写推荐语，深感荣幸，更是莫大的鼓励。可以预见日新月异的考古发掘，将不断刷新既有的认识，

后　记

拙著的论点也必须随之重新调整与修正。尽管书中的设问与论述也许仅具有暂时性的意义，依然深切期盼拙著的出版能稍有助于学界对于中古前期墓葬图像的探讨。

林聖智

于南港

2023 年 12 月 20 日

引用书目

一、传统文献

（西汉）刘向编集，王逸章句，《楚辞》，北京：中华书局，1985。
（西汉）扬雄著，张震泽校注，《扬雄集校注》，上海：上海古籍出版社，
　　1993。
（西汉）司马迁，《史记》，北京：中华书局，1982。
（东汉）班固，《汉书》，北京：中华书局，1996。
（西晋）陈寿，《三国志》，北京：中华书局，1982。
（后秦）鸠摩罗什译，《大智度论》，收入高楠顺次郎编，《大正新修大藏经》，
　　台北：新文丰出版公司，1983，第25卷。
（宋）范晔撰，（唐）李贤等注，《后汉书》，北京：中华书局，1996。
（梁）沈约，《宋书》，北京：中华书局，1996。
（梁）萧子显，《南齐书》，北京：中华书局，1997。
（梁）萧统编，（唐）李善注，《文选》，上海：上海古籍出版社，1986。
（梁）释慧皎撰，汤用彤校注，汤一玄整理，《高僧传》，北京：中华书局，
　　1992。
（梁）慧皎著，吉川忠夫、船山彻译，《高僧传》，东京：岩波书店，2009。
（北魏）郦道元著，陈桥驿校证，《水经注校证》，北京：中华书局，2007。
（北魏）杨衒之，《洛阳伽蓝记校释》，周祖谟校释，北京：中华书局，1958。
（北齐）魏收，《魏书》，北京：中华书局，1992。
（唐）房玄龄等，《晋书》，北京：中华书局，1993。
（唐）姚思廉，《陈书》，北京：中华书局，1995。

（唐）李延寿，《南史》，北京：中华书局，1995。

（唐）李百药，《北齐书》，北京：中华书局，1987。

（唐）李延寿，《北史》，北京：中华书局，1983。

（唐）魏徵等，《隋书》，北京：中华书局，1994。

（唐）杜佑，《通典》，北京：中华书局，1988。

（唐）欧阳询撰，汪绍楹校，《艺文类聚》，北京：中华书局，1965。

（唐）张彦远，《历代名画记》，收入于安澜编，《画史丛书》第1册，上海：上海人民美术出版社，1963。

（唐）道宣，《集神州三宝感通录》，收入《大正新修大藏经》，台北：新文丰出版公司，1983，第52卷。

（清）梁诗正，《西清古鉴》，清光绪十四年迈宋书馆铜版精印本。

（清）阮元校刊，《十三经注疏》，台北：艺文印书馆，1989。

王利器，《颜氏家训集解》，北京：中华书局，1993。

王叔岷，《列仙传校笺》，台北："中央研究院"中国文哲研究所，1995。

李涤生著，《荀子集释》，台北：台湾学生书局，1981。

高亨注，《诗经今注》，上海：上海古籍出版社，1980。

袁珂校注，《山海经校注》，上海：上海古籍出版社，1980。

郭玉堂，《洛阳出土石刻时地记》，洛阳：大华书报供应社，1941。

叶昌炽撰，柯昌泗评，《语石·语石异同评》，北京：中华书局，2005。

贾恩绂，《定县金石志余》，收入《石刻史料新编·第三辑》，台北：新文丰出版公司，1986，第24册。

罗振玉，《罗雪堂先生全集·续编》，台北：文华出版公司，1969，第3册。

赵万里，《汉魏南北朝墓志集释》，北京：科学出版社，1956。

赵超，《汉魏南北朝墓志汇编》，天津：天津古籍出版社，1992。

毛远明校注，《汉魏六朝碑刻校注》，北京：线装书局，2008。

北京图书馆金石组编，《北京图书馆藏中国历代石刻拓片汇编》，郑州：中州古籍出版社，1989。

洛阳市文物工作队，《洛阳出土历代墓志辑绳》，北京：中国社会科学出版社，1991。

二、近人论著

中文

山西省大同市博物馆

    1983《山西大同南郊出土北魏鎏金铜器》,《考古》11,页997—999。

    2007《大同北魏方山思远佛寺遗址发掘报告》,《文物》4,页4—26。

山西省大同市博物馆、山西省文物工作委员会

    1972《山西大同石家寨北魏司马金龙墓》,《文物》3,页20—29、64。

    1978《大同方山北魏永固陵》,《文物》7,页29—35。

山西省大同市考古研究所

    2004《山西大同下深井北魏墓发掘简报》,《文物》6,页29—34。

    2004《大同湖东北魏一号墓》,《文物》12,页26—34。

    2006《大同沙岭北魏壁画墓发掘简报》,《文物》10,页4—24。

    2006《山西大同迎宾大道北魏墓群》,《文物》10,页50—71。

    2006《山西大同七里村北魏墓群发掘简报》,《文物》10,页25—49。

    2011《山西大同文瀛路北魏壁画墓发掘简报》,《文物》12,页26—36、60。

    2011《山西大同云波里路北魏壁画墓发掘简报》,《文物》12,页13—25。

    2011《山西大同阳高北魏尉迟定州墓发掘简报》,《文物》12,页4—12、51。

山西省大同市考古研究所、刘俊喜主编

    2008《大同雁北师院北魏墓群》,北京:文物出版社。

山西省大同市博物馆、山西省文物工作委员会

    1972《山西大同石家寨北魏司马金龙墓》,《文物》3,页20—29、64。

山西省考古研究所

    2000《山西省考古学会论文集(三)》,太原:山西古籍出版社。

    2001《大同市北魏宋绍祖墓发掘简报》,《文物》7,页19—39。

    2003《太原北齐徐显秀墓发掘简报》,《文物》10,页4—40。

    2006《北齐东安王娄叡墓》,北京:文物出版社。

山西省考古研究所、大同市考古研究所

    2015《山西大同南郊仝家湾北魏墓(M7、M9)发掘简报》,《文物》12,页4—21。

山西省考古研究所等

    2001《太原隋代虞弘墓清理简报》,《文物》1,页27—52。

2005《太原隋虞弘墓》，北京：文物出版社。

山西省考古研究所、大同市博物馆
　　1992《大同南郊北魏墓群发掘简报》，《文物》8，页1—11。

山西省考古研究所、太原市文物管理委员会
　　1983《太原市北齐娄叡墓发掘简报》，《文物》10，页1—23。

山西省考古研究所、太原市文物考古研究所
　　2006《北齐东安王娄睿墓》，北京：文物出版社。

山西大学历史文化学院、山西省考古研究所、大同市博物馆编
　　2006《大同南郊北魏墓群》，北京：科学出版社。

山东省益都县博物馆（夏名采）
　　1985《益都北齐石室墓线刻画像》，《文物》10，页49—54。

大形彻
　　1996《松乔考——关于赤松子和王子乔的传说》，《复旦学报》4，页87—105。

大同北朝艺术研究院编著
　　2016《北朝艺术研究院藏品图录·青铜器　陶瓷器　墓葬壁画》，北京：文物出版社。

干志耿、孙秀仁
　　1982《关于鲜卑早期历史及其考古遗存的几个问题》，《民族研究》1，页15—22。

小林仁著，朱岩石译
　　2006《北朝的镇墓兽——胡汉文化融合的一个侧面》，张庆捷、李书吉、李钢主编，《4～6世纪的北中国与欧亚大陆》，页148—165。

中日日中共同尼雅遗迹学术考察队
　　1999《中日日中共同尼雅遗迹学术调查报告书》第2卷　图版编，新疆：中日日中共同尼雅遗迹学术考察队。

中国科学院考古研究所编著
　　1962《新中国的考古收获》，北京：文物出版社。

中国社会科学考古研究所编著
　　1984《新中国的考古发现和研究》，北京：文物出版社。

中国社会科学院考古研究所著
　　1996《北魏洛阳永宁寺1979～1994年考古发掘报告》，北京：中国大百科

全书出版社。

中国社会科学院考古研究所、河北省文物研究所编著

    2003《磁县湾漳北朝壁画墓》，北京：科学出版社。

中国考古学会编

    2009《中国考古学年鉴2008》，北京：文物出版社。

中国文物报社编

    2008《发现中国——2007年100个重要考古新发现》，北京：学苑出版社。

中国美术全集编辑委员会编

    1984—1989《中国美术全集Ⅰ·绘画编》卷12《墓室壁画》，北京：文物出版社；上海：上海人民美术出版社。

    1988《中国美术全集·雕塑编》3《魏晋南北朝雕塑》，上海：上海人民美术出版社。

中国陵墓雕塑全集编辑委员会编

    2007《中国美术分类全集·中国陵墓雕塑全集》第4卷《两晋南北朝》，西安：陕西人民美术出版社。

中国社会科学院考古研究所河南第二工作队

    1985《河南偃师杏园村的两座魏晋墓》，《考古》8，页721—735。

中国大百科全书总编辑委员会《美术》编辑委员会

    1990《中国大百科全书·美术Ⅰ》，北京：中国大百科全书出版社。

天水市博物馆

    1992《天水市发现隋唐屏风石棺床墓》，《考古》1，页46—54。

天水麦积山石窟艺术研究所编；《中国石窟·麦积山石窟》编集委员会监修

    1987《中国石窟·麦积山石窟》，东京：平凡社，北京：文物出版社。

内蒙古文物工作队

    1961《内蒙古扎赉诺尔古墓群发掘简报》，《考古》12，页673—680。

内蒙古自治区文物考古研究所

    2007《和林格尔汉墓壁画》，北京：文物出版社。

内蒙古自治区博物馆、鄂尔多斯博物馆

    1997《乌审旗翁滚梁北朝墓葬发掘简报》，魏坚主编，《内蒙古文物考古文集·第二辑》，北京：中国大百科全书出版社，页478—483。

王子云

    1957《中国古代石刻画选集》，北京：中国古典艺术出版社。

图像与装饰：北朝墓葬的生死表象

王大方

1993《内蒙古首次发现北魏大型砖室壁画墓》，《中国文物报》11月28日，1版。

王太明

1993《山西榆社县发现北魏画像石棺》，《考古》8，页767。

王明珂

2009《游牧者的抉择——面对汉帝国的北亚游牧部族》，台北："中央研究院"、联经出版。

王素

1992《吐鲁番晋十六国墓葬所出纸画和壁画》，《文物天地》4，页27—29、30—31。

1993《吐鲁番出土张氏高昌时期文物三题》，《文物》5，页53—60。

2011《汉唐历史与出土文献》，北京：故宫出版社。

王曾新

1960《辽阳棒台子二号壁画墓》，《考古》1，页20—23。

王恺

1985《"人面鸟"考》，《考古与文物》6，页97—101。

王银田

2010《丹阳王墓主考》，《文物》5，页44—50、77。

2014《丝绸之路与北魏平城》，《暨南学报》1，页139—150。

王银田、刘俊喜

2001，《大同智家堡北魏墓石椁壁画》，《文物》7，页40—51。

王银田、韩生存

1995《大同市齐家坡北魏墓发掘简报》，《文物季刊》1，页14—18。

王银田、曹臣民

2004《北魏石雕三品》，《文物》6，页89—93。

王维坤

2008《论西安北周粟特人墓和罽宾人墓的葬制和葬俗》，《考古》10，页71—81。

尹夏清

2005《陕西靖边出土彩绘贴金浮雕石墓门及其相关问题探讨》，《考古与文物》1期，页49—53。

白彬

2007《近年来魏晋南北朝墓葬佛道遗存的发现与研究》,《艺术史研究》9,页473—513。

出土文物展览工作组编

1972《"文化大革命"期间出土文物》第1辑,北京:文物出版社。

石家庄地区革委会文化局文物发掘组

1977《河北赞皇东魏李希宗墓》,《考古》6,页382—390。

石松日奈子著,筱原典生译

2012《北魏佛教造像史研究》,北京:文物出版社。

石景山区文物管理所

2001《北京市石景山区八角村魏晋墓》,《文物》4,页54—59。

四川博物院、成都文物考古研究所、四川大学博物馆编著

2013《四川出土南朝佛教造像》,北京:中华书局。

史睿

2004《金石学与粟特研究》,荣新江、张志清主编,《从撒马尔干到长安——粟特人在中国的文化遗迹》,北京:北京图书馆出版社,页34—40。

甘肃省文物考古研究所

1989《酒泉十六国墓壁画》,北京:文物出版社。

1998《敦煌佛爷庙湾 西晋画像砖墓》,北京:文物出版社。

2011《甘肃玉门金鸡梁十六国墓葬发掘简报》,《文物》2,页26—39。

甘肃省文物队、甘肃省博物馆编

1985《嘉峪关壁画墓发掘报告》,北京:文物出版社。

甘肃省博物馆编

2006《甘肃省博物馆 文物精品图集》,西安:三秦出版社。

田立坤

1991《三燕文化遗存的初步研究》,《辽海文物学刊》1,页90—97。

2002《袁台子壁画墓的再认识》,《文物》9,页41—48。

田立坤、李智

1994《朝阳发现的三燕文化遗物及相关问题》,《文物》11,页20—32。

田余庆

2003《拓跋史探》,北京:生活·读书·新知三联书店。

图像与装饰：北朝墓葬的生死表象

西安市文物保护考古所
 2008《西安北周康业墓发掘简报》，《文物》6，页14—35。
 2009《西安窦寨村北周佛教石刻造像》，《文物》5，页86—94。
江西省博物馆
 1976《南昌东郊西汉墓》，《考古学报》2，页171—186。
江西省文物考古研究所、南昌市博物馆
 2001《南昌火车站东晋墓葬群发掘简报》，《文物》2，页12—41。
安英新
 1999《新疆伊犁昭苏县古墓葬出土金银器等珍贵文物》，《文物》9，页4—15。
吉田丰
 2005《西安新出土史君墓志的粟特文部分考释》，《法国汉学》丛书编辑委员会编，《粟特人在中国》，《法国汉学》第10辑，页26—42。
伊克坚、陆思贤
 1984《土默特左旗出土北魏时期文物》，《内蒙古文物考古》3，页51、55。
吐鲁番地区文物保管所
 1994《吐鲁番北凉武宣王沮渠蒙逊夫人彭氏墓》，《文物》9，页75—81。
米文平
 1982《鲜卑源流及其族名初探》，《社会科学战线》3，页210—213。
伯希和
 1995，《支那名称之起源》，收入冯承钧译，《西域南海史地考证译丛》卷1，北京：商务印书馆，页36—48。
宋馨
 2002《北魏司马金龙墓葬的重新评估》，《中国文化研究所学报》11，页273—298。
沈睿文
 2008《永固陵与北魏政治》，《国学研究》卷22，页57—77。
 2009《唐陵的布局——空间与秩序》，北京：北京大学出版社。
 2011《论墓制与墓主国家和民族认同的关系——以康业、安伽、史君、虞弘诸墓为例》，《西域文史》6，页205—232。
沈从文
 1994《花花朵朵坛坛罐罐——沈从文文物与艺术研究文集》，北京：外文出版社。

沙武田

2006《敦煌画稿研究》，北京：民族出版社。

李文信

1955《辽阳发现的三座壁画古墓》，《文物参考资料》5，页 15—42。

2009《李文信考古文集》，沈阳：辽宁人民出版社。

李凭

2011《北魏平城时代》，上海：上海古籍出版社。

李梅田

2005《北朝墓室画像的区域性研究》，《故宫博物院院刊》3，页 75—103。

2009《魏晋北朝墓葬的考古学研究》，北京：商务印书馆。

2011《丹阳王墓考辨》，《文物》12，页 55—60。

李裕群

2003《北朝晚期石窟寺研究》，北京：文物出版社。

邢义田

1996《汉碑、汉画和石工的关系》，《故宫文物月刊》160，页 44—59。

2005《汉代画象胡汉战争图的构成、类型与意义》，《台湾大学美术史研究集刊》19，页 63—132。

2011《画为心声——画像石、画像砖与壁画》，北京：中华书局。

邢福来

2002《北朝至隋初入华粟特贵族墓围屏石榻研究》，《考古与文物》增刊，页 227—239。

巫鸿主编

2000《汉唐之间的宗教艺术与考古》，北京：文物出版社。

2001《汉唐之间文化艺术的互动与交融》，北京：文物出版社。

2003《汉唐之间的视觉文化与物质文化》，北京：文物出版社。

巫鸿著，郑岩译

2005《"华化"与"复古"——房形椁的启示》，《南京艺术学院院报》2，页，1—60。

巫鸿著，郑岩、王睿编，郑岩等译

2005《礼仪中的美术——巫鸿中国古代美术史文编》，北京：生活·读书·新

图像与装饰：北朝墓葬的生死表象

知三联书店。

巫鸿著，柳扬、岑河译

2006《武梁祠——中国古代画像艺术的思想性》，北京：生活·读书·新知三联书店。

巫鸿著，刘聪译

2008《反思东亚墓葬艺术——一个有关方法论的提案》，《艺术史研究》10，页1—32。

巫鸿著，施杰译

2010《黄泉下的美术——宏观中国古代墓葬》，北京：生活·读书·新知三联书店。

吕春盛

2002《关陇集团的权力结构演变——西魏北周政治史研究》，台北：稻乡出版社。

武伯纶

1965《西安碑林述略——为碑林拓片在日本展出而作》，《文物》9，页12—21。

林宛儒

《高士还是神仙？——从高士图像看六朝墓葬中神仙观的展现》（未刊稿）。

林悟殊

1987《火祆教始通中国的再认识》，《世界宗教研究》4，页13—23。后收入氏著，《波斯拜火教与古代中国》，台北：新文丰出版公司，页105—122。

2005《西安北周安伽墓葬式的再思考》，《考古与文物》5，页60—71。

2005《近百年国人有关西域祆教之研究》，氏著，《中古三夷教辨证》，北京：中华书店，页229—255。

林圣智

2005《北魏宁懋石室的图像与功能》，《台湾大学美术史研究集刊》18，页1—74。

2012《反思中国美术史学的建立——"美术"、"艺术"用法的流动与"建筑"、"雕塑"研究的兴起》，《新史学》23.1，页159—202。

2013《北魏平城时期的葬具》，收入巫鸿、朱青生、郑岩主编，《古代墓葬美术研究》第 2 辑，长沙：湖南美术出版社，页 191—213。

2016《魏晋至北魏平城时期墓葬文化的变迁——图像的观点》，《台湾大学美术史研究集刊》41，页 145—237。

《法国汉学》丛书编辑委员会编

2005《粟特人在中国——历史、考古、语言的新探索》，《法国汉学》第 10 辑，北京：中华书局。

河北省文化局文物工作队

1966《河北定县出土北魏石函》，《考古》5，页 252—259。

1959《望都二号汉墓》，北京：文物出版社。

河北省文物研究所

1990《安平东汉壁画墓》，北京：文物出版社。

河南省文物考古研究所

2009《河南安阳固岸墓地考古发掘收获》，《华夏考古》3，页 19—23。

河南省文物局

2009《河南省南水北调工程　考古发掘出土文物集萃（一）》，北京：文物出版社，页 18—41。

河南省文物局编著

2013《南水北调中线工程文物保护项目　河南省考古发掘报告　第 12 号安阳北朝墓葬》，北京：科学出版社，页 7—9。

河南省文化局文物工作队

1958《邓县彩色画像砖墓》，北京：文物出版社。

河南省文化局文物工作队第二队

1957《洛阳晋墓的发掘》，《考古》1，页 169—185。

河南省古代建筑保护研究所

1988《河南安阳灵泉寺石窟及小南海石窟》，《文物》4，页 1—14, 20。

河南省南阳地区文物研究所

1990《新野樊集汉画像砖墓》，《考古学报》4，页 475—509。

孟凡人

1992《吐鲁番十六国时期的墓葬壁画和纸画略说》，收入赵华编，《吐鲁番古墓葬出土艺术品》，乌鲁木齐市：中国·新疆美术摄影出版社，页 1—9。

2000《新疆考古与史地论集》，北京：科学出版社。

图像与装饰：北朝墓葬的生死表象

东北博物馆
 1955《辽阳三道壕两座壁画墓的清理工作简报》，《文物参考资料》12，页49—58。

周到主编
 2000《中国美术分类全集·中国画像石全集》8《石刻线画》，郑州、济南：河南美术出版社、山东美术出版社。

周一良
 1985《魏晋南北朝史札记》，北京：中华书局。

芮乐伟·韩森著，吴国圣、李志鸿、黄庭硕译
 2015《丝路新史——一个已经逝去但曾经兼容并蓄的世界》，台北：麦田出版。

俞伟超
 1980《汉代诸王与列侯墓葬的形制分析——兼论"周制"、"汉制"与"晋制"的三阶段性》，收入中国考古学会编，《中国考古学会第一次年会论文集1979》，北京：文物出版社，页332—337。

姜伯勤
 1991《广州与海上丝绸之路上的伊兰人——论遂溪的考古新发现》，收入广东省人民政府外事办公室、广东省社会科学院编，《广州与海上丝绸之路》，广州：广东省社会科学院，页21—33。

 1994《敦煌吐鲁番文书与丝绸之路》，北京：文物出版社。

 1996《"天"的图像与解释——以敦煌莫高窟285窟窟顶图像为中心》，氏著，《敦煌艺术宗教与礼乐文明》，北京：中国社会科学出版社，页55—76。

 1998《萨宝府制度源流略论——汉文粟特人墓志考释之一》，《华学》3，页290—308。

 1999《安阳北齐石棺床画像石的图像考察与入华粟特人的祆教美术》，《艺术史研究》1，页151—186。

 2003《天水隋石屏风墓胡人"酒如绳"祆祭画像石图像研究》，《敦煌研究》1，页13—21。

 2004《中国祆教艺术史研究》，北京：生活·读书·新知三联书店。

姜捷
 1998《陕西隋唐考古述要》，《考古与文物》5，页41—48。

施安昌
 2004《火坛与祭司鸟神》，北京：紫禁城出版社。

郎成刚

　　1996《朝阳北塔三燕础石考》,《辽海文物学刊》1,页8—11、15。

南京博物院

　　1980《江苏丹阳胡桥、建山两座南朝墓葬》,《文物》2,页1—12。

南阳文物研究所编

　　1990《南阳汉代画像砖》,北京:文物出版社。

南阳汉代画像石学术讨论会办公室编

　　1987《汉代画像石研究》,北京:文物出版社。

姚薇元

　　2007《北朝胡姓考》,北京:中华书局修订本。

洛阳博物馆

　　1974《河南洛阳北魏元乂墓调查》,《文物》12,页53—55。

洛阳市文物工作队

　　1982《洛阳龙门唐安菩夫妇墓》,《中原文物》3,页14、21—27。

　　1995《洛阳孟津北陈村北魏壁画墓》,《文物》8,页26—35。

洛阳市第二文物工作队

　　1996《洛阳谷水晋墓》,《文物》8,页37—45。

洪晴玉

　　1959《关于冬寿墓的发现和研究》,《考古》1,页27—35。

夏名采

　　2001《青州傅家北齐画像石补遗》,《文物》10,页49—54。

侯旭东

　　1998《五六世纪北方民众佛教信仰》,北京:中国社会科学出版社。

韦正

　　2009《鲜卑墓葬研究》,《考古学报》3,页349—378。

　　2010《试谈南朝墓葬中的佛教因素》,《东南文化》3,页91—100。

　　2011《六朝墓葬的考古学研究》,北京:北京大学出版社,页313—320。

殷宪

　　2006《山西大同沙岭北魏壁画墓漆画题记研究》,张庆捷、李书吉、李钢主编,《4～6世纪的北中国与欧亚大陆》,北京:科学出版社,页346—360。

殷宪主编

　　2004《北朝史研究——中国魏晋南北朝史国际学术研讨会论文集》,北京:

商务印书馆。

格瑞内·法兰兹（Frantz Grenet），阿米娜译

2003《法国——乌兹别克考古队在古代撒马尔干遗址阿弗拉西阿卜（Afrasiab）发掘的主要成果》，《法国汉学》丛书编辑委员会编，《法国汉学》第8辑，北京：中华书局，页510—531。

耿铁华

2008《高句丽古墓壁画研究》，长春：吉林大学出版社。

马怡

2011《武威汉墓之旌——墓葬幡物的名称、特征与沿革》，《中国史研究》4，页61—82。

马长寿

1962《乌桓与鲜卑》，上海：上海人民出版社。

2006《乌桓与鲜卑》，桂林：广西师范大学出版社。

高文编著

1997《四川汉代石棺画像集》，北京：人民美术出版社。

高文、高成刚编著

1996《中国画像石棺艺术》，太原：山西人民出版社。

倪润安

2007《曲氏高昌国至唐西州时期墓葬初论》，《西域文史》2，页15—74。

2010《北魏洛阳时代墓葬的发现与研究述评》，《许昌学院学报》29.3，页45—49。

2017《光宅中原——拓跋至北魏的墓葬文化与社会演进》，上海：上海古籍出版社。

徐冲

2011《从"异刻"现象看北魏后期墓志的"生产过程"》，《复旦学报（社会科学版）》2，页102—113。

徐津

2015《波士顿美术馆藏北魏孝子石棺床的复原和孝子图像研究》，收入巫鸿、朱青生、郑岩主编，《古代墓葬美术研究》第3辑，长沙：湖南美术出版社，页119—140。

徐涛、师小群

2013《石椁线刻与粉本的形成方式——兼论唐陵墓壁画图像粉本的来源》，

收入巫鸿、朱青生、郑岩主编，《古代墓葬美术研究》第 2 辑，长沙：湖南美术出版社，页 233—251。

徐润庆

2011《从沙岭壁画墓看北魏平城时期的丧葬美术》，收入巫鸿、郑岩主编，《古代墓葬美术研究》第 1 辑，北京：文物出版社，页 163—190。

徐婵菲

2002《洛阳北魏元怿墓壁画》，《文物》2，页 89—92。

徐光冀主编

2012《中国出土壁画全集》卷 2（山西卷），北京：科学出版社。

陕西省文物管理委员会

1966《陕西省三原县双盛村隋李和墓清理简报》，《文物》1，页 27—42。

陕西省考古研究所

2001《西安发现的北周安伽墓》，《文物》1，页 4—26。

陕西省考古研究所编著

2003《西安北周安伽墓》，北京：文物出版社。

陕西省考古研究院

2008《陕西潼关税村隋代壁画墓线刻石棺》，《考古与文物》3，页 33—47。

2008《陕西潼关税村隋代壁画墓发掘简报》，《文物》5，页 5—31。

2009《北周郭生墓发掘简报》，《文博》5，页 3—9。

2013《陕西靖边县统万城周边北朝仿木结构壁画墓发掘简报》，《考古与文物》3，页 9—18。

2013《潼关税村隋代壁画墓》，北京：文物出版社。

陕西省考古研究院、陕西省铜川市药王山管理局编，张燕编著

2013《陕西药王山碑刻艺术总集》第 1 卷《北魏造像碑》，上海：上海辞书出版社。

陕西历史博物馆编

2001《三秦瑰宝——陕西新发现文物精华》，西安：陕西人民出版社。

唐长孺

1955《拓跋国家的建立及其封建化》，氏著，《魏晋南北朝史论丛》，北京：生活·读书·新知三联书店，页 193—249。

1959《魏、晋至唐官府作场及官府工程的工匠》，《魏晋南北朝史论丛续编》，

北京：生活·读书·新知三联书店，页29—92。
1983《南北朝期间西域与南朝的陆道交通》，氏著，《魏晋南北朝史论拾遗》，北京：中华书局，页168—195。

孙作云
1977《洛阳西汉卜千秋墓壁画考释》，《文物》6，页17—22。
2003《孙作云文集——美术考古与民俗研究》，开封：河南大学出版社，页208—210。

孙危
2007《鲜卑考古学文化研究》，北京：科学出版社。

孙危、魏坚
2004《内蒙古地区鲜卑墓葬的初步研究》，魏坚主编，《内蒙古地区鲜卑墓葬的发现与研究》，页211—272。

孙机
1989《固原北魏漆棺画研究》，《文物》9，页38—44、12。
1996《中国圣火——中国古文物与东西文化交流中的若干问题》，沈阳：辽宁教育出版社。
2001《翠盖》，《中国文物报》893，3月18日。

孙福喜
2005《西安史君墓粟特文汉文双语题铭汉文考释》，收入《法国汉学》丛书编辑委员会编，《粟特人在中国——历史、考古、语言的新探索》，《法国汉学》第10辑，北京：中华书局，页18—25。

孙国平、李智
1994《辽宁北票仓粮窖鲜卑墓》，《文物》11，页38—42。

秦烈新
1972《前凉金错泥筒》，《文物》6，页36—37。

宿白
1952《朝鲜安岳所发现的冬寿墓》，《文物参考资料》1，页101—104。
1977《东北、内蒙古地区的鲜卑遗迹 鲜卑遗迹辑录之一》，《文物》5，页42—54。
1977《盛乐、平城一带的拓跋鲜卑—北魏遗迹——鲜卑遗迹辑录之二》，《文物》11，页38—46。
1989《敦煌莫高窟现存早期洞窟的年代问题》，《中国文化研究所学报》

20，页 15—31，又收入《中国石窟寺研究》，北京：文物出版社，1996，页 270—278。

1996《中国石窟寺研究》，北京：文物出版社。

2008《张彦远和〈历代名画记〉》，北京：文物出版社。

2011《魏晋南北朝唐宋考古文稿辑丛》，北京：文物出版社。

张小舟

1987《北方地区魏晋十六国墓葬的分区与分期》，《考古学报》1，页 19—44。

2002《南昌东晋墓出土漆器》，收入宿白先生八秩华诞纪念文集编辑委员会编，《宿白先生八秩华诞纪念文集》，北京：文物出版社，页 145—159。

张志忠

2005《北魏宋绍祖墓石椁的相关问题》，收入殷宪主编，《北朝史研究——中国魏晋南北朝史国际学术研讨会论文集》，北京：商务印书馆，页 500—506。

2017《北魏墓葬佛教图像浅议》，2017 年 1 月 12 日发表于慕尼黑大学东方研究所汉学系主办，"四至七世纪中国北部的多样文化"（Culture and Cultural Diversity in Early Medieval China [4th—7th Century]）国际学术研讨会。

张林堂、孙迪编著

2004《响堂山石窟——流失海外石刻造像研究》，北京：外文出版社。

张金仪

1981《汉镜所反映的神话传说与神仙思想》，台北：台北"故宫博物院"。

张金龙

1996《北魏政治史研究》，兰州：甘肃教育出版社。

2008《北魏政治史》，兰州：甘肃教育出版社。

张广达

1997《唐代祆教图像再考——敦煌汉文写卷伯希和编号 P.4518 之附件 24 表现的形象是否祆教神祇妲厄娜（Daêna）和妲厄娲（Daêva）？》，《唐研究》3，页 1—17。后收入氏著，《文本图像与文化传播》，桂林：广西师范大学出版社，2008，页 274—289。

2008《评魏义天、童丕合编，〈粟特人在中国〉》，氏著，《文本图像与文化传播》，页 354—364。

张庆捷

2004《入乡随俗与难忘故土——入华粟特人石葬具概观》，荣新江、张志清主编,《从撒马尔干到长安——粟特人在中国的文化遗迹》,北京:北京图书馆出版社,页9—16。

2007《北魏破多罗氏壁画墓所见文字考述》,《历史研究》1,页174—179,收入《民族汇聚与文明互动——北朝社会的考古学观察》,北京:商务印书馆,2010,页114—138。

张庆捷、左雁、徐国栋

2008《大同新发现一批北魏墓葬》,《中国文物报》2008年9月26日。后收入中国文物报社编,《发现中国——2008年100个重要考古新发现》,页310—312。

张丽

2000《北魏石雕柱础考略》,《中原文物》4,页61—63。

台北"故宫博物院"联合管理处编辑

1958《故宫铜器图录》,台北:中华丛书委员会,上册。

国家文物局主编

2005《2004中国重要考古发现》,北京:文物出版社。

2006《2005中国重要考古发现》,北京:文物出版社。

2008《2007中国重要考古发现》,北京:文物出版社。

国家文物局古文献研究室等编

1981《吐鲁番出土文书》第2册,北京:文物出版社。

陈永志、黑田彰主编

2009《和林格尔汉墓壁画孝子传图辑录》,北京:文物出版社。

陈戍国

1995《魏晋南北朝礼制研究》,长沙:湖南教育出版社。

陈长安主编

2016《洛阳古代石刻艺术》陵墓卷,郑州:中州古籍出版社。

陈寅恪

1943《唐代政治史述论稿》,重庆:商务印书馆。

1998《隋唐制度渊源略论稿》,台北:台湾商务印书馆。

陈垣

1923《火祆教入中国考》,《国学季刊》1.1,页27—46。

陈明达

1963《巩县石窟寺的雕凿年代及其特点》,收入河南省文化局文物工作队编,

《巩县石窟寺》，北京：文物出版社，页 11—20。

陈国灿

1998《魏晋至隋唐河西人的聚居与火祆教》，《西北民族研究》1，页 198—209、282。

陈庆隆

1969《"撒马儿罕"语源考》，《大陆杂志》39.4，页 29—34。

陈葆真

2010《中国画中图像与文字互动的表现模式》，收入颜娟英主编，《中国史新论·美术考古分册》，台北："中央研究院"、联经出版，页 203—296。

2015《图画如历史》，台北：石头出版社。

郭勇

1959《山西沁县发现了一批石刻造像》，《文物》3，页 54—55。

郭同德

1979《山西沁县南涅水的北魏石刻造像》，《文物》3，页 91—92。

康乐

1991《代人集团的形成与发展——拓跋魏的国家基础》，《"中央研究院"历史语言研究所集刊》61.3，页 575—691。

1991《代人与镇人》，《"中央研究院"历史语言研究所集刊》61.4，页 895—916。

1995《从西郊到南郊——国家祭典与北魏政治》，台北：稻禾出版社。

张景明

1952《在朝鲜安岳发现的一些高句丽古坟》，《文物参考资料》1，页 91—101。

2002《内蒙古凉城县小坝子滩金银器窖藏》，《文物》8，页 50—52、69。

毕波

2011《中古中国的粟特胡人——以长安为中心》，北京：中国人民大学出版社。

乔梁

1999《鲜卑遗存的认定与研究》，许倬云、张忠培主编，《中国考古学的跨世纪反思》，香港：商务印书馆，页 483—508。

黄明兰编著

1987《洛阳北魏世俗石刻线画集》，北京：人民美术出版社。

图像与装饰：北朝墓葬的生死表象

敦煌文物研究所编
  1982《中国石窟·敦煌莫高窟》第 1 卷，北京：文物出版社。
敦煌研究院编；樊锦诗、蔡伟堂、黄文昆编著
  2011《敦煌石窟全集》第 1 卷《莫高窟第 266—275 窟考古报告》第 1、2 分册，北京：文物出版社。
敦煌研究院、甘肃省博物馆编
  2002《武威天梯山石窟》，北京：文物出版社。
程永建、周立主编，洛阳市文物考古研究所编著
  2017《洛阳龙门唐安菩夫妇墓》，北京：科学出版社，页 154—163。
程林泉
  2006《西安北周李诞墓的考古发现与研究》，《西部考古》1，页 391—399。
程林泉、张小丽等
  2005《陕西西安发现北周婆罗门后裔墓葬》，《中国文物报》10 月 21 日第 1 版。
程林泉、张小丽、张翔宇
  2005《西安北周李诞墓初探》，《艺术史研究》7，页 299—308。
  2005《谈谈对北周李诞墓的几点认识》，《中国文物报》10 月 21 日，7 版。
程林泉、张翔宇、山下将司
  2008《北周康业墓志考略》，《文物》6，页 82—84。
曾蓝莹
  1999《作坊格套与地域子传统——从山东安丘董家汉墓的制作痕迹谈起》，《台湾大学美术史研究集刊》8，页 33—86。
贺西林
  2001《古墓丹青——汉代墓室壁画的发现与研究》，西安：陕西人民美术出版社，页 35—36。
  2003《北朝画像石葬具的发现与研究》，收入巫鸿主编，《汉唐之间的视觉文化与物质文化》，北京：文物出版社，页 341—376。
贺梓城
  1984《唐王朝与边境民族和邻国的友好关系——唐墓志铭札记之一》，《文博》创刊号，页 56—60。
黄明兰
  1987《洛阳北魏世俗石刻线画集》，北京：人民美术出版社。

逯耀东

2001《北魏平城对洛阳规建的影响》,《从平城到洛阳——拓跋魏文化转变的历程》,台北:东大图书,页195—225。

曾布川宽著,傅江译

2004《六朝帝陵——以石兽和砖画为中心》,南京:南京出版社。

杨泓

1959《邓县画像砖墓的时代和研究》,《考古》6,页255—261、263。

1986《北朝陶俑的源流、演变及其影响》,中国考古学研究编委会编,《中国考古学研究——夏鼐先生考古五十年纪念论文集》,北京:文物出版社,页268—276。

1993《南北朝的壁画和拼镶砖画》,中国社会科学院考古研究所编,《中国考古学论丛》,北京:科学出版社,页429—437。

1997《关于北朝晚期墓室壁画的新发现》,《美术史论坛》15,页244—252。

1997《美术考古半世纪——中国美术考古发现史》,北京:文物出版社。

1999《谈中国汉唐之间葬俗的演变》,《文物》10,页60—68。

2000《汉唐美术考古和佛教艺术》,北京:科学出版社。

2006《北朝至隋唐从西域来华人士墓葬概说》,《华学》8,页218—232。

2007《中国古代墓葬壁画综述》,考古杂志社编,《探古求原——考古杂志社成立十周年纪念学术文集》,北京:科学出版社,页172—191。

2007《中国古兵与美术考古论集》,北京:文物出版社。

杨军凯

2003《北周史君墓石椁东壁浮雕图像初探》,《艺术史研究》5,页189—198。

2004《入华粟特聚落首领墓葬的新发现——北周凉州萨保史君墓石椁图像初释》,荣新江、张志清主编,《从撒马尔干到长安》,页17—26,后收入《法国汉学》丛书编辑委员会编,《粟特人在中国》,《法国汉学》第10辑,页3—15。

2013《北周史君墓双语铭文及相关问题》,《文物》8,页49—58。

2014《北周史君墓》,北京:文物出版社。

杨宽

1985《中国古代陵寝制度史研究》,上海:上海古籍出版社。

图像与装饰：北朝墓葬的生死表象

杨树达
 1933《汉代婚丧礼俗考》，北京：商务印书馆。
新疆博物馆考古队
 1978《吐鲁番哈喇和卓墓群发掘简报》，《文物》6，页1—14。
新疆博物馆、新疆文物考古研究所编著
 2001《中国新疆山普拉——古代于阗文明的揭示与研究》，乌鲁木齐：新疆人民出版社。
董高
 1991《朝阳北塔"思燕佛图"基址考》，《辽海文物学刊》2，页97—109。
遂溪县博物馆
 1986《广东遂溪县发现南朝窖藏金银器》，《考古》3，页243—246。
温玉成
 1991《龙门北朝小龛的类型、分期与洞窟排年》，收入龙门文物保管所、北京大学考古系编，《中国石窟·龙门石窟》第1卷，北京：文物出版社，页170—224。
邹清泉
 2007《北魏孝子画像研究——〈孝经〉与北魏孝子画像图像身份的转换》，北京：文化艺术出版社。
葛乐耐著（Frantz Grenet），毛民译
 2005《粟特人的自画像》，《法国汉学》丛书编辑委员会编，《粟特人在中国》，《法国汉学》第10辑，页305—323。
荣新江
 1999《北朝隋唐粟特人之迁徙及其聚落》，《国学研究》6，页27—86。后收入氏著，《中古中国与外来文明》，页37—110。
 2001《粟特祆教美术东传过程中的转化——从粟特到中国》，巫鸿主编，《汉唐之间文化艺术的互动与交融》，北京：文物出版社，页51—72。后收入氏著，《中古中国与外来文明》，页301—325。
 2001《中古中国与外来文明》，北京：生活·读书·新知三联书店。
 2003《北朝隋唐胡人聚落的宗教信仰与祆祠的社会功能》，氏编，《唐代宗教信仰与社会》，北京：上海辞书出版社，页385—412。
 2005《北周史君墓石椁所见之粟特商队》，《文物》3，页47—56。
 2007《魏晋南北朝隋唐时期流寓南方的粟特人》，收入韩昇主编，《古代中

国：社会转型与多元文化》，上海：上海人民出版社，页139—152。

2014《中古中国与粟特文明》，北京：生活·读书·新知三联书店。

荣新江、张志清主编

2004《从撒马尔干到长安——粟特人在中国的文化遗迹》，北京：北京图书馆出版社。

荣新江、罗丰主编

2016《粟特人在中国——考古发现与出土文献的新印证》上下册，北京：科学出版社。

赵立春

1991《响堂山北齐"塔形窟龛"》，《中原文物》4，页53—56。

齐东方

1999《唐代金银器研究》，北京：中国社会科学出版社。

2015《中国古代丧葬中的晋制》，《考古学报》3，页345—366。

绵阳博物馆、何志国

1991《四川绵阳何家山1号东汉崖墓清理简报》，《文物》3，页1—8。

赵成甫、柴中庆、陈峰著，南阳文物研究所编

1990《南阳汉代画像砖》，北京：文物出版社。

赵超

1983《墓志溯源》，《文史》21，页47—48，后收入《古代石刻》，北京：文物出版社，2001，页122—123。

2003《古代墓志通论》，北京：紫禁城出版社。

2016《介绍胡客翟门生墓门志铭及石屏风》，收入荣新江、罗丰主编，宁夏文物考古研究所、北京大学中国古代史研究中心编，《粟特人在中国——考古发现与出土文献的新印证》下册，页673—684。

赵超、吴强华

2016《永远的北朝——深圳博物馆北朝石刻艺术展》，北京：文物出版社，页140—165。

赵瑞民、刘俊喜

2006《大同沙岭北魏壁画墓出土漆皮文字考》，《文物》10，页78—81。

赵丰、于志勇主编

2000《丝绸之路尼雅遗址出土文物——沙漠王子遗宝》，香港：艺纱堂服饰工作队。

赵丰、伊弟利斯·阿不都热苏勒主编
  2007《大漠联珠——环塔克拉玛干丝绸之路服饰文化考察报告》，上海：东华大学出版社。
蒲慕州
  1990《神仙与高僧——魏晋南北朝宗教心态试探》，《汉学研究》8.2，页149—176。
  1993《墓葬与生死——中国古代宗教之省思》，台北：联经出版。
宁夏人民出版社
  1998《固原北魏墓漆棺画》，银川：宁夏人民出版社。
磁县文化馆
  1984《河北磁县东魏茹茹公主墓发掘简报》，《文物》4，页1—15。
福建省博物馆
  1980《福建闽侯南屿南朝墓》，《考古》1，页59—65。
滕固
  1928影印版，1973《中国美术小史》，台北：台湾商务印书馆。
  1937《南阳汉画像石之历史的及风格的考察》，收入胡适、蔡元培、王云五编，《张菊生先生七十生日纪念文集》，上海：商务印书馆，页483—502。
刘未
  2004《辽阳汉魏晋壁画墓研究》，《边疆考古研究》2，页232—257。
刘俊喜、高峰
  2004《大同智家堡北魏墓棺板画》，《文物》12，页35—47。
刘淑芬
  1999《石室瘗窟——中古佛教露尸葬研究之二（中）》，《大陆杂志》98.3，页97—113。
  2000《从民族史的角度看太武灭佛》，《"中央研究院"历史语言研究所集刊》72.2，页1—48。
  2008《中古的佛教与社会》，上海：上海古籍出版社。
刘瑞娥、朱家龙
  1999《鸡鸣驿北魏墓清理随想》，《呼和浩特文物》4，页49—51。
刘增贵
  1993《汉隋之间的车驾制度》，《"中央研究院"历史语言研究所集刊》63.2，页371—453。

1997《门户与中国古代社会》,《"中央研究院"历史语言研究所集刊》68.4, 页817—897。

1997《天堂与地狱——汉代的泰山信仰》,《大陆杂志》94.5, 页1—13。

2000《汉代画象阙的象征意义》,《中国史学》10, 页97—127。

2001《秦简〈日书〉中的出行礼俗与信仰》,《"中央研究院"历史语言研究所集刊》72.3, 页503—541。

刘玮琦

2016《北朝墓葬所见胡化汉化的轨迹——以出土陶瓷为例》, 嘉义:台北中正大学历史学系博士论文。

刘驰

2009《十六国时期的铜冶业》, 收入中国魏晋南北朝史学会、武汉大学中国三至九世纪研究所编,《魏晋南北朝史研究——回顾与探索 中国魏晋南北朝史学会第九届年会论文集》, 武汉:湖北教育出版社, 页333—343。

刘凤君

1988《南北朝石刻墓志形制探源》,《中原文物》2, 页74—82。

广州市文物管理委员会等

1981《西汉南越王墓》, 北京:文物出版社。

黎北岚著, 毕波、郑文彬译

2005《祆神崇拜——中国境内的中亚聚落信仰何种宗教?》,《法国汉学》丛书编辑委员会编,《粟特人在中国》,《法国汉学》第10辑, 页416—429。

黎瑶渤

1973《辽宁北票县西官营子北燕冯素弗墓》,《文物》3, 页2—32。

邓宏里、蔡全法

1983《沁阳县西向发现北朝墓及画像石棺床》,《中原文物》1, 页5—12。

潘伟斌

2007《河南安阳固岸北朝墓地考古发掘的重要收获及认识》,《中国文物报》12月7日, 第5版。

郑岩

2002《魏晋南北朝壁画墓研究》北京:文物出版社。

2008《北周康业墓石榻画像札记》,《文物》11, 页67—76。

2011《逝者的"面具"——再论北周康业墓石棺床画像》, 收入巫鸿、郑岩主编,《古代墓葬美术研究》第 1 辑,页 219—244。
2013《从考古学到美术史——郑岩自选集》,上海:上海人民出版社。
2013《逝者的面具——汉唐墓葬艺术研究》,北京:北京大学出版社。
2016《魏晋南北朝壁画墓研究(增订版)》,北京:文物出版社。

德凯琳(Catherine Delacour)、黎北岚(Pénélope Riboud)著,施纯琳译
2006《巴黎吉美博物馆展围屏石榻上刻绘的宴饮和宗教题材》,张庆捷、李书吉、李钢主编,《4~6 世纪的北中国与欧亚大陆》,北京:科学出版社,页 108—125。

影山悦子
2005《粟特人在龟兹——从考古和图像学角度来研究》,《法国汉学》丛书编辑委员会编,《粟特人在中国》,《法国汉学》第 10 辑,页 191—204。

辽宁省文物考古研究所、朝阳市博物馆、朝阳县文物管理所
1997《辽宁朝阳田草沟晋墓》,《文物》11,页 33—41。

辽宁省文物考古研究所、朝阳市博物馆
1997《朝阳十二台砖厂 88M1 发掘简报》,《文物》11,页 19—32。

辽宁省文物考古研究所、朝阳市博物馆、北票市文物管理所
2004《辽宁北票喇嘛洞墓地 1998 年发掘报告》,《考古学报》2,页 209—242。

辽宁省文物考古研究所、朝阳市北塔博物馆编
2007《朝阳北塔——考古发掘与维修工程报告》,北京:文物出版社。

辽宁省博物馆编著
2015《北燕冯素弗墓》,北京:文物出版社。

辽宁省博物馆文物队、朝阳地区博物馆文物队、朝阳县文化馆
1984《朝阳袁台子东晋壁画墓》,《文物》6,页 29—45。

襄樊市文物管理处
1986《襄阳贾家冲画像砖墓》,《江汉考古》1,页 16—33。

严耕望
1948《北魏尚书制度考》,《"中央研究院"历史语言研究所集刊》18,页 251—360。

谢明良
2006《六朝陶瓷论集》,台北:台大出版中心。
2007《中国陶瓷史论集》,台北:允晨文化。

2014《中国古代铅釉陶的世界——从战国到唐代》，台北：石头出版社。

韩生存、曹呈明、胡平

1996《大同城南金属镁厂北魏墓群》，《北朝研究》1，页60—70。

韩伟

2001《北周安伽墓围屏石榻之相关问题浅见》，《文物》1，页90—101。

2001《磨砚书稿——韩伟考古文集》，北京：科学出版社。

魏忠策

1981《罕见的汉代戏车画像砖》，《中原文物》3，页12—14。

魏坚主编

2004《内蒙古地区鲜卑墓葬的发现与研究》，北京：科学出版社。

怀仁县文物管理所

2010《山西怀仁北魏丹阳王墓及花纹砖》，《文物》5，页19—26。

颜娟英

1989《唐代铜镜文饰之内容与风格》，《"中央研究院"历史语言研究所集刊》60.2，页289—366。

1991《河北南响堂山石窟寺初探》，宋文熏等编，《考古与历史文化》下册，台北：正中书局，页331—362。

2008《北朝佛教石刻拓片百品》，"中央研究院"历史语言研究所珍藏史料暨典藏系列之三，台北："中央研究院"历史语言研究所。

2010《中国史新论·美术考古分册》，台北："中央研究院"、联经出版。

2016《镜花水月——中国古代美术考古与佛教艺术的探讨》，台北：石头出版社。

萧亢达

1991《汉代乐舞百戏艺术研究》，北京：文物出版社。

罗丰

1996《固原南郊隋唐墓地》，北京：文物出版社。

2004《胡汉之间——"丝绸之路"与西北历史考古》，北京：文物出版社。

2017《固原北魏漆棺画年代的再确定》，2017年1月12日发表于慕尼黑大学东方研究所汉学系主办，"四至七世纪中国北部的多样文化"（Culture and Cultural Diversity in Early Medieval China [4th—7th Century]）国际学术研讨会。

罗丰、荣新江

    2016《北周西国胡人翟曹明墓志及墓葬遗物》，收入荣新江、罗丰主编，宁夏文物考古研究所、北京大学中国古代史研究中心编，《粟特人在中国——考古发现与出土文献的新印证》上册，北京：科学出版社，页269—299。

罗新、叶炜

    2005《新出魏晋南北朝墓志疏证》，北京：中华书局。

罗宗真

    2001《魏晋南北朝考古》，北京：文物出版社。

严耕望

    1986《北魏参合陂地望辨》，氏著，《唐代交通图考》第5卷 《河东河北地区》，台北："中央研究院"历史语言研究所，页1397—1402。

苏俊、王大方、刘幻真

    1993《内蒙古和林格尔北魏壁画墓发掘的意义》，《中国文物报》11月28日第3版。

顾潮编著

    1993《顾颉刚年谱》，北京：中国社会科学出版社。

日文

八木春生

    2000《云冈石窟文样论》，东京：法藏馆。

    2004《中国佛教美術と漢民族化——北魏時代後期を中心として》，京都：法藏馆。

    2006《冈村秀典编〈云冈石窟·遗物篇〉》，《史林》89卷5号，页127—131。

八木春生编

    1998《中国南北朝時代における小文化センターの研究——漢中・安康地区調查報告》，茨城：筑波大学艺术学系八木研究室。

下中邦彦

    1959《世界美术全集》第7卷《中国古代I 秦汉魏晋南北朝》，东京：平凡社。

小川裕充

    2004《'美术丛书'の刊行について——ヨーロッパの概念"Fine Arts"と日本の译语"美术"の导入》，《美术史论丛》20，页33—54。

小南一郎

> 1983《佛教中国传播の一样相——图像配置からの考察》，收入《展望アジアの考古学——樋口隆康教授退官记念论集》，东京：新潮社，页515—525。

小林仁

> 2000《隋俑考》，清水真澄编，《美术史论丛——造形と文化》，东京：雄山阁出版株式会社，页345—367。

> 2015《中国南北朝隋唐陶俑の研究》，京都：思文阁出版。

山本忠尚

> 2006《围屏石床の研究》，《中国考古学》6，页45—67。

> 2008《日中美术考古学研究》，东京：吉川弘文馆。

山下将司

> 2011《北朝时代后期における长安政权とソグド人——西安出土〈北周・康业墓志〉の考察》，收入森安孝夫，《ソグドからウイグルへ——シルクロード东部の民族と文化の交流》，东京：汲古书院，页113—140。

大形彻

> 1997《松乔考——赤松子と王子乔の传说について》，《古代学研究》137，页43—60。

> 2002《仙人と祠——〈列仙传〉の事例を中心にして》，《人文学论集》20，页51—80。

川本芳昭

> 1998《魏晋南北朝时代の民族问题》，东京：汲古书院。

上原和编

> 1988《世界の大遗迹》10《古代朝鲜のあけぼの》，东京：讲谈社。

千贺久

> 2007《中国辽宁地域の带金具と马具》，收入茂木雅博编，《日中交流の考古学》，东京：同成社，页374—384。

大韩民国文化财管理局编

> 1974《武宁王陵》，东京：学生社。

水野清一

> 1950《北朝画像石》，《史林》33.6，页96。

> 1951《逆发形について——云冈图像学》，《佛教艺术》12，页78—81。

1968《中国の佛教美术》，东京：平凡社。

水野清一、长广敏雄

1941《河南洛阳龙门石窟の研究》，东京：座右宝刊行会。

1951《云冈石窟——西历五世纪における中国北部佛教窟院の考古学的调查报告　东方文化研究所调查　昭和十三年—昭和二十年》第5卷，第8洞图版，京都：京都大学人文科学研究所。

白鸟库吉

1970《东胡民族考》，收入氏著，《白鸟库吉全集》第4卷，东京：岩波书店，页63—320。

矢部良明

1981《北朝陶磁の研究》，Museum（东京国立博物馆研究志）《东京国立博物馆纪要》16，页31—144。

石松日奈子

2005《北魏佛教造像史の研究》，东京：ブリュッケ。

2006《中国佛教造像の供养者像——佛教美术史研究の新たな视点》，《美术史》160，页364—377。

石渡美江

2014《李希宗墓出土银碗における东西文化交流——装饰文样の渊源と东传をめぐって》，《佛教艺术》333，页37—52。

石见清裕编著

2011《西安出土北周"史君墓志"汉文部分译注·考察》，收入森安孝夫编，《ソグドからウイグルへ——シルクロード东部の民族と文化の交流》，东京：汲古书院，页67—92。

2016《ソグド人墓志研究》，东京：汲古书院。

加藤直子

1999《魏晋南北朝墓における孝子传图について》，收入吉村怜博士古稀纪念会编，《东洋美术史论丛》，东京：雄山阁，页115—133。

田辺胜美

1995《ギリシア美术の日本佛教美术に对する影响——ヘルメース神像と（兜跋）毘沙门天像の羽翼冠の比较》，《东洋文化》75，页43—78。

田辺胜美、前田耕作

1999《世界美术大全集·东洋编》第15卷　中央アジア，东京：小学馆。

石田干之助

1973《我が上代の文化に于けるイラン要素の一例》，氏著，《东亚文化史丛考》，东京：财团法人东洋文库，页489—510。

玉虫敏子

2004《生きつづける光琳——イメージと言说をはこぶ〈乘り物〉とその轨迹》，东京：吉川弘文馆。

朱荣宪著，永岛晖臣慎译

1972《高句丽の壁画古坟》，东京：学生社。

吉村怜

1983《中国佛教图像の研究》，东京：东方书店

1999《天人诞生图の研究——东アジア佛教美术史论集》，东京：东方书店。

吉村苣子

2012《中国墓葬における人面・兽面镇墓兽と镇墓武士俑の成立》，*Museum*（东京国立博物馆研究志）638号，页5—30。

吉井秀夫

2010《古代朝鲜坟墓にみる国家形成》，京都：京都大学学术出版会。

共同通信社、ナリタ・エディトリアル・オフィス编集

2005《高句丽壁画古坟》，东京：共同通信社。

向井佑介

2009《北魏の考古资料と鲜卑の汉化》，《东洋史研究》68.3，页128—140。

2010《北魏平城时代における墓制の变容》，《东方学报》85，页133—177。

2014《墓中の神坐——汉魏晋南北朝の墓室内祭祀》，《东洋史研究》73卷1号，页1—34。

村上嘉实

1961《高僧传の神异について》，《东方宗教》17，页1—17。

谷川道雄

1998《增补 隋唐帝国形成史论》，东京：筑摩书房。

佐藤智水

1998《北魏佛教史论考》，冈山：冈山大学文学部。

图像与装饰：北朝墓葬的生死表象

村元健一
    2000《北魏永固陵の营造》，《古代文化》52.2，页18—28。
    2016《汉魏晋南北朝时代の都城と陵墓の研究》，东京：汲古书院。
佐野诚子
    2005《民间祠庙记录の形成》，收入小南一郎编，《中国文明の形成》，京都：朋友书店，页241—265。
町田隆吉
    2007《4～5世纪吐鲁番古墓の壁画・纸画に关する基础的检讨》，《西北出土文献研究》5，页27—58。
町田章
    1987《古代东アジアの装饰墓》，京都：同朋舍。
东潮
    1997《高句丽考古学研究》，东京：吉川弘文馆。
松元荣一
    1937《燉煌画の研究》图像篇，东京：东方文化学院东京研究所。
松下宪一
    2007《北魏胡族体制论》，札幌：北海道大学出版会。
佐川英治
    2016《中国古代都城の设计と思想——圆丘祭祀の历史的展开》，东京：勉诚出版。
佐藤康宏
    2005《序　图像の意味、图像の解释》，收入氏编，《讲座　日本美术史3　图像の意味》，东京：东京大学出版社，页1—10。
长广敏雄
    1937《北魏唐草文样の二三について》，《东方学报》8，页97—117。
    1946《大同石佛艺术论》，东京：高桐书院。
    1965《汉代画象の研究》，东京：中央公论美术。
    1969《六朝时代美术の研究》，东京：美术出版社。
    1980《宿白氏の云冈石窟分期论を驳す》，《东方学》60，页1—15。
长广敏雄译
    1970《リーグル美术样式论——装饰史の基本问题》，东京：岩崎美术社。

门田诚一

2005《东アジアの壁画墓に描かれた墓主像の基础的考察——魏晋南北朝期における高句丽古坟壁画の相对的位置》,《鹰陵史学》31,页23—66。

2011《高句丽壁画古坟と东アジア》,京都:思文阁。

杉山正明

1997《中央ユーラシアの历史构图——世界史をつないだもの》,收入桦山纮一等编辑,《岩波讲座 世界历史11 中央ユーラシアの统合》,东京,岩波书店,页3—89。

林巳奈夫

1966《后汉时代の车马行列》,《东方学报》37,页183—226。

1985《兽镮·铺首の若干をめぐって》,《东方学报》57,页1—74。

1987《中国古代における莲の花の象征》,《东方学报》59,页1—61。

1989《汉代の神神》,京都:临川书店。

林良一

1958《サーサーン朝王冠宝饰の意义と东传》,《美术史》28,页107—122。

1992《东洋美术の装饰文样——植物文篇》,京都:同朋社。

林圣智

2003《北朝时代における葬具の图像と机能——石棺床围屏の墓主肖像と孝子传图を例として》,《美术史》154,页207—226。

冈村秀典编

2006《云冈石窟·遗物篇》,京都:朋友书店。

2007《传冲ノ岛出土の透雕り金具について》,收入茂木雅博编,《日中交流の考古学》,东京:同成社,页398—405。

冈村秀典、向井佑介

2007《北魏方山永固陵の研究——东亚考古学会一九三九年收集品を中心として》,《东方学报》80,页69—150。

冈崎敬

1953《アスタアナ古坟群の研究 スタイン探险队の调查を中心として》,《佛教艺术》19,页46—81。

1964《安岳三号坟の研究——その壁画と墓志铭を中心として》,《史渊》93,页37—76。

1973《东西交涉の考古学》，东京：平凡社。

和泉市久保惣记念美术馆

2006《北魏棺床の研究 和泉市久保惣记念美术馆 石造 人物神兽图棺床研究》，大阪：和泉市久保惣记念美术馆。

东京国立博物馆编

1996《シルクロード大美术展》，东京：株式会社便利堂。

松原三郎

1995《中国佛教雕刻史论》，东京：吉川弘文馆。

青木健

2008《ゾロアスター教史——古代アーリア・中世ペルシア・現代インド》，东京：刀水书房。

河野道房

1993《北齐娄叡墓壁画考》，收入砺波护编，《中国中世の文物》，京都：京都大学人文科学研究所，页137—180。

金子典正

2006《中国佛教初传期に于ける佛像受容の实态に关する一考察——佛像付摇钱树の视座から》，《美术史》160册，页216—332。

秋山进午编著

1995《东北アジアの考古学研究——日中共同研究报告》，京都：同朋舍。

室山留美子

1993《北朝隋唐の镇墓兽に关する一考察》，《大阪市立大学东洋史论丛》10，页49—67。

2003《北朝隋唐墓の人头・兽头兽身像の考察——历史的・地域的分析》，《大阪市立大学东洋史论丛》13，页95—147。

2010《出土刻字资料研究における新しい可能性に向けて——北魏墓志を中心に》，《中国史学》20，页133—151。

气贺泽保规编著

2002《复刻 洛阳出土石刻时地记（郭玉堂原著）——附解说・所载墓志碑刻目录》，东京：明治大学文学部东洋史研究室。

宫川尚志

1964《六朝史研究・宗教篇》，京都：平乐寺书店。

引用书目

宫川寅雄、伏见冲敬编

　　1979《西安碑林书道芸术》，东京：讲谈社。

马目顺一

　　1985《庆州金冠冢古新罗墓の龙华纹铜鐎斗覚书》，收入泷口宏编，《古代探丛 II——早稻田大学考古学会创立 35 周年记念考古学论集》，东京：早稻田大学出版部，页 639—668。

桑山正进

　　1977《サーサーン冠饰の北魏流入》，《オリエント》20.1，页 17—35。

荒川正晴

　　1999《ソグド人の移住聚落と东方交易活动》，桦山纮一等编，《商人と市场：ネットワークの中の国家》，东京：岩波书店，页 81—103。

　　2010《ユーラシアの交通・贸易と唐帝国》，名古屋：名古屋大学出版会。

高桥宗一

　　1989《北魏墓志石に描かれた凤凰・鬼神の化成》，《美术史研究》27，页 87—104。

宿白

　　2004《四川地方の摇钱树と长江中下流域出土器物に见られる佛像について——中国南方に现れた早期佛像に关する覚え书き》，收入东京国立博物馆等编，《中国国宝展》，东京：朝日新闻社，页 216—223。

梅原末治

　　1969《战国时代の银错文铁壶・魏晋の龙虎莲花纹铜壶と金造耳饰》，收入台北"故宫博物院"故宫季刊编辑委员会，《故宫季刊特刊》第 1 集《庆祝蒋复璁先生七十岁论文集》，台北："故宫博物院"，页 175—185。

堀田启一

　　1979《高句丽壁画古坟にみる武器と武装——特に安岳 3 号坟と药水里壁画古坟を中心に》，橿原考古学研究所编，《橿原考古学研究所论集》第 4 卷，东京：吉川弘文馆，页 499—526。

朝鲜民主主义人民共和国社会科学院、朝鲜画报社

　　1986《德兴里高句丽壁画古坟》，东京：讲谈社。

云冈石窟文物保管所编

　　1989《中国石窟・云冈石窟》第 1 卷，东京：平凡社。

　　1990《中国石窟・云冈石窟》第 2 卷，东京：平凡社。

图像与装饰：北朝墓葬的生死表象

曾布川宽

  1982《奥村伊九良〈古拙愁眉　中国美术史の诸相〉——つとめて新机轴の发想を志した先驱的意义》，《朝日ジャーナル》24.20，页61—63。

  1990《响堂山石窟考》，《东方学报》62，页165—207。

  1991《南朝帝陵の石兽と砖画》，《东方学报》63，页115—263。

  1993《龙门石窟における北朝造像の诸问题》，收入砺波护编，《中国中世の文物》，页181—207。

  2006《中国美术の图像と样式》研究篇、图版篇，东京：中央公论美术出版。

  2006《中国出土のソグド石刻画像试论》，氏编，《中国美术の图像学》，京都：京都大学人文科学研究所，页97—182。

  2008《云冈石窟再考》，《东方学报》83，页1—155。

曾布川宽、冈田健编

  2000《世界美术大全集·东洋编》第3卷《三国·南北朝》东京：小学馆。

曾布川宽、出川哲朗监修

  2005《中国·美の十字路展》，东京：大广。

曾布川宽、吉田丰编

  2011《ソグド人の美术と言语》，京都：临川书店。

森安孝夫

  2007《兴亡の世界史》第5卷《シルクロードと唐帝国》，东京：讲谈社。

黑田彰

  2006《和泉市久保惣记念美术馆藏北魏石床考》，和泉市久保惣记念美术馆，《北魏棺床の研究　和泉市久保惣记念美术馆　石造　人物神兽图棺床研究》，页38—58。

  2007《孝子传图の研究》，东京：汲古书院。

奥村伊九良

  1937《孝子传石棺の刻画》，《瓜茄》1.4，页259—299。

  1939《镀金孝子传石棺の刻画に就て》，《瓜茄》1.5，页359—382。

  1982《魏冯邕之妻元氏墓志の画象》，氏著，《古拙愁眉——中国美术史の诸相》，东京：みすず书房，页421—437。

冢本善隆

  1944《中国佛教史研究·北魏篇》，京都：弘文堂。

  1990《魏书·释老志》，东京：平凡社。

荣新江著，森部丰译、解说

    2011《新出土石刻史料から見たソグド人研究の動向》，《关西大学东西学术研究所纪要》44，页121—151。

齐东方著，古田真一译

    2011《中国文化におけるソグドとその銀器》，收入曾布川宽、吉田丰编，《ソグド人の美術と言語》，京都：临川书店，页168—173。

窪添庆文

    2003《魏晋南北朝官僚制研究》，汲古书院。

    2005《墓志の起源とその定型化》，《立正史学》105，页1—22。

福原启郎

    1993《西晋の墓志の意義》，收入砺波护编，《中国中世の文物》，京都：京都大学人文科学研究所，页315—369。

福岛惠

    2010《罽賓李氏一族考——シルクロードのバクトリア商人》，《史学杂志》119.2，页35—58。

    2017《东部ユーラシアのソグド人——ソグド人漢文墓志の研究》，东京：汲古书院。

增渊宗一

    1998《装饰》，收入今道友信编辑，《讲座美学2——美学の主题》，东京：东京大学出版社，页228—234。

德泉さち

    2013《石碑の意匠"穿"について》，收入气贺泽保规编，《中国中世佛教石刻の研究》，东京：勉诚出版，页231—267。

稻本泰生

    1992《龙门宾阳中洞考》，《研究纪要》（京都大学文学部美学美术史学研究室）13，页53—67。

影山悦子

    2003《ソグドの壁画と东方に移住したソグド人の葬具（要约）资料：ペンジケント遗迹出土壁画资料》，《神户外大论丛》54.7，页141—155。

    2004《中国北部に居住したソグド人の石制葬具浮雕》，《西南アジア研究》61，页67—79。

    2008《中国新出ソグド人葬具に見られる鸟翼冠と三面三日月冠——エフタ

ルの中央アジア支配の影響》,《オリエント》50.2, 页 120—140。

2013《中国北部に居住したソグド人の石制葬具浮雕に関する研究動向（2004 年～2012 年）》, 收入森部丰,《ソグド人の東方活動に関する基礎的研究（课题番号 21320135）平成 21 年度～平成 24 年度科学研究费补助金〔基盘研究（B）〕研究成果报告书》, 页 67—82。

驹井和爱

1974《辽阳北园の汉代壁画》, 氏著,《中国考古学论丛》, 东京: 庆友社, 页 363—370。

辽宁省文物考古研究所编

2004《三燕文物精粹（日本语版）》, 奈良: 奈良文化财研究所。

龙门文物保管所、北京大学考古系编

1988《中国石窟·龙门石窟》第 1 卷, 东京: 平凡社。

浜田隆编

1970《日本の美术》第 55 号《图像》, 东京: 至文堂。

筱原启方

2009《墓志文化の伝播と変容——高句丽安岳三号坟墨书を中心に》,《东アジア文化交渉研究》2, 页 315—337。

泷精一

1920《北魏唐草文样の起源に就きて》（上）（下）,《国华》31.1、31.3, 页 3—8、页 87—92。

罗丰

1992《固原漆棺画に见えるペルシャの风格》,《古代文化》44.8, 页 40—52。

苏哲

1999《北魏孝子传图研究における二,三の问题点》,《实践女子大学 美学美术史学》14, 页 61—88。

2002《五胡十六国·北朝时代の出行图と卤簿俑》, 后藤直、茂木雅博编,《东アジアと日本の考古学》第 2 卷《墓制》, 东京: 同成社, 页 113—163。

2007《魏晋南北朝壁画墓の世界——绘に描かれた群雄割据と民族移动の时代》, 东京: 白帝社。

フランツ·グルネ（Frantz Grenet）

2007《サマルカンド出土"使节の壁画"に関する最新の研究》, 东京文化财研究所文化遗产国际协力センター编,《シルクロードの壁画——东西文化の交流を探る》,东京:言丛社,页27—42。

ボリス・I・マルシャク(Boris I. Marshak)著,稲垣肇译

  2004《MIHO MUSEUM の棺床屏风と6世纪后半の中国》,《Miho Museum 研究纪要》4,页32—42。

ミッシエル・バンブリング(Michele Bambling)

  1995《甘肃省天水市发见の隋末唐初の日月屏风について》,《佛教艺术》22,页15—40。

ソグド人墓志研究ゼミナール

  2012《ソグド人汉文墓志译注(9)西安出土"安伽墓志"(北周・大象元年)》,《史滴》34,页138—158。

Miho Museum 编

  1997《Miho Museum 南馆图录》,滋贺:Miho Museum。

英文

Abe, Stanley K.

  2002 *Ordinary Images*, Chicago: Chicago University.

Akiyama, Terukazu eds.

  1968 *Arts of China: Neolithic Cultures to the T'ang Dynasty*. Tokyo: Kodansha International Ltd.

Anderson, Christina M. and Futter, Catherine L.

  2014 "The Decorative Arts within Art Historical Discourse: Where is the Dialogue Now and Where is it Heading?", *Journal of Art Historiography*, 11, pp. 1—9.

Ariès, Philippe

  1985 *Images of Man and Death*. Translated by Janet Lioyd. Cambridge: Harvard University Press.

Azarpay, Guitty

  1981 *Sogdian Painting: The Pictorial Epic in Oriental Art*. Berkeley: University of California Press.

Baxandall, Michael

  1972 *Painting and Experience in Fifteenth Century Italy: A Primer in the Social History of Pictorial Style*, Oxford; New York: Oxford University Press.

Belting, Hans

    2011 *An Anthropology of Images: Picture, Medium, Body*, Translated by Thomas Dunlap. Princeton: Princeton University Press.

Bush, Susan

    1975 "Thunder Monsters, Auspicious Animals, and Floral Ornament in Early Sixth-Century China", *Arts Orientalis*, Vol. 10, pp.19—33.

    1983 "Some Parallels between Chinese and Korean Ornamental Motifs of the Late Fifth and Early Sixth Centuries A.D.", *Archives of Asian Art*, 37, pp. 60—78.

Cheng, Bonnie

    2003 *Fabricating Life Out of Death: Sixth Century Funerary Monuments and the Negotiation of Cultural Traditions*, Ph. D. dissertation, The University of Chicago.

    2014 "Exchange across Media in Northern Wei China", in Rui Oliveira Lopes ed., *The transcendence of the arts in China and beyond–Historical Perspectives* (Lisbon, Portugal: Centro de Investigação e Estudos em Belas-Artes [CIEBA], pp. 114—145.

Covey, Roger

    2012 "Canon Formation and the Development of Western Chinese Art History." In Nicholas Pearce and Jason Steuber, *Original Intentions: Essays on Production, Reproduction, and Interpretation in the Arts of China* (Gainesville), pp. 39—74.

Carter, Martha L.

    2002 "Notes on Two Chinese Stone Funerary Bed Bases with Zoroastrian Symbolism." *Cashiers de Studia Iranica*, 25, pp. 263—287.

Davis, Richard S.

    1948 "A Stone Sarcophagus of the Wei Dynasty", *Bulletin of the Minneapolis Institute of Arts*, Vol. 27, No. 23, p. 113.

Dien, Albert E.

    1991 "A New Look at the Xianbei and Their Impact on Chinese Culture." In George Kuwayama ed., *Ancient Mortuary Traditions of China*, Los Angeles: Far Eastern Art Council, Los Angeles County Museum of Art. pp. 40—59.

    2003 "Observations concerning the tomb of Master Shi", *Bulletin of Asia Institute*, New Series, Vol. 17, pp. 105—115.

    2007 *Six Dynasties Civilization*. New Haven and London: Yale University Press.

Fairbank, Wilma, and Masao Kitano

 1954 "Han Mural Paintings in the Pei-yuan Tomb at Liao-yang, Southern Manchuria." *Artibus Asiae*, 17.3/4, pp. 238—264.

Fairbank, Wilma

 1972 *Adventures in Retrieval: Han Murals and Shang Bronze Molds*. Cambridge: Harvard University Press.

Fong, Mary H.

 1991 "Tomb-Guardian Figurines: Their Evolution and Iconography." In Kuwayama, *Ancient Mortuary Traditions of China*, pp. 84—105.

Fraser, Sarah E.

 1999 "A Reconsideration of Archaeological Finds from the Turfan Region",《敦煌吐鲁番研究》, 4: 375—418。

 2004 *Performing the Visual: the Practice of Buddhist Wall Painting in China and Central Asia, 618—960* Stanford. Calif.: Stanford University Press.

Gombrich, E.H.

 1972 "Introduction: Aims and Limits of Iconology", in *Symbolic Images: Studies in the Art of the Renaissance II*, Oxford: Phaidon Press, pp. 1—22.

 1992 *The Sense of Order: A Study in the Psychology of Decorative Art*, London: Phaidon Press.

Goodwin, Sarah Webster and Elisabeth Bronfen eds.

 1993 *Death and Representation*, Baltimore: Johns Hopkins University Press.

Grenet, Frantz

 2007 "Religious Diversity among Sogdian Merchants in Sixth-Century China: Zoroastrianism, Buddhism, Manichaeism, and Hinduism." *Comparative Studies of South Asia, Africa and the Middle East* 27.2, pp. 463—478.

Grenet, Frantz, and Zhang Guangda

 1996 "The Last Refuge of the Sogdian Religion: Dunhuang in the Ninth and Tenth Centuries." *Bulletin of the Asia Institute* 10, pp. 175—186.

Grenet, Frantz, Pénélope Riboud, and Yang Junkai

 2004 "Zoroastrian Scenes on A Newly Discovered Sogdian Tomb in Xi'an, Northern China." *Studia Iranica* 33, pp. 273—284.

Grenet, Frantz, and Pénélope Riboud

 2007 "A Reflection of the Hephtalite Empire: The Biographical Narrative in the Reliefs of the Tomb of the *Sabao* Wirkak (494—579)." *Bulletin of the Asia Institute* 17, pp. 133—143.

Hansen, Valerie

 2017 *The Silk Road: A New History*, New York, Oxford: Oxford University Press.

Howard, Angela F.

 1993 "Highlights of Chinese Buddhist Sculpture in the Freer Collection." *Orientations* 24.5, pp. 93—101.

Holmgren, Jennifer

 1981—1983 "Social Mobility in the Northern Dynasties: A Case Study of the Feng of Northern Yen," *Monumenta Serica*, 35, pp. 19—32.

Holmes, Megan

 2013 *The Miraculous Image in Renaissance Florence* (New Haven: Yale University Press.

Jiang, Boqin

 2000 "The Zoroastrian Art of the Sogdians in China." *China Archaeology and Art Digest*, 4.1, pp. 35—71.

Juliano, Annette L.

 1975 *Art of the Six Dynasties: Centuries of Change and Innovation*. New York: China House Gallery / China Institute in America.

 1980 *Teng-hsien: An Important Six Dynasties Tomb*. Switzerland: Artibus Asiae Pub.

 2006a "Converting Traditions in the Imagery of Yu Hong's Sarcophagus: Possible Buddhist Sources." *Journal of Inner Asian Art and Archaeology* 1, pp. 29—50.

 2006b "Chinese Pictorical Space at the Cultural Crossroads." In *Ērān ud Anērān: Studies Presented to Boris Il'ič Maršak on the Occasion of His 70th Birthday*, edited by Matteo Compareti, Paola Raffetta and Gianroberto Scarcia. Venezia: Cafoscarina, pp. 293—316.

Juliano, Annette L., and Judith A. Lerner

 2001a *Monks and Merchants: Silk Road Treasures from Northwest China, Gansu and Ningxia*. New York: Harry N. Abrams with the Asia Society.

2001b "The Miho Couch Revisited in Light of Recent Discoveries." *Orientations* 32.8, pp. 54—61.

Kageyama, Etsuko

2005 "Quelques Remarques sur des Monuments Funéraires de Soqdiens en Chine." *Studia Iranica* 34, pp. 257—278.

2007 "The Winged Crown and the Triple-crescent Crown in the Sogdian Funerary Monuments from China: Their Relation to the Hephthalite Occupation of Central Asia." *Journal of Inner Asian Art and Archaeology* 2, pp. 11—22.

Karetzky, Patricia Eichenbaum and Alexander Soper

1991 "A Northern Wei Painted Coffin", *Artibus Asiae*, Vol. LI 1/2, pp. 5—28.

Lerner, Judith A.

2005 "Aspects of Assimilation: The Funerary Practices and Furnishings of Central Asians in China." *Sino-Platonic Papers* 168, pp. 1—73.

Liu, Chao-Hui Jenny

2005 *Ritual Concepts and Political Factors in the Making of Tang Dynasty Princess Tombs (643—706 A.D.)*, Ph. D. dissertation, School of Oriental and African Studies, University of London, 2005.

Loehr, Max

1967—1968 "The Fate of Ornament in Chinese Art." *Archives of Asian Art*, XXI, pp. 8—18.

Loo, C. T. & Co.

1940 *An Exhibition of Chinese Stone Sculptures*, New York.

Liu, Junxi and Li Li

2002 "The Recent Discovery of a Group of Northern Wei Tombs in Datong." *Orientations* 33.5, pp. 42—47.

Lee, Soyoung and Leidy, Denise Patry

2013 *Silla: Korea's Golden Kingdom*. New York: The Metropolitan Museum of Art.

Marshak, Boris I.

1994 "Le Programme Iconographique des peintures de la 《Salle des ambassadeurs》à Afrasiab (Samarkand)." *Arts Asiatiques* 49, pp. 5—20.

1996 "New Discoveries in Pendjikent and A Problem of Comparative Study of

Sasanian and Sogdian Art." In *Convegno internazionale sul tema: La Persia e l'Asia Centrale da Alessandro al X secolo*. Roma: Accademia Nazionale dei Lincei. Atti dei convegni lincei, pp. 425—438.

2004 "The Miho Couch and the Other Sino-Sogdian Works of Art of the Second Half of the 6th Century."《Miho Museum 研究纪要》4, pp. 16—31.

2004 "The Sarcophagus of *Sabao* Yu Hong, a Head of the Foreign Merchants (592—598)." *Orientations* 35.7, pp. 57—65.

2004 "Central Asian Metalwork in China." In James C. Y. Watt ed., China: *Dawn of a Golden Age, 200—750 AD*. New York: Metropolitan Museum of Art; New Haven: Yale University Press, pp. 47—55.

Marshak, Boris I. and Valentina I. Raspopova

1990 "Wall Paintings from a House with a Granary. Panjikent, 1st Quarter of the Eighth Century A.D." *Silk Road Art and Archaeology* 1, pp. 123—176.

Müller, Shing

2004 "Chin-Straps of the Early Northern Wei: New Perspectives on the Trans-Asiatic Diffusion of Funerary Practices." *Journal of East Asia Archaeology* 5.1—4, pp. 27—71.

Musée Guimet ed.

2004 *Lit de pierre, sommeil barbare: Présentation, après restauration et remontage, d'une banquette funéraire ayant appartenu à un aristocrate d'Asie centrale venu s'établir en Chine au VIe siècle*. Paris: Musée Guimet.

Panofsky, Erwin

1955 "Iconography and Iconology: An Introduction to the Study of Renaissance Art", in *Meaning in Visual Arts*, Chicago: The University of Chicago Press.

1972 "Studies in Iconology." In *Studies in Iconology: Humanistic Themes in the Art of the Renaissance*. Westview Press, 1972, first published in 1939.

Pearlstein, Elinor

1984 "Pictorial Stone from Chinese Tomb" *The Bulletin of the Cleveland Museum of Art*, 71.9, pp. 302—331.

Priewe, Sascha

2009 "Das Zhangdefu-Sargbett: Grundlegende Fragen erneut gestellt." *Ostasiatische Zeitschrift*, 17 (Spring), pp. 15—24.

Rawson, Jessica

 1982 "The Ornament on Chinese Silver of the Tang Dynasty (AD 618—906)." *British Museum Occasional Papers*, 40, pp. 8—11.

 1984 *Chinese Ornament: The Lotus and the Dragon*. London: British Museum Publications Ltd..

 1991 "Central Asian Silver and Its Influence on Chinese Ceramics," *Bulletin of the Asia Institute*, New Series 5, pp. 139—152.

Riboud, Pénélope

 2012 "Bird-priests in Central Asian Tombs of 6th-century China and Their Significance in the Funerary Realm." *Bulletin of the Asia Institute*, 21, pp. 1—23.

Rong, Xinjiang

 2003 "The Illustrative Sequence on An Jia's Screen: A Depiction of the Daily Life of a Sabao." *Orientations* 34, pp. 32—35.

Scaglia, Gustina

 1958 "Central Asians on a Northern Ch'i Gate Shrine." *Artibus Asiae* 21.1, pp. 9—28.

Sickman, Laurence, and Alexander Soper

 1968 *The Art and Architecture of China*. New Haven and London: Yale University Press.

Sims-Williams, Nicholas.

 2001 "Sogdian Ancient Letter II." In Annette L. Juliano and Judith A. Lerner eds., *Monks and Merchants: Silk Road Treasures from Northwest China, Gansu and Ningxia, 4th—7th Century* New York: Harry N. Abrams with the Asia Society, 2001, pp. 47—49.

Sirén, Osvald

 1998 *Chinese Sculpture: From the Fifth to the Fourteenth Century*. Bangkok: SDI Publications, Vol. II.

Soper, Alexander

 1960 "South Chinese Influence on the Buddhist Art of the Six Dynasties Period." *Bulletin of the Museum of Far Eastern Antiquites*, Vol. 32, pp. 25—55.

Spiro, Audrey

 1990 *Contemplating the Ancients: Aesthetic and Social Issues in Early Chinese*

Portraiture, Berkeley: University of California Press.

Steinhardt, Nancy S.

2001 "From Koguryo to Gansu and Xinjiang: Funerary and Worship Space in North Asia 4th—7th Centuries," 收入巫鸿主编,《汉唐之间文化艺术的互动与交融》, 北京: 文物出版社, 页 153—203。

2003 "Structuring Architecture at the Cultural Crossroads: Architecture in Sogdian Funerary Art." *Oriental Art* 49.4, pp. 48—62.

Thorp, Robert L.

1999 "Studies of *Chinese Archaeology*/Art History in the West: a Critical Review." In Roderick Whitfield and Wang Tao eds., *Exploring China's Past: New Discoveries and Studies in Archaeology and Art*, London: Saffron, pp. 51—62.

Tseng, Chin-yin

2013 *The Making of the Tuoba Northern Wei: Constructing Material Cultural Expressions in the Northern Wei Pingcheng Period (398—494 CE)*. Oxford, England: Archaeopress.

Turner, Diana, ed.

1974 *Chinese, Korean and Japanese Sculpture in the Avery Brundage Collection*. San Francisco: Asian Art Museum of San Francisco.

Vaissière, Étienne de la

2005a "Mani en Chine au VIe siècle." *Journal Asiatique* 293, pp. 357—378.

2005b *Sogdian Traders: A History*. Translated by James Ward. Leiden and Boston: Brill.

Waley, Arthur

1957 "Some References to Iranian Temples in the Tun-Huang Region."《"中央研究院"历史语言研究所集刊》28 上, pp. 123—128.

Wang, Eugene Y.

1999 "Coffins and Confucianism: The Northern Wei Sarcophagus in the Minneapolis Institute of Arts." *Orientations*, June, pp. 56—64.

Watt, James C. Y.

2004 *China: Dawn of a Golden Age, 200—750AD*. New York: The Metropolitan Museum of Art.

Wenley, A. G.

    1947 "Grand Empress Dowager Wen Ming and the Northern Wei Necropolis at Fang Shan." *Freer Gallery of Art Occasional Papers*, Vol. 1, No. 1.

Wertmann, Patrick

    2015 *Sogdians in China: Archaeological and Art Historical Analyses of Tombs and Texts from the 3rd to the 10th century AD*. Darmstadt: Verlag Philipp von Zabern.

Wong, Dorothy C.

    2001 "Maitreya Buddha Statues at the University of Pennsylvania Museum." *Orientations*, 32.2, pp. 24—31.

Wu, Hung

    1986 "Buddhist Elements in Early Chinese Art." *Artibus Asiae*, Vol. 42, No. 3/4, p. 263—316.

    1989 *The Wu Liang Shrine: The Ideology of Early Chinese Pictorial Art*. Stanford, Calif.: Stanford University Press.

    1995 *Monumentality in Early Chinese Art and Architecture*. Stanford, Calif.: Stanford University Press, pp. 274—276.

    2002 "A Case of Cultural Interaction: House-shaped Sarcophagi of the Northern Dynasties." *Orientations* 33.5, pp. 34—41.

    2010 *The Art of the Yellow Springs: Understanding Chinese Tombs*, Honolulu: University of Hawai'i Press.

Wu, Jui-man

    2010 *Mortuary Art in the Northern Zhou China (557—581 CE): Visualization of Class, Role, and Cultural Identity*, Ph. D. dissertation, University of Pittsburgh.

Yang, Hong

    2002 "An Archaeological View of Tuoba Xianbei Art in the Pingcheng Period and Earlier." *Orientations* 33.5, pp. 27—33.

Zhang, Qingjie

    2002 "New Archaeological and Art Discoveries from the Han to the Tang Period in Shanxi Province." *Orientations*, 33. 5, pp. 54—60.

图版出处

图 1-1　大同市考古研究所,《山西大同沙岭北魏壁画墓发掘简报》,《文物》10 期（2006）, 页 7。

图 1-2　大同市考古研究所,《山西大同沙岭北魏壁画墓发掘简报》,《文物》10 期（2006）, 页 16。

图 1-3　大同市考古研究所,《山西大同沙岭北魏壁画墓发掘简报》,《文物》10 期（2006）, 页 16。

图 1-4　大同市考古研究所,《山西大同沙岭北魏壁画墓发掘简报》,《文物》10 期（2006）, 页 19。

图 1-5　大同市考古研究所,《山西大同七里村北魏墓群发掘简报》,《文物》10 期（2006）, 页 42。

图 1-6　大同市考古研究所,《山西大同沙岭北魏壁画墓发掘简报》,《文物》10 期（2006）, 页 19。

图 1-7　大同市考古研究所,《山西大同沙岭北魏壁画墓发掘简报》,《文物》10 期（2006）, 页 21。

图 1-8　大同市考古研究所,《山西大同沙岭北魏壁画墓发掘简报》,《文物》10 期（2006）, 页 22。

图 1-9　大同市考古研究所,《山西大同沙岭北魏壁画墓发掘简报》,《文物》10 期（2006）, 页 13。

图 1-10　大同市考古研究所,《山西大同沙岭北魏壁画墓发掘简报》,《文物》10 期（2006）, 页 13。

图 1-11　大同市考古研究所,《山西大同沙岭北魏壁画墓发掘简报》,《文物》10 期（2006）, 封二。

图像与装饰：北朝墓葬的生死表象

图 1-12　内蒙古文物工作队，《内蒙古扎赉诺尔古墓群发掘简报》，《考古》12期（1961），页674。

图 1-13　魏坚主编，《内蒙古地区鲜卑墓葬的发现与研究》，彩版26。

图 1-14　大同市考古研究所，《山西大同沙岭北魏壁画墓发掘简报》，《文物》10期（2006），页11。

图 1-15　大同市考古研究所，《山西大同沙岭北魏壁画墓发掘简报》，《文物》10期（2006），页10。

图 1-16　魏坚主编，《内蒙古地区鲜卑墓葬的发现与研究》（北京：科学出版社，2004），页18。

图 1-17　魏坚主编，《内蒙古地区鲜卑墓葬的发现与研究》（北京：科学出版社，2004），页127。

图 1-18　大同市考古研究所，《山西大同沙岭北魏壁画墓发掘简报》，《文物》10期（2006），页6。

图 1-19　魏坚主编，《内蒙古地区鲜卑墓葬的发现与研究》（北京：科学出版社，2004），页109。

图 1-20　魏坚主编，《内蒙古地区鲜卑墓葬的发现与研究》（北京：科学出版社，2004），彩版4-3。

图 1-21　James C.Y. Watt, *China: Dawn of a Golden Age, 200—750 AD* (New York: The Metropolitan Museum of Art, 2004), p. 127.

图 1-22　"中央研究院"历史语言研究所傅斯年图书馆。

图 1-23　大同市考古研究所，《山西大同沙岭北魏壁画墓发掘简报》，《文物》10期（2006），页16—17。

图 1-24　洛阳市第二文物工作队，《洛阳谷水晋墓》，《文物》8期（1996），页42。

图 1-25　山西省考古研究所、大同市考古研究所，《山西大同南郊仝家湾北魏墓（M7、M9）发掘简报》，《文物》12期（2015），页17。

图 1-26　王银田、曹臣民，《北魏石雕三品》，《文物》6期（2004），页91。

图 1-27　刘俊喜主编，《大同雁北师院北魏墓群》（北京：文物出版社，2008），彩版76。

图 1-28　堀田启一，《高句丽壁画古坟にみる武器と武装——特に安岳3号坟と药水里壁画古坟を中心に》，橿原考古学研究所编，《橿原考古学研究所论集》第4卷（东京：吉川弘文馆，1979），页507。

图版出处

图 1-29　刘俊喜、高峰，《大同智家堡北魏墓棺板画》，《文物》12 期（2004），页 44。

图 1-30　堀田启一，《高句丽壁画古坟にみる武器と武装——特に安岳 3 号坟と药水里壁画古坟を中心に》，橿原考古学研究所编，《橿原考古学研究所论集》第 4 卷（东京：吉川弘文馆，1979），页 510-511。

图 1-31　朱荣宪著，永岛晖臣慎译，《高句丽の壁画古坟》（东京：学生社，1972），彩版。

图 1-32　共同通信社、ナリタ・エディトリアル・オフィス编集，《高句丽壁画古坟》（东京：共同通信社，2005），页 248。

图 1-33　刘俊喜、高峰，《大同智家堡北魏墓棺板画》，《文物》12 期（2004），页 44。

图 1-34　刘俊喜、高峰，《大同智家堡北魏墓棺板画》，《文物》12 期（2004），页 45。

图 1-35　山西省考古研究所、大同市考古研究所，《山西大同南郊仝家湾北魏墓（M 7、M 9）发掘简报》，《文物》12 期（2015），页 20。

图 1-36　苏俊等，《内蒙古和林格尔北魏壁画墓发掘的意义》。

图 1-37　共同通信社、ナリタ・エディトリアル・オフィス编辑，《高句丽壁画古坟》，页 122。

图 1-38　大同市考古研究所，《山西大同沙岭北魏壁画墓发掘简报》，《文物》10 期（2006），页 12。

图 1-39　大同市考古研究所，《山西大同七里村北魏墓群发掘简报》，《文物》10 期（2006），页 26。

图 1-40　山西大学历史文化学院等编著，《大同南郊北魏墓群》，页 277。

图 1-41　明尼亚波里美术馆。

图 1-42　刘俊喜主编，《大同雁北师院北魏墓群》（北京：文物出版社，2008），页 57。

图 1-43　刘俊喜主编，《大同雁北师院北魏墓群》（北京：文物出版社，2008），页 148。

图 1-44　中日日中共同尼雅遗迹学术考察队，《中日日中共同尼雅遗迹学术调查报告书》第 2 卷《图版编》，图版 52。

图 1-45　高文编著，《四川汉代石棺画像集》（北京：人民美术出版社，1997），图 58。

图 1-46　宁夏固原博物馆，《固原北魏墓漆棺画》（银川：宁夏人民出版社，1988），彩图 2。

图 1-47　高文、高成刚编著，《中国画像石棺艺术》，页 128。

图 2-1　台北"故宫博物院"。

图 2-2　梅原末治，《战国时代の银错文铁壶・魏晋の龙虎莲花纹铜壶と金造耳饰》，插图三。

图 2-3　梅原末治，《战国时代の银错文铁壶・魏晋の龙虎莲花纹铜壶と金造耳饰》，插图四。

图 2-4　东洋文库梅原考古资料。

图 2-5　东洋文库梅原考古资料。

图 2-6　台北"故宫博物院"。

图 2-7　东洋文库梅原考古资料。

图 2-8　辽宁省文物考古研究所编，《三燕文物精粹（日本语版）》（奈良：奈良文化财研究所，2004），页 82。

图 2-9　黎瑶渤，《辽宁北票县西官营子北燕冯素弗墓》，《文物》3 期（1973），页 6。

图 2-10　江西省博物馆，《南昌东郊西汉墓》，《考古学报》2 期（1976），页 177。

图 2-11　辽宁省文物考古研究所编，《三燕文物精粹（日本语版）》（奈良：奈良文化财研究所，2004），页 83。

图 2-12　辽宁省文物考古研究所。

图 2-13　田立坤、李智，《朝阳发现的三燕文化遗物及相关问题》，《文物》11 期（1994），页 20。

图 2-14　田立坤、李智，《朝阳发现的三燕文化遗物及相关问题》，《文物》11 期（1994），页 20。

图 2-15　辽宁省文物考古研究所编，《三燕文物精粹（日本语版）》（奈良：奈良文化财研究所，2004），页 72。

图 2-16　辽宁省文物考古研究所编，《三燕文物精粹（日本语版）》（奈良：奈良文化财研究所，2004），页 72。

图 2-17　作者修改自梅原末治，《战国时代の银错文铁壶・魏晋の龙虎莲花纹铜壶と金造耳饰》，插图三。

图版出处

图 2-18　辽宁省文物考古研究所、朝阳市博物馆、北票市文物管理所，《辽宁北票喇嘛洞墓地 1998 年发掘报告》，《考古学报》2 期（2004），页 232。

图 2-19　秦烈新，《前凉金错泥筒》，《文物》6 期（1972），页 37。

图 2-20　辽宁省文物考古研究所编，《三燕文物精粹（日本语版）》（奈良：奈良文化财研究所，2004），页 39。

图 2-21　辽宁省文物考古研究所、朝阳市北塔博物馆编，《朝阳北塔——考古发掘与维修工程报告》，页 24。

图 2-22　大同市考古研究所，《山西大同沙岭北魏壁画墓发掘简报》，《文物》10 期（2006），页 16。

图 2-23　大同市考古研究所，《山西大同云波里路北魏壁画墓发掘简报》，《文物》12 期（2011），页 23。

图 2-24　大同市考古研究所，《山西大同云波里路北魏壁画墓发掘简报》，《文物》12 期（2011），页 24。

图 2-25　大同市考古研究所，《山西大同沙岭北魏壁画墓发掘简报》，《文物》10 期（2006），页 62。

图 2-26　James C. Y. Watt, China: *Dawn of a Golden Age, 200—750 AD* (New York: The Metropolitan Museum of Art, 2004), p. 163.

图 2-27　James C. Y. Watt, China: *Dawn of a Golden Age, 200—750 AD* (New York: The Metropolitan Museum of Art, 2004), p. 163.

图 2-28　田立坤、李智，《朝阳发现的三燕文化遗物及相关问题》，《文物》11 期（1994），页 21。

图 2-29　韩生存、曹臣明、胡平，《大同城南金属镁厂北魏墓群》，《北朝研究》1 期（1996），页 64。

图 2-30　大同市博物馆，《山西大同南郊出土北魏鎏金铜器》，《考古》11 期（1983），图版 4。

图 2-31　云冈石窟文物保管所编，《中国石窟·云冈石窟》卷 2（东京：平凡社，1990），图 45。

图 2-32　山西省大同市考古研究所，《大同湖东北魏一号墓》，《文物》12 期（2004），页 29。

图 2-33　山西博物院。

图 2-34　Soyoung Lee and Denise Patry Leidy, *Silla: Korea's Golden Kingdom*, p. 90。

图 2-35　Soyoung Lee and Denise Patry Leidy, *Silla: Korea's Golden Kingdom*, p. 90。

图 2-36　遂溪县博物馆,《广东遂溪县发现南朝窖藏金银器》,《考古》3 期（1986）,页 245。

图 2-37　河南省文化局文物工作队,《邓县彩色画像砖墓》（北京：文物出版社, 1958）,页 28。

图 2-38　河南省文化局文物工作队,《邓县彩色画像砖墓》（北京：文物出版社, 1958）,页 32。

图 2-39　八木春生编,《中国南北朝时代における小文化センターの研究——汉中·安康地区调查报告》（东京：筑波大学艺术学系八木研究室, 1998）,页 51。

图 2-40　大韩民国文化财管理局编,《武宁王陵》（东京：学生社, 1974）,图版 88。

图 2-41　辽宁省文物考古研究所、朝阳市北塔博物馆编,《朝阳北塔——考古发掘与维修工程报告》（北京：文物出版社, 2007）,页 24。

图 2-42　宁夏固原博物馆,《固原北魏墓漆棺画》（银川：宁夏人民出版社, 1988）,摹本彩图 1。

图 3-1　大同市考古研究所,《山西大同沙岭北魏壁画墓发掘简报》,《文物》10 期（2006）,页 21。

图 3-2　徐光冀主编,《中国出土壁画全集》卷 2《山西卷》（北京：科学出版社, 2012）,页 33。

图 3-3　大同市考古研究所,《山西大同文瀛路北魏壁画墓发掘简报》,《文物》12 期（2011）,封面内页。

图 3-4　甘肃省博物馆编,《甘肃省博物馆　文物精品图集》（西安：三秦出版社, 2006）,页 206。

图 3-5　王银田、刘俊喜,《大同智家堡北魏墓石椁壁画》,《文物》7 期（2001）,页 43。

图 3-6　天水麦积山石窟艺术研究所编；中国石窟·麦积山石窟编集委员会监修,《中国石窟·麦积山石窟》（东京：平凡社, 1987）,图 13。

图版出处

图 3-7　王银田、曹臣民，《北魏石雕三品》，《文物》，6期（2004），页92。

图 3-8　刘俊喜主编，《大同雁北师院北魏墓群》（北京：文物出版社，2008），彩版51。

图 3-9　刘俊喜主编，《大同雁北师院北魏墓群》（北京：文物出版社，2008），页120、122。

图 3-10　作者拍摄。

图 3-11　中国美术全集编辑委员会编，《中国美术全集·雕塑编》3《魏晋南北朝雕塑》（上海：上海人民美术出版社，1988），页96。

图 3-12　作者拍摄。

图 3-13　云冈石窟文物保管所编，《中国石窟·云冈石窟》卷2（东京：平凡社，1990），图45。

图 3-14　云冈石窟文物保管所编，《中国石窟·云冈石窟》卷2（东京：平凡社，1990），图18。

图 3-15　大同市考古研究所，《山西大同云波里路北魏壁画墓发掘简报》，《文物》12期（2011），页17。

图 3-16　大同市考古研究所，《山西大同云波里路北魏壁画墓发掘简报》，《文物》12期（2011），页21。

图 3-17　敦煌研究院编；樊锦诗、蔡伟堂、黄文昆编著，《敦煌石窟全集》第1卷《莫高窟第266—275窟考古报告》第2分册（北京：文物出版社，2011），页697。

图 3-18　云冈石窟文物保管所编，《中国石窟·云冈石窟》卷2（东京：平凡社，1990），图172。

图 3-19　山西省大同市考古研究所，《大同湖东北魏一号墓》，《文物》12期（2004），页28。

图 3-20　山西省大同市考古研究所，《大同湖东北魏一号墓》，《文物》12期（2004），页31。

图 3-21　作者拍摄。

图 3-22　宁夏固原博物馆，《固原北魏墓漆棺画》（银川：宁夏人民出版社，1988），摹本彩图10。

图 3-23　宁夏固原博物馆，《固原北魏墓漆棺画》（银川：宁夏人民出版社，1988），线描图。

图像与装饰：北朝墓葬的生死表象

图 3-24　宁夏固原博物馆，《固原北魏墓漆棺画》（银川：宁夏人民出版社，1988），摹本彩图 4。

图 3-25　敦煌文物研究所编，《中国石窟·敦煌莫高窟》卷 1（北京：文物出版社，1982），图版 42。

图 3-26　山西省大同市考古研究所，《大同湖东北魏一号墓》，《文物》12 期（2004），封面。

图 3-27　山西省大同市考古研究所，《大同湖东北魏一号墓》，《文物》12 期（2004），页 29。

图 3-28　宁夏固原博物馆，《固原北魏墓漆棺画》（银川：宁夏人民出版社，1988），彩版。

图 3-29　James C.Y. Watt, China: *Dawn of a Golden Age, 200—750 AD* (New York: The Metropolitan Museum of Art, 2004), p. 164。

图 3-30　下中邦彦，《世界美术全集》第 7 卷《中国古代Ⅰ·秦汉魏晋南北朝》（东京：平凡社，1959），图版 24。

图 3-31　中国陵墓雕塑全集编辑委员会编，《中国美术分类全集·中国陵墓雕塑全集》第 4 卷《两晋南北朝》（西安：陕西人民美术出版社，2007），页 64。

图 3-32　曾布川宽、冈田健编，《世界美术大全集·东洋编》第 3 卷《三国·南北朝》，页 38。

图 3-33　中国美术全集编辑委员会编，《中国美术全集·雕塑编》3《魏晋南北朝雕塑》（上海：上海人民美术出版社，1988），页 103。

图 3-34　云冈石窟文物保管所编，《中国石窟·云冈石窟》卷 2（东京：平凡社，1990），图 92。

图 3-35　云冈石窟文物保管所编，《中国石窟·云冈石窟》卷 2（东京：平凡社，1990），图 15。

图 3-36　张长安编，《洛阳古代石刻艺术》（陵墓卷）（郑州：中州古籍出版社，2016），页 163。

图 3-37　黄明兰编著，《洛阳北魏世俗石刻线画集》（北京：人民美术出版社，1987），页 68。

图 3-38　邓宏里、蔡全法，《沁阳县西向发现北朝墓及画像石棺床》，《中原文物》1 期（1983）。

图版出处

图 3-39　邓宏里、蔡全法，《沁阳县西向发现北朝墓及画像石棺床》，《中原文物》1 期（1983）。

图 3-40　奥村伊九良，《镀金孝子传石棺の刻画に就て》，《瓜茄》1 卷 5 册（1939），图 1。

图 3-41　黄明兰编著，《洛阳北魏世俗石刻线画集》（北京：人民美术出版社，1987），页 44。

图 3-42　波士顿美术馆。

图 3-43　宫川寅雄、伏见冲敬编，《西安碑林书道芸术》（东京：讲谈社，1979），页 54。

图 3-44　宫川寅雄、伏见冲敬编，《西安碑林书道芸术》（东京：讲谈社，1979），页 54。

图 3-45　磁县文化馆，《河北磁县东魏茹茹公主墓发掘简报》，《文物》4 期（1984），页 15。

图 3-46　山西省考古研究所等，《北齐东安王娄睿墓》（北京：文物出版社，2006），页 17。

图 3-47　山西省考古研究所等，《北齐东安王娄睿墓》（北京：文物出版社，2006），彩版 78。

图 3-48　高文、高成刚编著，《中国画像石棺艺术》（太原：山西人民出版社，1996），页 129。

图 3-49　南涅水石刻馆简介。

图 3-50　南涅水石刻馆简介。

图 3-51　高文、高成刚编著，《中国画像石棺艺术》（太原：山西人民出版社，1996），页 129。

图 3-52　高文、高成刚编著，《中国画像石棺艺术》（太原：山西人民出版社，1996），页 129。

图 4-1　王子云，《中国古代石刻画选集》（北京：中国古典艺术出版社，1957），图 5-1。

图 4-2　王子云，《中国古代石刻画选集》（北京：中国古典艺术出版社，1957），图 5-2。

图 4-3　王子云，《中国古代石刻画选集》（北京：中国古典艺术出版社，1957），图 5-3。

图 4-4　王子云，《中国古代石刻画选集》（北京：中国古典艺术出版社，1957），图 5-4。

图 4-5　王子云，《中国古代石刻画选集》（北京：中国古典艺术出版社，1957），图 5-5。

图 4-6　王子云，《中国古代石刻画选集》（北京：中国古典艺术出版社，1957），图 5-6。

图 4-7　王子云，《中国古代石刻画选集》（北京：中国古典艺术出版社，1957），图 5-7。

图 4-8　王子云，《中国古代石刻画选集》（北京：中国古典艺术出版社，1957），图 5-8。

图 4-9　王子云，《中国古代石刻画选集》（北京：中国古典艺术出版社，1957），图 5-9。

图 4-10　王子云，《中国古代石刻画选集》（北京：中国古典艺术出版社，1957），图 5-10。

图 4-11　王子云，《中国古代石刻画选集》（北京：中国古典艺术出版社，1957），图 5-11。

图 4-12　王子云，《中国古代石刻画选集》（北京：中国古典艺术出版社，1957），图 5-13。

图 4-13　京都大学人文科学研究所。

图 4-14　京都大学人文科学研究所。

图 4-15　京都大学人文科学研究所。

图 4-16　京都大学人文科学研究所。

图 4-17　作者复原。

图 4-18　作者绘。

图 4-19　作者复原。

图 4-20　作者复原。

图 4-21　天理大学附属天理参考馆。

图 4-22　天理大学附属天理参考馆。

图 4-23　中国社会科学院考古研究所著，《北魏洛阳永宁寺 1979~1994 年考古发掘报告》（北京：中国大百科全书出版社，1996），图版 105、107。

图 4-24　天理大学附属天理参考馆。

图 4-25　天理大学附属天理参考馆。

图版出处

图 4-26　C. T. Loo & Co., *An Exhibition of Chinese Stone Sculptures* (New York, 1940), Pl. 36.

图 4-27　C. T. Loo & Co., *An Exhibition of Chinese Stone Sculptures* (New York, 1940), Pl. 36.

图 4-28　明尼阿波利斯美术馆。

图 4-29　黄明兰，《洛阳北魏世俗石刻线画集》（北京：人民美术出版社，1987），图 53。

图 4-30　赵万里，《汉魏南北朝墓志集释》第 3 册（北京：科学出版社，1956），图 49。

图 4-31　赵万里，《汉魏南北朝墓志集释》第 3 册（北京：科学出版社，1956），图 49。

图 4-32　黄明兰，《洛阳北魏世俗石刻线画集》（北京：人民美术出版社，1987），图 37、41。

图 4-33　奥村伊九良，《古拙愁眉　中国美术史の诸相》，图版 1。

图 4-34　明尼阿波利斯美术馆。

图 4-35　赵万里，《汉魏南北朝墓志集释》第 4 册（北京：科学出版社，1956），图 249。

图 4-36　"中央研究院"历史语言研究所傅斯年图书馆。

图 4-37　黄明兰，《洛阳北魏世俗石刻线画集》（北京：人民美术出版社，1987），页 38；C. T. Loo & Co., *An Exhibition of Chinese Stone Sculptures*（New York, 1940），Pl. 36.

图 4-38　"中央研究院"历史语言研究所傅斯年图书馆。

图 4-39　水野清一、长广敏雄，《河南洛阳龙门石窟の研究》（东京：座右宝刊行会，1941），图 15。

图 4-40　龙门文物保管所、北京大学考古系编，《中国石窟·龙门石窟》卷 1（东京：平凡社，1988），图 195。

图 4-41　黄明兰，《洛阳北魏世俗石刻线画集》（北京：人民美术出版社，1987），图 48。

图 4-42　黄明兰，《洛阳北魏世俗石刻线画集》（北京：人民美术出版社，1987），图 49。

图 4-43　王子云，《中国古代石刻画选集》（北京：中国古典艺术出版社，1957），图 5-6；天理大学附属天理参考馆。

图 4-44　天理大学附属天理参考馆。

图 4-45　王子云，《中国古代石刻画选集》（北京：中国古典艺术出版社，1957），图 5-13；美国旧金山亚洲美术馆。

图 4-46　王子云，《中国古代石刻画选集》（北京：中国古典艺术出版社，1957），图 5-2；天理大学附属天理参考馆。

图 4-47　王子云，《中国古代石刻画选集》（北京：中国古典艺术出版社，1957），图 5-1；天理大学附属天理参考馆。

图 4-48　王子云，《中国古代石刻画选集》（北京：中国古典艺术出版社，1957），图 5-5；天理大学附属天理参考馆。

图 4-49　王子云，《中国古代石刻画选集》（北京：中国古典艺术出版社，1957），图 5-8；美国旧金山亚洲美术馆。

图 4-50　天理大学附属天理参考馆。

图 4-51　天理大学附属天理参考馆。

图 4-52　美国旧金山亚洲美术馆。

图 4-53　长广敏雄，《汉代画象の研究》（东京：中央公论美术，1965），页 73。

图 4-54　龙门文物保管所、北京大学考古系编，《中国石窟·龙门石窟》卷 1（北京：文物出版社，1991），图 179。

图 4-55　云冈石窟文物保管所编，《中国石窟·云冈石窟》卷 1（东京：平凡社，1989），图 139。

图 4-56　河南省文化局文物工作队，《邓县彩色画像砖墓》（北京：文物出版社，1958），页 26。

图 4-57　甘肃省文物考古研究所，《敦煌佛爷庙湾　西晋画像砖墓》（北京：文物出版社，1998），图版 77。

图 4-58　甘肃省文物考古研究所，《敦煌佛爷庙湾　西晋画像砖墓》（北京：文物出版社，1998），图版 54-55。

图 4-59　江西省文物考古研究所、南昌市博物馆，《南昌火车站东晋墓葬群发掘简报》，《文物》2 期（2001），页 16。

图 4-60　河南省文化局文物工作队，《邓县彩色画像砖墓》（北京：文物出版社，1958），页 25。

图 4-61　王子云，《中国古代石刻画选集》（北京：中国古典艺术出版社，1957），图 5-11；河南省文化局文物工作队，《邓县彩色画像砖墓》（北

京：文物出版社，1958），页25。

图 4-62　河南省文物考古研究所，《河南安阳固岸墓地考古发掘收获》，《华夏考古》3期（2009），彩版19。

图 4-63　作者绘。

图 4-64　作者绘。

图 5-1　德国科隆东亚艺术博物馆。

图 5-2　德国科隆东亚艺术博物馆。

图 5-3　波士顿美术馆。

图 5-4　波士顿美术馆。

图 5-5　法国吉美博物馆。

图 5-6　弗利尔美术馆。

图 5-7　弗利尔美术馆。

图 5-8　山西省考古研究所等，《太原隋虞弘墓》（北京：文物出版社，2005），页123。

图 5-9　山西省考古研究所等，《太原隋虞弘墓》（北京：文物出版社，2005），页123。

图 5-10　作者拍摄。

图 5-11　Musée Guimet ed., *Lit de pierre, sommeil barbare: Présentation, après restauration et remontage, d'une banquette funéraire ayant appartenu à un aristocrate d'Asie centrale venu s'établir en Chine au VIe siècle* (Paris: Musée Guimet, 2004), p. 29.

图 5-12　弗利尔美术馆。

图 5-13　弗利尔美术馆。

图 5-14　水野清一、长广敏雄，《云冈石窟——西历五世纪における中国北部佛教窟院の考古学的调查报告　东方文化研究所调查　昭和十三年—昭和二十年》第5卷第8洞　图版（京都：京都大学人文科学研究所，1951），图版20。

图 5-15　作者拍摄。

图 5-16　作者拍摄。

图 5-17　James C.Y. Watt ed., *China: Dawn of a Golden Age, 200—750 AD* (New York: The Metropolitan Museum of Art, 2004), p. 162.

图 5-18　波士顿美术馆。

图 5-19　波士顿美术馆。

图 5-20　波士顿美术馆。

图 5-21　波士顿美术馆。

图 5-22　波士顿美术馆。

图 5-23　Boris I. Marshak and Valentina I. Raspopova, "Wall Paintings from a House with a Granary. Panjikent, 1st Quarter of the Eighth Century A.D.", *Silk Road Art and Archaeology* 1(1990), p. 160.

图 5-24　Guitty Azarpay, *Sogdian Painting: The Pictorial Epic in Oriental Art* (Berkeley: University of California Press, 1981), p. 75.

图 5-25　和泉市久保惣记念美术馆，《北魏棺床の研究　和泉市久保惣记念美术馆　石造　人物神兽图棺床研究》（大阪府：和泉市久保惣记念美术馆，2006），页 6-7。

图 5-26　水野清一，《中国の佛教美术》（东京：平凡社，1968），页 168。

图 5-27　杨军凯，《北周史君墓》（北京：文物出版社，2014），页 53、54。

图 5-28　杨军凯，《北周史君墓》（北京：文物出版社，2014），页 101。

图 5-29　杨军凯，《北周史君墓》（北京：文物出版社，2014），折页。

图 5-30　杨军凯，《北周史君墓》（北京：文物出版社，2014），折页。

图 5-31　杨军凯，《北周史君墓》（北京：文物出版社，2014），页 137。

图 6-1　西安市文物保护考古所，《西安北周康业墓发掘简报》，《文物》6 期（2008），页 15。

图 6-2　西安市文物保护考古所，《西安北周康业墓发掘简报》，《文物》6 期（2008），页 17。

图 6-3　程林泉，《西安北周李诞墓的考古发现与研究》，《西部考古》1 期（2006），页 392。

图 6-4　程林泉，《西安北周李诞墓的考古发现与研究》，《西部考古》1 期（2006），页 395。

图 6-5　程林泉，《西安北周李诞墓的考古发现与研究》，《西部考古》1 期（2006），页 394。

图 6-6　奥村伊九良，《镀金孝子传石棺の刻画に就て》，《瓜茄》1 卷 5 册（1939），页 367。

图 6-7　陕西省考古研究所编著，《西安北周安伽墓》（北京：文物出版社，2003），页 47。

图版出处

图 6-8　奥村伊九良，《魏冯邕之妻元氏墓志の画象》，《瓜茄》1 卷 1 册（1935），图 1。

图 6-9　作者据线描图修改。

图 6-10　作者据线描图修改。

图 6-11　西安市文物保护考古所，《西安窦寨村北周佛教石刻造像》，《文物》5 期（2009），页 90。

图 6-12　陕西省考古研究所编著，《西安北周安伽墓》（北京：文物出版社，2003），图版 1。

图 6-13　西安市文物保护考古所，《西安北周康业墓发掘简报》，《文物》6 期（2008），页 29。

图 6-14　西安市文物保护考古所，《西安北周康业墓发掘简报》，《文物》6 期（2008），页 31。

图 6-15　西安市文物保护考古所，《西安北周康业墓发掘简报》，《文物》6 期（2008），页 31。

图 6-16　河南省文物考古研究所，《河南安阳固岸墓地考古发掘收获》，《华夏考古》3 期（2009），彩版 20。

图 6-17　西安市文物保护考古所，《西安北周康业墓发掘简报》，《文物》6 期（2008），页 27。

图 6-18　西安市文物保护考古所，《西安北周康业墓发掘简报》，《文物》6 期（2008），页 33。

图 6-19　西安市文物保护考古所，《西安北周康业墓发掘简报》，《文物》6 期（2008），页 27。

图 6-20　西安市文物保护考古所，《西安北周康业墓发掘简报》，《文物》6 期（2008），页 25。

图 6-21　西安市文物保护考古所，《西安北周康业墓发掘简报》，《文物》6 期（2008），页 27。

图 6-22　四川博物院、成都文物考古研究所、四川大学博物馆编著，《四川出土南朝佛教造像》（北京：中华书局，2013），页 175。

图 6-23　西安市文物保护考古所，《西安北周康业墓发掘简报》，《文物》6 期（2008），页 23。

图 6-24　西安市文物保护考古所，《西安北周康业墓发掘简报》，《文物》6 期（2008），页 23。

图像与装饰：北朝墓葬的生死表象

图 6-25　宫川寅雄、伏见冲敬编，《西安碑林书道艺术》（东京：讲谈社，1979），页 44。

图 6-26　陕西历史博物馆编，《三秦瑰宝——陕西新发现文物精华》（西安：陕西人民出版社，2001），页 133。

索 引

人 名

三画

卫操 1, 12

四画

王子乔 221—224

王献之 213

王徽之 213

元乂 199

元昭 192, 195

元谧 191—192

太武帝（拓跋焘） 4, 22, 27—28, 35—36, 44, 70, 78, 117, 285, 341

丹阳王 127

五画

北周太祖（宇文泰） 3—4, 303

北周武帝（宇文邕） 303, 305—306, 334

北周宣帝（宇文赟） 305

北周静帝（宇文衍） 305

史君 274, 277—278, 281, 291, 344

丘穆陵 312

冯太后（文明太后冯氏） 99, 114, 116—122, 146, 148—150, 340

冯弘 117

冯素弗 93

冯跋 93

冯熙 119

司马金龙 120

六画

西王母 220

刘向 223

刘腾 199

安世高 288

安同 288—289

七画

孝文帝（拓跋宏） 4, 43, 117, 121, 146, 152, 154, 254, 272, 287—288, 291,

312, 344, 346
李诞　300, 303, 334
杨坚　4, 305
何永康　290
张彦远　282
阿胡拉·马兹达（Ahura Mazda）　332

八画
叔孙俊　312
明元帝（拓跋嗣）　288—289
固原史氏　291

九画
胡太后　199
侯刚　194
娄叡　159—160, 162

十画
桓帝（拓跋猗㐌）　1, 44, 47—48, 339
钳耳庆时　118, 150
高欢　4, 17, 248
浮丘公　222

十一画
崔子石　290
笱景　158
康元敬　287—288
康业　24, 281, 291, 296, 302—303, 315, 323—326, 333—335

十二画
斯劳沙　332

嵇康　221
道武帝（拓跋珪）　2, 4, 36, 38, 59, 66, 107, 285, 288—289, 312, 341

十三画
献文帝（拓跋弘）　36, 114, 116—117, 191, 341

十四画
慕容晞　288
慕容儁　116
慕容跳　115—116
翟曹明　332

十六画
穆观　312
穆帝（拓跋猗卢）　1, 44, 47, 75, 339
穆崇　312

事　项

二画
十六国　4, 22, 66—67, 75, 129
七帝寺　289—290
人面鸟身　88, 94—95, 110—111, 154, 158, 220—221

三画
三燕　22, 68, 86, 92, 94—101, 104, 107—108, 114—117, 120—122

索　引

大兴安岭　4—5, 38

大住圣窟　255

万岁　95, 111, 154—155, 159

山东　75, 163, 311

千秋　95, 111, 154—155, 159

广东　110, 122

女娲　33, 67—68, 116, 126, 300—301

四画

王温墓　56, 153

天人　22, 104, 106, 125, 130—131, 133—134, 141—142, 148—149, 151—152, 157, 162, 165—167, 241, 245, 252—253, 255, 257, 305, 330

天界　29, 49, 52—53, 81, 101, 127, 134, 141—142, 148—149, 152, 157, 159, 161, 167, 257, 292, 342

元乂墓　153

元怪墓　153, 270

元昭墓　192, 194

元淑墓　131

云冈石窟　19, 85, 104, 116, 118, 134, 138, 140, 147—148, 150—151, 168, 214, 253, 255, 257, 339

云气纹　33, 52, 88, 94, 96—101, 104, 107, 118—119, 121, 160, 192, 201, 210, 260, 332

云波里路　42, 101, 126, 135, 137, 167, 338

木棺　29, 39, 41, 43, 60—61, 70, 73—75

太原　76, 237, 249, 288

匹娄欢墓　299—300

日本　7, 10, 13, 19—20, 86—87, 100, 107, 121, 145, 172, 180, 229, 269

中亚　9, 109, 237—238, 245, 253—254, 265—267, 273, 278, 282—283, 286, 344, 348

内蒙古　4, 38—39, 41, 43—44, 46, 49, 66, 69, 80

牛车　32, 58—62, 65, 129, 173, 180, 182, 196, 204, 226, 230, 308—309, 315, 317

长安　4, 22, 24, 117, 281, 299, 302—305, 307, 313, 317, 334—335, 341, 347

片治肯特（Panjikent）　265—266, 283

风格　6—7, 13, 15—16, 23—24, 55, 67—68, 81, 94, 96, 98—99, 107, 111, 113—114, 120—122, 125—126, 129, 151, 153—154, 162, 165—166, 168, 171—173, 184—185, 191, 195—200, 210, 217, 233—234, 241, 245, 248—249, 252—253, 258, 270, 283—284, 293, 295—296, 298, 304—305, 307, 313, 318, 326—327, 333—334, 341, 343, 346—347

丹阳王墓　126—129, 142

乌桓　41—42

凤　49, 88, 94—95, 97, 99, 101, 107—108, 113, 115, 118, 121, 133, 144, 154, 177—178, 182, 185, 212, 217—218, 221—225, 230—232, 234—235, 280, 325—326, 330

火坛　241, 250—252, 264, 292, 300, 304, 308, 313, 319—320, 333, 335

421

邓县 111, 154, 216—217, 222—224, 231, 234—235, 347

五画

甘州（邯州） 303, 325, 334

古坟 20, 62, 69, 83, 86—87, 94, 100

石床 9, 15, 21, 23, 126, 130—135, 140, 151, 153—159, 171—172, 177—178, 180, 183—184, 188—189, 195, 199, 217, 225—226, 228—231, 233—235, 239—241, 245—255, 257—258, 262—274, 278—284, 288, 291—300, 303—304, 307, 309, 313, 315, 317, 320, 325, 328, 330—335, 338, 343—344, 347

石椁 23, 42, 76—77, 120, 126, 129—132, 144, 162—166, 168, 249—252, 264, 273—274, 278—279, 281, 292—293, 304—305, 320

龙门石窟 2, 145, 152, 197, 212, 255, 322

龙兴寺 311, 327

平城（大同） 4, 27—28, 42, 44, 53—54, 64, 69—70, 74, 80, 94, 101, 104, 106, 109, 128, 130—135, 138—140, 166, 231, 342

平城时期 3, 21—22, 27—28, 38, 42, 49, 51, 54, 60—61, 64, 67, 69, 73, 77, 80—83, 85, 101—102, 105—107, 114—116, 119, 121—122, 124—126, 130, 132, 141, 150—153, 156—157, 166—167, 234, 249, 255, 293, 312, 314, 317, 339—343, 346, 348

东北亚 86, 111—112, 121, 166, 334

东汉 38—39, 43, 49, 61, 66, 75, 82, 123, 151, 166, 212, 223, 328, 341

东晋 2, 58, 75, 115—116, 218

东魏 3—4, 109, 159, 180, 225, 228, 249, 269—270, 272, 299, 313, 318

北亚 16, 43, 86, 111—112, 121, 166, 334, 343, 348

北齐 3, 4, 9, 22—23, 109, 124, 159—160, 183, 237, 240—241, 245—246, 249, 255, 257, 269—270, 272—273, 281—284, 288, 292—294, 298—299, 305, 333—334, 341, 343—344

北周 3—4, 10, 22—24, 124, 137, 183, 231, 240, 250, 273—274, 281, 290—296, 298—299, 302—307, 311, 313—314, 317, 328, 330, 332, 334—335, 341, 343—344, 346

北响堂山 160, 246—249, 283

北凉 4, 22, 67, 129, 254, 285—286, 291, 348

北朝 2—12, 14—17, 19, 21—24, 42, 51—53, 55, 57, 62, 78—79, 86, 109, 114, 119, 123—124, 129, 149, 153, 157, 159, 161, 166, 168, 171—173, 183, 200, 213, 216, 218, 223, 228, 234—235, 237, 238, 240, 246, 262, 269, 271—272, 281, 283, 290—296, 298—299, 306, 311, 313, 315,

323, 332, 334, 337—348

北燕　27, 66, 83, 90, 93, 107—108, 116—117, 120—122

史君墓　10, 249, 264, 273—274, 278—279, 281, 292, 296, 304—306, 314, 320, 330, 334, 343

史君墓石椁　273—274, 278—279, 281, 292, 304, 320

四川　75, 311, 327—328

生死观　14—15, 42, 82, 123, 172, 235, 341

生死表象　10, 14—15, 16, 23, 79, 81, 171, 173, 236, 337, 341—342, 348

代人集团　17, 22, 38, 82—83, 85, 122, 167, 288—289, 311, 314, 334, 339—340, 345—346

代人意识　17

仪仗　29, 48, 57, 60—62, 241, 263—264, 268—270, 273, 292, 320, 322—323

白虎　158, 162, 201, 203, 300—301, 328, 330—332

尔朱袭墓　194, 199

冯素弗墓　90, 92—93, 107, 121

冯邕妻元氏墓　192, 195, 304

玄武　300—301, 328, 330—332

宁夏　8, 36, 67, 74, 81—82, 141, 144, 149, 348

永固陵　117—118, 121, 125—126, 146—150, 152, 156—157, 168

司马金龙墓　106—107, 114—116, 121, 131, 133—135, 139—140, 154, 255, 257, 293

出行　29—30, 48, 57—62, 64—65, 81, 83, 261, 265, 270, 274, 278, 293, 315, 317, 322, 326, 335, 342

出行图　29—30, 57—62, 64—65, 81, 83, 261, 317, 322, 326, 335

辽东　42, 61, 66, 68—69, 82—83, 129, 288—289, 339—340, 342

丝路　2, 8—9, 285, 345, 347—348

六画

西晋　1—2, 44, 47—48, 52, 55, 88, 96, 215, 218, 284, 287—288, 290, 339, 341, 344

西魏　3—4, 291, 298, 300, 302—304, 325, 328

百戏　29, 57, 60—62, 67, 81, 83, 162—165

百济　112—113

吐鲁番　75, 282, 285

朱雀　49, 99, 158—159, 163, 296, 301, 309, 328, 330—332

伏羲　33, 67—68, 116, 126, 300—301

后燕　44, 66, 83, 107

庆州　108

江西　62, 90, 218

安阳石床　240—241, 245, 247—250, 252—255, 257—258, 262—268, 273, 278—281, 283—284, 288, 291—294, 315, 320, 333, 338, 343

安伽墓　10, 183, 240, 249, 262, 264, 267, 274, 280, 296, 303—306, 313—314, 317, 320, 328, 330, 334, 343

安岳　58, 61—62, 69, 83

七画

孝子石棺　5, 20, 70, 119, 156—157, 159, 190—192, 195, 199—200, 211, 217, 233—234, 301, 313

《孝子传》　228, 230

《孝子传图》　183, 226, 228—229, 230, 232, 234, 262, 269

李和墓　307

李诞墓　299—307, 313, 319, 334

邺城　3—4, 22, 160, 245, 249, 255, 257, 270, 272, 281, 284, 287—288, 299, 313, 347

围屏　9—10, 15, 21, 23—24, 154, 171—173, 177—178, 180, 182—186, 188—190, 195—196, 198—201, 203—204, 206, 209—212, 214—215, 217—218, 224—226, 228—236, 239—241, 245—247, 249, 252, 257, 258, 261—264, 266—270, 273, 278—280, 284, 291—300, 303—304, 307—309, 311, 313—315, 317—320, 322—323, 325—328, 330, 332—335, 338, 343, 347

吹笙引凤　177—178, 182, 185, 212, 217—218, 222, 224, 230—232, 234—235, 280, 325, 326

作坊　15, 23, 98, 125—126, 150, 163, 165—166, 168, 171—173, 188, 195—196, 199—200, 203, 209—210, 212, 234—236, 283—284, 295—296, 298—300, 302, 304, 307, 313, 315, 317, 334—335

佛爷庙湾　218

佛教　2, 5—6, 13—14, 18—19, 21—22, 51, 86, 104, 114, 119, 123—126, 128—130, 132, 134—135, 137—138, 141—143, 145—153, 155—157, 160—163, 165—168, 212, 216, 218, 241, 245, 248—249, 251—255, 257, 282—284, 289—291, 293, 300, 311, 328, 337—338, 340, 343, 348

龟甲纹　94—95, 104, 108—114, 141, 153, 157—158, 201, 263

龟甲纹银碗　94, 108—111, 114

沙岭　22, 27—34, 38—40, 42—43, 48—55, 57, 59—62, 64, 66—70, 72, 74—83, 101, 116, 126, 129, 137, 151, 161, 338—339, 342, 345

宋绍祖墓　55, 72, 131—132

灵床　213—214

张掖　303

阿弗拉西阿卜（Afrasiab）　266

忍冬纹　21, 64, 72, 85, 97, 101—102, 104, 106—107, 110—111, 124, 130, 133, 135, 137, 151, 160—161, 251—252, 258, 266

纹饰　19—20, 22, 64, 69, 72—73, 79—80, 85, 88, 90—92, 94, 98—100, 102, 104, 106—113, 118—119, 121—122, 124—125, 135, 137,

140, 142—143, 151—153, 160, 167, 175, 204, 252, 298, 309, 312—314, 338

八画

青龙　116, 158, 162, 300—301, 328, 330, 332

青州　299, 311

拓跋鲜卑　1—2, 4—5, 16—17, 21, 36, 38—39, 44, 48, 53, 66, 81—83, 167—168, 338—341, 345—346, 348

丧家　15, 78—80, 162, 166, 172, 210, 214, 225, 231—236, 304, 318, 325—326, 341, 343

画稿　172, 195, 200—201, 203, 206, 209—211, 234, 236

固原　36, 67, 74—75, 81, 119—120, 125, 141—142, 144, 149, 151—153, 167, 291, 312, 319, 348

图像学　7, 13, 15, 235

和林格尔　4, 49, 61, 66, 69

金饰葬具　24, 296, 307, 313

金陵　66, 78

庖厨　31, 34, 48, 54, 64, 72, 342

河北　4, 93, 109, 117, 167, 245, 249, 272, 289, 311

河西　8, 61, 66—69, 82, 129, 137, 151, 167, 284, 339, 342

宗教　10, 12, 14, 22—23, 56, 80, 123—126, 141, 150, 167—168, 234, 237, 266, 282—283, 290, 292—294, 296, 304, 306, 333, 337—339, 343—345

宗教图像　123—126, 168, 234, 282—283, 292

祆教　51, 124, 245, 248, 252—253, 257, 264, 266, 281—283, 290, 332—333, 342, 344—346

陕西　4, 23, 98, 112, 231, 249—250, 273, 295, 307, 332

线刻画　14, 24, 104, 106, 153, 162, 268, 298, 300, 304—305, 307, 309, 332, 334, 338

九画

茹茹公主墓　159, 270

南涅水　162—165, 168

南朝　7, 110—113, 122, 151, 216, 235, 327, 346—347

《南山四皓》　216—218

柩铭　75—80, 82, 162

厚葬　83, 337, 341—343

昭武九姓　9, 245, 267, 289

畏兽　51, 116, 152—154, 156—159, 189, 192, 194—195, 201, 263, 304, 330

信仰　41—42, 82—83, 123—125, 146, 148—152, 160—162, 166, 167, 213, 223—224, 245, 282, 289—290, 304, 333, 343

娄叡墓　159—162, 249

前秦　2, 290

前凉　75, 98

前燕　66, 94, 115—116, 288

| 425

洛阳　1, 3—5, 17, 22—23, 51—52, 55—56, 70, 101, 118—119, 121, 125—126, 152—154, 156—158, 161—162, 165—167, 171—173, 180, 184, 186, 190, 192, 199—201, 210, 217, 224, 233—235, 240, 255, 257, 264, 268—270, 272, 284, 286—288, 291, 293, 296, 298—304, 307, 315, 317, 319—320, 322, 326, 330, 332, 334—335, 339, 341—342, 344—347

突厥　305

神兽　28—30, 32—33, 45—46, 48—51, 53—54, 56, 69, 81, 87—88, 94, 96, 98—101, 104, 107, 109—111, 116, 121—122, 135, 141, 152—153, 158, 201, 203, 263, 330, 338, 345—346

神兽纹　88, 94, 96, 98—100, 104, 107, 121—122

神兽莲花纹铜壶→铜壶

纹饰　19—20, 22, 64, 69, 72—73, 79—80, 85—88, 90—92, 94, 98—100, 102, 104, 106—113, 118—119, 121—122, 124—125, 135, 137, 140, 142—143, 151—153, 160, 167, 175, 204, 252, 298, 309, 312—314, 338

屋形葬具　239, 274, 291—292, 342, 345, 347

眉州　291, 328

十画

莲花　21, 67, 86—89, 94, 101—102, 104—107, 109—113, 115—116, 122, 124, 134—135, 143, 148, 151, 154, 158—161, 175, 192, 198, 206, 222, 241, 251—252, 255, 259—260, 300, 309, 311, 319—320, 328, 330

莫高窟　137—138, 142, 167, 253

晋制　83, 342—343, 345

破多罗　27, 35—36, 38, 54, 67, 81—82, 345

徐显秀墓　161

高士　215—218, 220—221, 223, 231, 233—234

高句丽　58, 62, 69, 83, 94—95, 166

高昌　68, 75, 282, 285

益州　327—328

宴饮　30—31, 48, 54, 61, 64, 81, 233, 259—262, 265, 273—274, 278—280, 292—293, 315, 317, 342

宾阳中洞　197—198, 322

十一画

琐罗亚斯德教（Zoroastrianism）　248, 332

萨珊　93, 113, 253, 266, 283

盛乐　4, 39, 66

铜壶　22, 86—88, 90—95, 97—98, 100—101, 104, 107—108, 110, 113—114, 121—122

铭旌　78—79, 214, 232

猗卢之碑　46—48

康业墓　10, 23—24, 211, 231, 281, 293, 295—296, 298—300, 302—307, 309, 311, 313—315, 317—320, 322—324, 326—328, 330—335, 338, 343, 346

《康业墓志》　323—324

十二画

彭州　327

联珠纹　101, 104, 106, 110, 141, 147, 157, 249, 251—252, 254, 258—259, 266, 308—309

葬具　4, 9—10, 21, 23—24, 38, 42, 64, 73—77, 79—80, 82, 93, 119, 129, 141, 153, 157, 159, 165, 169, 171—173, 184, 190, 195—196, 199—200, 203, 209—210, 214, 228, 233—241, 249, 253, 258, 264, 269, 273—274, 279—281, 283, 288, 291—296, 298—300, 302, 304—307, 311—315, 317, 319—320, 330, 333—335, 337—338, 342—343, 345, 347

葬俗　5, 15, 22, 28, 38, 40, 42—43, 76—77, 80—81, 83, 93, 157, 291, 294

粟特　1—3, 9—10, 21, 23, 51, 119, 124, 183—184, 237—241, 245, 248—249, 253—254, 257—258, 262—264, 266—267, 270, 273—274, 278—296, 300, 304—306, 313—315, 320, 323, 325, 328, 330, 332—335, 337—338, 342—346, 348

智家堡　42, 60—61, 64, 126, 129, 131—132, 134—135, 144, 257

装饰文化　21—22, 85—86, 102, 107, 114, 116, 121—122, 340

敦煌　1, 137—138, 142, 167, 218, 253, 284, 348

十三画

《墓主宴饮图》　54, 260, 262, 273, 278—279, 317

榆社　76, 126, 162—166, 168

虞弘墓　9—10, 237, 249—252, 264, 292, 306

虞弘墓石椁　249—252, 264, 292

新罗　95, 108—109

新疆　72, 93, 125, 285

雍州　324—325

阙　173, 178, 180, 182, 188, 230—232, 239, 241, 246, 263—264, 266, 268—273, 281, 284, 292, 303

十四画

殡宫　35, 79

漆棺　28, 34, 69, 72, 74—76, 78—80, 82, 119—120, 125—126, 139—142, 144, 149, 151—153, 167, 312, 319, 338

翟曹明墓　332—333

十五画

鞍马　32, 79, 129, 177—178, 180, 182—183, 188—189, 196, 203—204,

427

206, 209—210, 226, 228, 230—232, 241, 258—260, 266, 268—270, 308—309, 315, 317, 320, 322
镇墓武士　51—53, 55, 56, 342
镇墓兽　51—53, 55, 56, 342, 345—346
摩尼宝珠　33, 126—127, 153, 156—162, 167—168

十六画

薄葬　68, 83, 339, 342

十七画

嚈哒（Hephtalites）　253, 277—278
濯足　215—218, 231

十八画

鎏金盅　94, 110—111, 113—114, 122
鎏金提梁小铜壶　90—93